Der Einsatz von Informations- und Kommunikationstechnologie im Insolvenzverfahren

Schriften zum Wirtschafts- und Medienrecht, Steuerrecht und Zivilprozeßrecht

Herausgegeben von Jürgen Costede
und Gerald Spindler

Band 28

PETER LANG
Frankfurt am Main · Berlin · Bern · Bruxelles · New York · Oxford · Wien

Jan Riebeling

Der Einsatz von Informations- und Kommunikations-technologie im Insolvenzverfahren

PETER LANG
Europäischer Verlag der Wissenschaften

Bibliografische Information der Deutschen Nationalbibliothek
Die Deutsche Nationalbibliothek verzeichnet diese Publikation in der Deutschen Nationalbibliografie; detaillierte bibliografische Daten sind im Internet über <http://www.d-nb.de> abrufbar.

Zugl.: Kiel, Univ., Diss., 2005

D 8
ISSN 1614-2071
ISBN-13: 978-3-631-54879-0

www.peterlang.de

Vorwort

Die vorliegende Arbeit soll einen Diskussionsbeitrag zu den rechtlichen Einsatzmöglichkeiten moderner Kommunikationstechnologie im Insolvenzverfahren leisten. Sie wurde vom Fachbereich Rechtswissenschaft der Christian-Albrechts-Universität zu Kiel im Jahre 2005 als Dissertation angenommen. Rechtsprechung und Literatur sind bis zum Herbst 2006 berücksichtigt.

Zunächst möchte ich meinem Doktorvater Herrn Prof. Dr. *Alexander Trunk* danken. Er hat mich auf das Thema gebracht, die Arbeit auf sehr angenehme und unkomplizierte Weise betreut und mich während der Bearbeitungszeit ausgezeichnet unterstützt. Zu Dank bin ich ferner Herrn Prof. Dr. *Stefan Smid* für die Übernahme und zügige Erstellung des Zweitgutachtens verpflichtet.

Darüber hinaus möchte ich mich bei meinen Freunden, insbesondere Herrn Dr. *Jörg Semmler*, Dr. *Andy Groth* und *Hans Henning Hoff*, dafür bedanken, dass sie durch ihre Anregungen und Diskursbereitschaft zum Gelingen dieser Arbeit beigetragen haben.

Schließlich danke ich mich meiner lieben Frau *Silke* für ihre fortdauernde Hilfsbereitschaft und Unterstützung. Ihr und meiner Familie widme ich diese Arbeit.

Hamburg, im Herbst 2006 — Jan Riebeling

INHALTSVERZEICHNIS

EINLEITUNG

I. Einführung in die Thematik

Es war nur eine Frage der Zeit, bis die Informations- bzw. Kommunikationstechnologie, die schier grenzenlose Wege der elektronischen Kommunikation etwa unter Zuhilfenahme des Internet eröffnet, im Gerichtswesen verstärkt Einzug erhalten wird.[1] Derartiges Kommunizieren mit den Gerichten unter Zuhilfenahme moderner Informationstechnologien wird plakativ mit Stichworten wie der „e-Justice" oder dem „Elektronischen Rechtsverkehr" besetzt. Darunter werden zusammengefasst Aktivitäten und Instrumente zur Verbesserung gerichtlicher Verfahrensabläufe sowie der Wahrnehmung von verfahrensbezogenen Rechten der Beteiligten mittels Informations- und Kommunikationstechnologie verstanden.[2] Die elektronische Kommunikation innerhalb der Justiz bringt legislative Herausforderungen mit sich, um die Rechtslage entsprechend den neuen Möglichkeiten und/oder Bedürfnissen sachgerecht anzupassen. Der Gesetzgeber ist bislang auch nicht unaktiv geblieben und hat vielerorts in den einschlägigen Verfahrensordnungen neue Vorschriften geschaffen, um den Einsatz der neuen Techniken rechtlich abzusichern.

Die vorliegende Arbeit beschäftigt sich mit den spezifischen Rechtsfragen, die im Zusammenhang mit dem Einsatz von Informations- und Kommunikationstechnologie im Insolvenzverfahren stehen. Bereits heute werden Insolvenzen maßgeblich beeinflusst von der Informationstechnik. Kaum ein Gericht oder eine Verwalterkanzlei bearbeitet Insolvenzverfahren ohne den umfassenden Einsatz von Hard- und Software, die speziell für diese Verfahren entwickelt wurden.[3] Das Insolvenzverfahren bietet eine Vielzahl von Einsatzmöglichkeiten automationsgestützter Arbeitsprozesse, die in besonderem Maße die Verwendungsmöglichkeiten der Informations- und Kommunikationstechnologie[4] im Insolvenzverfahren als reizvoll erscheinen lassen. Das Anliegen dieser Arbeit be-

---

1 Mit den Begriffen Informationstechnologie - kurz „IT"- oder Kommunikationstechnologie wird in dieser Arbeit kein streng systembezogener Ansatz verfolgt (bspw. beschränkt auf die Kommunikationsmöglichkeiten des Internet). Entscheidender Aspekt für die Untersuchung ist insgesamt, dass Daten (elektronisch) auf irgendeine Weise erfasst, gespeichert, bearbeitet oder übermittelt werden, um auf diese Weise eine systembezogene Kommunikation in Form von Sprache, Text, Stand- oder Bewegtbilder zu ermöglichen. Auf welche Weise dies erfolgt, ist für die vorliegende Arbeit nicht entscheidend. Unerheblich ist daher, ob ein digitales oder analoges Datenübertragungssystem verwendet wird. Ebenso für diesen gewählten Ansatz *Schäfer*, S. 1, zur Frage des Einsatzes von IT in der Handelsschiedsgerichtsbarkeit.

2 Vgl. *Kodek* zur e-Justice als Unterglied des Begriffs des e-Governments, ZZP 111 (2002), 445, 447.

3 *Mäusezahl*, InsbürO 2004, 14, 14.

4 Der Verfasser wird sich im Folgenden weitgehend auf die Verwendung des Begriffs der Kommunikationstechnologie beschränken.

steht darin, die sich im Zusammenhang mit den vorzufindenden Kommunikationsstrukturen des Insolvenzverfahrens und dem Einsatz von Kommunikationstechnologie ergebenden Rechtsfragen und Probleme aufzuspüren; dabei wird auch der Frage nachzugehen sein, ob die rechtlichen Rahmenbedingungen für eine Kommunikation unter Einsatz von Kommunikationstechnologie im Insolvenzverfahren hinreichend gesetzt sind und welche Anforderungen gegebenenfalls noch de lege ferenda an den Gesetzgeber zu stellen sind, um das Insolvenzverfahren künftig sinnvoll, effizient und unter angemessener Wahrung der Sicherheitsinteressen sowie der betroffenen Persönlichkeitsrechte der am Insolvenzverfahren Beteiligten zu gestalten.

II. Gang der Untersuchung

Inhaltlich ist die Arbeit in drei Komplexe untergliedert: Unter Teil 1 wird zusammengefasst unter der Frage „Elektronischer Rechtsverkehr im Insolvenzverfahren" den Besonderheiten der erleichterten elektronischen Kommunikation im Insolvenzverfahren nachgegangen. Elektronischer Rechtsverkehr ist zunächst die rechtsverbindliche elektronische Kommunikation zwischen Verfahrensbeteiligten.[5] Für Schuldner und/oder Gläubiger stellen sich im Insolvenzverfahren etwa die Fragen, inwieweit Schriftsätze beim Insolvenzgericht auch mittels elektronischer Datenübertragung eingereicht oder ob Forderungen gem. § 174 Abs. 1 Satz 1 InsO beim Insolvenzverwalter unter Zuhilfenahme von Kommunikationstechnologie angemeldet werden können. Das Insolvenzgericht und der Insolvenzverwalter wiederum treffen zahlreiche Entscheidungen, die vornehmlich für Schuldner und Gläubiger erhebliche Relevanz entfalten können. Letztere müssen im Rahmen des Verfahrens hinreichend über die jeweiligen Entscheidungen informiert werden. Das kann vereinzelt informell erfolgen, muss jedoch an den gesetzlich vorgeschriebenen Stellen in Übereinstimmung mit den Zustellungserfordernissen der InsO erfolgen. Hier wird etwa zu prüfen sein, ob diese Informationsübermittelung auch elektronisch erfolgen kann und inwieweit gegebenenfalls Unterschiede zwischen Insolvenzgericht und Verwalter zu beachten sind.

Teil 2 befasst sich umfassend mit dem Einfluss des Internet auf das System der öffentlichen Bekanntmachungen im Insolvenzverfahren. Der Gesetzgeber hat im Jahre 2001 einen ersten deutlichen Schritt hin zu einer Abkehr von herkömmlichen Printveröffentlichungen gemacht, indem durch Änderung des § 9 InsO und der anschließend durch das Bundesjustizministerium erlassenen Verordnung zu öffentlichen Bekanntmachungen in Insolvenzverfahren im Internet[6] nunmehr öffentliche Bekanntmachungen über das Internet publiziert werden

[5] *Viefhues/Volesky*, TKMR 2003, 245, 245.

[6] VO vom 12. Februar 2002, BGBl. I, S. 677; im Folgenden kurz „*BekanntmachungsVO*" genannt.

können. Die geschaffene rechtstatsächliche Lage und sowie aktuelle Entwicklungen sollen in dieser Untersuchung einer kritischen Prüfung unterworfen werden. Das deutsche Recht folgt dabei einer Entwicklung, die ihren Ursprung in Österreich fand. Der dortige Gesetzgeber hatte bereits 1997 die rechtliche Möglichkeit geschaffen, Bekanntmachungen elektronisch über die sogenannte Insolvenzdatei vorzunehmen (§ 173a Ö-KO).[7] Im Internet können die österreichischen Bekanntmachungen mittlerweile unter www.edikte.justiz.gv.at abgerufen werden. Die österreichische Insolvenzdatei hat sich seit ihrer Einführung als geeignetes Bekanntmachungssystem erwiesen und stellt dort seit dem 01.01.2000 die einzige Bekanntmachungsart dar.[8] Angesichts der bereits in Österreich gewonnenen Erfahrungen soll an gegebener Stelle auch ein Blick auf rechtliche Fragestellungen in Österreich geworfen werden. Dabei soll geprüft werden, inwiefern sich ähnliche Problemstellungen und/oder Lösungsansätze nach der deutschen Rechtslage ergeben können, ohne jedoch mit der Arbeit insoweit einen umfänglichen rechtsvergleichenden Ansatz verfolgen zu wollen.

Im letzten Prüfungsabschnitt unter Teil 3 wird es um Aspekte der internen Kommunikation der gesetzlichen Gläubigerorganisationen gehen. Während der Schuldner im Insolvenzverfahren allein in Anspruch genommener ist, stehen dem auf der Gegenseite häufig eine Vielzahl von Gläubigern gegenüber, die unterschiedlichste Interessen verfolgen können. Die Mehrheit von Gläubigern führt dazu, dass ein Selbstverwaltungsgremium gefunden werden muss, in welchem die Gläubiger zu einer einheitlichen Stimmabgabe hinsichtlich der sie betreffenden Fragen kommen müssen. Diese Koordination der Gläubigerinteressen erfolgt dabei in erster Linie durch die Gläubigerversammlung.[9] Da häufig eine Vielzahl von Gläubigern betroffen ist, kann sich die Gläubigerversammlung schlichtweg aufgrund ihrer Größe als eine unflexible Gläubigerorganisation darstellen, weshalb das Gesetz die Möglichkeit vorsieht, neben der Gläubigerversammlung einen Gläubigerausschuss einzusetzen, §§ 67 ff. InsO. Beide Gläubigerorganisationen, vor allem jedoch die Gläubigerversammlung, sind Einrichtungen, bei denen sich im Laufe der Arbeit die Frage stellen wird, ob die Partizipierungsrechte der Gläubiger am Insolvenzverfahren durch den Einsatz von Kommunikationstechnologie erleichtert werden können. Namentlich ist zu prüfen, inwieweit die gläubigerautonome Binnenkommunikation und Entscheidungsfindung auch mittels Kommunikationstechnologie erfolgen kann.

---

7 Ausführlicher zu den Einzelheiten der österreichischen Rechtslage *Duursma/Duursma-Kepplinger*, in Aktuelle Entwicklungen zum Internet-Recht, S. 89, 89 f; *dies.*, ZInsO, 2002, 913, 913.

8 Zunächst erfolgte seit Oktober 1999 ein Probebetrieb der Insolvenzdatei, *Duursma/Duursma-Kepplinger*, ZInsO, 2002, 913, 913.

9 *Bork*, Rn. 74; vgl. auch *Zimmermann*, S. 37.

Teil 1
Elektronischer Rechtsverkehr im Insolvenzverfahren

I. Einleitung

Die InsO beantwortet die Frage, wann Kommunikationstechnologie im Rechtsverkehr zwischen den Verfahrensbeteiligten zum Einsatz kommen kann, nur rudimentär. So heißt es u.a. im Rahmen der allgemeinen Verfahrensgrundsätze in § 5 Abs. 3 InsO generalklauselartig, „*Tabellen und Verzeichnisse können maschinell erstellt werden.*" Diese Bestimmung ist vereinzelt harscher Kritik unterzogen worden. Ebenso gut hätte auch geregelt werden können, dass im Insolvenzverfahren Papier im Format DIN A 3 benutzt werden dürfe; das Zustandekommen von § 5 Abs. 3 InsO sei allenfalls mit naiver Begeisterung für technische Hilfsmittel, gepaart mit Regelungseuphorie zu erklären, die in ihrer spürbar unreflektierten Angst vor Regelungsdefiziten eher Rückständigkeit als Fortschrittlichkeit offenbare.[10] Die Vorschrift sei insoweit sogar schädlich, weil sie den unzutreffenden Eindruck erwecke, der Einsatz von elektronischer Datenverarbeitung sei ansonsten im Insolvenzverfahren nicht gestattet.[11] Selbstverständlich dürfen aber Mittel der elektronischen Datenverarbeitung im Insolvenzverfahren benutzt werden, soweit nicht das Gesetz und insbesondere das Grundgesetz mit den von ihm geschützten Grundrechten entgegensteht.[12] Dies gilt nicht nur für das Insolvenzgericht, sondern auch für die übrigen Verfahrensbeteiligten, wie etwa den Insolvenzverwalter oder Schuldner.[13]

Ist damit im Grundsatz selbst ein Einsatz elektronischer Hilfsmittel im Insolvenzverfahren gestattet, gilt es zu prüfen, welche Restriktionen oder Möglichkeiten im Insolvenzverfahren bestehen, den Rechtsverkehr zwischen den an der externen Kommunikation teilnehmenden Verfahrensbeteiligten elektronisch vorzunehmen. Vieles wird insofern beeinflusst sein durch die Regelungen des Zivilprozessrechts, da der Gesetzgeber seine legislativen Aktivitäten[14] insoweit

---

10 Nerlich/Römermann/*Becker*, § 5 Rn. 48 und 50.

11 Nerlich/Römermann/*Becker*, § 5 Rn. 48.

12 Nerlich/Römermann/*Becker*, § 5 Rn. 51; ebenso Uhlenbruck/*Uhlenbruck*, § 5 Rn. 29. Bereits vor Inkrafttreten der InsO wurde in Nordrhein-Westfalen bspw. eine justizeigene Software entwickelt (IT-InsO NRW), hierzu *Graf-Schlicker/Castrup*, NJW-CoR, 1997, 286, 287.

13 Vgl. MüKo-InsO/*Ganter*, § 5 Rn. 90 f. und Hess/Weis/*Wienberg*, § 5 Rn. 39 jeweils unter Hinweis auf Begr. zum RegE, BT-Drucks. 12/2443, S. 110.

14 Zu nennen ist bspw. das Zustellungsreformgesetz (ZustRG) vom 25.06.2001, BGBl. I, 1206) oder das Gesetz zur Anpassung der Formvorschriften des Privatrechts und anderer Vorschriften an den modernen Rechtsgeschäftsverkehr vom 13.07.2001 (FormVAnpG), BGBl. I, 1542. Siehe zu den Aktivitäten des Gesetzgebers im Bereich des elektronischen Rechtsverkehrs auch *Viefhues/Scherf*, MMR 2001, 596, 597 f.

schwerpunktmäßig auf dieses dominierende Verfahrensrecht fokussiert hat und das Insolvenzrecht meist allein reflexhaft über die Verweisungsvorschrift des § 4 InsO betroffen ist. Dies gilt in Teilen[15] auch für das zum 01.04.2005 in Kraft getretene Gesetz über die Verwendung elektronischer Kommunikationsformen in der Justiz (Justizkommunikationsgesetz - JKomG), das die Reihe der Gesetze zur Ermöglichung und Verbreitung des elektronischen Rechtsverkehrs in Deutschland fortgesetzt hat. Der nachfolgende Prüfungsabschnitt soll nunmehr nicht zum Anlass genommen werden, sämtliche jüngeren und aktuellen gesetzlichen Entwicklungen im Zivilprozess einer umfassenden Würdigung zu unterziehen. Mit Hinblick auf die thematische Ausrichtung der Untersuchung wird schwerpunktmäßig vielmehr zu prüfen sein, inwiefern sich aus der gesetzlich in § 4 InsO angelegten Verknüpfung von Zivilverfahrens- und Insolvenzrecht insolvenzspezifische Rechtsfragen hinsichtlich des Einsatzes von elektronischen Kommunikationsmitteln in der Insolvenz ergeben.

II. Kommunikationstechnologie bei der Einreichung von Schriftsätzen und Erklärungen beim Insolvenzgericht

Die insolvenzrechtlichen Kommunikationsstrukturen bedingen, dass sich die Verfahrensbeteiligten, insbesondere Schuldner und Gläubiger, an das prozedural verantwortliche Leitungsorgan - das Insolvenzgericht - wenden, um ihren verfahrensrechtlich erforderlichen Rechten und Pflichten nachzukommen. Besonders deutlich wird dies hinsichtlich der gerichtlichen Kommunikation zunächst im Rahmen der Verfahrenseinleitung, bei der das Verfahren nur durch die gem. § 13 Abs. 1 Satz 2 InsO antragberechtigten Schuldner oder Gläubiger mittels entsprechenden Antrags bei Gericht in Gang gebracht werden kann; im weiteren Verlauf gilt dies erweitert insbesondere hinsichtlich solcher Entscheidungen, die nach Maßgabe von § 6 Abs. 1 InsO mittels sofortiger Beschwerde durch den jeweils Beschwerten angegriffen werden können.[16] Inwieweit diesbezüglich gegenüber dem Insolvenzgericht die erleichterten Möglichkeiten von elektronischer Kommunikation zum Einsatz kommen können, hängt maßgeblich von den im Insolvenzverfahren insoweit vorherrschenden Förmlichkeiten ab.

---

15 Einbezogen in das JKomG werden aber auch InsO, ArbGG, FGO, SGG, VwGO und StPO. Da die anderen Verfahrensordnungen überwiegend die ZPO für entsprechend anwendbar erklären, ist der Anpassungsbedarf nicht übermäßig groß, vgl. zum RefE JKomG *Krüger*, ZVI 2004, 162, 163, dort in FN 17.

16 Der Kreis möglicher Kommunikationsbeteiligter mit dem Gericht ist hier deutlich erweitert. So können auch der Verwalter selbst (etwa §§ 58 Abs. 2; 59 Abs. 2; 64 Abs. 3; 194 Abs. 3 InsO), der Gläubigerausschuss oder einzelne Mitglieder (vgl. §§ 59 Abs. 2; 70 Satz 3 InsO) oder sogar die Staatskasse (§ 4d Abs. 2 InsO) beschwerdebefugt sein.

1. Prozessuales Schriftformerfordernis im Insolvenzverfahren

Im Grundsatz gilt im Insolvenzverfahren, dass Erklärungen außerhalb eines Termins schriftlich oder mündlich zu Protokoll der Geschäftsstelle des Gerichts einzureichen sind.[17] Für den Insolvenzantrag folgt dies bislang de lege lata[18] aus § 4 InsO i.V.m. § 496 ZPO, die allgemein die Förmlichkeiten für die gerichtliche Kommunikation im amts- bzw. insolvenzgerichtlichen Verfahren regeln, es sei denn die InsO sieht ihrerseits Formbestimmungen (§ 305 InsO) vor.[19] Entscheidet sich der Antragsteller für einen schriftlichen Antrag wird das Schriftformerfordernis dabei in entsprechender Anwendung der §§ 253 Abs. 4, 130 Nr. 6 ZPO grundsätzlich dadurch erfüllt, dass der Antrag durch den Antragsteller bzw. seinen gesetzlichen Vertreter oder Bevollmächtigten zu unterschreiben ist. Gleiches gilt etwa, wenn der Beschwerdeführer eine Beschwerdeschrift analog § 569 Abs. 2 Satz 1 ZPO einreicht; an sich ist ein Schriftstück erst dann ordnungsgemäß bei Gericht eingereicht, wenn das Gericht ein solches empfängt, das der Beschwerdeführer (oder sein Anwalt) von Hand unterzeichnet hat.[20]

Das Erfordernis der Schriftform im Insolvenzverfahren und hierbei insbesondere der Unterschrift dient, insofern nicht anders als in anderen Verfahrensordnungen, nicht der Warnung vor unbedachter Verfahrenshandlung. Vielmehr geht es bei der Schriftform im Verfahren um die Zuverlässigkeit der Zuordnung des eingehenden Schriftstückes zu dem Absender, sowie die Annahme, dass der Absender das Schriftstück für reif befand, in den Rechtsverkehr zu gelangen.[21] Bei der Frage, inwieweit im Insolvenzverfahren das Schriftformerfordernis auch mithilfe elektronischer Telekommunikationsmittel erfüllt werden kann, gelten an sich die im Zivilprozess aufgestellten Grundsätze.[22] Bekanntlich stand diesbezüglich das prozessuale Schriftformerfordernis in jüngerer Zeit verstärkt im Mittelpunkt einer Diskussion um die verfahrensrechtlichen Einsatzmöglichkeiten

---

17 MüKo-InsO/*Ganter*, § 4 Rn. 87.

18 Darauf hinzuweisen ist, dass nach dem RegE eines Gesetzes zur Vereinfachung des Insolvenzverfahrens (BR-Drucks. 549/06) die schriftliche Antragsstellung in § 13 InsO ausdrücklich verankert werden soll, da die Möglichkeit Eigenanträge zu Protokoll der Geschäftsstelle zu stellen, Arbeitskapazitäten bei Gericht binde, bei Kleinverfahren über § 305 Abs. 5 InsO ohnehin der Zwang bestehe, einen Vordruck zu verwenden und im Übrigen die schriftliche Einreichung bei Unternehmensinsolvenzen der Regelfall sei, vgl. BR-Drucks. 549/06, S. 25.

19 Siehe Nerlich/Römermann/*Mönning*, § 13 Rn. 21; MüKo-InsO/*Schmahl*, § 13 Rn. 73; Kübler/Prütting/*Pape*, § 13 Rn. 70.

20 Für die Beschwerdeschrift ist insofern § 130 Nr. 6 ZPO doppelt analog anzuwenden, Nerlich/Römermann/*Becker*, § 6 Rn. 53.

21 Nerlich/Römermann/*Becker*, § 6 Rn. 54 u.a. unter Hinweis auf BGHZ 79, 314, 317 f.

22 MüKo-InsO/*Schmahl*, § 13 Rn. 73; von seiner zunächst abweichend Auffassung, dass Anträge mittels Faxübermittlung für formunwirksam seien und darin allenfalls eine Ankündigung eines Antrags gesehen werden könne, der erst mit Einreichung des Originals anhängig werde, ist *Uhlenbruck* mittlerweile abgerückt, siehe Gottwald/*Uhlenbruck*, § 9 Rn. 1 in Abweichung zur Vorauflage.

von Kommunikationstechnologie. Durch die Entscheidung des Gemeinsamen Senats der Obersten Gerichtshöfe des Bundes[23] wurde das Schriftformerfordernis, das bereits bei Benutzung fernmeldetechnischer Übermittlungswege (bspw. Telegramm, Telex, Telefax) teleologisch auf die maschinenschriftliche Wiedergabe der Unterschrift oder die Wiedergabe des Schriftbildes der Unterschrift eingegrenzt war,[24] noch weiter eingeengt. Mit der Entscheidung des Gemeinsamen Senats wurde höchstrichterlich festgestellt, dass auch die elektronische Übermittlung eines Computerfaxes mittels eingescannter Unterschrift die Schriftform nach § 130 Nr. 6 ZPO a.F. wahre.[25] Nicht geklärt war indes die rein elektronische Übermittlung von „Schriftsätzen" per e-Mail, bei der es nicht - wie beim Computerfax mittels eingescannter Unterschrift - zu einer datenbezogenen Speicherung der Unterschrift (mit anschließender Möglichkeit des Ausdrucks des Scans) kommt.

Im Zuge des FormVAnpG hätte sich der Gesetzgeber bereits genauer der Frage zuwenden sollen, ob das prozessuale Schriftformerfordernis angesichts fortschreitender elektronischer Kommunikationsmittel und insbesondere mit Hinblick auf die fortlaufend aufgeweichten, kaum mehr nachvollziehbaren Interpretationsansätze des verfahrensrechtlichen Schriftlichkeitsbegriffs noch zeitgemäß ist.[26] So mehrt sich mittlerweile massivere Kritik am prozessualen Schriftformerfordernis aus dem juristischen Schrifttum.[27] Diesen weitläufigen Schritt ist der Gesetzgeber bislang jedoch nicht gegangen. Im Rahmen der Reformierung des § 130 Nr. 6 ZPO wurde so erstmalig der Begriff „*Telekopie*" eingeführt, mit welchem zunächst einmal hinsichtlich der Übertragung mittels eines öffentlichen Telekommunikationsnetzes nicht hinter die Entscheidung des Gemeinsamen Senats zurückgegangen werden sollte.[28]

---

23 BGHZ 144, 160 ff.

24 Vgl. nur *Dästner*, NJW 2001, 3469, 3469 sowie die umfassenden Nachweise in BGHZ 144, 160, 162 ff. Auch im Insolvenzverfahren ist die Übermittlung des Antrages per Fax unstreitig möglich, siehe nur MüKo-InsO/*Schmahl*, § 13 Rn. 73.

25 BGHZ 144, 160, 164 f. Dies gilt nach Auffassung des BGH jedoch nur für den Fall, dass es sich um eine eingescannte Unterschrift eines Computerfaxes handele, nicht jedoch bei Übermittlung mittels eines „normalen" Faxgerätes, BGH vom 10.10.2006, XI ZB 40/05, abrufbar unter: JurPC Web-Dok. 138/2006, Abs. 1-12.

26 Ebenso Stadler, ZZP 111 (2002), 413, 417, die die mangelnde inhaltliche Auseinandersetzung des Gesetzgebers als Enttäuschung bezeichnet.

27 Für eine endgültige Aufgabe der Unterschrift als Wirksamkeitserfordernis siehe jeweils *Schneider*, NJW 1998, 1844, 1844 ff; Zöller/*Greger*, § 130 ZPO Rn. 21 f. und *Heinemann*, S. 338 ff, m.w.N. auf S. 338.

28 Mit dem Erfordernis der Wiedergabe der Unterschrift werde aber in Teilen doch strengere Anforderungen aufgestellt, da vorher eine Angabe in Druckbuchstaben ausgereicht habe, vgl. *Dästner*, NJW 2001, 3469, 3469, dort in FN 10.

2. Elektronische Dokumente im Insolvenzverfahren

a) Elektronische Schriftsätze im Insolvenzverfahren

Das Schicksal der rein elektronischen Übermittlung, etwa durch eine e-Mail, ist durch den reformierten § 130 Nr. 6 ZPO indes nicht erfasst.[29] E-Mails werden vielmehr durch die Vorschrift des § 130a ZPO betreffend die Behandlung von elektronischen Dokumenten geregelt.[30] Der Begriff des elektronischen Dokuments erfasst jede digitalisierte Erklärung, unabhängig davon, ob sie etwa online übermittelt wird oder lediglich auf einem Datenträger gespeichert ist.[31] Die Vorschrift erfasst - entgegen des Wortlauts - vorbereitende und bestimmende Schriftsätze.[32] Dies bedeutet zugleich, dass insbesondere die Einreichung der elektronischen Antrags- oder Beschwerdeschrift im Insolvenzverfahren unter dem Diktat der einschränkenden Regulierungen von § 130a ZPO stünde.[33] Namentlich käme damit im Insolvenzverfahren ein bundesweit einheitlicher Einsatz nach § 130a Abs. 2 ZPO für elektronische Schriftsätze erst dann in Betracht, wenn durchweg entsprechende Verordnungen oder Anweisungen der Landesjustizverwaltungen existieren, die ausnahmslos für alle (Insolvenz-)Gerichte eine Übermittlung von elektronischen Dokumenten für zulässig erklären.[34]

Zudem wäre fraglich, inwieweit insbesondere mit Hinblick auf die Antrags- und Beschwerdeschrift (oder sonstige bestimmende Schriftsätze) das Erfordernis des § 130a Abs. 1 Satz 2 ZPO auszulegen ist, wonach das Dokument mit einer qualifizierten elektronischen Signatur (§ 2 Nr. 3 SigG) zu versehen sein „soll". Als Ersatz der technisch nicht möglichen Unterschrift soll in Anlehnung an den elektronischen Formbegriff von § 126a BGB grundsätzlich die qualifizierte Signatur als Surrogat der händischen Unterzeichnung herhalten. Die Gesetzesbegründung bezeichnet dies zwar ausdrücklich als Ordnungsvorschrift, das heißt die qualifizierte Signatur stelle kein zwingendes Erfordernis dar.[35] Allerdings ist umstritten, inwieweit dies für bestimmende Schriftsätze gilt. Mit Hinblick darauf, dass der Vermittlungsausschuss davon ausging, dass das Schriftformerfordernis jedenfalls bei bestimmenden Schriftsätzen in den allermeisten Fällen

---

29 Im Unterschied zum Telefax/Computerfax erfolgt die Übertragung nicht (allein) unter Benutzung öffentlicher Telekommunikationsnetze, sondern unter Einschaltung von Rechnernetzen, *Dästner*, NJW 2001, 3469, 3470, dort in FN 13.

30 Zöller/*Greger*, § 130a ZPO Rn. 2; *Dästner*, NJW 2001, 3469, 3470.

31 *Trunk* in FS Boguslavskij, S. 619, 624; vgl. auch Zöller/*Greger*, § 130a ZPO Rn. 2.

32 *Stadler*, ZZP 111 (2002), 413, 419 unter Bezug auf BT-Drucks. 14/4987, S. 24.

33 Bestimmende Schriftsatze sind das Verfahren unmittelbar gestaltende Prozesshandlungen, insbesondere Schriftsätze, die ein Verfahren einleiten oder wie die sofortige Beschwerde die formelle Rechtskraft einer Entscheidung hemmen, Zöller/*Greger*, § 129 ZPO Rn. 3,

34 Zu ergangenen Verordnungen siehe Zöller/*Greger*, § 130a ZPO Rn. 5a.

35 Vgl. BT-Drucks. 14/4987, S. 24, 43 f.

zwingend sei, wurde letztlich auf eine Änderung des § 130a ZPO gegenüber der jetzigen Fassung verzichtet.[36] Die im Gesetzgebungsverfahren geäußerte Auffassung, das Erfordernis qualifizierter Signaturen bestehe bei bestimmenden Schriftsätzen zwingend, kann sich auf eine lange höchstrichterliche Judikatur des BGH zum zwingenden Schriftformerfordernis bei bestimmenden Schriftsätzen berufen.[37] Insofern spricht einiges dafür, dass diese Linie auch bei elektronischen Dokumenten fortgesetzt wird.[38] Soweit sich insofern gegen den gesetzgeberischen Ansatz gewandt wird,[39] ist dies vornehmlich damit zu erklären, dass diese Autoren ohnehin für eine gänzliche Aufgabe des Schriftformerfordernisses plädieren. Grundsätzlich gilt jedoch, dass voraussichtlich die Insolvenzgerichte[40] unter Berufung auf den im Gesetzgebungsverfahren zum Ausdruck gebrachten Willen nur solche bestimmenden elektronischen Schriftsätze als formwirksam akzeptieren werden, die den signaturrechtlichen Vorgaben von § 2 Nr. 3 SigG entsprechen.[41]

---

36 Niederschrift der 756. Sitzung des Bundesrates vom 22.06.2001, S. 322. Hierzu jeweils *Dästner*, NJW 2001, 3469, 3470 und *Stadler*, ZZP 111 (2002), 413, 420.

37 St. Rspr. des BGH zum „Soll"-Erfordernis des § 130 Nr. 6 ZPO bei bestimmenden Schriftsätzen, siehe nur BGH NJW 1997, 3380, 3380 m.w.N. sowie zuletzt BGH NJW 2001, 1581, 1581 ausdrücklich unter Einbeziehung der Entscheidung des Gemeinsamen Senats zum Computerfax.

38 Für eine diesbezügliche Fortsetzung der BGH Rechtsprechung im Falle der Aufrechterhaltung des prozessualen Schriftformerfordernisses wohl *Heinemann*, S. 326 f; *Dästner*, NJW 2001, 3469, 3470; eine solche Auslegung des BGH bei „Konsequenz" erwartend Hannich/Meyer-Seitz/*Schwartze*, § 130a ZPO Rn. 6.

39 Im Insolvenzverfahren spricht sich augenscheinlich Nerlich/Römermann/*Becker*, § 6 Rn. 56, gegen die Interpretation des § 130a ZPO als „Muss"-Vorschrift bei bestimmenden Schriftsätzen aus. Für den Zivilprozess etwa Zöller/*Greger*, § 130a ZPO Rn. 4, unter Hinweis auf „unerträgliche Ungleichbehandlung" gegenüber papiergebundenen Erklärungen; *Stadler*, ZZP 111 (2002), 413, 420; ebenso *Weigel*, DStR 2002, 1841, 1845, obiter dictum in Bezug auf den Zivilprozess hinsichtlich bei der Frage, ob das Sollerfordernis des § 77a FGO für qualifizierte Signaturen bei bestimmenden Schriftsätzen zwingend gelte.

40 So ging das OLG Köln mit Beschluss vom 03.05.2000, AZ.: 2 W 79/00 (NZI 200, 435 f.) im Zusammenhang mit der Einlegung einer sofortigen weiteren Beschwerde gem. § 7 Abs. 1 InsO unter Anwendung von § 4 InsO i.V.m. § 130 Nr. 6 ZPO von der zwingenden Notwendigkeit des Schriftformerfordernisses bei bestimmenden Schriftsätzen aus, siehe hierzu die ablehnende Anm. von *Römermann/van der Moolen*, EWiR § 4 InsO, 1/2000, S. 777 f.

41 Soweit *Splittgerber*, CR 2003, 23, 27 unter Berufung auf das BVerfG (NJW 2002, 3543 ff.) eine künftige Rechtsprechungslinie dahingehend erwartet, dass die Einreichung eines bestimmenden elektronischen Schriftsatzes auch mittels einfacher e-Mail zugelassen werde, dürfte dies zu bezweifeln sein. Zum einen hatte sich das BVerfG lediglich mit der Frage der Wirksamkeit eines schriftlichen Einspruches gegen einen Strafbefehl (§ 410 StPO) zu beschäftigen, bei der wegen der drohenden Strafbarkeit spezifisch verfassungsrechtlich argumentiert wird (BVerfG aaO., S. 3535). Zum anderen betreffen die lediglich obiter dictum unter Bezug auf das zivilprozessuale Schriftformerfordernis getätigten Ausführungen eine Rechtslage, zu welcher der Gesetzgeber die Frage elektronischer Dokumente gerade noch nicht geregelt hatte, sodass folglich auch eine inhaltliche Auseinandersetzung

b) Geltungsanspruch von § 130a ZPO im Insolvenzverfahren

Gleichwohl wird vereinzelt dem Geltungsanspruch der zivilprozessualen Regelungen für elektronische Schriftsätze unter Berufung auf insolvenzverfahrensrechtliche Besonderheiten entgegengetreten und insbesondere die bereits jetzt zulässige Möglichkeit der Verfahrensleitung durch einfache e-Mail propagiert. Namentlich *Mönning*[42] verweist insoweit auf die insolvenzspezifische allgemeine Verbreitung des Internet als Kommunikationsmedium im Insolvenzverfahren.[43] Durch die Ergänzung in § 9 Abs. 1 Satz 1 (durch das InsOÄndG 2001)[44] und der gesetzlichen Anerkennung der elektronisch betriebenen Informationsverbreitungssysteme müsse konsequenterweise auch die Antragstellung per e-Mail zugelassen werden.[45] Augenscheinlich soll damit die Zulässigkeit der elektronischen Antragstellung außerhalb der normativen Vorgaben von § 130a ZPO bewertet werden.

Ob dieses Ergebnis allerdings so Richtigkeit für sich beanspruchen kann, muss bezweifelt werden. Inhaltlich knüpft die Auffassung *Mönnings* sicherlich an die zuvor genannten, im Vordringen befindlichen Auffassungen an, wonach das prozessuale Schriftformerfordernis heute nicht mehr aufrecht zu erhalten sei. Gleichwohl darf das rechtspolitische Postulat, welche Anforderungen künftig an das Gesetz zu stellen sind, nicht mit den allgemeinen Auslegungsmaßstäben verwechselt werden; diese haben sich vielmehr an der de lege lata vorzufindenden Gesetzeslage zu orientieren. Diesbezüglich streiten derzeit allerdings die besseren Argumente gegen die Zulässigkeit der einfachen e-Mail bei der Verfahrenseinleitung außerhalb der gesetzlichen Vorgaben von § 130a ZPO. Die Generalverweisung in § 4 InsO dient insbesondere dazu, wie auch sonstige Verweisungsnormen die das Zivilprozessrecht subsidiär für anwendbar erklären, gesetzliche Redundanzen und Wiederholungen zu vermeiden.[46] An denjenigen Stellen, an denen allgemeinverbindliche Prinzipien verfahrensübergreifend eine einheitliche Lösung ermöglichen, soll eine Insellösung vermieden werden, sofern die jeweilige Verfahrensordnung eine solche nicht gerade gebietet. Ausgehend hiervon wird die Behandlung der Verfahrenseinleitung bzw. insgesamt die Handha-

des BVerfG mit der reformierten Vorschrift des § 130 Nr. 6 ZPO und dem in Bezug auf § 130a ZPO geäußerten Willen des Gesetzgebers fehlt.

42 In Nerlich/Römermann, § 13 Rn. 30.

43 Nicht ganz eindeutig sind die Ausführungen von Nerlich/Römermann/*Becker*, § 6 Rn. 56, in Bezug auf den Geltungsanspruch von § 130a ZPO bei bestimmenden Schriftsätzen im Insolvenzverfahren. *Becker* zieht zwar das Erfordernis einer qualifizierten Signatur im Insolvenzverfahren in Zweifel, begründet dies indes eher mit allgemeinen Kritikpunkten am prozessualen Schriftlichkeitserfordernis. Offen bleibt nach *Becker* aber, ob der Einsatz von Kommunikationstechnologie vom Vorhandensein etwaiger Verordnungen iSd. § 130a ZPO abhängig sein soll.

44 Ausführlichst hierzu später unter Teil 2II, S. 52 ff.

45 Nerlich/Römermann/*Mönning*, § 13 Rn. 31.

46 Vgl. nur MüKo-InsO/*Ganter*, § 4 Rn. 2 sowie Nerlich/Römermann/*Becker*, § 4 Rn. 1 f.

be (bestimmender) Schriftsätze im Insolvenzverfahren gegenüber dem Insolvenzgericht nicht anderweitig als in der ZPO gefordert erfolgen können. Denn die Stellung des Insolvenzgerichts unterscheidet sich insofern nicht von derjenigen anderer Gerichte. Dies folgt schon aus § 2 Abs. 1 InsO, der die strukturelle Verknüpfung von Insolvenz- und Amtsgericht klar verdeutlicht. Dass die Insolvenzgerichte insofern gegenüber sonstigen Gerichten der ordentlichen (Zivil-)Gerichtsbarkeit privilegiert sein sollen, ist der InsO nicht zu entnehmen. Daher beansprucht die gesetzgeberische Entscheidung, den verbindlichen elektronischen Rechtsverkehr bei der schriftsätzlichen Kommunikation mit dem Gericht von den Voraussetzungen des § 130a ZPO abhängig zu machen, auch im Insolvenzverfahren Geltungsanspruch.

Soweit argumentativ in diesem Zusammenhang auf die Anerkennung des Internet durch die Änderung des § 9 Abs. 1 InsO im Rahmen öffentlicher Bekanntmachungen verwiesen wird, kann dem nicht gefolgt werden. Denn bei öffentlichen Bekanntmachungen handelt es sich um eine einseitig veranlasste Kommunikation, die strukturell andere Anforderungen an die Kommunikationsbeteiligten stellt, als dies bei der Verständigung mittels Schriftsätzen der Fall ist. Insbesondere fehlt es bei öffentlichen Bekanntmachungen an einer Adressatenzielgerichtetheit,[47] sodass das gesetzessystematische Argument nicht greift, das Insolvenzgericht könne sich seinerseits hinsichtlich etwaiger Kommunikationsbeiträge der Einsatzmöglichkeiten des Internet bedienen. Zudem kann jedenfalls nach gegebener Rechtslage gegen diese Argumentation angeführt werden, dass auch bei öffentlichen Bekanntmachungen das Internet allein eine optionale Kommunikationsbasis darstellt, die grundsätzlich nicht zwingend durch alle Insolvenzgerichte genutzt werden müsste.[48] Insofern ähneln sich § 130a Abs. 2 ZPO und § 9 Abs. 1 Satz 1 InsO jedenfalls de lega lata, indem beiderseits eine gesetzliche Obliegenheit zur gerichtlichen Nutzung von Kommunikationstechnologie vermieden und eine den jeweiligen infrastrukturellen Begebenheiten angepasste Lösungsmöglichkeit eröffnet wird. Festzuhalten ist damit insgesamt, dass eine elektronische Verfahrenseinleitung (sowie die sonstige elektronische Übermittlung von Schriftsätzen gegenüber dem Insolvenzgericht) den einschränkenden Voraussetzungen von § 130a ZPO unterliegt.

3. Besonderheiten der elektronischen Antragsschrift

a) Elektronische Glaubhaftmachung

Soweit eine elektronische Einreichung des Schriftsatzes unter Beachtung von § 4 InsO i.V.m. § 130a ZPO an sich möglich ist,[49] fragt sich zusätzlich, inwie-

---

[47] Ausführlich Teil 2I.1, S. 41 ff.

[48] Siehe Teil 2II.1.a)bb)(1), S. 61 ff.

[49] Unterstellt, entsprechende Verordnungen iSd. § 130a ZPO werden künftig für die Amts- bzw. Insolvenzgerichte erlassen.

weit eine hinreichende Glaubhaftmachung der Antragsvoraussetzungen auf elektronischem Wege erfolgen könnte. Im Gegensatz zum voraussetzungslosen Schuldnerantrag ist ein Antrag eines Gläubigers gem. § 14 Abs. 1 InsO nur zulässig, wenn der Gläubiger ein rechtliches Interesse an der Eröffnung des Insolvenzverfahrens hat und seine Forderung und den Eröffnungsgrund glaubhaft macht. Die bloße Substantiierung der Forderung und des Eröffnungsgrundes reicht hierfür nicht aus. Die Glaubhaftmachung soll vielmehr der hinreichenden Legitimation des Antragstellers zur Stellung des Antrags dienen,[50] weshalb im Eröffnungsverfahren eine Plausibilitätskontrolle des Gläubigerantrags durch das Insolvenzgericht zu erfolgen hat. Der Maßstab der Glaubhaftmachung entspricht dabei den zivilprozessualen Grundsätzen; ein Insolvenzantrag ist danach nur zuzulassen, wenn eine überwiegende Wahrscheinlichkeit für das Bestehen einer Insolvenzforderung und eines Antragsgrundes vorliegt.[51] Die Voraussetzungen der Glaubhaftmachung des Insolvenzantrags richten sich dabei nach § 294 ZPO (§ 4 InsO), es sind also grundsätzlich alle präsenten Beweismittel sowie die eidesstattliche Versicherung zulässig.[52]

aa) Glaubhaftmachung durch elektronisch übermittelte Beweisunterlagen

Fraglich ist insoweit, ob das Insolvenzgericht auch durch Übermittlung elektronischer Dokumente von der hinreichenden Wahrscheinlichkeit des Vorliegens der Antragsvoraussetzungen überzeugt werden könnte. Eine elektronische Antragstellung würde insbesondere dann effizient sein, wenn auch die Glaubhaftmachung seitens des Gläubigers auf elektronischem Wege möglich ist. Ansonsten käme es zu einem Auseinanderreißen der unter Beachtung der zuvor dargestellten Voraussetzungen elektronisch übermittelten Antragsschrift und im Übrigen herkömmlich einzureichenden Unterlagen. Mit Hinblick auf dieses widersinnige Ergebnis geht *Mönning* augenscheinlich in Fortschreibung seiner Auffassung von der Zulässigkeit elektronischer Insolvenzanträge unabhängig von § 130a ZPO davon aus, dass Mitteilungen, die der Glaubhaftmachung dienen,

---

50 MüKo-InsO/*Schmahl*, § 14 Rn. 8.

51 Kübler/Prütting/*Pape*, § 14 Rn. 38. Kritik am Maßstab der überwiegenden Wahrscheinlichkeit üben Zöller/*Geimer/Greger*, § 294 ZPO Rn. 6, da diese Formel zu unscharf sei. Es sei daher ein den konkreten Umständen angepasstes Maß an Glaubhaftigkeit zu fordern, das heißt die Sicherheit der Feststellung müsse von den Folgen der zu treffenden Entscheidung abhängig gemacht werden. Nach diesem Maßstab müsste der Maßstab der Glaubhaftmachungslast von den Folgen eines unzulässigen Insolvenzantrags und einer unberechtigten Insolvenzeröffnung abhängig gemacht werden. Auch in diesem Falle wird man dann überwiegende Wahrscheinlichkeit für das Zutreffen des Gläubigervortrags fordern müssen, da die Stigmatisierung durch die Insolvenzeröffnung in der Öffentlichkeit nicht unbeträchtlich ist, vgl. hierzu auch die Ausführungen zu FN 183.

52 Hess/Weis/*Wienberg*, § 14 Rn. 25; MüKo-InsO/*Schmahl*, § 14 Rn. 15; Kübler/Prütting/*Pape*, § 14 Rn. 38.

auch als e-Mail übermittelt werden können, da die mit Absendererkennung versehene elektronische Mitteilung Originalcharakter habe.[53]

Ob diesem Ansatz allerdings so in der Allgemeinheit gefolgt werden kann, ist zweifelhaft. Zwar trifft zu, dass § 294 ZPO keine Formvorschriften an ein bestimmtes elektronisches Dokument selbst stellt. Vielmehr gelten insoweit die allgemein üblichen (Beweis-)Maßstäbe. Soweit daher dem Gericht ein elektronisches Dokument vorgelegt wird, hat es sich grundsätzlich an den allgemein üblichen Beweisrichtlinien zu orientieren. Haben sich bspw. Schuldner und Gläubiger im Rahmen von e-Mail Korrespondenz über die Lieferung von Waren geeinigt, können e-Mails selbstverständlich auch dem Gericht vorgelegt werden, um damit die Existenz einer Forderung hinreichend glaubhaft zu machen. Ob beigebrachte e-Mails allerdings hinreichende Überzeugungskraft entfalten können, hätte das Gericht in freier Beweiswürdigung einzuschätzen.[54] Dabei wäre seitens des Gerichts bei Berufung auf einen elektronischen Vertragsschluss die Beweisregel des § 371a ZPO zu beachten.[55]

Bei der Frage jedoch, ob im Rahmen eines elektronischen Eröffnungsantrags auch die Glaubhaftmachung elektronisch erbracht werden kann, wird es in der Vielzahl der Fälle gerade nicht darum gehen, ein bereits existierendes elektronisches Dokument im Rahmen des Antrags an das Gericht weiterzuleiten. Vielmehr ist fraglich, inwiefern die Glaubhaftmachung auch mit solchen Unterlagen erfolgen kann, bei denen bspw. die zugrunde liegenden Unterlagen eingescannt und dann als elektronisch transformierte Dokumente übermittelt werden.[56] Sowohl Augenscheinsgegenstände als auch Urkunden müssen sofort, das heißt mit der Antragsschrift bzw. im Termin vorgelegt werden.[57] Zwar erfüllt für sich genommen die Übermittlung einer elektronischen Datei gem. § 371 Abs. 1 Satz 2 ZPO die Voraussetzungen des Beweisantritts durch Augenschein.[58] Freilich wäre der Beweiswert eines solchen Dokuments gering. Wird nämlich eine in Papierform existente Urkunde eingescannt und zwecks Glaubhaftmachung an das

---

53 Nerlich/Römermann/*Mönning*, § 13 Rn. 30.

54 Vgl. MüKo-InsO/*Schmahl*, § 14 Rn. 17; siehe aber auch *Mankowski*, CR 2003, 44, 45 ff., der mit beachtlichen Argumenten für einen Anscheinsbeweis hinsichtlich der Identität des Erklärenden bei Absenden von e-Mails von dessen Inhaberadresse streitet.

55 Zur Reform des Beweisrechts bei elektronischen Dokumenten durch das JKomG siehe jeweils zum RefE, *Krüger*, ZVI 2003, 162, 164; *Viefhues*, CR 2003, 541, 545 f; *Fischer-Dieskau*, MMR 2003, 701, 704 f.

56 Zu den Anforderungen des gerichtlichen Medientransfers von Papierdokumenten in elektronische Dokumente im Rahmen der elektronischen Aktenführung nach § 298a Abs. 2 JKomG, siehe *Fischer-Dieskau*, MMR 2003, 701, 704 sowie *Viefhues*, CR 2003, 541, 544 ff.

57 MüKo-ZPO/*Prütting*, § 294 ZPO Rn. 16.

58 Zur dogmatischen Einordnung des elektronischen Dokuments als Anscheinsbeweis siehe, *Stadler*, ZZP 111 (2002), 413, 430, die zugleich auf S. 431 darauf hinweist, dass für den Beweisantritt durch Übermittlung einer elektronischen Datei gem. § 371 Abs. 1 Satz 2 ZPO bei Gericht die entsprechenden Voraussetzungen vorhanden sein müssen.

Gericht gesandt, handelt es sich inhaltlich genau genommen um nichts anderes als eine elektronisch erstellte Abschrift des Originals.[59] Die Abschrift einer Urkunde reicht wiederum nach allgemeinen Grundsätzen zum Beweisantritt jedoch nicht aus, sondern es ist vielmehr nach § 420 ZPO das Original vorzulegen.[60] Hinzu kommt, dass auch der Ausdruck eines elektronisch gespeicherten Textes richtiger Weise nicht unter den Urkundenbegriff fallen kann, da er keine originäre Gedankenerklärung verkörpert, sondern lediglich belegt, dass bestimmte Daten eingegeben und gespeichert wurden.[61] Das Insolvenzgericht wird daher elektronisch transformierten Abschriften, die mit dem Antrag übermittelt werden, für sich genommen in aller Regel keinen hinreichenden Beweiswert für die Glaubhaftmachung zusprechen können.[62]

Soweit im Zivilprozess üblicherweise (zunächst) lediglich eine schriftsätzliche Übersendung der kopierten Abschrift erfolgt, erklärt sich dies allein aus dem Umstand, dass der in der Abschrift enthaltene Inhalt meist unstreitig gestellt wird und insofern ein Beweis über den Inhalt nicht zu erheben ist. Dass ein vergleichbarer Weg im Insolvenzverfahren für den Gläubiger durchweg erfolgsversprechend wäre, darf bezweifelt werden. Zwar könnte das Insolvenzgericht grundsätzlich im Zulassungsverfahren auch die Glaubhaftmachung der elektronisch übermittelten Dokumente überprüfen[63] und diesbezüglich auch im Rahmen der Ermittlungstätigkeit gem. § 5 Abs. 1 InsO den Schuldner zu dem elektronischen Dokument befragen.[64] Gleichwohl könnte sich ein Gläubiger auf diese Möglichkeit nicht verlassen, sondern ist daran gehalten, eigenständig die Forderung und den Insolvenzgrund mit den ihm zur Verfügung stehenden Beweismitteln glaubhaft zu machen. Gelingt ihm dies nicht, droht ihm möglicherweise sogar die Ablehnung eines an sich zulässigen Antrags. Daher ist der Gläubiger im Grundsatz gehalten, die entsprechenden Urkunden in Übereinstimmung mit den Beweisvorschriften urschriftlich vorzulegen.

bb) Elektronische Versicherung an Eides Statt

Eine Lösungsalternative könnte gegebenenfalls in der Übermittlung eidesstattlicher Versicherungen auf elektronischem Wege bestehen. Die von § 294 Abs. 1

59 *Roßnagel/Wilke*, NJW 2006, 2145, 2148.

60 Siehe nur BGH ZIP 1993, 117, 117; Gottwald/*Uhlenbruck*, § 12 Rn. 18, spricht sich allerdings im Insolvenzverfahren wegen einer etwaigen Verlustgefahr dafür aus, auch die Überreichung einer anwaltlich beglaubigten Kopie für ausreichend zu erachten.

61 *Stadler*, ZZP 111 (2002), 413, 430 m.w.N.

62 Vgl. auch MüKo-InsO/*Schmahl*, § 13 Rn. 73, wonach es vom Einzelfall abhinge, ob auch per Fax eingereichte Unterlagen zur Glaubhaftmachung des Gläubigerantrags berücksichtigt werden können.

63 Vgl. MüKo-InsO/*Ganter*, § 5 Rn. 13 (dort m.w.N. in FN 15), wonach die Glaubhaftmachung durch das Gericht überprüft werden darf, im Übrigen jedoch grundsätzlich keine Amtsermittlungspflicht im Zulassungsverfahren besteht.

64 MüKo-InsO/*Ganter*, § 5 Rn. 41.

ZPO für die Glaubhaftmachung als Beweismittel zugelassene eidesstattliche Versicherung kann auch im insolvenzrechtlichen Zulassungsverfahren zur Anwendung kommen.[65] Dabei kommt neben der Versicherung des Antragsstellers auch eine Versicherung durch eine dritte mit dem Sachverhalt vertraute Person in Betracht.[66] Die eidesstattliche Versicherung kann mündlich vor der Eidesabnahme zuständigen Stelle oder in Abwesenheit schriftlich erklärt werden.[67] Denkbar wäre daher auch, eine eidesstattliche Versicherung in einem elektronischen Dokument aufzunehmen und dieses mitsamt dem elektronischen Antrag an das Insolvenzgericht zu übermitteln.

Fraglich ist hierbei, wie die Schriftlichkeit einer in Abwesenheit abgegebenen eidesstattlichen Versicherung zu beurteilen ist oder anders gefragt, welche signaturrechtlichen Anforderungen an eine elektronische eidesstattliche Versicherung zu stellen wären. Im Schrifttum und in der Praxis wird diese Frage bislang nicht erörtert. Nicht ausreichen solle eine bloße Kopie der Originalerklärung.[68] Dagegen wurde im Arrestverfahren auch eine per Telefax eingereichte Versicherung als ausreichend angesehen, da die Faxkopie die unterzeichnende Person einwandfrei und zuverlässig wiedergebe.[69] Ausgehend hiervon wird zweifelsohne eine elektronische eidesstattliche Versicherung, die qualifiziert elektronisch signiert ist, als ausreichend anzusehen sein, da diese noch mehr als die einfache Faxkopie die Urheberschaft des Verfassers gesichert feststellen lässt.

Ob die Gerichte allerdings lediglich einfach elektronisch signierte eidesstattliche Versicherungen als ausreichend ansehen werden, dürfte zu bezweifeln sein. Wenngleich dieses unter formellen Gesichtspunkten wohl nicht zwingend geboten wäre, verdeutlicht die restriktivere Haltung gegenüber der einfachen Kopie einer Originalurkunde, dass im Rahmen der verkürzten „Beweisprüfung" der Glaubhaftmachung Zweifel an der Urheberschaft der eidesstattlichen Versicherung nicht bestehen sollen. Der bloße Namenszusatz eines elektronisch verfassten Textes wird jedoch meist nicht gänzlich zweifelsfrei belegen können,

65 Kübler/Prütting/*Pape*, § 14 Rn. 38; MüKo-InsO/*Schmahl*, § 14 Rn. 15.

66 Kübler/Prütting/*Pape*, § 14 Rn. 38; MüKo-InsO/*Schmahl*, § 14 Rn. 17.

67 Zöller/*Geimer/Greger*, § 294 ZPO Rn. 4; MüKo-ZPO/*Prütting*, § 294 ZPO Rn. 18.

68 Stein/Jonas/*Leopold*, § 294 ZPO Rn. 12 und 16, dort in FN 28 und 20 u.a. unter Hinweis auf OLG Düsseldorf, StV 1994, 284; ausreichend nur bei gerichtlicher oder notarieller Beglaubigung, Schönke/Schröder/*Lenckner*, § 156 StGB Rn. 19 m.w.N.

69 BayObLG NJW 1996, 406, 407 ff. Das BayObLG beschäftigt sich dabei ausgiebig mit der Frage, inwieweit Prozesshandlungen allgemein durch Telefax vorgenommen werden können, weshalb auch die Möglichkeit der wirksamen eidesstattlichen Versicherung mittels Fax im Arrestverfahren vorgenommen werden könne. Obiter dictum deutet das Gericht (aaO., S. 408) jedoch nicht ganz widerspruchsfrei an, dass es die Entscheidung des OLG Düsseldorf (StV 1994, 284) für zutreffend hält, die Vorlage einer bloßen Kopie im Rahmen der Glaubhaftmachung gem. § 111g Abs. 2 StPO nicht für ausreichend zu erachten.

dass damit „vor" einer zuständigen Behörde eine wirksame eidesstattliche Versicherung abgegeben wurde. Dementsprechend müsste aus Gerichtssicht auch bezweifelt, ob die Erklärung tatsächlich im Bewusstsein der drohenden Sanktionswirkung einer falschen Versicherung (vgl. § 156 StGB) abgegeben wurde. Da die drohende Strafbarkeit aber prägendes Motiv für die (unterstellte) höhere Gewähr für den Wahrheitsgehalt des Erklärten und damit auch wesentlicher Grund der Zulassung als Mittel zur Glaubhaftmachung ist, werden die Gerichte nur solche elektronischen eidesstattlichen Versicherung zulassen, die Zweifel an der Urheberschaft nicht aufkommen lassen. Soweit daher nicht jedenfalls in Verbindung mit sonstigen Umständen Zweifel an der Urheberschaft des Versichernden ausgeschlossen wären,[70] wäre es aus Sicht der Antragsteller erforderlich, qualifiziert signierte Versicherungen einzureichen, um sich nicht der Gefahr der Zurückweisung der vorgelegten elektronischen eidesstattlichen Versicherung zu begeben.[71]

Inhaltlich sind selbstverständlich die gleichen Voraussetzungen an elektronische Versicherungen zu stellen, wie diese auch sonst gelten. Möglich wäre daher nicht eine alleinige Bezugnahme auf anwaltliche Schriftsätze und die Bestätigung der Richtigkeit deren Inhalts.[72] Zu fordern wäre daher, dass der Gläubiger in der elektronischen eidesstattlichen Versicherung die sachverhaltlichen Tatsachen eigenständig schildert. Möglich wäre es jedoch, die inhaltliche Richtigkeit übermittelter Dokumente zu bestätigen, die als eingescannte Dokumente dem Gericht im Rahmen des Antrags übermittelt wurden. Dies könnte es dem Gericht jedenfalls über den Umweg der eidesstattlichen Versicherung erlauben, den Wahrheitsgehalt der elektronisch übermittelten „Abschriften" mit Hinblick auf die Erreichung der für die Glaubhaftmachung erforderlichen Beweisschwelle entsprechend zu würdigen.

---

70 Da § 130a ZPO nicht gebietet, sämtliche Anlagen qualifiziert elektronisch zu signieren, wäre bspw. an die Konstellation zu denken, bei der ein Antragsteller eine qualifiziert signierte Antragsschrift übermittelt und als Anlage zum Antrag eine lediglich einfach signierte eidesstattliche Versicherung anhängt.

71 Die strafrechtliche Komponente qualifizierter elektronischer Signaturen wird interessanter Weise auch seitens des Bundesrates im Zusammenhang mit den damaligen Streitigkeiten zum Erfordernis von qualifizierten Signaturen im Rahmen von § 130a ZPO angeführt, vgl. BT-Drucks. 14/4987, S. 36. Dabei weist der Bundesrat hinsichtlich des seiner Auffassung nach zwingenden Erfordernisses qualifizierter Signaturen darauf hin, dass nur so bei Erklärungen Dritter wie bspw. Zeugenaussagen oder Sachverständigengutachten zuverlässig angenommen werden könne, dass die Erklärung auch tatsächlich von diesen stamme; allein die Verwendung qualifizierter Signaturen ermögliche daher auch strafrechtliche Konsequenzen.

72 BGH NJW 1996, 2045, 2045 („weit verbreiteten Unsitte"); MüKo-ZPO/*Prütting*, § 294 ZPO Rn. 18; Zöller/*Geimer/Greger*, § 294 ZPO Rn. 4.

b) Elektronischer Verbraucherinsolvenzantrag

Für den Verbraucherinsolvenzantrag des Schuldners postuliert § 305 Abs. 1 InsO ausdrücklich das Erfordernis eines schriftlichen Antrags. In Abkehr zu den sonstigen Anträgen ist damit eine mündliche Einreichung zu Protokoll der Geschäftsstelle nicht möglich. Der Grund hierfür liegt darin, dass der Schuldner beim Antrag nach Maßgabe von § 305 Abs. 1 InsO verschiedentliche Unterlagen beizubringen hat. Dies sind u.a. die Bescheinigung über das Scheitern eines vorgerichtlichen Schuldenbereinigungsplans (Nr. 1), die Verzeichnisse über das vorhandene Vermögen und der Gläubiger (Nr. 3) sowie der Schuldenbereinigungsplan (Nr. 4). Die in § 305 Abs. 5 InsO a.F. vor Erlass des JKomG enthaltene Verordnungsermächtigung an das Bundesjustizministerium, mit Zustimmung des Bundesrates für die Beteiligten zur Vereinfachung des Verbraucherinsolvenzverfahrens „Vordrucke" zu erstellen, hatte nach alter Rechtslage gegebenenfalls den Eindruck entstehen lassen, eine Einreichung eines elektronischen Antrags sei im Verbraucherinsolvenzverfahren ausgeschlossen.

Jedoch konnten bereits vor Erlass des JKomG die für den Verbraucherinsolvenzantrag erforderlichen Vordrucke bereits als PDF- oder Word-Dokument aus dem Internet heruntergeladen werden.[73] Dieses Angebot sollte an sich lediglich dazu dienen, die Dokumente auszudrucken und den Antrag selbst weiterhin herkömmlich unter Wahrung der Schriftform bei Gericht einzureichen. Jedoch wird bereits nach alter Rechtslage die elektronische Einreichung eines Verbraucherinsolvenzantrags als ausreichend anzusehen gewesen sein, die den Anforderungen an § 130a ZPO entsprach, da die bloße Verwendung des Wortes „Vordruck" nicht zum Ausdruck gebracht hatte, dass damit elektronische Kommunikation ausgeschlossen gewesen sei. Die Ersetzung in § 305 Abs. 5 InsO des Wortes „Vordrucke" durch „Formulare" durch das JKomG diente insoweit lediglich einer deklaratorischen sprachlichen Anpassung.[74] Die Zulässigkeit elektronischer Verbraucherinsolvenzanträge war hingegen von dieser Reform nicht abhängig.

III. Forderungsanmeldungen unter Einsatz von Kommunikationstechnologie

Ein wichtiges Einsatzgebiet des rechtsverbindlichen Einsatzes von Kommunikationstechnologie betrifft elektronische Forderungsanmeldungen. Die Forde-

---

[73] Fundstellennachweise im Internet zu Downloadmöglichkeiten amtlicher Vordrucke bei *Mäusezahl*, InsbürO, 2004, 14, 16 f.

[74] In diesem Sinne ist wohl auch die Begründung zum JKomG, BT-Drucks. 15/4067, S. 25, zu allgemein notwendigen sprachlichen Angleichungen bei elektronischem Rechtsverkehr zu verstehen; vgl. hierzu auch *Viefhues*, CR 2003, 541, 542. Nicht ganz eindeutig sind indes die Ausführungen der Begr. des JKomG, BT-Drucks. 15/4067, S. 54, bezüglich der Frage, ob die Gesetzesänderung von § 305 Abs. 5 InsO überhaupt erst den elektronischen Verbraucherinsolvenzantrag ermöglicht hat.

rungsanmeldung ist die Geltendmachung eines materiellen Anspruchs gegen den Schuldner. Bei der Forderungsanmeldung handelt es sich für den Gläubiger um eine Verfahrenshandlung, mit der die Teilnahme am Verfahren beantragt wird.[75] Mit ordnungsgemäßer Anmeldung erwirbt der Gläubiger das Recht, an der Gläubigerversammlung zu partizipieren.[76] Gleichzeitig wird mit Einreichung der ordnungsgemäßen Forderungsanmeldung die Verjährung der zugrunde liegenden Forderung gehemmt (§ 204 Abs. 1 Nr. 10 BGB).[77]

Die technischen Möglichkeiten für elektronische Forderungsanmeldungen dürften bei den meisten Insolvenzverwaltern schon heute vorhanden sein. Zahlreiche Insolvenzverwalter verfügen bereits über einen eigenen Auftritt im Internet.[78] Einige Verwalter bieten darüber hinaus auch schon die Möglichkeit von „Online-Forderungsanmeldungen" an, bei der über ein Internetformular der Gläubiger die Daten seiner Forderung erfassen und an den Verwalter übertragen kann.[79] Das Prüfungsverfahren kann durch elektronische Übermittlung der Forderungsanmeldung erheblich beschleunigt werden, indem nicht nur die Übermittlungszeiten der Anmeldung verringert, sondern in vielen Fällen die Weiterbearbeitung der elektronisch eingebrachten Daten für den Insolvenzverwalter bei Formatkompatibilität vereinfacht wird.[80]

1. Schriftlichkeitserfordernis der Forderungsanmeldung gem. § 174 Abs. 1 InsO

Vor Erlass von § 174 Abs. 4 durch das JKomG ergaben sich die formalisierenden Vorgaben für Forderungsanmeldungen allein aus der Vorschrift des § 174 Abs. 1 InsO. Danach haben Gläubiger die Forderungen nach Satz 1 schriftlich beim Insolvenzverwalter (bzw. Sachwalter, § 270 Abs. 3 Satz 2 InsO, oder Treuhänder, § 313 Abs. 1 Satz 1 InsO) anzumelden. Im Übrigen „sollen" darüber hinaus nach Maßgabe von Satz 2 der Anmeldung die Urkunden, aus denen sich die Forderung ergibt, in „Abdruck" der Anmeldung beigefügt werden.

Im Hinblick auf die zuvor genannte Funktion der Forderungsanmeldung, die Teilnahme am Insolvenzverfahren zu beantragen, wird hinsichtlich des Schrift-

---

75 MüKo-InsO/*Nowak* § 174 Rn. 2; Hess/*Weis*/Wienberg, § 174 Rn. 43.

76 Siehe zur Verleihung des Stimmrechts durch die Anmeldung in Gläubigerversammlungen auch Teil 3II.1.c), S. 148.

77 *Gogger*, S. 85; jeweils auch zur mangelnden Verjährungswirkung einer unwirksamen Anmeldung noch Maßgabe der Vorgängerreglung des § 209 Abs. 2 Nr. 2 BGB a.F. (mit Unterbrechungswirkung), Hess/*Weis*/Wienberg, § 174 Rn. 44; Nerlich/Römermann/*Becker*, § 174 Rn. 23.

78 Siehe hierzu u.a. die Aufstellung der Linkliste des RWS-Verlags unter www.indat.info/verwalteriminternet.htm (Stand: 01.09.2006).

79 *Mäusezahl*, InsbürO 2004, 14, 16.

80 Siehe auch *Mäusezahl*, InsbürO 2004, 14, 16, der auf den möglichen Wegfall einer visuellen Prüfung der in Papierform eingegangen Daten hinweist.

formerfordernisse ausdrücklich auf die Anforderungen bestimmender Schriftsätze verwiesen; es solle mit der Anmeldung feststehen, dass es sich um eine verfahrensrechtlich gewollte Erklärung handele, die vom Unterzeichner herrühre und für die er die verfahrens-, straf- und gegebenenfalls auch standesrechtliche Verantwortung übernehme, weshalb eine Anmeldung ohne Unterschrift unwirksam sei.[81] Anzuerkennen seien im Rahmen von § 174 Abs. 1 InsO gleichwohl auch die im Zivilprozess anerkannten Ausnahmen mittels fernschriftlicher Übermittlungen, bspw. Telegramm, Fax oder Computer-Fax mittels eingescannter Unterschrift.[82] Unter Zugrundelegung dieser Auffassung kann die elektronische Forderungsanmeldung grundsätzlich nicht die Anforderungen an die Schriftlichkeit iSv. § 130 Nr. 6 ZPO erfüllen, da wie zuvor dargestellt ausschließlich elektronische Kommunikationsmittel gerade nicht von dessen Regelungsumfang umfasst sind.[83]

Dem Erfordernis einer zwingenden Unterschrift für Forderungsanmeldungen wird allerdings ausdrücklich entgegengetreten; solange die Anmeldung den Aussteller erkennen ließe und Zweifel über die Urheberschaft ausgeschlossen seien, sei die Schriftlichkeit der Anmeldung nicht obligatorisch.[84] Unter Zugrundelegung dieses Ansatzes wurde bereits vor Erlass von § 174 Abs. 4 InsO nicht nur auf die Zulässigkeit fernmündlicher Übertragungen von Anmeldungen verwiesen, sondern auch der Einsatz elektronischer Kommunikationsmittel für Forderungsanmeldungen anerkannt. Zulässig im Rahmen der Anmeldung gem. § 174 Abs. 1 sei die Anmeldung mittels e-Mail;[85] auch die Übergabe eines Datenträgers oder die elektronische Datenübertragung unmittelbar in einen Datenspeicher des Verwalters sei gestattet.[86]

Ob diesem progressiveren Ansatz hinsichtlich der Einsatzmöglichkeiten von Kommunikationstechnologie im Rahmen von Forderungsanmeldungen ohne die Besonderheiten der neu geschaffenen Regelung in § 174 Abs. 4 InsO uneingeschränkt gefolgt werden kann, ist fraglich. Das gesetzliche Leitbild von § 174 Abs. 1 Satz 1 InsO streitet grundsätzlich für die Notwendigkeit der schriftlichen

---

81 MüKo-InsO/*Nowak*, § 174 Rn. 8; vgl. auch Gottwald/*Eickmann*, § 63 Rn. 13.

82 MüKo-InsO/*Nowak*, § 174 Rn. 9; diese Ausnahmen ebenfalls anerkennend Smid/*Smid*, § 174 Rn. 17.

83 Ausdrücklich die Rechtswirksamkeit elektronischer Anmeldungen unter Hinweis auf das Schriftformerfordernis ablehnend *Mäusezahl*, InsbürO 2004, 14, 16; MüKo-InsO/*Nowak*, § 174 Rn. 9.

84 Etwa Kübler/Prütting/*Pape*, § 174 Rn. 25; Hess/*Weis*/Wienberg, § 174 Rn. 43; ebenso Nerlich/Römermann/*Becker*, § 174 Rn. 15 i.V.m. Rn. 13, der jedoch unter Hinweis auf § 130 Nr. 6 ZPO die Unterschrift ausdrücklich empfiehlt.

85 Hess/*Weis*/Wienberg, § 174 Rn. 36, der jedoch wegen etwaiger Risiken aufgrund von Übermittlungsfehler dazu zu einer Rückversicherung der ordnungsgemäßen Datenüberlieferung beim Verwalter rät.

86 Braun/*Kießner*, § 174 Rn. 16 und Nerlich/Römermann/*Becker*, § 174 Rn. Rn. 13; es müsse allerdings die Einsichtsgewährung gem. § 175 Abs. 2 InsO gewährleistet werden.

Anmeldung, da das insolvenzrechtliche Schriftformerfordernis für Forderungsanmeldungen in Abweichung zur zivilprozessualen „Soll"-Bestimmung von § 130 Nr. 6 ZPO gerade nicht als Ordnungsvorschrift ausgestaltet ist. Zudem verdeutlicht die Vorgängerregelung des § 139 KO[87] die Nähe der Forderungsanmeldung zu bestimmenden Schriftsätzen gegenüber Gericht. Soweit unter konkursrechtlicher Geltung Anmeldungen gem. § 139 Satz 2 KO gegenüber dem Gericht zu erfolgen hatten, lag strukturell kein nennenswerter Unterschied gegenüber sonstigen bestimmenden Schriftsätzen vor, für die die Rechtsprechung von jeher die Schriftlichkeit in den allermeisten Fällen ohnehin zwingend gefordert hat. Auch die Forderungsanmeldung gegenüber dem Gericht stellte eine rechtsverbindliche Erklärung des Gläubigers dar, mit welcher dieser - vergleichbar einer Klagschrift im Zivilprozess - verfahrenseinleitend seine Ansprüche im Konkursverfahren absicherte. Dieses Verständnis wirkt auch unter Herrschaft der InsO weiter fort,[88] auch wenn die Anmeldung nunmehr gegenüber dem Insolvenzverwalter zu erklären ist. Die formalen Anforderungen, die an die Forderungsanmeldung zu stellen sind, sollten mit Einführung der InsO nicht berührt werden. Lediglich die Möglichkeit, Forderungsanmeldungen mündlich zu Protokoll der Geschäftsstelle zu erklären, entfiel notgedrungen. Dass daher das Schriftformerfordernis von § 174 Abs. 1 InsO letztlich eine leere Hülle darstellen sollte, die ohne weiteres umgangen werden kann, sofern die Anmeldung nur irgendwie die Person des Anmeldenden erkennen lässt, ist dem Gesetz nicht zu entnehmen.

Im Übrigen gilt angesichts der Tatsache, dass sich das Gesetz nunmehr ausdrücklich der Frage elektronischer Forderungsanmeldungen angenommen hat, dass die grundsätzliche Zulässigkeit elektronischer Forderungsanmeldungen jedenfalls seit Erlass der Neuregelung in § 174 Abs. 4 InsO nicht mehr allein mit einer erweiterten Auslegung des Schriftlichkeitsbegriffs im Rahmen von Forderungsanmeldungen begründet werden kann. Denn § 174 Abs. 4 Satz 1 InsO postuliert nunmehr ausdrücklich, dass die Anmeldung durch Übermittlung eines elektronischen Dokuments erfolgen kann, wenn der Insolvenzverwalter der Übermittlung ausdrücklich zugestimmt hat. In diesem Fall sollen die Urkunden, aus denen sich die Forderung ergibt, unverzüglich nachgereicht werden (vgl. § 174 Abs. 4 Satz 2 InsO).

Die Begründung des JKomG geht davon aus, mit der Neuregelung überhaupt erstmals den Weg für elektronische Forderungsanmeldungen beim Insolvenzverwalter eröffnet zu haben.[89] Ob dies tatsächlich der Fall ist, mag - selbst wenn

[87] Jeweils zum Charakter als § 139 KO als Vorgängerregelung, MüKo-InsO/*Nowak*, § 174 Rn. 1 sowie Kübler/Prütting/*Pape*, § 174 Rn. 1 unter Hinweis auf Begr. des RegE InsO BT-Drucks. 12/2443, S. 183.

[88] Vgl. MüKo-InsO/*Nowak*, § 174 Rn. 1.

[89] BT-Drucks. 15/4067, S. 54.

man der erweiterten Auslegung des Schriftlichkeitsbegriffs im Bereich von § 174 Abs. 1 InsO nicht folgt - bezweifelt werden. Denn bereits vor Änderung des § 174 InsO hätte jedenfalls eine entsprechende Anwendung der Vorschrift des § 130a ZPO über die Verweisung in § 4 InsO erwogen werden können. Angesichts der nunmehr ausdrücklichen Regelung in § 174 Abs. 4 InsO n.F. hat sich jedoch die Debatte über eine etwaige entsprechende Anwendung von § 130a ZPO erledigt, da jedenfalls keine planwidrige Regelungslücke mehr besteht und insofern der Weg über die Analogie ohnehin versperrt wäre. Die Zulässigkeit von elektronischen Forderungsanmeldungen bemisst sich damit allein am Maßstab des § 174 Abs. 4 InsO, dessen Regelungsgehalt im Folgenden näher untersucht werden soll.

a) Elektronische Forderungsanmeldungen gem. § 174 Abs. 4 InsO

aa) Zustimmungserfordernis

Ohne dass die Begründung des JKomG dies ausdrücklich betont, wird augenscheinlich in § 174 Abs. 4 Satz 1 InsO auf die begriffliche Erfassung des elektronischen Dokuments iSv. § 130a ZPO zurückgegriffen. Dabei soll das Erfordernis der ausdrücklichen Zustimmung des Insolvenzverwalters absichern, dass elektronische Anmeldungen nur in einer für den Verwalter verwendbaren Form erfolgen, worauf dieser die Gläubiger hinzuweisen habe.[90]

Das Gesetz schreibt damit weder gegenüber allen Verwaltern vor, dass sie überhaupt den Einsatz elektronischer Medien ermöglich müssen, noch in welcher Form dies zu geschehen habe. Im Bereich der gerichtlichen Kommunikation mittels elektronischer Medien enthält § 130a Abs. 2 ZPO hingegen eine Delegationsbefugnis an die Landes- und Bundesregierung/en, wonach der Zeitpunkt, ab wann und zudem in welcher Form[91] elektronische Dokumente bei Gericht eingereicht werden können, durch zu bestimmende Verordnungen festzulegen ist. Die erlassenen Verordnungen enthalten damit jedenfalls in Bezug auf die in den Anwendungsbereich der betreffenden Verordnung fallenden Gerichte allgemeingültige Bestimmungen zur Form der elektronischen Kommunikation. Ein solcher allgemeinverbindlicher Ansatz wird aber durch das JKomG zu Recht nicht im Bereich der elektronischen Kommunikation mit den Verwaltern verfolgt.

Die für die Gerichte durch die jeweiligen Verordnungsgeber existierende Fremdbestimmung hinsichtlich der Zulässigkeit der Einreichung elektronischer Dokumente und der zu wahrenden Form erklärt sich aus der Erwägung, ge-

---

90 BT-Drucks. 15/4067, S. 54.

91 Die Formatkompatibilität bezieht allein auf die Frage des Datenformates, nicht etwa den Inhalt der Erklärung, Zöller/*Greger*, § 130a ZPO Rn. 5.

richtsübergreifende Einheitslösungen zu implementieren.[92] Für Insolvenzverwalter kann dies jedoch mangels eines kollektiven Verbundsystems der Verwalter untereinander nicht gelten. Diese müssen folglich sowohl über das „Ob" als auch das „Wie" elektronischer Forderungsanmeldungen jeweils selbst bestimmen können. Daher können elektronische Forderungsanmeldungen beim Verwalter nur dann erfolgen, wenn dieser überhaupt in der Lage ist, diese entsprechend zu empfangen und formatkompatibel zu bearbeiten. Ist der Verwalter willens oder fördert er gar einen Einsatz elektronischer Forderungsanmeldungen, wird es daher seine Aufgabe sein, die Gläubiger auf die erforderlichen formalen Gesichtspunkte einer für ihn verwendbaren Dateneinlieferung hinzuweisen.

bb) Signaturerfordernis

§ 174 Abs. 4 InsO n.F. enthält keine ausdrücklichen signaturrechtlichen Vorgaben. Die Begründung des JKomG schweigt sich hierzu ebenfalls aus. Die Verwendung des Begriffs elektronisches Dokument für sich genommen lässt keinen unmittelbaren Schluss auf irgendwie geartete Signaturerfordernisse zu. Vielmehr setzt er als solches nicht voraus, dass das Dokument mit einer elektronischen Signatur zu versehen ist.[93] Dies ließe gegebenenfalls den Schluss zu, die Einreichung einer elektronischen Forderungsanmeldung könne selbst dann wirksam erfolgen, wenn die Anmeldung nicht einmal einfach elektronisch (bspw. mittels Namenszusatzes) signiert wäre. Im Ergebnis liefe eine solche Sichtweise wohl auf eine Gleichstellung mit denjenigen zuvor angeführten Autoren hinaus, die das Schriftformerfordernis bei Forderungsanmeldungen als nicht bindend ansehen und es ausreichen lassen wollen, wenn sich der Anmeldung nur irgendwie die Urheberschaft des Absendenden entnehmen lässt. Dieser Interpretationsansatz wird allerdings nicht im Bestreben des JKomG liegen, zumal ersichtlich davon ausgehen wird, dass der Gesetzesnovelle hinsichtlich der Zulässigkeit elektronischer Anmeldungen konstitutive Wirkung beizumessen sei. Es wird daher davon auszugehen sein, dass das JKomG eine in das Gesamtgefüge des § 130a ZPO angelehnte Regelung anstrebt, mit der Notwendigkeit einer elektronischen Signierung des elektronischen Dokuments.

Fraglich ist jedoch insoweit, welche Sicherheitsstufen an eine elektronische Signierung der Forderungsanmeldung zu stellen sind. Angesichts der Tatsache, dass die Forderungsanmeldung in ihrer rechtlichen Wirkung einem bestimmenden Schriftsatz gleichkommt, müsste an sich konsequenter Weise in Fortschrei-

92 Sicherlich wäre hierfür eine bundeseinheitliche Lösung wünschenswert; hierfür *Heinemann*, S. 328 f.; vgl. auch Zöller/*Greger*, § 130a ZPO Rn. 5. Da aber derzeit länderweit nicht unerhebliche Unterschiede in der IT-Ausstattung der Gerichte bestehen, ist der Schritt nachvollziehbar, einen den tatsächlichen Begebenheiten angepassten Lösungsweg zu eröffnen.

93 Vgl. zum Begriff des elektronischen Dokuments iSv. § 130a ZPO *Trunk* in FS Boguslavskij, S. 619, 624; siehe auch Hannich/Meyer-Seitz/*Schwartze*, § 130a ZPO Rn. 5.

bung des historischen Auslegungswillens des Gesetzgebers gefordert werden, dass die Forderungsanmeldung qualifiziert elektronisch zu signieren sei. Für einen effizienten Einsatz elektronischer Forderungsanmeldungen könnte sich dies mehr als hinderlich auswirken. Zum einen werden qualifizierte elektronische Signaturen in Deutschland insgesamt bislang kaum genutzt.[94] Zum anderen stünde zu erwarten, dass gerade solche Online-Angebote, bei denen die Eingabe zwecks vereinfachter Weiterverarbeitung der Anmeldung direkt in das vom Verwalter zur Verfügung gestellte System erfolgen soll, dann aus dem verbindlichen elektronischen Rechtsverkehr zwischen Gläubigern und Verwalter ausgeschlossen wäre, wenn bei diesen Angeboten nicht die Möglichkeit der Abgabe einer qualifizierten Signatur besteht, sondern die Daten lediglich vor endgültiger Absendung mit einem einfachen Namenszusatz, mithin einer einfachen Signatur versehen werden können.

Fraglich ist daher, ob im Hinblick auf verfahrensrechtliche Besonderheiten der Forderungsanmeldung ausnahmsweise niedrigere Sicherheitsanforderungen an die elektronische Signierung zuzulassen sind, um eine der Schriftform gleichkommende Wirkung erzielen zu können. Für eine gegenüber gerichtlichen Schriftsätzen differenzierende Betrachtung könnte die Wirkung der im Eröffnungsbeschluss gem. § 28 Abs. 1 InsO bekannt zu machenden Anmeldefrist sprechen. Es handelt sich hierbei nicht etwa um eine Ausschlussfrist, die bewirkt, dass der Gläubiger seiner nicht geltend gemachten Ansprüche verlustig geht.[95] Anders als z.B. bei Versäumen der Einlegung einer fristgebundenen Beschwerdeschrift gegenüber Gericht tritt dementsprechend mit Ablauf der Anmeldefrist keine präklusionsartige Wirkung ein. Vielmehr können Forderungsanmeldungen weiterhin nach Maßgabe des § 177 Abs. 1 Satz 1 InsO angemeldet werden. Dem Gläubiger drohen im Falle der verspäteten Forderungsanmeldung grundsätzlich allein Kostennachteile hinsichtlich der gesondert anfallenden Gerichtskosten; endgültiger Rechtsverlust droht allenfalls, wenn nach der Verteilung angemeldet wird.[96] Diese im Vergleich zu fristgebundenen bestimmenden Schriftsätzen im Gerichtsprozess geringer einzuschätzende Auswirkung hinsichtlich der Folgen der verspäteten Einreichung könnte für niedrigere Sicherheitsanforderungen hinsichtlich der Verifizierbarkeit der Urheberschaft des Absenders der elektronischen Forderungsanmeldung sprechen. Ähnliche Gründe werden bereits angeführt, um die Zulässigkeit telegraphischer Übermittlungen

---

94 Siehe *Trunk* in FS Boguslavskij, S. 619, 624, dort in FN 38. Grund hierfür sei der nicht unbeträchtliche organisatorische und Kostenaufwand für die Erstellung und laufende Unterstützung qualifizierter Signaturen.

95 *Eckhardt*, Kölner Schrift zur InsO, S. 743 ff. Rn. 19; Nerlich/Römermann/*Becker*, § 174 Rn. 10; MüKo-InsO/*Nowak*, § 174 Rn. 7; vgl. auch Kübler/Prütting/*Pape*, § 174 Rn. 14 unter Hinweis auf die abweichende Regelung in § 14 GesO.

96 MüKo-InsO/*Nowak*, § 174 Rn. 7.

von Forderungsanmeldungen zu begründen.[97] Gestützt wird dieser Gedanke zudem durch die Erwägung, dass der Insolvenzverwalter nach allgemeiner Auffassung dem Gläubiger gegenüber hinweispflichtig in Bezug auf etwaige formelle Mängel der Anmeldung ist.[98] Bestünden daher Bedenken des Insolvenzverwalters hinsichtlich der Urheberschaft der elektronischen Forderungsanmeldung, wäre zu erwarten, dass der Verwalter etwaigen Zweifeln nachgeht und den Absender der elektronischen Forderungsanmeldung nötigenfalls auffordert, die Forderungsanmeldung nunmehr schriftlich nach Maßgabe des § 174 Abs. 1 InsO vorzunehmen. Es spricht daher vieles dafür, die Sicherheitsanforderungen an den elektronischen Rechtsverkehr zwischen Gläubiger und Verwalter im Rahmen von Forderungsanmeldungen nicht zu überziehen und auch die einfache Signatur als ausreichend zu bewerten.

Zwecks Beseitigung dauerhafter Rechtsunsicherheit zur Frage der signaturrechtlichen Anforderungen wäre es jedoch angebracht, de lege ferenda dass Verhältnis von § 174 Abs. 4 InsO in der Fassung des JKomG zu den signaturrechtlichen Vorgaben von § 130a Abs.1 ZPO abschießend zu gewichten und die Zulässigkeit einfach elektronisch signierter Forderungsanmeldungen explizit im Gesetzestext hervorzuheben.

cc) Elektronischer Urkundennachweis

Nach § 174 Abs. 1 Satz 2 InsO sollen die Urkunden, aus denen sich die Forderung ergibt, der Anmeldung in Abdruck beigefügt werden. Der Begriff der Urkunde ist weit zu verstehen und umfasst jegliche Unterlage, deren Vorlage der Beurteilung der angemeldeten Forderung dient.[99] Für einen ganzheitlichen Ansatz elektronischer Forderungsanmeldungen könnte es sich für die Anmeldenden als vorteilhaft erweisen, wenn sowohl die Anmeldung selbst als auch die für den Nachweis der Forderung erforderlichen Urkunden elektronisch übermittelt werden können. Insofern gilt das bereits in Anlehnung an das zur elektronischen Antragsstellung Gesagte, dass ein Auseinanderzerren zwischen einerseits elektronischer Anmeldung und andererseits herkömmlicher Übersendung der Urkunden sinnvolle Effizienzpotentiale der verbindlichen elektronischen Rechtskommunikation zwischen Gläubigern und Verwalter einschränken könnte. Ob jedoch tatsächlich die Möglichkeit besteht, medientransformierte elektronische

---

97 MüKo-InsO/*Nowak*, § 174 Rn. 9.

98 *Eckhardt*, Kölner Schrift zur InsO, S. 743 ff. Rn. 19; Hess/*Weis*/Wienberg, § 174 Rn. 59; MüKo-InsO/*Nowak*, § 174 Rn. 30. Die Befugnis des Verwalters, unzulässige Anmeldungen im Rahmen einer Vorprüfung zurückzuweisen, ist umstritten. Für ein solches als Recht als Ausfluss der allgemeinen Verlagerung der Tabellenführung auf den Verwalter, Kübler/Prütting/*Pape*, § 175 Rn. 3; wohl auch MüKo-InsO/*Nowak*, § 174 Rn. 30.

99 Nerlich/Römermann/*Becker*, § 174 Rn. 16. Erfasst sind z.B. Urteile, Wechsel, Schuldschein, Arrestbefehle, Vertragsurkunden, Abtretungsurkunden u.ä., MüKo-InsO/*Nowak*, § 174 Rn. 23.

Dokumente, die den Inhalt der Urkunde elektronisch widerspiegeln, als Ersatz der Überreichung der Urkunde in Abdruck einzureichen, ist zweifelhaft.

Die Begründung des JKomG erweckt den Anschein, ein solcher elektronischer Urkundennachweis sei ausgeschlossen. Unter Hinweis auf die Regelung in § 174 Abs. 1 InsO wird darauf verwiesen, dass auf eine isolierte Übersendung der nach Abs. 1 beizufügenden Anmeldeunterlagen, insbesondere Titel, Wechsel und sonstige Schuldurkunden, nicht verzichtet werden könne.[100] Der Hinweis der Gesetzesbegründung geht jedoch insoweit fehl, als jedenfalls hätte erwogen werden können, ob die nach § 174 Abs. 1 InsO geforderte Beifügung der Urkunden in Abdruck zwingend erforderlich erscheint oder ob nicht, vergleichbar der Vorschrift des § 298 ZPO in der Fassung des JKomG[101], Regularien aufzunehmen sind, wie ein Medientransfer des Verwalters von elektronisch eingereichten Forderungsanmeldungen mit Hinblick auf die Niederlegungspflicht gem. § 175 Abs. 2 InsO zu erfolgen hat. Dieser Problematik hat sich das JKomG allerdings nicht zugewandt, sodass e contrario der Eindruck entstehen könnte, die Überreichung elektronischer Urkundennachweise sei unzulässig. Dieser Eindruck wird insbesondere deswegen verstärkt, weil § 174 Abs. 4 Satz 2 n.F. ausdrücklich betont, dass die Unterlagen unverzüglich nachgereicht werden sollen. Mit dem Terminus „unverzüglich“, gemeinhin als fehlendes schuldhaftes Zögern definiert wird, mag der unbedarfte Leser den Anschein gewinnen, es bestünde eine Pflicht zur Überreichung von Unterlagen. Denn bestünde kein Pflicht, wäre ein schuldhafter Verstoß hiergegen grundsätzlich nicht denkbar.

Eine solche Pflicht besteht jedoch allerdings nicht. Zwar wird im Zusammenhang mit dem Nachweis gem. § 174 Abs. 1 Satz 2 InsO gefordert wird, Urkunden müssten der Anmeldung im Original vorlegt werden.[102] Dem kann jedoch nicht gefolgt werden. Der ausdrückliche Bezug auf die Beifügung der Urkunden „in Abdruck“ verdeutlicht, dass gerade nicht notwendiger Weise das Original vorgelegt werden soll. Ansonsten hätte es vergleichbar der Formulierung in § 420 ZPO begrifflich ausgereicht, die Notwendigkeit der Beifügung von Urkunden zu fordern. Auch die schriftlich verkörperte Kopie ermöglicht eine Auslage der beigefügten Urkunden nach Maßgabe des § 175 Abs. 2 Satz 2 InsO. Zudem geht es bei der Anmeldung im Gegensatz zur Antragstellung gerade nicht darum, die Forderung gem. § 294 ZPO glaubhaft zu machen.[103] Daher

---

100 BT-Drucks. 15/4067, S. 54.

101 BT-Drucks. 15/4067, S. 6; Begründung hierzu auf S. 32.

102 Erfordernis der Originaleinreichung hinsichtlich Titel, Wechsel und sonstiger Schuldurkunden unter Hinweis auf § 178 Abs. 3 Satz 2 InsO jeweils bejahend HK/*Irschlinger*, § 174 Rn. 14; Braun/*Kießner*, § 174 Rn. 24; vgl. auch RGZ 54, 311, 314.

103 MüKo-InsO/*Nowak*, § 174 Rn. 23.

reicht es zutreffender Weise aus, wenn Kopien der Urkunden vorgelegt werden.[104]

Nicht geklärt ist jedoch, ob auch solche Unterlagen im Rahmen von § 174 Abs. 1 Satz 2 InsO ausreichen, die erst durch einen weiteren Transformationsakt - mittels Ausdruckens - beim Insolvenzverwalter erstmalig in Abdruckform und mithin zur Auslage gebracht werden könnten. Die Übermittlung eingescannter Unterlagen kann die elektronische Forderungsanmeldung nicht per se unzulässig machen. Dies folgt schon daraus, dass die Beifügung der Unterlagen nicht zwingend erforderlich ist, sodass eine Forderungsanmeldung nicht zurückgewiesen werden kann, wenn sie nicht urkundlich belegt ist.[105] Wie auch bei der bloßen Übermittlung einer Kopie müsste der Gläubiger allerdings damit rechnen, dass ihn jemand im Prüfungstermin zur Vorlage der Originalurkunde auffordert und nur hierdurch zur Rücknahme eines Widerspruchs zu bewegen ist.[106] Auch das Gericht hätte bei einem elektronisch eingereichten Urkundennachweis die Möglichkeit festzustellen, ob Urkunden iSv. § 178 Abs. 2 Satz 3 InsO existieren und diese vor Abhaltung des Prüfungstermins im Original vom Gläubiger einzufordern.[107]

Angesichts dessen ist nicht davon auszugehen, dass das JKomG die Vorschrift des § 174 Abs. 1 Satz 2 InsO entgegen ihrem Wortlaut als zwingende „Muss-Bestimmung" verstanden haben will. Ansonsten wäre auch die Aufnahme einer insoweit allerdings nicht ganz widerspruchsfreien „Soll-Bestimmung" in § 174 Abs. 4 Satz 2 InsO n.F. nicht erforderlich gewesen. Daher wird auch die Einreichung von elektronischen Urkundennachweisen zulässig sein, mit dem dann allerdings für Gläubiger bestehenden Risiko, dass die elektronisch vorgelegten Unterlagen hinsichtlich ihrer Authentizität bestritten werden und dann zu einem späteren Zeitpunkt, namentlich im Prüfungstermin, die Vorlage von Originalen erforderlich wird.

IV. Zustellungen im Insolvenzverfahren unter Einsatz von Kommunikationstechnologie

Das Korrelat zu den Einsatzmöglichkeiten von Verfahrensbeteiligten, Kommunikationstechnologie gegenüber Insolvenzgericht bzw. Insolvenzverwalter zu

---

[104] Nerlich/Römermann/*Becker*, § 174 Rn. 16; MüKo-InsO/*Nowak*, § 174 Rn. 23; ebenso die Bund-Länder-Arbeitsgruppe „Insolvenzrecht" im Abschlussbericht unter S. 115.

[105] Bereits RGZ 85, 65, 68; Kübler/Prütting/*Pape*, § 174 Rn. 28; MüKo-InsO/*Nowak*, § 174 Rn. 23.

[106] Vgl. Nerlich/Römermann/*Becker*, § 174 Rn. 17; MüKo-InsO/*Nowak*, § 174 Rn. 23.

[107] Die Möglichkeit der vorherigen Sichtung der Anmeldeunterlagen durch das Gerichts wird seitens der Bund-Länder-Arbeitsgruppe „Insolvenzrecht" als eines der wesentlichen Argumente dafür angeführt, dass eine örtliche Verlagerung des Einsichtsrechts gemäß § 175 InsO auf den Insolvenzverwalter nicht erfolgen solle, siehe Abschlussbericht, S. 115.

verwenden, ist deren Möglichkeit, sich ihrerseits dieser Technologien bedienen zu dürfen. Im außerförmlichen Bereich ist der Einsatz von e-Mail unproblematisch bereits heute möglich. An den Stellen, an denen das Gesetz formlose Mitteilungen zulässt, wird auch eine fernmündliche Bekanntgabe als ausreichend erachtet.[108] Die Zulässigkeit von Mitteilungen per „einfacher" e-Mail ist hier dann erst recht gegeben, zumal hier der Inhalt der Mitteilung sogar besser als bei einem normalen Telefonat nachvollzogen werden kann.[109] Gleiches gilt im Insolvenzverfahren in den Fällen, in denen die InsO für das Gericht (vgl. §§ 215 Abs. 1 Satz, 258 Abs. 3 Satz 2 InsO) oder der Verwalter (vgl. §§ 158 Abs. 2 Satz 1, 160 Satz 1, 262 Satz 1 InsO) eine bloße „Unterrichtung" vorschreibt; denn auch hier genügt eine formlose Mitteilung.[110]

Ob auch im Rahmen der förmlichen Zustellungen im Insolvenzverfahren elektronische Kommunikationsmittel eingesetzt werden können, ist fraglich. Zustellungen geschehen im Insolvenzverfahren gem. § 8 Abs. 1 Satz 1 InsO von Amts wegen, was nunmehr nach der umfassenden Zustellungsreform durch das ZustRG auch dem gesetzlichen Leitbild der Zustellungen im Zivilprozess entspricht, wie § 166 Abs. 2 ZPO zu entnehmen ist.[111] Als vereinfachte Zustellungsform sieht § 8 Abs. 1 Satz 2 InsO daneben die Möglichkeit der Zustellung durch Aufgabe zur Post vor, bei der die Zustellung bislang mit Übergabe des Schriftstücks an die Post erfolgte.[112] Wann eine Entscheidung zuzustellen ist, regelt § 8 InsO allerdings nicht.

Die InsO ordnet zunächst in zahlreichen Fällen ausdrücklich die Zustellung an.[113] Im Übrigen sind hinsichtlich gerichtlicher Entscheidungen über § 4 InsO die Regelungen von § 329 Abs. 2 und Abs. 3 ZPO entsprechend heranzuziehen, sodass eine Zustellung insbesondere immer dann erforderlich wird, sofern die

---

108 Siehe für den Zivilprozess bereits BGHZ 14, 148, 152 (in Ablehnung von RGZ 144, 258) unter Hinweis darauf, dass in diesem Falle nicht einmal die Anfertigung eines Aktenvermerks erforderlich sei; siehe auch obiter dictum BGHZ 90, 300, 305 im Anschluss an BGHZ 14, 148 ff.; ebenso *Krüger/Büttner*, MDR 2003, 181, 185. Vgl. auch im Insolvenzverfahren für "Mitteilungen" des Insolvenzverwalters, HK/*Kirchhof*, § 8 Rn. 15.

109 *Krüger/Büttner*, MDR 2003, 181, 185; siehe auch *Trunk* in FS Boguslavskij, S. 619, 627.

110 MüKo-InsO/*Ganter*, § 8 Rn. 39 f.; vgl. Nerlich/Römermann/*Becker*, § 8 Rn. 9.

111 Dies darf nicht darüber hinwegtäuschen, dass Amtszustellungen schon vor dem ZustRG der Regel entsprachen (vgl. § 270 Abs. 1 ZPO a.F.), sodass die systematische Annäherung von Insolvenzverfahren und Zivilprozess insofern faktisch gering ist, vgl. jeweils *Keller*, NZI 2002, 581, 582 und Nerlich/Römermann/*Becker*, § 8 Rn. 2.

112 Zu möglichen Einschränkungen von § 8 Abs. 1 Satz 2 InsO durch die Reformierung der Zustellung durch Aufgabe zur Post im Zivilprozess mit Hinblick auf die Zweiwochenfrist des § 184 Abs. 2 ZPO n.F, siehe *Keller*, NZI 2002, 581, 586. Siehe hierzu auch § 8 Abs. 1 in der Fassung Satz 3 des RegE des Gesetzes zur Vereinfachung des Insolvenzverfahrens, BR-Drucks. 549/06 S. 2, sowie die Begr. hierzu auf S. 22, wonach im Inland künftig eine 3-Tage-Frist in Abgrenzung zu § 184 Abs. 2 ZPO gelten solle.

113 Eine dezidierte Aufstellung der Zustellungsvorschriften im Insolvenzverfahren findet sich bei *Hess*/Weis/Wienberg, § 8 Rn. 5-19; siehe auch BK/*Goetsch*, § 8 Rn. 7.

Entscheidung durch befristete Rechtspflegererinnerung oder sofortige Beschwerde angegriffen werden kann.[114]

1. Elektronische Zustellungen des Insolvenzgerichts

a) Zulässigkeit elektronischer Zustellungen durch das Insolvenzgericht

Hinsichtlich der Modalitäten der Zustellung enthält die InsO keine näheren Vorgaben. Es sind daher über § 4 InsO grundsätzlich die Zustellungsvorschriften der ZPO entsprechend heranzuziehen.[115] § 8 Abs. 1 Satz 2 InsO ist nicht so zu verstehen, dass hieraus ausdrücklich eine Pflicht erwachse, auf diese Weise zuzustellen.[116] Das Gericht kann sich daher im Grundsatz jeder der in §§ 166 ff. ZPO vorgesehenen Zustellungsformen bedienen. Ein Einsatz elektronischer Kommunikationsmittel im formalisierten Zustellungsbereich des Insolvenzverfahrens käme mithin im Anwendungsbereich der durch das ZustRG reformierten Bestimmungen zur Zustellung gegen Empfangsbekenntnis in Betracht.[117] § 174 Abs. 3 Satz 1 ZPO gestattet an den in § 174 Abs. 1 ZPO genannten Adressatenkreis, bei denen von einer erhöhten Zuverlässigkeit ausgegangen werden könne, die elektronische Übermittlung des Dokuments durch das Gericht. Darüber hinaus lässt § 174 Abs. 3 Satz 2 ZPO elektronische Zustellungen auch an sonstige Verfahrensbeteiligte zu, sofern sie dieser Zustellungsmethode ausdrücklich zugestimmt haben. Wird von dieser Zustellungsmethode Gebrauch gemacht, so ist das übermittelte Dokument gem. § 174 Abs. 3 Satz 3 ZPO mit einer elektronischen Signatur zu versehen und im Übrigen gegen unbefugte Kenntnisnahme zu schützen. Zwingende Vorgaben an die Sicherheitsstufe der elektronischen Signatur bestehen nicht; mithin wird die einfache elektronische Signatur im Grundsatz als ausreichend zu erachten sein.[118]

---

[114] Vgl. jeweils MüKo-InsO/*Ganter*, § 8 Rn. 6 ff.; Kübler/Prütting/*Prütting*, § 8 Rn. 7; Nerlich/Römermann/*Becker*, § 8 Rn. 5; BK/*Goetsch*, § 8 Rn. 5; Braun/*Kießner*, § 8 Rn. 6.

[115] Kübler/Prütting/*Prütting*, § 8 Rn. 16; vgl. BK/*Goetsch*, § 8 Rn. 8 und *Hess*/Weis/Wienberg, § 8 Rn. 2; siehe im Übrigen auch MüKo-InsO/*Ganter*, § 8 Rn. 12, der § 8 Abs. 1 Satz 1 InsO wohl als Direktverweisung auf das Zustellungsrecht der ZPO verstehen will.

[116] MüKo-InsO/*Ganter*, § 8 Rn. 15; *Keller*, ZVI 2002, 581, 586, dort in Fn. 74 mit Hinweisen auf abweichende Tendenzen im Gesetzgebungsverfahren zur InsO.

[117] Siehe *Stadler*, ZZP 111 (2002), 413, 429, zu Überlegungen, inwieweit elektronische Zustellungen künftig de lege ferenda ohne Empfangbekenntnis mittels zwischengeschalteter elektronischer Dokumentationsstelle durchführbar sein können.

[118] Vgl. *Trunk* in FS Boguslavskij, S. 619, 627; im Grundsatz ebenso MüKo-ZPO-Aktualisierungsband/*Wenzel*, § 174 ZPO Rn. 15, wobei jedoch hinsichtlich der Sicherheitsstufen bei der Übermittlung danach zu differenzieren sei, ob das Dokument nur die Authentizität des Absenders erkennen lassen solle (wie z.B. Terminsladung) oder auch die Integrität der Daten schützen solle (wie z.B. Schriftsätze); hierfür ebenfalls Musielak/*Wolst*, § 174 ZPO Rn. 4 sowie Hannich/Meyer-Seitz/*Häublein*, § 174 ZPO Rn. 15. Hinsichtlich des Schutzes gegen eine ungefugte Kenntnisnahme sei eine Verschlüsselung der Daten vorzunehmen, *Wenzel*, aaO.; kritisch gegen die gesetzliche Verankerung eines

Die Zulässigkeit, elektronische Zustellungen im Insolvenzverfahren durch das Insolvenzgericht nach Maßgabe von § 174 ZPO durchzuführen, wird ausdrücklich bejaht.[119] Diese Auffassung entspricht dem allgemeinen Ansatz, dass das Insolvenzgericht an sich vollumfänglich auf die Zustellungsmethoden des Zivilprozesses zurückgreifen dürfe. Bedenken an dieser Auffassung hätten sich allenfalls aus dem Umstand ergeben, hätte § 8 Abs. 1 Satz 3 a.F. InsO geregelt, dass es einer Beglaubigung des „Schriftstücks" nicht bedürfe. Wie schon zuvor im Rahmen elektronischer Verbraucherinsolvenzanträge dargestellt,[120] handelte es sich jedoch um eine bloße gesetzesübergreifende sprachliche Verschiebung. Daher konnte aus der Verwendung des Terminus „Schriftstück" nicht der Schluss gezogen werden, die Übersendung unverkörperter Daten als Zustellungsmethode solle ausgeschlossen sein. Dass demnach seit Erlass des JKomG und der Neufassung von § 8 Abs. 1 Satz 3 InsO statt des „Schriftstücks" eine Beglaubigung des „Dokuments" nicht erforderlich ist, hatte für die Befugnis, seitens der Insolvenzgerichts elektronische Zustellungen vorzunehmen, keine konstitutive Bedeutung.

Freilich darf die im Grundsatz befürwortende Haltung des Einsatzes von Kommunikationstechnologie im Bereich der Zustellungen nicht darüber hinwegtäuschen, dass sowohl der faktische wie auch der rechtliche Anwendungsbereich elektronischer Zustellungen bislang insgesamt gering ist.[121] Insbesondere der Umstand, dass bis zum Erlass des JKomG nur ausdrücklich von § 130a ZPO geregelte elektronischen Dokumente erfasst waren, hat ein sinnvolles Einsatzfeld elektronischer Zustellungen im Insolvenzverfahren deutlich eingeschränkt. Da der Begriff elektronisches Dokument so zu verstehen ist, dass hiervon grundsätzlich nur elektronische Schriftsätze von Prozessbeteiligten iSd. § 130a ZPO erfasst sind, konnten sonstige gerichtliche Handlungen (z.B. Ladungen, Gerichtsentscheidungen, etc.) vor Erlass des JKomG nicht elektronisch ergehen und folglich auch nicht elektronisch zugestellt werden.[122] Da jedoch gerade im

---

Schutz gegen ungefugte Kenntnisnahme Baumbach/Lauterbach/Albers/*Hartmann*, § 174 Rn. 18, „Begriffsdschungel".

119 Nerlich/Römermann/*Becker*, § 8 Rn. 8 sowie Rn. 23; HK/*Kirchhof*, § 8 Rn. 6; vgl. auch Uhlenbruck/*Uhlenbruck*, § 8 Rn. 2 und 6. In diesem Sinne wohl auch *Keller*, NZI 2002, 581, 586 f., der mehrfach ausdrücklich auf die Möglichkeit von Zustellungen des Insolvenzgerichts gegen Empfangsbekenntnis gem. § 174 ZPO nach Reform des Zustellungsrechts hinweist.

120 Siehe zum Terminus „Vordrucke" und dessen Angleichung nach dem JKomG unter Teil 1II.3.b), S. 18 f.

121 Jeweils *Trunk* in FS Boguslavskij, S. 619, 627; *Stadler*, ZZP 111 (2002), 413, 428.

122 Vgl. *Trunk* in FS Boguslavskij, S. 619, 627; siehe aber auch MüKo-ZPO-Aktualisierungsband/*Wenzel*, § 174 ZPO Rn. 15, der bei Frage der signaturrechtlichen Sicherheitsanforderungen elektronischer Zustellungen geringere Anforderungen bei einer Terminsladung sieht (hierzu oben bereits FN 118) und damit augenscheinlich von der Möglichkeit der Übermittlung „gerichtlicher elektronischer Dokumente" schon Erlass des JKomG auszugehen schien.

Insolvenzverfahren eine Vielzahl gerichtlicher Entscheidungen zuzustellen sind, ist nunmehr zu hoffen, dass das durch JKomG geschaffene „gerichtliche elektronische Dokument" gem. § 130b ZPO, welches gerade die Übermittlung derartiger Entscheidungen ermöglicht, die Anwendungsmöglichkeiten elektronischer Kommunikationsmittel im Insolvenzverfahren nachhaltig steigern wird.[123]

b) Adressatenkreise elektronischer Zustellungen durch das Insolvenzgericht

Neben den bereits genannten vorwiegend faktischen Beschränkungen hinsichtlich der Einsatzmöglichkeiten von elektronischen Kommunikationsmitteln im Bereich elektronischer Zustellungen im Insolvenzverfahren, gilt es des Weiteren noch zu untersuchen, ob und inwieweit gegebenenfalls rechtliche Restriktionen aus den unterschiedlichen Adressatenkreisen für Zustellungen im Insolvenzverfahren erwachsen. Insbesondere gilt es zu prüfen, wie das Erfordernis der erhöhten Zuverlässigkeit im Rahmen elektronischer Zustellungen im Insolvenzverfahren sowie die Möglichkeit elektronischer Zustellungen nach Maßgabe von § 174 Abs. 3 Satz 2 ZPO in Bezug auf das Insolvenzverfahren zu bewerten sind.

aa) Elektronische Zustellungen an den Insolvenzverwalter

Soweit das Insolvenzgericht Zustellungen mittels Empfangsbekenntnis an den Insolvenzverwalter vornehmen möchte, wird dem entgegengehalten, dass die Stellung des Insolvenzverwalters keine abstrakt-generell erhöhte Zuverlässigkeit zum Ausdruck bringe. Der Verwalter könne zwar für sich genommen äußerst zuverlässig sein, dass Amt als solches bürge hierfür indes nicht.[124] Dem wird allerdings ausdrücklich entgegengetreten. Auch an den Insolvenzverwalter könne mittels Empfangsbekenntnis, mithin ebenfalls elektronisch zugestellt werden.[125] Auf eine Position als Rechtsanwalt oder eine sonstige anerkannt erhöht zuverlässige berufliche Stellung komme es nicht an. Dies folge bereits aus dem Umstand, dass das Insolvenzgericht gem. § 56 Abs. 1 InsO ohnehin nur eine geeignete Person bestelle.[126]

Dass der Insolvenzverwalter nicht zum Kreis derjenigen Personen gehören soll, die per se als erhöht zuverlässig angesehen werden, ist nur schwerlich nachvollziehbar. Bei dem Erfordernis der Zuverlässigkeit gem. § 174 Abs. 1 Satz 1 ZPO geht es um die bereichsspezifische Notwendigkeit der erleichterten Zustellungsmethode durch Empfangsbekenntnis, bei der das empfangene Dokument auch tatsächlich durch den Empfänger als zugegangen behandelt wird,

---

[123] Vgl. hierzu für den Zivilprozess *Trunk* in FS Boguslavskij, S. 619, 628.

[124] Vgl. Zöller/*Stöber*, § 174 Rn. 4.

[125] Nerlich/Römermann/*Becker*, § 8 Rn. 23; *Keller*, ZVI 2002, 581, 587.

[126] *Keller*, ZVI 2002, 581, 587, dort in Fn. 78; vgl. auch Nerlich/Römermann/*Becker*, § 8 Rn. 23, der ebenfalls einen „als geeignet angesehenen" Schuldnerberater zum Personenkreis gem. § 174 Abs. 1 Satz 1 ZPO zählen will.

wofür die benannten Berufe besondere Gewähr bieten sollen.[127] Dies wird auch abstrakt-generell für die Stellung des Insolvenzverwalters zutreffen. Es mutet merkwürdig an, dass es dem Gericht gem. § 8 Abs. 3 InsO einerseits sogar gestattet sein soll, den Verwalter aktiv mit der Zustellung im Insolvenzverfahren zu beauftragen, andererseits der beruflichen Stellung des Insolvenzverwalteramtes aber passiv die Zuverlässigkeit abzusprechen sei, hinreichend Gewähr für die Annahme eines gerichtlich zugestellten Dokuments zu bieten. Angesichts dessen ist ohne weiteres von der Zulässigkeit elektronischer Zustellungen an den Insolvenzverwalter auszugehen.

bb) Elektronische Zustellungen an sonstige Zustellungsadressaten

Fraglich ist jedoch, wie elektronische Zustellungen im Insolvenzverfahren zu bewerten sind, die an solche Personen erfolgen, die nicht unter die in § 174 Abs. 1 Satz 1 ZPO genannten Personengruppen gefasst werden können. Insbesondere für Gläubiger (die nicht durch entsprechend erhöht zuverlässige Rechtsbeistände vertreten sind) könnte sich künftig in Insolvenzverfahren verstärkt die Frage stellen, ob auch an diese elektronisch zugestellt werden kann.

Der Wortlaut von § 174 Abs. 3 Satz 2 ZPO lässt dies unzweifelhaft vermuten, solange diese nur als Verfahrensbeteiligte der elektronischen Zustellung ausdrücklich zugestimmt haben. Dennoch wird vereinzelt die Zulässigkeit elektronischer Zustellungen an Personen, die nicht von Berufs wegen als erhöht zuverlässig anzusehen sind, abgelehnt.[128] Zu erklären ist diese ablehnende Haltung mit systematischen Wertungswidersprüchen innerhalb der Vorschrift des § 174 ZPO. So ist kaum verständlich, weshalb bei Vorliegen entsprechender Zustimmungen - schon aus praktischen Gründen eine Selbstverständlichkeit - die elektronische Zustellung an alle Verfahrensbeteiligten zulässig sein soll, während demgegenüber ein normales Schriftstück oder die Telekopie nach § 174 Abs. 2 ZPO auf den besonders zuverlässigen Adressatenkreis beschränkt bleibt.[129] Gleichwohl sollte diese gegebenenfalls zu bemängelnde gesetzgeberische Stringenz nicht zum Anlass genommen werden, elektronische Zustellungen allein vom Vorbehalt einer berufsmäßig unterstellten erhöhten Zuverlässigkeit abhängig zu machen. Gerade im Insolvenzverfahren sind kostengünstige - mithin masseschonende[130] - und rasche Zustellungen von Vorteil. Daher ist es zutreffend, mit dem eindeutigen Wortlaut des § 174 Abs. 3 Satz 2 ZPO elektronische Zu-

---

127 Vgl. Zöller/*Stöber*, § 174 Rn. 1.

128 Siehe Baumbach/Lauterbach/Albers/*Hartmann*, § 174 Rn. 17; in diesem Sinne wohl auch Zöller/*Stöber*, § 174 Rn. 4, der die Zulässigkeit mittels Zustellung durch Empfangsbekenntnis an Verkehrskreise ohne erhöhte Zuverlässigkeit insgesamt ablehnt.

129 Baumbach/Lauterbach/Albers/*Hartmann*, § 174 Rn. 17; siehe auch *Stadler*, ZZP 111 (2002), 413, 437.

130 Im eröffneten Verfahren sind Zustellungskosten aus der Masse zu entnehmen, siehe hierzu näher *Keller*, ZVI 2002, 581, 587.

stellungen auch gegenüber sonstigen Verfahrensbeteiligten zuzulassen, die nicht dem erhöht zuverlässigen Personenkreis gem. § 174 Abs. 1 Satz 1 ZPO zugehörig sind. Das Insolvenzgericht hat einen Ermessensspielraum, welcher Zustellungsart es sich bedienen möchte.[131] Deshalb wird man auch gegenüber Gläubigern oder sonstigen nicht per se als erhöht zuverlässig anzusehenden Verfahrensbeteiligten die Zustellung mittels Empfangsbekenntnis nach Maßgabe von § 174 Abs. 3 Satz 2 ZPO zulassen können, wenn bei Vorliegen der Zustimmungserklärungen das Gericht von einer konstruktiven Zusammenarbeit der jeweiligen Verfahrensbeteiligten ausgehen kann.[132] Was die Ausdrücklichkeit der Zustimmungserklärungen angeht, so wird zu Recht darauf hingewiesen, dass die bloße Angabe einer e-Mail Adresse - bspw. im Rahmen schriftlicher Korrespondenz - nicht ausreicht.[133]

2. Elektronische Zustellungen durch den Insolvenzverwalter

Ist es dem Insolvenzgericht unter Beachtung der obigen Voraussetzungen gestattet, elektronische Zustellungen vorzunehmen, fragt sich, ob dies ebenso für Zustellungen gilt, die der Insolvenzverwalter entsprechend § 8 Abs. 3 InsO durch das Gericht beauftragt vornimmt.[134] Nach überwiegender Auffassung kann sich der Insolvenzverwalter sämtlicher Zustellungsformen bedienen, die auch dem Gericht offen stehen.[135] Dagegen wird vereinzelt vertreten, der Insolvenzverwalter könne sich nicht der Zustellung durch Aufgabe zur Post bedienen, weil dieser nicht zum Zustellungsorgan bzw. zum Urkundsbeamten der Geschäftsstelle erklärt werden könne.[136] Dieser dogmatische Streit um Fragen der Beleihung des Insolvenzverwalters im Rahmen der gerichtlichen Zustellungen berührt an sich die Zulässigkeit elektronischer Zustellungen durch den Insolvenzverwalter

---

131 Kübler/Prütting/*Prütting*, § 8 Rn. 12.

132 Vgl. *Keller*, ZVI 2002, 581, 587, mit Hinblick auf die dem Empfangsbekenntnis vergleichbare Möglichkeit der Zustellung gegen Einschreiben gem. § 175 ZPO.

133 Siehe nur MüKo-ZPO-Aktualisierungsband/*Wenzel*, § 174 ZPO Rn. 13; *Stadler*, ZZP 111 (2002), 413, 428; *Trunk* in FS Boguslavskij, S. 619, 627.

134 § 8 Abs. 3 InsO findet entsprechend Anwendung auf den vorläufigen Insolvenzverwalter (§ 21 Abs. 2 Nr. 1 InsO). Nach hM darf das Gericht auch den Sachwalter und Treuhänder mit Zustellungen beauftragen, MüKo-InsO/*Ganter*, § 8 Rn. 35; ebenso Kübler/Prütting/*Prütting*, § 8 Rn. 11a und HK/*Kirchhof*, § 8 Rn. 12, die allerdings beide darauf hinweisen, dass der Treuhänder mit Zustellungen überfordert sein dürfte, weshalb das Gericht von einer Beauftragung in der Regel absehen wird. Ablehnend hinsichtlich analoger Anwendung, BK/*Goetsch*, § 8 Rn. 27 unter Hinweis auf den „ausdrücklichen" Wortlaut.

135 Braun/*Kießner*, § 8 Rn. 18; *Hess*/Weis/Wienberg, § 8 Rn. 29; *Keller*, ZVI 2002, 581, 587; BK/*Goetsch*, § 8 Rn. 31 f.; MüKo-InsO/*Ganter*, § 8 Rn. 32; Nerlich/Römermann/*Becker*, § 8 Rn. 22; siehe auch *Sabel*, ZIP 1999, 305, 307, zur Möglichkeit der Aufgabe zur Post für den (vorläufigen) Verwalter.

136 *Bernsen*, Kölner Schrift zur InsO, S. 1843 ff. Rn. 14; FK/*Schmerbach*, § 8 Rn. 24.

nicht.[137] Gleichwohl wird im Zusammenhang mit den genannten dogmatischen Streitigkeiten seitens der Bund-Länder-Arbeitsgruppe „Insolvenzrecht" auf eine erforderlich gewordene gesetzliche Klarstellung hingewiesen, mittels derer die Zulässigkeit der Verwendung sämtlicher in § 8 Abs. 1 InsO genannten Zustellungsmethoden für den Insolvenzverwalter durch Reformierung von § 8 Abs. 3 InsO ausdrücklich hervorgehoben werden soll.[138] In diesem Zusammenhang wird ausdrücklich darauf hingewiesen, dass elektronische Zustellungen durch den Verwalter bislang nicht möglich seien; diese sollten dem Verwalter jedoch dadurch ermöglicht werden, indem die elektronische Zustellung - wie die Aufgabe zur Post - ausdrücklich in § 8 Abs. 1 InsO genannt werde.[139]

Dieser einengenden Betrachtung zur Rechtslage de lege lata kann indes nicht gefolgt werden. Eine generelle Einschränkung hinsichtlich zulässiger Zustellungsmethoden des Insolvenzverwalters ist der InsO nicht zu entnehmen. Soweit die Möglichkeit der Zustellung durch Aufgabe zur Post umstritten ist, hat dies spezifisch organisationsrechtliche Gründe, die im Rahmen elektronischer Zustellungen gem. § 174 Abs. 3 ZPO für den Insolvenzverwalter nicht zum Tragen kommen. Denn wie auch bei sonstigen Zustellungen im Rahmen § 174 ZPO tritt die Zustellungswirkung erst dann ein, sofern der Empfang durch den Zustellungsadressaten ausdrücklich bestätigt wird. Ein hoheitliches Agieren, vergleichbar der Zustellung durch Aufgabe zur Post, steht damit nicht in Rede. Der Insolvenzverwalter kann daher auch mittels Empfangsbekenntnis zustellen,[140] was zugleich bereits heute die grundsätzliche Zulässigkeit begründet, elektronische Zustellungen im Anwendungsbereich von § 174 Abs. 3 ZPO vorzunehmen.

V. Elektronische Einsichtsrechte

1. Allgemeines elektronisches Akteneinsichtsrecht nach dem JKomG

§ 4 InsO eröffnet die Möglichkeit, in entsprechender Anwendung von § 299 ZPO Einsicht in die Akten des Insolvenzverfahrens zu nehmen.[141] Der Gesetz-

---

137 Inhaltlich geht es vornehmlich um die Frage, wie der Umstand zu bewerten ist, dass die Zustellung durch Aufgabe zur Post eines Aktenvermerkes seitens des Urkundsbeamten der Geschäftsstelle bedarf, vgl. § 184 Abs. 2 Satz 4 ZPO (bzw. § 212 ZPO a.F). Näher zum Vermerk des Urkundsbeamten bei der Aufgabe zur Post, MüKo-InsO/*Ganter*, § 8 Rn. 20.

138 Siehe Abschlussbericht Bund-Länder-Arbeitsgruppe „Insolvenzrecht", S. 112. Hierauf zurückgehend auch der Vorschlag des RegE des Gesetzes zur Vereinfachung des Insolvenzverfahrens, BR-Drucks. 549/06, S. 2, zur Änderung von § 8 InsO, vgl. hierzu bereits oben FN 112. § 8 Abs. 3 Satz 1 InsO soll nach beiden Vorschlägen wie folgt gefasst werden: *„Das Insolvenzgericht kann den Insolvenzverwalter beauftragen, die Zustellungen nach Absatz 1 durchzuführen."*

139 Siehe Abschlussbericht Bund-Länder-Arbeitsgruppe „Insolvenzrecht", S. 113.

140 *Keller*, ZVI 2002, 581, 587.

141 Nerlich/Römermann/*Becker*, § 4 Rn. 24; MüKo-InsO/*Ganter*, § 4 Rn. 57; Uhlenbruck/*Uhlenbruck*, § 4 Rn. 29; *Hess*/Weis/Wienberg, § 4 Rn. 68 ff.; *Vallender*, Kölner

Fußnotenfortsetzung nächste Seite

geber hatte sich bislang gem. § 299 Abs. 3 ZPO darauf beschränkt, das Akteneinsichtsrecht in elektronisch geführte Prozessakten auf die Einsichtnahme in Ausdrucke zu beschränken.[142] Ein externer Datenzugriff bzw. die elektronische Übermittlung Akten war hiervon nicht erfasst. Im Zuge der umfassenden Einführung des elektronischen Rechtsverkehrs durch das JKomG ist allerdings der Anwendungsbereich von Kommunikationstechnologie deutlich erweitert worden. Die Geschäftsstelle kann nunmehr auch durch Übermittlung von elektronischen Dokumenten Akteneinsicht gewähren. Nach dem Willen des Gesetzgebers soll dabei das zu übermittelnde Dokument mit einer qualifiziert elektronischen Signatur versehen werden und durch Verschlüsselung gegen unbefugte Kenntnisnahme zu schützen sein.[143] Mit der geänderten Rechtslage wurde die Möglichkeit eröffnet, elektronische Dokumente per e-Mail zu übermitteln.[144]

Die Änderung des zivilprozessualen Akteneinsichtsrechts wird auch im Insolvenzverfahren zum Tragen kommen. Zwar sollte bislang eine Übersendung von Akten im laufenden Insolvenzverfahren nicht in Betracht kommen.[145] Als Grund hierfür wird angeführt, dass eine Übermittlung dem Beschleunigungszweck zuwiderlaufe und die Verfügbarkeit der Akten für andere Einsichtsberechtigte über Gebühr einschränke.[146] Diese Erwägungen fallen jedoch bei einem elektronischen Einsichtsrecht weg, da allenfalls elektronische Doppel übermittelt werden und dementsprechend weiterhin für das Insolvenzgericht die volle Handlungsfähigkeit mit der Möglichkeit der Verwendung der (elektronischen) Originalakte bestünde.[147]

Neben der Datenübermittlung sieht § 299 Abs. 3 Satz 1 ZPO n.F. noch die Gewährung von Akteneinsicht durch Erteilung eines Aktenausdrucks oder durch Wiedergabe auf einem Bildschirm vor. Damit hat das JKomG - anders als auch im Zuge der Reformbestrebungen diskutiert wurde – davon abgesehen, sämtlichen Auskunftsberechtigten den Datenzugriff auch durch Bereitstellung eines externen Online-Zugriffs auf den Datenbestand des Gerichts zu ermöglichen. Diese Form der Ausübung des Akteneinsichtsrechts ist nach dem Willen des Gesetzgebers nur der Anwaltschaft vorbehalten und zwar auch nur dann, wenn der Vorsitzende dies im Rahmen der pflichtgemäßen Ausübung seines Ermes-

---

Schrift zur InsO, S. 249 ff. Rn. 11; *Graf/Wunsch*, ZIP 2001, 1800, 1800; *Pape*, ZIP 2004, 598, 598 „nicht ernsthaft umstritten"; *Heeseler*, ZInsO 2001, 873, 882.

142 *Bachmann/Pavlitschko*, MMR 2004, 370, 371; zur teleologischen Erweiterung auf Einsichtnahme in Monitore vor Ort, siehe sogleich unter Teil 1V.2, S. 37 f.

143 Die Übermittlung solle in Form eines „elektronischen Containers" erfolgen, BT-Drucks. 15/4067, S. 33.

144 BT-Drucks. 15/4067, S. 33.

145 OLG Köln, KTS 1984, 133, 135; MüKo-InsO/*Ganter*, § 4 Rn. 70; vgl. auch *Pape*, ZIP 2004, 598, 604, der jedoch gegebenenfalls Einschränkungen zulassen will.

146 MüKo-InsO/*Ganter*, § 4 Rn. 70.

147 Vgl. auch *Bachmann/Pavlitschko*, MMR 2004, 370, 372.

sens gemäß § 299 Abs. 3 Satz 2 InsO gestattet hat. Diese Form der Internet-Einsichtsmöglichkeit wird als deutlicher Vorteil für die Anwaltschaft bezeichnet.[148]

Der RefE zum JKomG hatte die Privilegierung der Anwaltschaft noch nicht vorgesehen, sondern allgemein bestimmt, dass das Gericht Akteneinsicht auch durch „Bereitstellung“ von elektronischen Dokumenten ermöglichen könne.[149] Ohne dass dies im weiteren Gesetzgebungsverfahren zum JKomG diskutiert wurde, ist dann die letztlich durch das JKomG erfolgte gesetzgeberische Privilegierung der Rechtsanwälte hinsichtlich der Ausübung des Auskunftsrechts vermutlich dem Umstand geschuldet, dass der Gesetzgeber letzte Bedenken gegen einen Missbrauch bei einem elektronischen Einsichtsrecht durch externen Online-Zugriff offensichtlich nicht als ausgeschlossen ansieht. Anders ist es nicht zu erklären, dass diese Art der Akteneinsichtnahme ausschließlich Rechtsanwälten vorbehalten ist, die insoweit wohl nach Auffassung des Gesetzgebers für ein erhöhtes Maß an sorgfältiger Vorgehensweise bürgen sollen. Ob diese offensichtliche Skepsis des Gesetzgebers angebracht ist, bleibt im Ergebnis fraglich, da durchaus gerichtlicherseits technische Gestaltungen denkbar wären, die einen sicheren Zugriff auch ohne Berücksichtigung der individuellen Zuverlässigkeit des Auskunftsuchenden ermöglichen könnten.[150]

---

148 *Viefhues*, NJW 2005, 1009, 1014.

149 RefE JKomG, S.7 (abrufbar unter http://www.bundesgerichtshof.de/gesetzesmaterialien/Justizkommunikation/Jkomg-index.htm, Stand: 01.09.2006); unklar blieb aber nach der Begründung des RefE, was unter „Bereitstellung“ im Sinne des Entwurfs zu verstehen war, da die Begründung inhaltlich nicht darauf aufging, ob Bereitstellung auch den externen Online-Zugriff ermöglichen sollte, siehe Begründung zum RefE auf S. 21 f.

149 Etwa indem lediglich ein „read-only-access“ mit alleiniger Möglichkeit des Ausdrucks des jeweiligen Verfahrens gewährt wird, vgl. *Bachmann/Pavlitschko*, MMR 2004, 370, 373; im Rahmen der gem. § 299 Abs. 3 Satz 2 InsO bestehenden Einsichtsmöglichkeit, wird darauf hingewiesen, dass diese technisch dadurch realisiert werden könne, dass für den Anwalt der Datenbestand der Akte gespiegelt und so praktisch eine Kopie ausgelagert werde, *Viefhues*, NJW 2005, 1009, 1014.

150 Ausdrücklich zu § 299 ZPO, Uhlenbruck/*Uhlenbruck*, § 4 Rn. 29; siehe auch *Heeseler*, ZInsO, 2001, 873, 882; vgl. auch *Graf/Wunsch*, ZIP 2001, 1800, 1800, wonach die Sonderreglungen der InsO betreffend die Einsichtsrechte in insolvenzspezifische Unterlagen eine Ausnahme zu § 299 ZPO darstellen.

2. Elektronische Einsicht in bei Insolvenzgericht niederzulegende Unterlagen

Neben dem allgemeinen, von § 4 InsO i.V.m. § 299 ZPO bestimmten Einsichtsrecht, regelt die InsO selbst noch ausdrückliche Einsichtsrechte. So sehen die §§ 66 Abs. 2 Satz 2, 150 Satz 2, 154, 175 Abs. 1 Satz 2, 188 Satz 2 und 234 InsO verfahrensrechtlich allesamt vor, dass die genannten Unterlagen (Schlussrechnung, Tabellen, Verzeichnisse, Insolvenzplan und sonstige Unterlagen) zur Einsicht der Beteiligten niederzulegen sind.

Zu prüfen ist, ob bei den insolvenzspezifischen Einsichtsrechten die Gelegenheit zur Einsichtsrechts allein durch Verkörperung eines niederzulegenden Schriftstücks erfolgen kann oder ob der Interessent auf eine elektronische Einsichtnahme verwiesen werden kann. Der pauschale Hinweis auf die Verweisung in § 4 InsO auf § 299 ZPO in Bezug die Einsatzmöglichkeiten von Kommunikationstechnologie bei Ausübung der vorgenannten Einsichtsrechte geht dabei fehl, da die Verweisung auf § 299 ZPO hinsichtlich der Einsichtsrechte in der InsO nur dann zum Tragen kommen wird, sofern Spezialregelungen nicht greifen.[151] Hinsichtlich der Bewertung elektronischer Einsichtsmöglichkeiten in niederzulegende Unterlagen ist vornehmlich zu unterscheiden zwischen (i) solchen Unterlagen, die vom Insolvenzverwalter erstellt werden und (ii) den gem. § 175 Abs. 1 Satz 2 ebenfalls auszulegenden Forderungsanmeldungen nebst beigefügter Urkunden der Insolvenzgläubiger.

a) Elektronisches Einsichtsrecht in vom Verwalter zu erstellende Dokumente

Aus § 5 Abs. 3 InsO,[152] der ausdrücklich die maschinelle - insbesondere die elektronische - Erstellung von Tabellen und Verzeichnisse gestattet, folgt die Befugnis zur elektronischen Einsichtnahme in vom Verwalter zu erstellende Unterlagen grundsätzlich nicht. Dennoch verdeutlicht die Vorschrift, dass die InsO dem Einsatz moderner Bürotechnik nichts in den Weg legt.[153] Vor diesem Hintergrund wird geltend gemacht, der Gelegenheit zur Einsichtnahme könne auch dadurch nachgekommen werden, dass eine dem menschlichen Auge zugängliche Darstellung auf der Geschäftsstelle durch Vorhaltung entsprechender Gerätschaften erfolge; es genüge so auch die Vorlage eines Datenträgers.[154] Dieser

---

152 Zur Kritik am Regelungsgehalt von § 5 Abs. 3 InsO siehe die Eingangsbemerkungen unter Teil 1I, S. 5 f.

153 MüKo-InsO/*Ganter*, § 5 Rn. 90.

154 Siehe zur Tabelle gemäß § 175 InsO Nerlich/Römermann/*Becker*, § 175 Rn. 11; Smid/*Smid*, § 175 Rn. 12; ebenso HK/*Irschlinger*, § 175 Rn. 12; so wohl auch Bork/Kaschmieder/*Schmidt/Riedel*, Rn. 10.42, wonach die Anlage in „virtueller" Form zulässig sei, jedoch aber spätestens mit Abschluss des Verfahrens eine papierförmliche Erfassung zu erfolgen habe.

Ansatz ist zutreffend.[155] Es kann vom Gesetzeszweck nicht gewollt sein, die wirksame Niederlegung davon abhängig zu machen, allein einen unmittelbaren Zugriff auf ein ausschließlich in Papierform verfasstes Dokument zu ermöglichen, wenn alternativ hierzu eine niedergelegte elektronische Datei ebenso sicherstellen könnte, dass das Einsichtsrecht während der Auslagefrist jederzeit ausgeübt werden kann. Insofern ist auch ein Konflikt mit der Vorschrift des § 299 Abs. 3 ZPO - unabhängig von deren Geltungsanspruch im Rahmen der speziellen Einsichtsrechte nach der InsO - ausgeschlossen. Denn der Sache nach kann es keinen Unterschied machen, ob ein Ausdruck von Daten gewährt wird oder aber die verwahrende Stelle zusätzlich vor Ort die Möglichkeit eröffnet, die Daten visuell auf entsprechenden Monitoren zu erfassen. Hinzu kommt, dass § 299 Abs. 3 ZPO in der reformierten Fassung des JKomG diese beide Arten der elektronischen Einsichtnahme ohnehin ermöglicht.

Zweifelhaft ist allerdings, ob nach derzeitiger Rechtslage auch die Möglichkeit bestünde, bei Vorliegen entsprechender Einverständniserklärungen sämtlicher Beteiligter lediglich einen Datenträger ohne Möglichkeit der Lesbarkeit vor Ort und Stelle vorzuhalten, von dem die Beteiligten dann elektronische Kopien anfertigen, um die Daten anderorts einsehen zu können.[156] Wie zuvor dargestellt, hat der Gesetzgeber mittlerweile eine Herausgabe elektronischer Daten im allgemeinen Akteneinsichtsrecht durch Reformierung des § 299 Abs. 3 ZPO ermöglicht, sofern die darin aufgestellten Sicherheitsanforderungen beachtet werden. Die insolvenzspezifischen Einsichtsrechte weisen im Hinblick auf etwaige Sicherheitsbedürfnisse gegenüber dem allgemeinen Einsichtsrecht nach § 299 ZPO keine gravierenden strukturellen Unterschiede auf. Daher muss in Frage gestellt werden, dass die externe Herausgabe elektronischer Daten des Insolvenzverfahren, mit der bei Übergabe von Datenkopien erleichterten Möglichkeit elektronischer Vervielfältigung, nach derzeitiger Rechtslage in der InsO eine bloße Frage der Dispositionsbefugnis der Verfahrensbeteiligten darstellen kann. Vielmehr spricht vieles dafür, die Zurverfügungstellung elektronischer Daten im Rahmen der insolvenzspezifischen Einsichtsrechte unter entsprechender Anwendung der Regelung in § 299 Abs. 3 ZPO n.F. i.V.m. § 4 InsO erst dann als zulässig anzusehen ist, wenn die darin vorgesehenen Voraussetzungen erfüllt sind.

Soweit Verwalter heute bereits über sog. Gläubiger-Informations-Systeme (GIS) den Verfahrensbeteiligten geschützte Zugriffsbereiche anbieten, in denen u.a. Forderungsdaten oder Berichte des Verwalters abgerufen werden können, ist

---

[155] Ablehnend allerdings Gottwald/*Eickmann*, § 63 Rn. 37, unter Hinweis auf eine angebliche Unvereinbarkeit des Entlastungszwecks mit der Niederlegungspflicht.

[156] Hierfür bei Vorliegen von Einverständniserklärungen der Beteiligten Nerlich/Römermann/*Becker*, § 175 Rn. 11.

dies allerdings für das Erfordernis der Niederlegung unerheblich.[157] Der Zugriff auf die Datenverarbeitungsanlage des Verwalters ermöglicht zwar insoweit den Beteiligten die Gelegenheit zur Einsichtnahme beim Verwalter, befreit aber nicht vom Erfordernis einer Niederlegung.[158]

b) Elektronisches Einsichtsrecht in Forderungsanmeldungen und Urkunden

Neben dem vom Verwalter zu erstellenden Unterlagen fragt sich, inwiefern zwecks Schaffung von Rationalisierungseffekten der gesetzlich angeordneten Niederlegung der Forderungsanmeldungen nebst den beizufügenden Urkunden nachgekommen werden kann. Die Archivierung der entsprechenden Unterlagen gem. § 175 Abs. 1 Satz 2 InsO bedeutet für die Insolvenzgerichte teilweise einen nicht zu unterschätzenden - sogar als unangemessen bezeichneten - Aufwand.[159] Demgegenüber wird von dem Einsichtsrecht bei Gericht seitens der Interessenten nur selten Gebrauch gemacht,[160] was u.a. darauf zurückzuführen sein wird, dass die Möglichkeit der Zentralisierung der Insolvenzgerichte eine erhebliche Erschwernis zur Wahrnehmung des Einsichtsrechts darstellen kann.[161]

Gleichwohl geht die InsO augenscheinlich weiterhin von dem Bedürfnis aus, schriftliche Unterlagen niederzulegen. So soll die Verkörperung der Anmeldung (mit dem Erfordernis der Vorlage von Urkunden im Abdruck) eine Auslage der Tabelle zur Einsicht nebst entsprechender Urkundenanlagen ermöglichen. Diesen Umstand nun aber wiederum als Argument für die zwingende Notwendigkeit einer papierförmlichen Verkörperung anzuführen, liefe auf eine Umkehrung des eigentlichen durch die Niederlegung verfolgten Einsichtszwecks hinaus. Denn die Niederlegung der Forderungsanmeldungen und der Urkunden soll ihrerseits gerade das Einsichtsrecht von Interessenten absichern. Kann dieses auch anderweitig - mittels moderner Kommunikationsmedien - durch den Interessenten sogar erleichtert wahrgenommen werden, wird man berechtigter Weise auch von dem Erfordernis einer papierförmlichen Niederlegung der Anmeldung abrücken können. Werden daher künftig vermehrt elektronische Forderungsanmeldungen erfolgen, so wird es nach Maßgabe des JKomG auch gestattet sein, elektronische Kopien dieser Anmeldungen an Einsichtbegehrende unter Beach-

---

157 Zur näheren Gestaltung elektronischer Einsichtsmöglichkeiten beim Verwalter siehe *Mäusezahl*, InsbürO 2004, 14, 16.

158 Vgl. zu § 175 InsO Nerlich/Römermann/*Becker*, § 175 Rn. 11.

159 Auf diesbezügliche Kritikpunkte von Insolvenzgerichten hinsichtlich der Niederlegung der Tabelle gem. § 175 InsO wird im Abschlussbereich Bund-Länder-Kommission „Insolvenzrecht" hingewiesen, S. 114.

160 Abschlussbericht Bund-Länder-Kommission „Insolvenzrecht", S. 114.

161 So Nerlich/Römermann/*Becker*, § 175 Rn. 8, in Bezug auf das Einsichtsrecht nach § 175 InsO; vgl. allgemein zu örtlichen Distanzproblem beim Akteneinsichtsrecht, *Pape*, ZIP 2004, 598, 694.

tung der Voraussetzungen des reformierten § 299 Abs. 3 ZPO zu übermitteln. Ebenso wird mit medientransformierten eingescannten Urkunden iSd. § 174 Abs. 1 Satz 2 InsO verfahren werden können, die einer elektronischen Anmeldung beigefügt werden.[162] Da jedoch grundsätzlich weiterhin eine papierförmliche Perpetuierung dem Leitbild von § 174 InsO entsprechen soll[163] und den Insolvenzgerichten ohnehin beim Verfahren der Akteneinsicht ein Ermessensspielraum zusteht,[164] steht es den Insolvenzgerichten nach dem Erlass des § 299 Abs. 3 ZPO n.F. frei, das Einsichtsrecht in elektronische Anmeldeunterlagen auf Ausdrucke zu beschränken.

[162] Zu der Frage, inwieweit der Urkundennachweis elektronisch erfolgen kann, siehe ausführlich Teil 1III.1.a)cc), S. 25 ff.

[163] Siehe § 174 Abs. 4 Satz 2.

[164] Zu möglichen Ermessensfehlern des Insolvenzgerichts beim Verfahren der Akteneinsicht siehe *Pape*, ZIP 2004, 598, 604.

Teil 2
INTERNETBEKANNTMACHUNGEN IM INSOLVENZVERFAHREN

I. Grundlagen öffentlicher Bekanntmachungen im Insolvenzverfahren

In diesem Kapitel werden öffentliche Bekanntmachungen im Insolvenzverfahren behandelt. Zunächst werden einige grundlegende Aspekte öffentlicher Bekanntmachungen im Insolvenzverfahren beleuchtet, um hierauf aufbauend im Anschluss umfänglich den Einfluss von Kommunikationstechnologie, namentlich des Internet, auf das System öffentlicher Bekanntmachungen im Insolvenzverfahren zu untersuchen.

1. Zweck öffentlicher Bekanntmachungen im Insolvenzverfahren

a) Schaffung von Publizität durch öffentliche Bekanntmachungen

Öffentliche Bekanntmachungen sind kein ausschließlich auf das Insolvenzverfahren beschränktes Phänomen. Sie sind vielmehr in zahlreichen anderen rechtlichen Bestimmungen anzufinden, bspw. in Verfahrensordnungen;[165] häufig wird das Instrumentarium der öffentlichen Bekanntmachung genutzt, sofern korporative oder registerrechtliche Informationsvorgänge im Vordergrund stehen;[166] selbst das Strafrecht kennt die öffentliche Bekanntmachung.[167] Gesetzgeberische Motive, Medien und Wirkungsweisen der verschiedenen öffentlichen Bekanntmachungen variieren teilweise erheblich. Allen genannten öffentlichen Bekanntmachungen und hierzu zählen auch Bekanntmachungen im Insolvenzverfahren ist allerdings immanent, dass ein bestimmter Vorgang zur Aufklärung eines erweiterten Kreises von Interessenten in die Öffentlichkeit transportiert werden soll.

---

165 Vgl. etwa §§ 63, 67, 69 VwVfG zum förmlichen Verwaltungsverfahren und §§ 72 ff. VwVfG zum Planfeststellungsverfahren; vgl. auch §§ 122, 149, 259, 394 AO im Steuerverfahren. In der ZPO ist die öffentliche Bekanntmachung im Aufgebotsverfahren vorgesehen, vgl. §§ 949, 1009 ZPO sowie in diesem Zusammenhang auch § 122 GBO; daneben sieht die ZPO die öffentliche Zustellung gem. § 185 ZPO in Form einer öffentlichen Bekanntmachung vor. Nach § 39 ZVG ist die Terminsbestimmung einer Zwangsversteigerung öffentlich bekannt zu machen, vgl. hierzu *Oestreich*, Rpfleger 1988, 302, 303.

166 So etwa in zahlreichen Bestimmungen des Gesellschaftsrecht, vgl. nur auszugsweise §§ 52, 54, 58, 65 GmbHG; §§ 64, 65, 214, 226 AktG; §§ 26; 187, 188, 268, 307 UmwG. Daneben auch §§ 6, 43a, 57, 107 GenG sowie §§ 50, 66 (Vereinsregister), § 1562 (Güterechtsregister) BGB. Zu letzteren beiden, vgl. *Oestreich*, aaO., S. 305.

167 Zu nennen ist hier die öffentliche Bekanntmachung einer Verurteilung, die in mehreren Gesetzen vorgesehen ist. Allgemein hierzu § 463c StPO. Einschlägige Vorschriften, die eine öffentliche Bekanntmachung vorsehen, stellen etwa §§ 165, 200 StGB; § §§ 143, 144 MarkenG; § 142 PatG; § 111 UrhG; § 51 GeschmMG; § 25 GebrMG dar.

Im Rahmen gerichtlicher (und auch behördlicher) Vorgänge besteht verfahrensübergreifend die Notwendigkeit, die Beteiligen in angemessenen Umfang über den Verfahrensstand zu informieren. Dies gilt selbstverständlich auch für das Insolvenzverfahren. Nur so kann ein ordnungsgemäßes Partizipieren am Verfahren durch entsprechende Informationsübermittlung ermöglicht werden.[168] Verfahrenspublizität kann auch anderweitig, etwa durch Zustellung, Verkündung oder formlose Mitteilung erreicht werden.[169] In aller Regel hängt die Form der Außenkommunikation davon ab, was die jeweilige Verfahrensordnung hierzu gesetzlich vorschreibt. Im Parteienprozess besteht die Notwendigkeit der öffentlichen Bekanntmachung grundsätzlich nicht, da aus den eingereichten bestimmenden Schriftsätzen folgt, wer Beteiligter des Prozesses ist, sei es als Partei oder etwa als Streitverkündeter oder Nebenintervenient.[170] Das Insolvenzverfahren ist hingegen zunächst an eine unbestimmte Zahl von Personen gerichtet.[171] Nun muss aber denjenigen Gläubigern, die bislang keine Kenntnis von einem laufenden Insolvenzverfahren gewonnen haben, zunächst einmal die Möglichkeit eingeräumt werden, sich überhaupt ihrer Stellung als Insolvenzgläubiger und den sich hieraus ergebenden rechtlichen Konsequenzen bewusst zu werden. Hier schreitet nun das Gesetz ein, indem es bereits im Eröffnungsverfahrens erstmals die Bekanntmachung von gerichtlichen Anordnungen postuliert, etwa der Bekanntmachung von Verfügungsbeschränkungen im Eröffnungsverfahren (§ 23 Abs. 1 InsO) oder der Bekanntmachung des Eröffnungsbeschlusses (§ 30 InsO) selbst. Der gesetzgeberische Zweck, der hiermit verfolgt wird, besteht allgemein darin, gerichtlichen Verlautbarungen größtmögliche Publizität zu verschaffen.[172] Die öffentliche Bekanntmachung erfolgt diesbezüglich wegen des möglichen Interesses vieler durch die Maßnahme materiell betroffener Personen, insbesondere Gläubiger und Drittschuldner.[173] Jedermann erhält durch die öffentliche Bekanntmachung die Gelegenheit, sich über Vorgänge des Insolvenzverfahrens zu unterrichten und sein weiteres Verhalten darauf einzurichten.[174] Das Insolvenzverfahren ähnelt insoweit denjenigen Verfah-

---

168 *Keller*, ZIP 2003, 149, 149, betont mit Hinblick auf das Insolvenzverfahren insoweit dessen allseitig rechtsfürsorgenden Charakter.

169 Zur Abgrenzung von Bekanntmachungen im Insolvenzverfahren gegenüber Eintragungen in öffentlichen Registern gem. §§ 31-33 InsO und Schuldnerverzeichnis gem. § 26 Abs. 2 Satz 1 InsO sowie Pressemitteilungen des Gerichts, vgl. Nerlich/Römermann/*Becker*, § 9 Rn. 4-6.

170 Die öffentliche Zustellung gem. § 185 ZPO in Form der öffentlicher Bekanntmachung folgt so auch nicht aus der Notwendigkeit der Zustellung an eine unbekannte Partei, sondern aus der Erwägung, dass Personen, die sich aus ihrem bisherigen Lebenskreis entfernen, mit Bewilligung der öffentlichen Zustellung rechnen müssen, vgl. zur Vorgängerregelung des § 203 ZPO a.F. Stein/Jonas/*Roth*, § 203 ZPO Rn. 4.

171 *Keller*, ZIP 2003, 149, 149.

172 BK/*Goetsch*, § 9 Rn. 1.

173 BGHZ 137, 48, 54 zu § 6 Abs. 1 S. 1 GesO und § 76 KO.

174 Nerlich/Römermann/*Becker*, § 9 Rn. 1.

ren, die eine öffentliche Bekanntmachung deswegen vorsehen, weil nicht alle Beteiligten dem federführenden Leitungsorgan bekannt sein können, deren Verfahrensrechte aber gewahrt dennoch werden müssen.[175] Aus dem gleichen Grunde ist es auch im Insolvenzverfahren erforderlich, bestimmte Vorgänge durch das Insolvenzgericht bzw. ausnahmsweise durch den Insolvenzverwalter[176] zu veröffentlichen, da ansonsten die Gefahr bestünde, etwaige Rechte Betroffener nicht hinreichend beachten zu können. Das Verfahrensziel der Schaffung größtmöglicher Publizität ist dabei naturgemäß nicht nur beschränkt auf die zuvor erwähnte Phase der Eröffnung des Insolvenzverfahrens. Den Verfahrensbeteiligten muss selbstverständlich über das gesamte Insolvenzverfahren hinweg ermöglicht werden, über den jeweiligen Verfahrensstand hinreichend informiert zu werden. Denn Publizität ist schon deswegen dauerhaft vonnöten, um Entscheidungen generell nach außen hin Geltung verschaffen zu können und die Publizitätswirkung auch gegenüber solchen Personen eintreten zu lassen, an die eine Einzelzustellung nicht erfolgt.[177]

b) Verfahrensvereinfachung durch Schaffung von Rechtswirkungen

Mit dem soeben angeführten Verfahrensziel einer „dauerhaften“ Publizitätswirkung wird zugleich ein weiterer Zweck öffentlicher Bekanntmachungen deutlich. Die Schaffung von Publizität steht in einem - aus gesetzgeberischer Sicht - verständlichen Abhängigkeitsverhältnis zur Frage, welche rechtlichen Konsequenzen die Schaffung von Publizität mit sich bringt. Größtmögliche Publizität zum Wohle von allen unbekannten Verfahrensbeteiligten ist zwar ein hehres Gesetzanliegen, soll sie doch der Wahrung von Teilnahmerechten dienen. Gleichwohl drängt sich aus Sicht des Gesetzgeber die Frage auf, welche rechtliche Folge das tatsächliche Schaffen von Publizität durch eine öffentliche Bekanntmachung nach sich zieht. Würde sich das Gesetz hierzu ausschweigen, so entstünde einen Reihe von Folgeproblemen. So wäre es ohne die Entfaltung von Rechtswirkungen durch öffentliche Bekanntmachungen allgemein nicht möglich, rechtsverbindlich durch eine öffentliche Bekanntmachung Fristen in Gang zu setzten oder zu bestimmen, binnen derer die jeweiligen Verfahrensbeteiligten bestimmte verfahrensrelevante Handlungen vorzunehmen haben. Die aus diesem Grunde erforderlichen rechtlichen Konsequenzen von öffentlichen Bekanntmachungen wurden dahingehend gelöst, dass die Wirkung einer öffentlichen Be-

175 Vergleichend kann auf das Planfeststellungsverfahren verwiesen werden. Dieses wird immer dann gesetzlich angeordnet wird, wenn es darum geht, eine große Anzahl potentiell widerstreitender Interessen sachgerecht in einem Verwaltungsverfahren abzuwickeln. Um hier auch sämtlichen Betroffenen ihre Partizipierungsrechte hinreichend abzusichern, ordnet das Gesetz für bestimmte Vorgänge die öffentliche Bekanntmachung an, §§ 72 Abs. 2, 73 Abs. 5 und 6, 74 Abs. 4 und 5 VwVfG.

176 Zur Veröffentlichung des Verteilungsverzeichnisses gem. § 188 Satz 3 InsO durch den Insolvenzverwalter siehe *Deppe*, InsbürO 2004, 147 ff.

177 Braun/*Kießner*, § 9 Rn. 2; vgl. auch MüKo-InsO/*Ganter*, § 9 Rn. 5.

kanntmachung mit einer individuellen Zustellung gleichgestellt wurde. Dies sieht § 9 Abs. 3 InsO vor, wonach die öffentliche Bekanntmachung zum Nachweis der Zustellung an alle Beteiligten genügt, auch wenn die InsO daneben eine besondere Zustellung vorschreibt. Der öffentliche Bekanntmachung kann insoweit eine weitere - auf der Kundgabe gegenüber der Allgemeinheit aufbauende - Funktion zugesprochen werden. Diese weitere Funktion liegt darin, dass Verfahren allgemein zu vereinfachen.[178] In solchen Verfahren, in denen potentiell eine Vielzahl von Verfahrensbeteiligten vorhanden ist, gebietet es schon die Praktikabilität, Maßnahmen zu unternehmen, die allgemein die gerichtliche Tätigkeit entlasten. Die öffentliche Bekanntmachung ist insoweit ein approbates und unkompliziertes Mittel für das Gericht, sämtliche Beteiligten über einen allgemein zugänglichen Publizitätsakt zu erreichen und damit gleichzeitig die Wirkung einer Zustellung zu erreichen.[179]

c) Hinweis- und Warnfunktion

Des Weiteren wird öffentlichen Bekanntmachungen im Insolvenzverfahren zusätzlich der Zweck einer Warnfunktion beigemessen.[180] Unmittelbar aus dem Regelungsgehalt von § 9 InsO lässt sich eine solche Funktion nicht ableiten, da die primär mit der öffentlichen Bekanntmachung bezweckte Publizität (und Zustellungswirkung) für sich allein genommen keine Warnfunktion gegenüber den Verfahrensbeteiligten begründet. Bei der Frage nach dem Sinn und Zweck von öffentlichen Bekanntmachungen ist aber auch dem gesetzessystematischen Zusammenhang zu denjenigen Vorschriften nachzugehen, die eine Bekanntmachung der gerichtlichen Entscheidung gem. § 9 InsO vorsehen. Die Warnfunktion wird so dann auch im Zusammenhang zu den Vorschriften der §§ 81 Abs. 1 Satz 2, 91 Abs. 2 InsO und 82 Satz 2 InsO gesehen, die dazu dienen sollen, eine mögliche Gutgläubigkeit im Hinblick auf § 892 BGB oder § 407 BGB zu zerstören.[181] Die vorgenannten Vorschriften der InsO zeigen zwar für sich genommen lediglich die rechtlichen Folgen auf, die an Handlungen nach öffentlicher Bekanntmachung des Eröffnungsbeschlusses, wie Verfügungen des Schuldners oder Leistungen eines Drittschuldners an den Schuldner, geknüpft sind. Da aber

---

178 MüKo-InsO/*Ganter*, § 9 Rn. 6; *Keller*, ZIP 2003, 149, 150.

179 So ersetzt auch im zuvor erwähnten Planfeststellungsverfahren die öffentliche Bekanntmachung die Zustellung, vgl. §§ 73 Abs. 5 Nr. 4b), 74 Abs. 4 Satz 3 VwVfG. Vergleichbar können hier auch öffentliche Zustelllungen angeführt werden, die durch öffentliche Bekanntmachung erfolgen, etwa §§ 185, 186 ZPO oder § 15 VwZG. Die öffentlichen Zustellungen unterscheiden sich jedoch insoweit, als es hier nicht darum geht, die Zustellungswirkung gegenüber Unbekannten oder einer Masse von Betroffenen zu bewirken, sondern nach Ausschöpfung der vorhandenen Zustellungsmöglichkeiten eine Zustellung verbindlich zu bewirken, siehe bereits oben FN 170.

180 Dies allein betonend *Keller*, ZIP 2003, 149, 149.

181 *Keller*, ebenda; nach MüKo-InsO/*Ganter*, § 9 Rn. 5, kommt darin eine Schutzfunktion der öffentlichen Bekanntmachung zugunsten der Insolvenzmasse zum Ausdruck.

die Publikation der Verfügungsbeschränkungen im Eröffnungsverfahren nach § 23 Abs. 1 InsO und insbesondere der Eröffnungsbeschluss selbst nach § 30 Abs. 1 InsO obligatorisch zu erfolgen hat, kann insoweit in der Tat jedenfalls mittelbar im Zusammenspiel mit § 9 InsO öffentlichen Bekanntmachungen insgesamt eine Warnfunktion zugesprochen werden.

Allgemeiner gesprochen kann über die aus §§ 81 Abs. 1 Satz 2, 91 Abs. 2 InsO und 82 Satz 2 InsO folgende Warnfunktion hinaus öffentlichen Bekanntmachungen aus dem gesetzessystematischen Zusammenhang zu den jeweils bekannt zu machenden Entscheidungen eine Hinweis- oder Aufklärungsfunktion zugesprochen werden. Denn immer dann, wenn eine gerichtliche Entscheidung aufgrund zwingender gesetzlicher Bestimmungen öffentlich bekannt zu machen ist, kann damit zugleich der Ausgangspunkt verbunden sein, eine rechtliche Aufklärung der betroffenen Verfahrensbeteiligten zu ermöglichen. Dies folgt daraus, dass den Beteiligten mit der publizierten Entscheidung Einblick in das Verfahrensstadium und, jedenfalls ansatzweise, den hieraus folgenden rechtlichen Konsequenzen gegeben wird.[182] Den Betroffenen wird es infolgedessen erleichtert, mögliche rechtliche Folgen ihres künftigen Handelns abschätzen zu können.

2. Aufklärungsinteresse der Allgemeinheit vs. Persönlichkeitsrecht des Schuldners

Dem Aufklärungsinteresse der Allgemeinheit, das durch das System von Bekanntmachungen abgesichert werden soll, steht widerstreitend das Interesse von Insolvenzschuldnern gegenüber, möglichst nicht gemeinhin in der Bevölkerung als insolventer Schuldner dazustehen. Denn allein die Kenntnis von der Eröffnung des Insolvenzverfahrens kann sowohl im gesellschaftlichen Bereich als auch insbesondere in den Geschäftskreisen, denen der Schuldner angehört, einen allgemeinen Ansehensverlust zur Folge haben, der gleichsam wie ein „Makel“ am Schuldner haftet.[183] Das Interesse des Schuldners, keine Daten über sich selbst herauszugeben, ist im Grundsatz jedenfalls hinsichtlich natürlicher Schuldner verfassungsrechtlich im allgemeinen Persönlichkeitsrecht bzw. dem hieraus abgeleiteten Recht auf informationelle Selbstbestimmung nach Art. 2 Abs. 1 GG i.V.m. Art. 1 Abs. 1 GG verbürgt. Die gegenüber jedem bloßstellende Bekanntmachung greift hierin ein.[184] Sofern dieses Schuldnerrecht durch öf-

---

182 Vereinzelt wird in einschlägigen Vorschriften, die eine öffentliche Bekanntmachung vorsehen, der Aspekt der Hinweisfunktion sogar ausdrücklich aufgenommen; vgl. z.B. § 394 AO 1977, wonach ein Eigentumsverlust hinterlassener Sachen nur eintreten kann, wenn in der öffentlichen Bekanntmachung hierauf entsprechend „hingewiesen“ wurde.

183 *Lepa*, S. 129.

184 Nerlich/Römermann/*Becker*, § 9 Rn. 2. Die öffentliche Bekanntmachungen kann zugleich einen Eingriff in die nach Art. 12 GG geschützte Berufsehre sowie in das Recht am eingerichteten und ausgeübten Gewerbebetrieb nach Art. 14 GG darstellen; relevant kann dies

fentliche Bekanntmachungen tangiert ist, tritt dieses allerdings grundsätzlich hinter das Aufklärungsinteresse zurück, das die Allgemeinheit über das laufende Insolvenzgeschehen hat.[185] Die Publikationssystematik der InsO (hierzu sogleich im Anschluss) dient insofern als verfassungsrechtliche Schranke, mit der eine verfahrensrechtlich notwendige Informationspolitik ermöglicht wird. Der insolvente Schuldner muss diesen Eingriff in sein Selbstbestimmungsrecht damit in Grenzen hinnehmen. Wo diese Grenzen einer staatlichen Veröffentlichungsbefugnis mittels öffentlicher Bekanntmachungen liegen, soll jeweils an gegebener Stelle im Laufe der Untersuchung betrachtet werden. Dabei interessiert mit Hinblick auf die thematische Ausrichtung der Arbeit vor allem, ob und inwieweit sich aufgrund einer gegebenenfalls erhöhten Publikationswirkung von Bekanntmachungen im Internet Besonderheiten ergeben können.

3. Bekanntmachungssystematik im Insolvenzverfahren

a) Gesetzliche Anordnungen von Veröffentlichungen in der InsO

Welche Vorgänge im Insolvenzverfahren öffentlich bekannt zu machen sind, wird aus § 9 InsO selbst nicht ersichtlich.[186] Das Erfordernis einer öffentlichen Bekanntmachung ergibt sich ähnlich wie bei den im Insolvenzverfahren ausdrücklich angeordneten Zustellungen aus dem Regelungszusammenhang von § 9 InsO mit weiteren in der InsO genannten Vorschriften, die jeweils die öffentliche Bekanntmachung ausdrücklich vorsehen.[187]

Die InsO ordnet zudem bei einer verhältnismäßig geringen Anzahl von Vorgängen eine zusätzliche Publikation im Bundesanzeiger an. Die nach der bestehenden Rechtslage im Bundesanzeiger jeweils nur auszugsweise erforderliche Veröffentlichung (vgl. §§ 30 Abs. 1 Satz 2, 200 Abs. 2 Satz 2 InsO) ist nur für alle grundlegenden Entscheidungen über die Anordnung, Aufhebung und Einstellung des Insolvenzverfahrens vorgesehen.[188] Dagegen könnte man die übrigen in der InsO ausdrücklich vorgesehenen Publikationen als *„einfache Bekanntmachungen"* bezeichnen. Differenziert man auf diese Weise, so scheint eine gesetzgeberische Gewichtung hinsichtlich der unterschiedlichen Publikationen beabsichtigt zu sein. Die zusätzliche Veröffentlichung im Bundesanzeiger soll so nach bisherigem Gesetzesverständnis insbesondere auch weitere, überre-

---

insbesondere mit Hinblick auf nicht natürliche Schuldner werden, hierzu insgesamt *Lepa*, S. 128 ff; siehe auch unter Teil 2II.3.b)dd), S. 77.

185 Nerlich/Römermann/*Becker*, § 9 Rn. 2; ebenso Uhlenbruck/*Uhlenbruck*, § 9 Rn. 6; vgl. auch *Pape/Uhlenbruck*, Rn. 119 und Rn. 119a.

186 Nerlich/Römermann/*Becker*, § 9 Rn. 3.

187 Dezidierte Auflistungen der Bekanntmachungsvorschriften finden sich u.a. jeweils bei *Hess*/Weis/Wienberg, § 9 Rn. 6 und *Mäusezahl*, InsbürO 2004, 53, 56; HK/Kirchhof, § 9 Rn. 3; ebenso BK/*Goetsch*, § 9 Rn. 12 zudem unter Hinweis auf ergänzende Pflichtveröffentlichungen im Bundesanzeiger.

188 HK/*Kirchhof*, § 9 Rn. 7.

gionale Gläubiger ansprechen.[189] Inwieweit dieses Gesetzesverständnis im Internetzeitalter noch aufrecht zu erhalten ist, wird noch zu beantworten sein. Für die hier zu erörternden Fragen der Publikation durch öffentliche Bekanntmachungen bleibt insgesamt zunächst einmal festzuhalten, dass in der InsO ein Katalog von Vorgängen und Entscheidungen besteht, die durch das Gericht (bzw. ausnahmsweise den Insolvenzverwalter) zu veröffentlichen sind.

b) Weitere Veröffentlichungsvorgänge nach der InsO

aa) § 9 Abs. 2 InsO: Allgemeine Ermächtigungsgrundlage für Ermessensbekanntmachungen?

Fraglich ist jedoch, inwieweit sich der explizit geregelte Katalog an Bekanntmachungsvorgängen auch als abschließend darstellt oder ob öffentliche Bekanntmachungen darüber hinaus veranlasst werden können. Im Schrifttum wird insbesondere darüber gestritten, ob ein Beschluss des Gerichts gem. § 26 InsO, mit dem ein Antrag auf Eröffnung des Insolvenzverfahrens mangels Masse abgewiesen wird, öffentlich bekannt gemacht werden darf. Der Wortlaut der InsO de lege lata sieht die öffentliche Bekanntmachung insolvenzabweisender Beschlüsse nicht vor.[190] Es war jedoch bereits zu Zeiten der Konkursordnung umstritten, ob aus § 76 Abs. 2 KO, der dem heutigen § 9 Abs. 2 Satz 1 InsO weitgehend entspricht,[191] die Befugnis abgeleitet werden könne, den Abweisungsbeschluss öffentlich bekannt zu machen.[192] Dieser Streit rankt sich deswegen vornehmlich um die Frage, ob der Abweisungsbeschluss gem. § 26 InsO auch öffentlich bekannt gemacht werden soll, weil hier ein erhöhtes Interesse der Allgemeinheit - insbesondere potentieller Neugläubiger - besteht, Kenntnis von der Vermögenslosigkeit des Schuldners zu erlangen. Zwar erfolgt eine Eintragung im Schuldnerverzeichnis oder die Löschung im Handelsregister. Die Gefahr, dass neue Gläubiger mit einer vermögenslosen Partei kontraktieren, besteht aber dennoch, da sowohl die Eintragung im Schuldnerverzeichnis als auch die Löschung im Handelsregister nicht die gleiche wünschenswerte Publizität bewirken,[193] als auch erst zu spät eingreifen.[194] Dass daher aus ordnungspolitischen Gründen grundsätzlich die Erforderlichkeit besteht, Abweisungsbeschlüsse bekannt zu

---

189 MüKo-InsO/*Ganter*, § 9 Rn. 14.

190 Kübler/Prütting/*Prütting*, § 9 Rn. 7.

191 Siehe zu dem Gesetzestext von § 76 Abs. 2 KO den gesetzeshistorischen Überblick unter Teil 2II.1.a), S. 53 ff.

192 Vgl. hierzu bereits *Dempewolf*, DB 1976, 1141, 1141 f sowie ders. ausführlich in ZIP 1981, 953, 953 ff.; instruktiv auch *Kuhn/Uhlenbruck*, § 76 KO Rn. 6; für InsO weiterhin befürwortend u.a. Gottwald/*Uhlenbruck*, § 16 Rn. 9 (wobei es empfehlenswert sei, auf den Grund der Abweisung hinzuweisen); FK/*Schmerbach*, § 26 Rn. 73; Smid/*Smid*, § 26 Rn. 23; wohl auch *Prütting*, Kölner Schrift, S. 221 ff. Rn. 36.

193 Gläubiger können nach GKG 1645 nur gebührenpflichtig Einsicht in das Schuldnerverzeichnis nehmen.

194 Uhlenbruck/*Uhlenbruck*, § 9 Rn. 6; so auch FK/*Schmerbach*, § 26 Rn. 73.

machen, wird auch von Vertretern, keine über die gesetzlich angeordneten Fälle hinausgehenden Bekanntmachungen zulassen wollen, grundsätzlich nicht in Zweifel gezogen.[195] Ein bloßes ordnungspolitisches Interesse vermag allerdings nicht auszureichen, die Legitimation für Publikationen, die über das Gesetzesmaß hinausgehen, zu begründen. Insbesondere dann, wenn wie bei der Bekanntmachung des Abweisungsbeschlusses ein grundrechtlich geschützter Bereich - wie das Persönlichkeitsrecht des Schuldners - betroffen ist, bedarf es einer hinreichenden gesetzlichen Rechtsgrundlage, um den Eingriff in das Grundrecht zu schützen.[196]

Die Kernfrage ist daher, ob sich tatsächlich aus § 9 Abs. 2 InsO die Befugnis ableiten lässt, inhaltlich weitergehende als die ausdrücklich in der InsO angeordneten Bekanntmachungen vorzunehmen. Der Wortlaut der Vorschrift ist insoweit jedenfalls doppeldeutig, da der Begriff „weitere" auch inhaltlich „andere" Publikationen als die gesetzlich angeordneten Bekanntmachungen umfassen könnte. Zu bedenken ist aber, dass in § 9 Abs. 2 Satz 1 InsO von weiteren „Veröffentlichungen" und nicht von weiteren „Bekanntmachungen" die Rede ist. Ersichtlich soll daher auf das Publikationsmedium abgestellt werden, sodass mit dieser Regelung nur die Veröffentlichung in einem weiteren Publikationsorgan außer demjenigen nach § 9 Abs. 1 InsO gemeint ist.[197] Im Übrigen erscheint es gesetzessystematisch sinnwidrig, auf der einen Seite einen abschließenden Katalog an Bekanntmachungsvorgängen vorauszusetzen, auf der anderen Seite dann aber eine recht vage und missverständliche Auffangregelung zu präsentieren, bei der nur schwerlich nachvollziehbar ist, anhand welcher Kriterien das Gericht seine Ermessenserwägungen auszurichten habe. *Prütting* weist zudem insbesondere mit Hinblick auf die Bekanntmachung des Ablehnungsbeschlusses zu Recht davon hin,[198] dass diese Problematik schon seit langer Zeit besteht und sich der Gesetzgeber jedenfalls bislang in keiner der Gesetzesreformen, sei es die Einführung der InsO selbst oder die spätere Änderung des § 9 InsO, zwecks eindeutiger Regelung dieser Frage angenommen hat. Angesichts der schon lange bestehenden Kontroversen hätte hier eine klarstellende gesetzgeberische Stellungnahme erfolgen müssen, die man nicht im Sinne von „qui tacet consentire videtur" als eine stillschweigende Zustimmung des Gesetzgebers zugunsten der

---

[195] So *Keller* ZIP 2003, 149, 150 (dort unter Hinweis auf *Jaeger* in FN 18).

[196] So auch Nerlich/Römermann/*Becker*, § 9 Rn. 7, wonach mit Rücksicht auf das Persönlichkeitsrecht grundsätzlich andere als die im Gesetz genannten Umstände nicht öffentlich bekannt zu machen sind; vgl. auch mit Hinblick auf die verfassungsrechtliche Notwendigkeit einer Ermächtigungsgrundlage jeweils *Lepa*, S. 128 ff. sowie *Liebscher*, S. 216 (zu § 107 KO).

[197] *Keller*, ZIP 2003, 149, 150, vgl. auch Nerlich/Römermann/*Becker*, § 9 Rn. 13 ff. Hierfür spricht zudem, dass § 9 Abs. 2 Satz 1 InsO auch auf wiederholte Veröffentlichungen abstellt, bei denen unstreitig keine anderweitigen inhaltliche Bekanntmachung publiziert werden soll, sondern allein eine neuerliche Veröffentlichung erfolgen soll.

[198] Kübler/Prütting, § 9 Rn. 7; ihm folgend *Keller*, ZIP 2003, 149, 150.

befürwortenden Auffassungen beantworten kann. Dieses Argument wird auch dadurch bestärkt, dass nunmehr eine Veröffentlichung verfahrensabweisender Beschlüsse eingeführt werden soll.[199] Letztlich kann gegen Ermessensbekanntmachungen gem. § 9 Abs. 2 InsO in Feld geführt werden, dass das vereinfachte Insolvenzverfahren diese Vorschrift gem. § 312 Abs. 1 Satz 2 InsO gerade für unanwendbar erklärt. Dass aber Ermessensbekanntmachungen, insbesondere die Bekanntmachung des Abeisungsbeschlusses, allein dem Regelinsolvenzverfahren vorbehalten sein sollen, wird auch von deren Befürwortern nicht behauptet. Man wird daher weitergehende, auf § 9 Abs. 2 InsO beruhende Bekanntmachungen als unzulässig ansehen müssen.[200]

bb) § 9 Abs. 3 InsO: Ermessensbekanntmachungen im Wechselspiel von Zustellung und öffentlicher Bekanntmachung?

Da die öffentliche Bekanntmachung gem. § 9 Abs. 3 InsO als Zustellung wirkt, fragt sich, inwieweit sich aus dieser Tatsache gegebenenfalls die Befugnis ableiten lässt, mittels öffentlicher Bekanntmachung die Zustellungswirkung herbeizuführen. Teilweise ordnet das Gesetz für bestimmte Vorgänge sowohl die öffentliche Bekanntmachung als auch die Zustellung an, so etwa bei §§ 23 Abs. 1, 25 Abs. 1, 30 Abs. 2, 64 Abs. 2 InsO. Das Gericht kann gleichwohl in diesen Fällen nicht nach freiem Belieben eine Einzelzustellung für obsolet erklären. Die Einzelzustellung erfüllt insbesondere dann einen Zweck, wenn man gesicherten Nachweis über den Beginn etwaiger Fristen oder aber der Kenntnis eines der Verfahrensbeteiligten von dem betreffenden Vorgang erbringen möchte. Zudem kann die Einzelzustellung jedenfalls ohne die Einsatzmöglichkeiten des Internet schneller bewirkt werden als eine öffentliche Bekanntmachung, sodass die Schaffung der soeben genannten Rechtswirkungen gegebenenfalls früher erreicht werden kann.[201]

Interessanter ist allerdings die Frage, wie sich Zustellung und Bekanntmachung zueinander verhalten, wenn keine kumulative gesetzliche Anordnung erfolgt ist, sondern allein die Einzelzustellung angeordnet ist.[202] Hier stellt sich die

---

199 Nach dem RegE zur Vereinfachung des Insolvenzverfahrens soll künftig in § 26 InsO ausdrücklich die unverzügliche Bekanntmachungspflicht hinsichtlich der Ablehnung mangels Masse vorgesehen werden, siehe BR-Drucks. 549/06, S. 3. Die Begründung auf S. 29 führt hierzu insbesondere auf, dass der seit langem erhobenen Forderung der Literatur nach einer Bekanntmachung dieses Vorgangs nachgekommen werde.

200 Ebenfalls ablehnend, jedoch ohne nähere Begründung *Hess*/Weis/Wienberg, § 9 Rn. 7. Mit Hinblick auf die Bekanntmachung des Abweisungsbeschlusses könnte auch nicht subsidiär auf allgemeine Datenschutzgesetze zurückgegriffen werden, da eine Bekanntgabe ohne Nachprüfung berechtigter oder rechtlicher Informationsinteressen und damit an einen unbestimmten Personenkreis mit den Datenschutzgesetzen nicht vereinbar ist, vgl. *Liebscher*, S. 216 f. zur Veröffentlichung des Abweisungsbeschluss nach § 107 KO.

201 Vgl. HK/*Kirchhof*, § 9 Rn. 9.

202 So etwa in §§ 186 Abs. 2, 194 Abs. 2 und 3, 204 Abs. 1 und 2 InsO sowie in zahlreichen weiteren Vorschriften, die vereinzelt aber statt des Terminus „Zustellung“ auf eine be-

Frage, ob in diesen Fällen statt der Einzelzustellung eine „Gesamtzustellung" mittels der Vorschrift des § 9 Abs. 3 InsO vorgenommen werden darf. Im Ergebnis würde dies den Anwendungsbereich öffentlicher Bekanntmachungen nicht unerheblich erweitern. Dem Grunde nach wird dieses Ergebnis verbreitet befürwortet.[203] Zwar wird vereinzelt einschränkend gefordert, das Gericht habe Auswirkungen des Persönlichkeitsrechts des Schuldners zu beachten.[204] Müssen aber allgemein Persönlichkeitsrechte beachtet werden, so stellt sich wiederum die bereits oben angesprochene Frage der hinreichenden rechtlichen Legitimation durch eine entsprechende Rechtsgrundlage.

Sicherlich wollte der Gesetzgeber in denjenigen Fällen, in denen der Aufenthalt von Verfahrensbeteiligten unbekannt ist, ein geeignetes Instrumentarium zur Verfügung stellen, Zustellungswirkung herbeizuführen, ohne dass hierfür der umständliche Weg einer öffentlichen Zustellung zu wählen ist.[205] Insoweit erscheint es jedenfalls für die Fälle, in denen eine Zustellung auch an unbekannt zu erfolgen hat, der Weg einer öffentlichen Bekanntmachung grundsätzlich als gerechtfertigt.[206] Versperrt sein sollte dem Gericht aber jedenfalls eine öffentliche Bekanntmachung allein deswegen vorzunehmen, weil sich eine öffentliche Bekanntmachung als der bequemere Weg darstellt, die erforderliche Zustellungswirkung herbeizuführen. Diese Einschränkung könnte insbesondere vor dem Hintergrund der technischen Möglichkeit im Bereich elektronischer Publikationen an Relevanz gewinnen. Mag es bislang einen gewissen (Kosten-)Aufwand dargestellt haben, eine öffentliche Bekanntmachung in den herkömmlichen Publikationsmedien zu veranlassen, könnten die Einsatzmöglichkeiten von Kommunikationstechnologie u.U. einen erhöhten Anreiz darstellen, sich der Zustellungsfiktion des § 9 Abs. 3 InsO durch Internetbekanntmachungen zu bedienen.[207] Neben diesem Aspekt gilt es zu beachten, dass die öffentliche Bekanntmachung in ihrer Reichweite des Öfteren über dasjenige hinausgeht, was mittels der Einzelzustellung bewirkt werden soll. Insbesondere dann, wenn die Einzelzustellung nicht an sämtliche Verfahrensbeteiligten zugestellt werden soll, wird durch eine öffentliche Bekanntmachung der Adressatenkreis der Zustellungswirkung über das gesetzlich angeordnete Maß hinaus erweitert. Liegt ein

---

sondere Ladung abstellen, was im Ergebnis aber auf eine Zustellung hinausläuft, vgl. hierzu *Hess*/Weis/Wienberg, § 8 Rn. 4; HK/*Kirchhof*, § 8 Rn. 3; Braun/*Kießner*, § 8 Rn. 5. Des Weiteren sind insbesondere gem. § 4 ZPO die §§ 270 Abs. 2, 329 Abs. 2 Satz 2 und Abs. 3 ZPO heranzuziehen, hierzu Nerlich/Römermann/*Becker*, § 8 Rn. 5.

203 Nerlich/Römermann/*Becker*, § 9 Rn. 24; MüKo-InsO/*Ganter*, § 9 Rn. 23; wohl auch Kübler/Prütting/*Prütting*, § 9 Rn. 14.

204 Nerlich/Römermann/*Becker*, § 9 Rn. 7.

205 Siehe bereits oben zum Sinn und Zweck der Zustellungswirkung öffentlicher Bekanntmachungen, Teil 2I.1.b), 43 ff.

206 So grundsätzlich auch Uhlenbruck/*Uhlenbruck*, § 9 InsO Rn. 1

207 Zur Verfassungsgemäßheit der Zustellungswirkung von Internetbekanntmachungen siehe unten unter Teil 2II.4.a)aa), S. 117 ff.

solcher Zustellungsfall vor, sollte das Gericht gehalten sein, genau zu prüfen, ob tatsächlich eine erhöhte Publikationswirkung zulässig ist, was nur dann der Fall ist, wenn eine unbestimmte Zahl von Beteiligten von dem Vorgang rechtlich betroffen oder gegen die gerichtliche Entscheidung beschwerdebefugt ist.[208]

4. Herkömmliche Printbekanntmachungsmedien und deren Schwächen

Die jeweiligen Konkursgesetze sahen schon von je her die öffentliche Bekanntmachung durch Veröffentlichung in dem für amtliche Bekanntmachungen des Gerichts bestimmten Blatt vor.[209] Mit der Formulierung des § 9 Abs. 1 Satz 1 1. Var. InsO „Bekanntmachungen des Gerichts" ist nicht gemeint, dass das Gericht sein Organ selbst bestimmen könne.[210] Das Bekanntmachungsblatt wird vielmehr landesrechtlich von den einzelnen Landesjustizverwaltungen bestimmt.[211] Regelmäßig wird hierfür ein Amtsblatt, bspw. ein Staatsanzeiger oder ein Regierungsamtsblatt gewählt.[212] Die Bestimmung einer örtlichen Tageszeitung als Amtsblatt erfolgt dagegen selten.[213]

Die Schwächen einer derartigen Bekanntmachung liegen auf der Hand. Die bisherigen Bekanntmachungsmedien können dem gesetzgeberischen Anliegen der Schaffung von Publizität nicht vollumfänglich zufrieden stellend nachkommen. Das Amtsblatt dürfte, ebenso wie der für die auszugsweise weiteren Pflichtveröffentlichungen zuständige Bundesanzeiger, nur selten zu derjenigen Lektüre gehören, die morgens zum Frühstück gelesen wird.[214] Die dort getätigten Veröffentlichungen stehen deswegen in aller Regel nur denjenigen Interessierten zur Verfügung, die gezielt nach bestimmten Insolvenzvorgängen Ausschau halten. Der an sich angestrebte Gedanke, gleichsam spontan über laufende Insolvenzen informiert zu werden, wird hierdurch kaum verwirklicht.

Diese Defizite in der Informationsvermittlung können auch nicht durch das Mittel, eine größere Bandbreite an Publizität durch Zweitveröffentlichungen

---

208 So *Keller*, ZIP 2003, 149, 151. Als einschränkendes Beispiel nennt er die Einzelzustellung der Anordnung von Zwangsmaßnahmen gegen den Insolvenzverwalter nach § 58 InsO, gegen die nur dem Insolvenzverwalter selbst sofortige Beschwerde gem. § 58 Abs. 2 Satz 3 InsO zusteht. Da aber die Anschrift des Insolvenzverwalters ohnehin bekannt ist, dürfte sich bereits aus diesem Grunde nach dem hier gewählten Ansatz eine Zustellung mittels der Fiktionswirkung des § 9 Abs. 3 InsO verbieten.

209 Vgl. hierzu die Synopse unter Teil 2II.1.a)aa), S. 53.

210 *Keller*, ZIP 2003, 149, 151.

211 Statt vieler *Oestreich*, Rpfleger 1988, 302, 302 sowie *Keller*, ZIP 2003, 149, 152 jeweils mit Hinweis auf einzelne landesrechtliche Bestimmungen. Die landesrechtliche Bestimmungskompetenz folgt daraus, dass die Festlegung des Amtsblatt zum weiteren Bereich der Justizorganisation gehört, *Keller*, aaO. S. 153.

212 Nerlich/Römermann/*Becker*, § 9 Rn. 9.

213 So haben Bremen und Sachsen von dieser Möglichkeit Gebrauch gemacht, *Keller*, ZIP 2003, 149, 152.

214 So überspitzt in Bezug auf Publikationen im Bundesanzeiger *Noack*, Infobase, Rn. 42 sowie ders. in BB 2002, 2025, 2025.

gem. § 9 Abs. 2 Satz 1 InsO in Tageszeitungen oder sonstigen Blättern zu erreichen, durchweg zufrieden stellend kompensiert werden. Schließlich bieten auch Zweitveröffentlichungen keine vollständige Gewähr für eine breite Kenntnisnahmemöglichkeit, sodass auch diese zahlreiche Informationslücken offen lassen. Zudem steht gem. § 312 Abs. 1 Satz 2 InsO im vereinfachten Insolvenzverfahren diese Option überhaupt nicht mehr zur Verfügung.

Neben der potentiell mängelbehafteten Publizität durch herkömmliche Printbekanntmachungen tritt ein weiterer Faktor, der das Insolvenzverfahren in der Vergangenheit negativ beeinflusst hat. Printbekanntmachungen im Amtsblatt, wie auch Zweitveröffentlichungen in sonstigen Blättern, sind kostenintensiv. Oftmals tragen die durch Printveröffentlichungen verursachten Kosten dazu bei, dass massearme Verfahren nicht eröffnet werden können.[215]

II. Insolvenzbekanntmachungen über das Internet

Die vorgenannten Schwächen herkömmlicher Printbekanntmachungen haben u.a. dazu beigetragen, dass professionelle Betreiber systematisch die jeweiligen Amtsblätter durcharbeiten und ihrerseits die öffentlichen Bekanntmachungen (kostenpflichtig) weiterpublizieren und sich hierfür im Übrigen schon seit längerem des Internet als Basis der Informationsvermittlung bedienen.[216] Die Weiterverbreitung insolvenzspezifischer Daten durch Dritte im Internet erfolgt auf diese Weise in Weiten Teilen außerhalb jeglicher staatlicher Kontrollmechanismen, die er zumindest dann in Grenzen sicherstellen kann, wenn er ein eigenes internetbasiertes Bekanntmachungssystem zur Verfügung stellt.[217] Der Gesetzgeber hat diesen Handlungsbedarf erkannt und durch legislative Maßnahmen den Weg für ein System von elektronischen Bekanntmachungen über das Internet freigemacht.

---

[215] Vgl. MüKo-InsO/*Ganter*, § 9 Rn. 16. Nach *Vallender/Fuchs*, NZI 2003, 292, 292, machen allein die Veröffentlichungskosten im Insolvenz- und Restschuldbefreiungsverfahren natürlicher Personen durchschnittlich einen Betrag von ca. € 70 bis € 400 aus. *Graf-Schlicker*, WM 2000, 1984, 1989, verwies im Jahre 2000 auf einen sogar deutlich höheren Durchschnittswert der Bekanntmachungskosten von rund DM 1.700 pro Verfahren.

[216] Zu nennen sind bspw. folgende Angebote: Informationsdienst für Insolvenzverfahren (InsolNet), www.insolnet.de; Insolvenzdatei RWS-Verlag, www.rws-verlag.de/indat; Winsolvenz - GSD der STP AG, www.stp.ag/winsolvenz/gis. Zu Erstattungsfähigkeit von Publikationskosten in privaten Diensten (hier InsolNet) durch den vorläufigen Insolvenzverwalter vor der Reformierung des § 9 InsO siehe LG Dresden, ZIP 2001, 935, 935 f.

[217] Zur rechtlichen Bewertung der Informationsverbreitung durch private Dritte nach Reformierung der InsO siehe unten ausführlich Teil 2II.3.b)cc)(1), S. 69. Vgl. hierzu im Übrigen das Urteil des OLG Rostock zu privat betriebenen elektronischen Schuldnerspiegeln im Internet, DZWIR 2002, 73 ff. mit ausführlichen Anmerkungen von *Hergenröder*, S. 76 ff. Das im Anschluss an das OLG Rostock ergangene Urteil des BVerfG, NJW 2002, 741 f., enthält wenig Aufschlussreiches zur rechtlichen Beurteilung derartiger Internetveröffentlichungen, da die Verfassungsbeschwerde als unzulässig abgewiesen wurde.

1. Rechtlichen Grundlagen für Internetbekanntmachungen

a) Entwicklung von § 9 InsO

Die Möglichkeit, öffentliche Bekanntmachungen über das Internet zu publizieren, ist das Ergebnis eines längeren gesetzgeberischen Prozesses, bei welchem aufgrund jüngerer Entwicklungen zum gegebenen Zeitpunkt nicht endgültig abzusehen ist, ob dieser jedenfalls vorläufig sein Ende gefunden hat.[218] Um das notwendige Verständnis für die später noch vertieft zu erörternden aktuellen Tendenzen zu schaffen, soll ein kurzer Überblick über die Entstehungsgeschichte des § 9 InsO gegeben werden. Diese ist geprägt durch inhaltliche Differenzen der am Gesetzgebungsprozess beteiligten Organe, insbesondere hinsichtlich Art und Weise sowie Medium der öffentlichen Bekanntmachung.

aa) § 9 InsO in der Ausgangsfassung

§ 9 InsO in seiner ursprüngliche Fassung[219] geht weitestgehend auf Vorgängerregelungen aus Konkurs- und Vergleichsordnung[220] (§ 76 KO und § 119 VerglO) zurück. Stellt man die jeweiligen Bestimmungen synoptisch gegenüber, so lassen sich nennenswerte Unterschiede kaum feststellen.[221]

§ 9 InsO		**§ 76 KO bzw. § 119 VerglO**
Abs. 1	Satz 1: Die öffentliche Bekanntmachung erfolgt durch Veröffentlichung in dem für amtliche Bekanntmachungen des Gerichts bestimmten Blatt; die Veröffentlichung kann auszugsweise geschehen.	Die öffentlichen Bekanntmachungen erfolgen durch mindestens einmalige Einrückung in das zur Veröffentlichung amtlicher Bekanntmachungen des Gerichts bestimmte Blatt; die Einrückung kann auszugsweise geschehen. *(§ 76 Abs. 1 Satz 1 KO und § 119 Abs. 2 Satz 1 VerglO)*
	Satz 2: Dabei ist der Schuldner genau zu bezeichnen, insbesondere sind seine Anschrift und sein Geschäftszweig anzugeben.	In den öffentlichen Bekanntmachungen ist der Schuldner genau zu bezeichnen, insbesondere sind seine Anschrift und sein Geschäftszweig anzugeben. *(§ 119 Abs. 1 VerglO)*

[218] Siehe hierzu den Ausblick unter Teil 2II.5, S. 138 ff.

[219] § 9 InsO in der Fassung vom 5. Oktober 1994 (BGBL. I S. 2866).

[220] In der Gesamtvollstreckungsordnung enthielten §§ 6 Abs. 1 und 19 Abs. 2 Satz 1 GesO lediglich ansatzweise vergleichbare Regelungen; vgl. auch Braun/*Kießner*, § 9 Rn. 1.

[221] Für das augenscheinliche Abweichen vom Terminus „*Einrückung*" hin zum Begriff der „*Veröffentlichung*" mag ursprünglich Veranlassung gewesen sein, dass man den Begriff Einrückung als veraltet angesehen. Inhaltlich folgen hieraus indes keine Konsequenzen. Zu den Streitigkeiten beim Abweichen des Wortlautes von § 76 Abs. 3 und § 119 Abs. 3 VerglO („gilt") gegenüber § 9 Abs. 3 InsO („genügt"), siehe unten FN 442.

Abs. 1	Satz 3: Die Bekanntmachung gilt als bewirkt, sobald nach dem Tag der Veröffentlichung zwei weitere Tage verstrichen sind.	Die Bekanntmachung gilt als bewirkt mit dem Ablauf des zweiten Tages nach der Ausgabe des die Einrückung oder die erste Einrückung enthaltenden Blattes. *(§ 76 Abs. 1 Satz 2 KO und § 119 Abs. 2 Satz 1 VerglO)*
Abs. 2	Das Insolvenzgericht kann weitere und wiederholte Bekanntmachungen veranlassen.	Das Gericht kann weitere Bekanntmachungen anordnen. *(§ 76 Abs. 2 KO und vgl. § 119 Abs. 3 2. Halbsatz VerglO)*
Abs. 3	Die öffentliche Bekanntmachung genügt zum Nachweis der Zustellung an alle Beteiligten, auch wenn dieses Gesetz neben ihr eine besondere Zustellung vorschreibt.	Die öffentliche Bekanntmachung gilt als Zustellung an alle Beteiligten, auch wenn dieses Gesetz neben ihr eine besondere Zustellung vorschreibt. *(§ 76 Abs. 3 KO und § 119 Abs. 4 VerglO)*

Keine Äquivalent in der Nachfolgeregelung des § 9 InsO hat § 119 Abs. 3 1. Halbsatz VerglO gefunden, wonach die Bekanntmachung auszugsweise in den Bundesanzeiger einzurücken war. Dies ist insoweit interessant, da bei der Entstehung des § 9 InsO keineswegs unumstritten war, ob Veröffentlichungen in dem für amtliche Bekanntmachungen des Gerichts bestimmten Blatt erfolgen sollen oder ob nicht ausschließlich einheitliche Veröffentlichungen im Bundesanzeiger zu erfolgen hätten. Der Gesetzesentwurf der Bundesregierung hatte sich zunächst an der Regelung des § 119 Abs. 3 1. Halbsatz VerglO orientiert.[222] § 9 Abs. 1 RegE InsO[223] sah abweichend vor, dass eine einheitliche Veröffentlichung im Bundesanzeiger zu erfolgen habe.[224] Die Begründung für eine einheitliche Veröffentlichung lag darin, dass sich die Veröffentlichungen an eine Vielzahl von Personen richten würden, deren Wohnort oder Sitz häufig außerhalb des örtlichen Bereichs des Gerichts liege. Außerdem hätte die Veröffentlichung im Bundesanzeiger den Vorteil, dass ein einziges Publikationsorgan über alle öffentlichen Bekanntmachungen der Insolvenzgerichte unterrichte.[225]

Im Laufe des Gesetzgebungsverfahrens wurden hiergegen seitens des Bundesrats erhebliche Bedenken erhoben, die vornehmlich damit begründet wurden, die überwiegende Anzahl von Insolvenzverfahren hätte lediglich lokalen Bezug und zudem seien die Kosten, die Publikationen im Bundesanzeiger mit sich führen würden, bei den hauptsächlich örtlich oder regional relevanten Insolvenzver-

222 BK/*Goetsch*, § 9 Rn. 6.

223 BT-Drucksache 12/2443 S. 11 sowie Begr. hierzu auf S. 111.

224 Wobei anzumerken ist, dass die Regelung im Regierungsentwurf insoweit deutlich über diejenige der VerglO hinausging, als die Einrückung in den Bundesanzeiger gem. § 119 Abs. 3 VerglO gerade keine Zustellungsfiktion herbeiführte, vgl. *Bley/Mohrbutter*, § 119 VerglO Rn. 3; *Kilger/K. Schmidt*, § 119 VerglO Anm. 2.

225 BT-Drucksache 12/2443, S. 111.

fahren nicht zu rechtfertigen.[226] Auf die Einwände des Bundesrates hin wurde § 9 InsO nach Gegenäußerung der Bundesregierung[227] und Stellungnahme des Rechtsausschusses[228] dann letztlich in der oben dargestellten ursprünglichen Fassung Gesetzestext.

bb) § 9 InsO in der Fassung des InsOÄndG 2001

(1) Internet als elektronisches Informations- und Kommunikationssystem

Novelliert und erstmals an die Möglichkeiten moderner Kommunikationstechnologie angepasst wurde die Vorschrift dann durch das Insolvenzordnungs-Änderungsgesetz mit Wirkung zum 1. Dezember 2001.[229] Durch Änderungen des § 9 Abs. 1 InsO wurde die Möglichkeit geschaffen, neben herkömmlichen Printbekanntmachungen, Bekanntmachungen künftig *„in einem für das Gericht bestimmten elektronischen Informations- und Kommunikationssystem“* erfolgen zu lassen. Zeitlich besteht diese Möglichkeit der Veröffentlichung nur für die nach dem Inkrafttreten der Reform eröffneten Insolvenzverfahren. Soweit Bekanntmachungen in Insolvenzverfahren erfolgen müssen, die vor diesem Stichtag eröffnet worden sind, ist die alte Rechtslage maßgeblich.[230]

Die gesetzgeberischen Ziele der Öffnung des Internet als Publikationsmedium durch das InsOÄndG orientieren sich vornehmlich an den zuvor unter Abschnitt Teil 2I.4, S. 51 f. dargestellten Schwächen der Publikation in herkömmlichen Printmedien. Sie bestehen zum einen darin, durch den Einsatz des Internet einen größeren Kreis an Beteiligten erreichen zu können,[231] da das Internet allgemein zugänglich und mithin ein erleichterter Zugriff auf insolvenzrechtliche Vorgänge auch außerhalb des Verbreitungsgebiets einer Printveröffentlichung möglich sei.[232] Mit den Einsatzmöglichkeiten des Internet besteht damit

---

226 Vgl. BT-Drucksache 12/2443, S. 248 f.

227 BT-Drucksache 12/2443, S. 261.

228 BT-Drucksache 12/7302, S. 8 sowie Begr. auf S. 155.

229 InsOÄndG vom 26.10.2001 (BGBl. I S. 2710). Zur Änderung des § 9 InsO ab 01.01.2007 durch das Gesetz über elektronische Handelsregister und Genossenschaftsregister sowie das Unternehmensregister (EHUG) siehe insbesondere die Ausführungen unter Teil 2II.3.d)bb)(3)(b), S. 95 f., Teil 2II.3.d)cc)(3)(b), S. 105 ff. sowie Teil 2II.3.e)cc), S. 111 f.

230 *Deppe*, InsbürO 2004, 147. 149.

231 Vgl. hierzu *Sabel*, ZIP 2003, 781, 784, der auf eine Pilotstudie des Statistischen Bundesamtes verweist, wonach bereits im Jahre 2002 etwa 16,7 Mio. private Haushalte über einen Internetanschluss verfügten, während die Gesamtauflage aller lokalen und regionalen Zeitungen nach Angaben des Bundesverbandes Deutscher Zeitungsverleger im gleichen Zeitraum 16,1 Mio. betrug. Der Verbreitungsgrad von Bundes- oder Staatsanzeiger bzw. landesrechtlichen bestimmten Veröffentlichungsblättern sei insoweit zu vernachlässigen.

232 Widersprüchlicher Weise wird allerdings betont, dass das Internet gerade dann zum Einsatz kommen könne, wenn eine breit angelegte Publizität nicht erforderlich sei., vgl. BT-Drucksache 14/5680, S. 24.

die Möglichkeit der Schaffung einer globalen Publizität.[233] Neben diesem Aspekt sollte zum anderen durch Internetpublikationen die Senkung von Veröffentlichungskosten erreicht werden, da die Internetpublikation im Vergleich zu herkömmlichen Printveröffentlichungen ungleich geringere Kosten verursache, was vor allem bei Verbraucherinsolvenzverfahren mit regelmäßig geringen Massen von wichtiger Bedeutung sei.[234] Von einer Reduzierung von Veröffentlichungskosten durch Internetbekanntmachungen wird vor allem die Staatskasse profitieren, weil in einer Vielzahl von Nullmasse-Verfahren mit einer Bewilligung von Stundung der Fiskus für die Veröffentlichungskosten aufzukommen hat.[235]

Bei der sprachlichen Umsetzung herrschte dann allerdings im Gesetzgebungsverfahren einige Irritation über die Frage, wie man das Internet als taugliches Publikationsmedium begrifflich erfassen solle. Diese hätte man sicher von vornherein vermeiden können, wenn man den Begriff Internet, der sich ohne Frage als feststehend etabliert hat, in den Gesetzestext aufgenommen hätte. Diesen Weg wollte man aber anscheinend nicht gehen.[236] Der auf den Referentenentwurf zurückgehende RegE InsOÄndG[237] sah so zunächst den Begriff des *„elektronisch betriebenen Informationsverbreitungssystems“* vor, der aus § 15 WpHG übernommen wurde. Gegen die Übernahme dieses Begriffes wurde dann allerdings im weiteren Gesetzgebungsverfahren Kritik erhoben, weil von dem elektronisch betriebenen Informationsverbreitungssystem iSd. § 15 WpHG gerade nicht das Internet umfasst sei, sondern ein nach außen abgeschottetes Bank- und Börseninformationssystem für eine geschlossene Benutzergruppe.[238]

Ob tatsächlich ein Abrücken vom Begriff des „elektronisch betriebenen Informationsverbreitungssystems“ erforderlich gewesen wäre, dürfte jedoch zu bezweifeln sein. Da bereichsspezifische Auslegungen von Gesetzen möglich

---

233 Jeweils Braun/*Kießner*, § 9 Rn. 16; *Hess*/Weis/Wienberg, § 9 InsoÄndG Rn. 3; Kübler/Prütting/*Prütting*, § 9 Rn. 4a; Smid/*Smid*, § 9 Rn. 1a). BT-Drucksache 14/5680, S. 24; hebt die Vorteile der Nutzung der Internet mit Hinblick auf die zunehmende Anzahl grenzüberschreitender Insolvenzverfahren hervor.

234 BT-Drucksache 14/5680, S. 15.

235 Vgl. *Vallender/Fuchs*, NZI 2003, 292, 292.

236 Obwohl er dann später doch einschlagen wurde, indem die aufgrund von § 9 Abs. 2 Satz 2 und 3 InsO erlassene BekanntmachungsVO mit „Verordnung zu öffentlichen Bekanntmachungen in Insolvenzverfahren im Internet“ betitelt wurde. Im Übrigen ist darauf hinzuweisen, dass voraussichtlich auch der Gesetzestext des InsO insoweit angeglichen wird, sollte der diesbezügliche Änderungsvorschlag zur Verwendung des Begriffs „Internet“ statt „elektronisches Informations- und Kommunkationssystem“ in § 9 Abs. 1 Satz 1 InsO, wie dies der RegE des Gesetzes zur Vereinfachung des Insolvenzverfahrens vorschlägt, vgl. BR-Drucks. 549/06, S. 2, im weiteren Gesetzgebungsverfahren übernommen werden.

237 BT-Drucksache 14/5680, S. 5.

238 So der Einwand des Rechtsausschusses zum RegE InsOÄndG, BT-Drucksache 14/6468, S. 17; zur Veröffentlichung gem. § 15 WpHG siehe im Übrigen *Habersack*, ZHR 165 (2001), 172, 174 sowie *Zöllner*, NZG 2003, 354, 357 f.

sind, wäre es bei dem eindeutigen gesetzgeberischen Willen, öffentliche Bekanntmachungen im Insolvenzverfahren künftig auch über das Internet erfolgen zu lassen,[239] wohl kaum zu bezweifeln gewesen, dass das Internet als taugliches Veröffentlichungsmedium zur Verfügung gestanden hätte. Jedenfalls zum Zwecke der Vermeidung uneinheitlicher Gesetzesbegrifflichkeiten mag man aber den Einwand als sinnvoll betrachten. Die Frage, ob über das Internet hinaus auch ein anderes elektronisches Informations- und Kommunikationssystem denkbar sei, dürfte ohne Relevanz sein. Zu Recht wird darauf hingewiesen, dass derzeit kein System erkennbar sei, welches einen vergleichbaren Verbreitungsgrad wie das Internet habe.[240]

(2) Die Verordnungsermächtigung in § 9 Abs. 2 Satz 2 und 3 InsO

§ 9 Abs. 2 Satz 2 und 3 InsO enthält die Ermächtigung zum Erlass einer Verordnung durch das Bundesjustizministerium mit Zustimmung des Bundesrates vor. Insbesondere sind danach in einer Verordnung Löschungsfristen sowie die in Satz 3 Nr. 1-3 hervorgehobenen Regelungsbereiche aufzunehmen. Weder der Regierungsentwurf noch der Änderungsvorschlag des Bundesrates sahen zunächst die Verordnungsermächtigung vor. Auch diese Bestimmung ist erst durch die Empfehlung des Rechtsausschusses in den Gesetzestext mit aufgenommen worden.[241] Der Rechtsausschuss sah die Notwendigkeit, zum Schutze des Schuldners datenschutzrechtliche Regelungen aufzunehmen. Um die Insolvenzordnung nicht mit datenschutzrechtlichen Einzelheiten zu belasten und eine möglichst flexible Anpassung an geänderte Verhältnisse zu erreichen, sollte der komplexe Weg eines ordentlichen Gesetzgebungsverfahrens vermieden werden und eine Verordnungsermächtigung geschaffen werden.[242] Inwieweit die Regelungen der BekanntmachungsVO dabei datenschutzrechtlich geboten sind, wird im Einzelnen unter Teil 2II.3, S. 63 ff. eingehend betrachtet.

In verfassungsrechtlicher Hinsicht ist die Verordnungsermächtigung nicht zu beanstanden. Denn jedenfalls im Wege der verfassungskonformen Auslegung ist dem Gebot des Art. 80 Abs. 1 Satz 2 GG Genüge getan, wonach Inhalt, Zweck und Ausmaß der erteilten Ermächtigung im Gesetz bestimmt sein müssen. Zwar erscheint zunächst die Frage, ob der Zweck der Verordnungsermächtigung hinreichend aus dem Gesetz ersichtlich wird, ein wenig zweifelhaft. Dies kann aber durch allgemeine Auslegungsmaßstäbe bejaht werden. Bei der Frage nach dem Zweck der Verordnungsermächtigung ist kein all zu strenger Maßstab anzule-

---

239 Der Begriff „Internet“ als künftiges Publikationsmedium taucht explizit mehrfach in den Begründungen zum Referenten- und Regierungsentwurf sowie des Änderungsvorschlags des Bundesrates auf.

240 Kübler/Prütting/*Prütting*, § 9 Rn. 5a.

241 RegE InsOÄndG, BT-Drucksache 14/6468, S. 17.

242 RegE InsOÄndG, BT-Drucksache 14/6468, S. 17; siehe hierzu auch unten Teil 2II.3.a), S. 63.

gen. Sofern sich der Zweck durch Auslegung ermitteln lässt, ist dies grundsätzlich ausreichend.[243] Unzureichend ist es dagegen, wenn allein darauf verwiesen wird, dass das Weitere durch eine Durchführungsverordnung zu regeln sei.[244] Nach § 9 Abs. 2 Satz 2 InsO erfolgt die Ermächtigung dazu, die „Einzelheiten" der Veröffentlichung in einem elektronischen Informations- und Kommunikationssystem zu regeln. Diese Ermächtigung zur Regelung von Einzelheiten kommt aber dem bloßen Hinweis auf eine das Weitere regelnde Durchführungsverordnung nicht gleich. Zwar betont die Verordnungsermächtigung in § 9 Abs. 2 Satz 2 nicht ausdrücklich, worin der Zweck der Regelung von „Einzelheiten" liegen solle. Dies ist jedoch unschädlich, da die Frage der Regelung der Einzelheiten ausdrücklich im Zusammenhang mit der Einführung von Bekanntmachungen in einem elektronischen Informations- und Kommunikationssystem steht. § 9 Abs. 2 Satz 3 InsO betont dabei, dass die Einzelheiten der aufgrund von Satz 2 erlassenen Rechtsverordnung datenschutzrechtliche Aspekte im Hinblick auf die Verwendung eines elektronischen Informations- und Kommunikationssystems betreffen sollen. Die hier auftretenden Fragen scheinen selbst aus Laiensicht in einem gewissen Abhängigkeitsverhältnis zur jeweiligen technischen Fortentwicklung zu stehen. Insoweit wird letztlich durch Auslegung aus der Verordnungsermächtigung hinreichend deutlich, dass deren Zweck primär darin besteht, datenschutzrechtliche Details durch eine entsprechende Verordnung zu regeln, um so die Insolvenzordnung nicht unnötig mit sachfremden Fragen zu überfrachten und zudem gesetzgeberisch rasch auf künftige technologische Entwicklungen reagieren zu können. Das Gesetz hätte diesen Zweck sicherlich pointierter hervorheben können. Für die Einhaltung der verfassungsrechtlichen Vorgaben ist dies aber letztlich ohne Belang.

Was Inhalt und Ausmaß der Verordnungsermächtigung angeht, so enthält § 9 Abs. 2 Satz 3 InsO genaue Vorgaben, was in der Verordnungsermächtigung zu regeln ist. Hier werden zwar verfassungsrechtliche Bedenken erhoben, da die in § 9 Abs. 2 Satz 3 InsO genannten Einzelheiten lediglich „insbesondere" durch die Verordnung erfasst werden sollen; aber auch hier können letztlich die Zweifel an einer Bestimmtheit durch verfassungskonforme Auslegung und Beschränkung der Verordnungsermächtigung auf die in § 9 Abs. 2 Satz 3 InsO geregelten Materien behoben werden. Mit Hinblick auf die verfassungsrechtlichen Vorgaben des Art. 80 GG soll die Verordnungsermächtigung deswegen grundsätzlich keine weiteren Regelungsbereiche eröffnen.[245]

---

[243] BVerfGE 8, 274, 307; vgl. auch BVerfGE 58, 257, 277; 80, 1, 20 f.; 85, 97, 105.

[244] BVerfGE 1, 14, 59 ff.

[245] So Kübler/Prütting/*Prütting*, § 9 Rn. 21; zur BekanntmachungsVO siehe im Übrigen Teil 2II.1.b), S. 60.

(3) Internetbekanntmachungen und Verfahrensarten der InsO

Die Begründung zum Regierungsentwurf zu § 9 InsO sieht unterschiedliche Anforderungen an die Publizität durch Bekanntmachungen abhängig davon, ob es sich um eine Regel- oder um ein Verbraucherinsolvenzverfahren handele. Bei der Verbraucherinsolvenz würden die Gläubiger bereits vor Beginn des eigentlichen Insolvenzverfahrens vom Schuldner und vom Gericht zur Auskunft und Überprüfung ihrer Forderungen aufgefordert; zugleich erhielten sie schon frühzeitig einen umfassenden Überblick über die Verschuldenssituation des Schuldners, weshalb die Anforderungen an die Publizität in der Verbraucherinsolvenz mit denen in der Unternehmensinsolvenz nicht gleich zu setzen seien.[246] Diese Erwägungen scheinen den Schluss nahe zu legen, der Gesetzgeber wolle offensichtlich auf Internetbekanntmachungen in der Verbraucherinsolvenz verzichten, weil es dort keiner weitergehenden Publizität durch den Einsatz des Internet bedürfe. Dieser Gedanke scheint zusätzlich dadurch bekräftigt zu werden, dass die Vereinfachungsvorschrift für vereinfachte Insolvenzverfahren, § 312 Abs. 1 Satz 2 InsO, die Bekanntmachungsvorschrift des § 9 Abs. 2 InsO für unanwendbar erklärt. Da die Verordnungsermächtigung für die Detailregelungen eines elektronischen Informations- und Kommunikationssystem gerade in § 9 Abs. 2 InsO geregelt ist, könnte tatsächlich der Eindruck entstehen, der Gesetzgeber wolle Internetbekanntmachungen von den Verbraucherinsolvenzen ausnehmen.

Die ist aber keineswegs der Fall. Im Verbraucherinsolvenzverfahren soll sich gerade die Kostenreduzierung durch Internetbekanntmachungen auszahlen, weshalb es auf einem gesetzgeberischen Versehen beruhe, dass § 9 Abs. 2 Satz 2 im Rahmen von § 312 Abs. 1 Satz 2 InsO nicht ausgenommen wurde.[247] Der Gesetzgeber hat offenbar gerade daran gedacht, in den Fällen, in denen eine breite Publizität nicht erforderlich sei (dem Verbrauchinsolvenzverfahren), das Internet zum Einsatz kommen zu lassen.[248] Freilich steht die Begründung, das Verbraucherinsolvenzverfahren benötige eine geringere Publizität, diametral zu dem auch vom Regierungsentwurf zuvor festgestellten Umstand, dass das Internet eine weltweite Publizität schaffe. Aus diesem Grunde können die Ausführungen in der Begründung insgesamt nur als widersprüchlich und undurchsichtig bezeichnet werden. Zu erklären mögen sie allein mit dem Umstand sein, dass der Gesetzgeber offensichtlich der potentiellen Publizitätswirkung des Internet nicht gänzlich traut. Abschließend bleibt aber festzuhalten, dass Internetbekanntmachungen bei sämtlichen Verfahrensarten der InsO Anwendung finden können und weder ausschließlich dem Regel- noch dem Verbraucherinsolvenzverfahren zugewiesen sind.

246 RegE InsOÄndG, BT-Drucksache 14/5680, S. 24.
247 BK/*Goetsch*, § 9 Rn. 6.
248 Vgl. MüKo-InsO/*Ganter*, § 9 Rn. 32.

b) Verordnung zu öffentlichen Bekanntmachungen in Insolvenzverfahren im Internet (BekanntmachungsVO)

Mit Wirkung zum 12.02.2002 hat das Bundesjustizministerium von der Verordnungsermächtigung in § 9 Abs. 2 Satz 2 und 3 InsO Gebrauch gemacht und mit Zustimmung des Bundesrates die Verordnung zu öffentlichen Bekanntmachungen in Insolvenzverfahren im Internet erlassen.[249] Die BekanntmachungsVO regelt unter § 1 die grundsätzlichen Voraussetzungen von Internetbekanntmachungen; § 2 beschäftigt sich mit Aspekten der Datensicherheit und Schutz vor Datenmissbrauch; § 3 enthält Löschungsvorschriften; letztlich verlangt § 4 die Sicherstellung eines unentgeltlichen Einsichtsrecht durch die Insolvenzgerichte. Die BekanntmachungsVO hält sich mit diesen Regelungsbereichen innerhalb der Vorgaben der Verordnungsermächtigung. Auch wenn insbesondere §§ 1 und 4 BekanntmachungsVO sich nicht unmittelbar mit den ausdrücklich in der Verordnungsermächtigung erwähnten Regelungsbereichen beschäftigen, schadet dies nicht. Die vor dem Hintergrund von Art. 80 Abs. 1 Satz 2 GG geforderte Beschränkung der Regelungsbereiche auf die in § 9 Abs. 2 Satz 3 erwähnten Materien[250] kann sinnvoller Weise nur soweit gehen, wie auch ein grundrechtlich relevanter Bereich betroffen ist. Regelungsbereiche, die lediglich binnenorganisatorische Bestimmungen betreffen, wie etwa die Frage über das Bestimmungsrecht der Landesjustizverwaltungen oder das unentgeltliche Einsichtsrecht am Insolvenzgericht berühren das Persönlichkeitsrecht des Schuldners nicht, weshalb auch insoweit die Anforderungen, die an die Einhaltung der Vorgaben von Art. 80 Abs. 1 Satz 2 GG zu stellen sind, nicht überzogen werden dürfen. Die BekanntmachungsVO bewegt sich damit noch innerhalb der (verfassungsrechtlich) zulässigen Vorgaben der Verordnungsermächtigung.

2. Die tatsächliche Komponente

a) Notwendige technische Maßnahmen für Internetbekanntmachungen

Die gesetzgeberischen Motive für Internetbekanntmachungen können nur dann hinreichend verwirklicht werden, sofern auch die tatsächliche Komponente einer solchen Publikationsform hinreichend umgesetzt wird. Dies heißt zunächst einmal Schaffung entsprechender Systemstrukturen. Viele der jüngeren gesetzgeberischen Aktivitäten im Bereich der Einsatzmöglichkeiten von Kommunikationstechnologie scheinen einem neuerlichen Phänomen zu folgen, welches darin besteht, dass der Gesetzgeber dem tatsächlichen Fortschritt vorauseilt und die Vorschriften mangels entsprechender Infrastruktur nicht durchsetzbar sind.[251] Kernaufgabe der Justizverwaltungen ist daher, entsprechende Hard- und Software-

---

[249] BGBL. I S. 677.

[250] Siehe Kübler/Prütting/*Prütting*, § 9 Rn. 21.

[251] *Stadler*, ZZP 111 (2002), 413, 415.

komponenten zu installieren, um die technischen Vorteile auch effektiv nutzen zu können. Die größeren Schwierigkeiten werden dabei regelmäßig auf der Seite der Entwicklung tauglicher Software liegen, da hier insbesondere eine geeignete Schnittstelle zwischen juristischen Fachverstand und dem entsprechenden Informatik Know-How geschaffen werden muss.[252] Um hier die geeigneten Maßnahmen auf den Weg zu bringen, bedarf es zunächst einmal eines entsprechenden Finanzaufwandes, mit dem die notwendigen Schritte in die Wege geleitet werden können.[253] In gewissem Maße ist es insoweit auch bedauerlich, dass der Gesetzgeber vereinzelt mit größerer Verve voranschreitet und die rechtlichen Grundlagen für geeignete Einsatzmöglichkeiten von Kommunikationstechnologie schafft, die zuständigen Justizverwaltungen aber nicht willens oder schlichtweg mangels Haushaltsmitteln nicht in der Lage sind, die faktische Durchsetzung der Vorschriften zu beschleunigen.

b) Insolvenzportale

aa) www.insolvenzbekanntmachungen.de

Das Dilemma einer langsamen Umsetzung der gesetzgeberischen Initiativen ließ sich anfänglich auch hinsichtlich Internetbekanntmachungen im Insolvenzverfahren beobachten. So war es zunächst allein Nordrhein-Westfahlen, welches sich der Sache annahm und durch entsprechendes Projektmanagement ein Internetforum für öffentliche Bekanntmachungen mit Wirkung zum 01.07.2002 anbot.[254] Bei den übrigen Bundesländern waren zunächst keine verstärkten Ambitionen erkennbar, die Bekanntmachungen internetbasierend vorzunehmen. Noch im Jahre 2003 schien sich insoweit eine Zersplitterung hinsichtlich der Bekanntmachungsorgane abzuzeichnen.[255] Erfreulicherweise haben sich aber nunmehr aber mittlerweile sämtliche anderen Bundesländer dem Forum Nordrhein-Westfalens angeschlossen, welches sich damit sukzessive zum einheitlichen Ge-

---

252 So *Dieckmann*, NJW-CoR 2000, 153 ff., der in seiner Funktion als Justizminister von Nordrhein-Westfalen allgemein die Anforderungen aufzeigt, die an Projektmanagement in der Justiz unter besonderer Berücksichtigung der Insolvenzordnung zu stellen sind.

253 Zu einem gesamteuropäischen Vergleich aus dem Jahre 2000 siehe hierzu *Fabri*, in Justice and Technology in Europe, S. 5 ff., wonach nach Schätzungen zufolge der jährliche Gesamtaufwand bei knapp 21.000 Richtern und rund 5.800 Staatanwälten Deutschland rund 75 mio. € betrug. Italien hat hingegen im gleichen Zeitraum bei lediglich 6.000 Richtern und 2000 Staatsanwälten etwa 142 mio. € an Kostenaufwand betrieben. Im Verhältnis zu Größe und Personalstruktur fiel der (Finanz-)Aufwand in Österreich, Belgien, Finnland, Frankreich teilweise auch deutlich höher aus, vgl. Tab. 3, aaO. S. 7.

254 Öffentliche Bekanntmachungen im Insolvenzverfahren im Internet - Allgemein-Verfügung des Justizministeriums des Landes Nordrhein-Westfalen vom 13. März 2002 (132243-I D. 35) - JMBl NrW, S. 82, abgedruckt in ZVI 2002, 140, zunächst waren die Bekanntmachungen allein abrufbar unter der Internetadresse: www.insolvenzen-nrw.de. Die Web-Veröffentlichung nutzt die speziell für die Insolvenzgerichte entwickelte Systemlösung „IT-InsO“, *Viefhues*, MMR 2002, Heft 6, S. XIII.

255 So noch *Noack*, Infobase, Rn. 54.

samtportal für Deutschland entwickelt hat.[256] Die Insolvenzbekanntmachungen sind nunmehr einheitlich unter der Seite www.insolvenzbekanntmachungen.de abrufbar. Die Länder haben zu folgenden Terminen das Internetportal online geschaltet:[257]

Baden-Württemberg (01.12.2003), Bayern (01.06.2004), Berlin (01.06.2004), Brandenburg (15.03.2004), Bremen (27.10.2003), Hamburg (05.10.2003), Hessen (05.11.2003), Mecklenburg-Vorpommern (24.09.2003), Niedersachsen (01. 01.2004), Nordrhein-Westfalen (01.07.2002), Rheinland-Pfalz (01.09.2003), Saarland (27.08.2003), Sachsen (01.02.2005), Sachsen-Anhalt (01.09.2005), Schleswig-Holstein (01.04.2004) und Thüringen (01.08.2004).

Begrüßenswert ist, dass länderübergreifend auf ein einheitliches System zurückgegriffen wird. Dies wirkt sich nicht nur für die jeweiligen Haushalte kostenreduzierend aus, da somit kostspielige Doppel- oder Mehrfachentwicklungen durch die einzelnen Länder vermieden werden können. Ein einheitliches Portal ist auch für den Nutzer, also denjenigen, der Einsicht in das Bekanntmachungsportal nehmen möchte, vorteilhafter. Denn dieser kann so unproblematisch grundsätzlich bundesweit auf einer Internetseite nach verschiedenen, für ihn relevanten Vorgängen unter Angabe der entsprechenden Suchparameter suchen, ohne gegebenenfalls mehrere Portale aufsuchen zu müssen.[258]

bb) e-Bundesanzeiger

Die elektronische Variante des Bundesanzeigers, der e-Bundesanzeiger, ist seit August 2002 im Internet unter www.ebundesanzeiger.de abrufbar. Der elektronische Bundesanzeiger ist die virtuelle, im Internet zugängliche Variante, des Bundesanzeigers, der das bundesweit amtliche Bekanntmachungsblatt als Nachfolger des Reichsanzeigers ist, vgl. § 1 Abs. 1 BekG.[259] Der elektronische Bundesanzeiger wird seit seiner Einführung insbesondere als Gesellschaftsmitteilungsblatt im Aktienrecht rege genutzt.[260] Diese Veröffentlichungen finden sich

---

256 Die gesamtdeutsche Ausrichtung des Portals kommt auch dadurch zum Ausdruck kommt, dass sämtliche Länderflaggen auf der Internetseite präsentiert werden.

257 Daten sind einsehbar unter: www.insolvenzbekanntmachungen.de/laenderuebersicht.html (Stand: 01.09.2006).

258 Auf eine bundesweite (elektronische) Recherchemöglichkeit kann nach Ansicht der Bund-Länder-Arbeitsgruppe „Insolvenzrecht“ nicht verzichtet werden, da nur durch sie die Information aller betroffener Gläubiger und des Geschäftsverkehrs gewährleistet werde, siehe S. 169 des Abschlussberichts.

259 Gesetz über Bekanntmachungen vom 17.05.1950, BGBl. I, 183.

260 Wobei auch nach dem neuen § 25 Satz 1 AktG in der Fassung des Transparenz- und Publizitätsgesetz (TransPuG) vom 19.07.2002 (BGBl. I, 2681), wonach der elektronische Bundesanzeiger das obligatorische Gesellschaftsblatt darstellt, weiterhin der Umfang der Publizitätspflichten im Verhältnis zum herkömmlichen Bundesanzeiger im einzelnen klärungsbedürftig ist. Dies gilt insbesondere hinsichtlich etwaigen Bekanntmachungen nach anderen Gesetzen (etwa HGB oder UmwG), hierzu *Deilmann/Messerschmidt*, NZG 2003, 616, 617 sowie *Noack*, BB 2002, 2025, 2026.

im amtlichen Teil vor. Darüber hinaus werden aber auch schon seit September 2002 in einem eigenen Abschnitt, etwas umständlich und angesichts der seit mehreren Jahren bereits geltenden Insolvenzordnung missverständlich, „Konkurse, Gesamtvollstreckungs-, Vergleichs- und Insolvenzverfahren" behandelt.[261] Hier können bereits sämtliche im (herkömmlichen) Bundesanzeiger - auszugsweise - zu veröffentlichenden Bekanntmachungen über das Internet eingesehen werden.[262] Wie die Veröffentlichungen auf dem e-Bundesanzeiger rechtlich im Lichte der BekanntmachungsVO zu bewerten sind, wird unter Teil 2II.3.b)cc)(2), S. 74 ff. dargestellt.

3. Die BekanntmachungsVO im Lichte der Verordnungsermächtigung sowie unter Berücksichtigung datenschutzrechtlicher Rahmenbedingungen

Im Folgenden soll nun der Regelungsgehalt der BekanntmachungsVO näher untersucht und dabei einer kritischen Würdigung unterzogen werden. Zugleich werden Wechselwirkungen zwischen rechtlichen Vorgaben der BekanntmachungsVO mit den tatsächlich vorzufindenden Begebenheiten betrachtet. In diesem Zusammenhang soll an gegebener Stelle auch auf potentielle Problemfelder im Rahmen der Nutzung der Internetportale www.insolvenzbekanntmachungen.de und www.ebundesanzeiger.de für Internetveröffentlichungen im Insolvenzverfahren eingegangen werden.

a) Rechtliche Rahmenbedingungen des Datenschutzes für Internetveröffentlichungen

Die datenschutzrechtlichen Aspekte der BekanntmachungsVO wurden seinerzeit unter anderem maßgeblich auf Betreiben des Bundesbeauftragten für Datenschutz im Rahmen des Gesetzgebungsverfahrens eingefügt. Dieser hatte sich im Anschluss an die Entschließung zwischen der 61. und 62. Konferenz des Bundes und der Länder vom 24. April 2001 über Veröffentlichungen von Insolvenzinformationen im Internet[263] an den Rechtsausschuss des Bundestages gewandt und Bedenken hinsichtlich der Eingriffe in das Persönlichkeitsrecht von Schuldnern erhoben, die über das hinausgingen, was bei Printveröffentlichungen im

261 So *Noack*, BB 2002, 2025, 2027. Die Daten, nachdem sie zunächst im „nichtamtlichen" Teil einsehbar waren, können nunmehr unter der Unterrubrik Zentralhandelsregister abgerufen werden

262 Siehe Begleittext unter: www.ebundesanzeiger.de/ebanzwww/wexsservlet?session.sessionid=03dfcfdd90935c10a2d50c4bd92bb9e1&state.partid=4&state.category=800&page.navid=vpath-insolvency_start-traderegister_start

263 Beigefügt als Anlage 15 (zu Nr. 10.7) des Tätigkeitsberichts 2001 und 2002 des Bundesbeauftragten für Datenschutz, BT-Drucks. 15/888, S. 189. Nach der Entschließung sei u.a. bei jeder gesetzgeberischen Entscheidung für eine Veröffentlichung über das Internet im Hinblick auf deren besondere Risiken zu regeln, dass Veröffentlichungen befristet sind und dass spezielle Vorkehrungen getroffen werden, um die Identität und die Authentizität zu sichern sowie eine automatische Übernahme der Daten zu verhindern (Kopierschutz).

Hinblick auf die begrenzten Auswertungsmöglichkeiten der Veröffentlichung in Zeitungen oder Amtsblättern hinzunehmen sei.[264] Den Erwägungen der Datenschutzbeauftragten folgend ist seinerzeit die Verordnungsermächtigung zur Absicherung eines angemessenen Datenschutzes im Bereich von Internetveröffentlichungen im Gesetz aufgenommen worden.[265] Die BekanntmachungsVO bildet damit den Kernbestandteil an Normen, die verfahrensrechtlich die Behandlung von schutzwürdigen Daten im Insolvenzverfahren regulieren.

Die datenschutzrechtlichen Bestimmungen des BDSG, die u.a. in Umsetzung der verfassungsrechtlichen Vorgaben aus dem Volkszählungsurteil[266] sowie der EU-Richtlinie zum Datenschutz 95/46/EG ein angemessenes Datenschutzniveau den Deutschland sicherstellen, können insoweit nur eingeschränkt Anwendung finden. Dies folgt daraus, dass das BDSG von seiner Anlage her als Auffanggesetz konzipiert ist. § 1 Abs. 3 Satz 1 BDSG normiert dabei den Grundsatz der Subsidiarität spezialgesetzlicher Bestimmungen hinsichtlich der datenschutzrechtlichen Ausprägung in Spezialgesetzen. So finden daher hinsichtlich der datenschutzrechtlichen Anforderungen an einen bestimmten Regelungsbereich nicht per se die Bestimmungen des BDSG Anwendung, sondern es ist vielmehr auf Grundlage einer Stufenprüfung zu klären, ob und inwieweit möglicherweise Sonderbestimmungen dem BDSG vorgehen. Dies führte gerade hinsichtlich der Gewährleistung des Datenschutzes im Bereich der Justiz zu einer Vielzahl von verfahrensrechtlichen Niederschlägen einzelner datenschutzrechtlicher Bestimmungen, bei denen teilweise ein klares Konzept zur Sicherstellung eines angemessenen Datenschutzniveaus im Justizbereich nicht zu erkennen ist.[267]

Vor diesem Hintergrund ließe sich grundsätzlich die Meinung vertreten, dass mit der bloßen sachverhaltlichen Annahme des Themas Datenschutz, wie es in der BekanntmachungsVO behandelt wird, insgesamt eine Sperrwirkung eintritt, die den Regelungsbereich des BDSG (bzw. der entsprechenden landesrechtlichen Regelungen) ausklammert.[268] Allerdings ist zu berücksichtigen, dass auch nach dem gesetzgeberisch angelegten Subsidiaritätsprinzip in § 1 Abs. 3 BDSG spezifische Normen nur dann Vorrang haben, wenn sie auch und gerade den für den jeweiligen Regelungszusammenhang typischen Datenschutzproblemen

[264] Tätigkeitsbericht 2001 und 2002 des Bundesbeauftragten für Datenschutz, BT-Drucks. 15/888, S. 71.

[265] Vgl. die Beschlussempfehlung und den Bericht des Rechtsauschusses, BT-Brucks. 14/6468, S. 17.

[266] BVerfGE 65, 1ff.

[267] Vgl. zur systematischen Kritik Abel/*Bäumler/Nordmann*, § 8 Rn. 1 f. Siehe auch bereits *Vultejus*, ZRP 1996, 329, 329: „Der Datenschutz ist wohl nirgends so schlecht aufgehoben wie in der Justiz.“

[268] So im Ergebnis zum subsidiären Charakter von § 1 Abs. 3 BDSG wohl Abel/*Wullweber*, § 9 Rn. 3.

Rechnung tragen.[269] § 1 Abs. 3 Satz 1 BDSG verdeutlicht daher mit dem Wort „lediglich", dass der Vorrang einer anderweitigen Norm nur dann in Betracht kommen kann, wenn und soweit die einzelnen eventuell zu berücksichtigenden Vorschriften genau den Sachverhalt ansprechen, der auch Gegenstand der Regelung des BDSG ist.[270] Daraus lässt sich jedenfalls ableiten, dass dem BDSG als nationalem Gesetz, welches zugleich europarechtliche Zielvorgaben des Datenschutzes in Deutschland umsetzt und damit der Umsetzung der Richtlinie 95/46/EG dient, insgesamt ein rahmenrechtlicher Charakter hinsichtlich der Sicherstellung eines angemessenen Datenschutzniveaus bei Internetbekanntmachungen zugesprochen werden kann. Dies ist insbesondere bei der Auslegungsfrage relevant, inwieweit gegebenenfalls die in der BekanntmachungsVO angesprochenen datenschutzrechtlichen Aspekte durch die Bestimmungen des BDSG indiziert werden.

b) § 1 BekanntmachungsVO: Grundsätze von Internetbekanntmachungen

aa) Bestimmungsrecht der Landesjustizverwaltungen im Allgemeinen

§ 1 der BekanntmachungsVO ist mit der Überschrift „Grundsatz" betitelt. Satz 1 hebt dabei zunächst einführend hervor, dass öffentliche Bekanntmachungen nur dann in einem elektronischen Informations- und Kommunikationssystem erfolgen sollen, wenn dies durch die Landesjustizverwaltung bestimmt worden ist. Insoweit handelt es sich aber lediglich um eine deklaratorische Feststellung, die keiner Erwähnung in der BekanntmachungsVO bedurft hätte. Denn das Bestimmungsrecht für das Publikationsmedium im Rahmen des § 9 Abs. 1 InsO liegt allgemein bei den Landesjustizverwaltungen.[271] Dies gilt auch, sofern Bekanntmachungen über ein elektronisches Informations- und Kommunikationssystem erfolgen sollen.[272] Von einer expliziten Aufnahme des Bestimmungsrecht der Landesjustizverwaltungen in § 9 InsO wurde ausdrücklich abgesehen. Der Bundesrat hatte zwar in seinem Änderungsvorschlag hierfür plädiert.[273] Zu Recht wurde jedoch hiergegen eingewandt, dass es bereits zu Zeiten des § 76

[269] *Schaffland/Wiltfang*, 5001 § 1 BDSG Rn. 34.
[270] *Gola/Schomerus*, § 1 BDSG Rn. 24.
[271] Statt vieler MüKo-InsO/*Ganter*, § 9 Rn. 11 sowie *Keller*, ZIP 2003, 149, 152 mit Hinweis auf einzelne landesrechtliche Regelungen.
[272] Nerlich/Römermann/*Becker*, § 9 Rn. 1; vgl. auch Kübler/Prütting/*Prütting*, § 9 Rn. 4b.
[273] Vgl. BT-Drucks. 14/5680, S. 37.

KO völlig unstreitig war, dass dieses Recht bei den Landesjustizverwaltungen liege.[274]

bb) Portalbestimmungsrecht nach BekanntmachungsVO und InsO

Die eigentliche Hauptaussage des § 1 Satz 1 BekanntmachungsVO liegt so auch nicht auf der Hervorhebung des Bestimmungsrechts der Landesjustizverwaltungen, sondern ist darin zu sehen, dass nur diejenigen Systeme für öffentliche Bekanntmachungen in Betracht kommen, die durch die Landesjustizverwaltungen hierzu bestimmt sind. Damit soll dem Bestimmungsrecht auch Ausschließungsfunktion hinsichtlich anderweitiger Internetveröffentlichungen amtlicher Bekanntmachungen zukommen. Unzulässig soll damit insbesondere die von einigen Gerichten bis zum Erlass der Verordnung betriebene Praxis sein, bestimmte insolvenzrechtliche Vorgänge auf Gerichtshomepages zu veröffentlichen.[275] Das Systembestimmungsrecht ist insoweit als ausschließliches Internetportalbestimmungsrecht der Landesjustizverwaltungen zu verstehen.

Internetveröffentlichungen wurden von Gerichten unter Berufung auf § 9 Abs. 2 Satz 1 InsO vorgenommen, wonach das Insolvenzgericht weitere Veröffentlichungen veranlassen kann. Diese Praxis bewegte sich jedoch schon vor Einführung der BekanntmachungsVO angesichts des novellierten § 9 InsO in einer rechtlichen Grauzone. Bei der Anordnung weiterer und wiederholter Veröffentlichungen wird grundsätzlich auf herkömmliche andere Blätter wie Tageszeitungen, Anschläge an der Gerichtstafel, Mitteilungen an die Gemeindeverwaltung, etc. verwiesen.[276] Nach einigen Autoren sollen aber auch solche Organe in Betracht kommen, bei denen keine textlich dauerhafte Perpetuierung der Veröffentlichung erfolgt, wie etwa Radio und Fernsehen; in diesem Zusammenhang wird auch das Internet als ein mögliches Veröffentlichungsmedium angeführt.[277] Einen anderen Standpunkt nimmt offensichtlich die Bundesregierung mit Hinblick auf Internetveröffentlichungen ein. Danach stelle § 9 Abs. 1 InsO

---

[274] Vgl. Gegenäußerung der Bundesregierung zur Stellungnahme des Bundesrates, BT-Drucks. 14/5680, S. 40. Zum Bestimmungsrecht im Zeitpunkt der KO etwa Kuhn/Uhlenbruck, § 76 KO Rn. 2 sowie allgemein *Oestreich*, Rpfleger 1988, 302, 302 mit Hinweis auf Landesregelungen in FN 1.

[275] BR-Drucks. 1082/01, S. 5. Derartige Veröffentlichungen haben etwa die Amtsgerichte Darmstadt unter http://www.justiz.hessen.de/ag-darmstadt/agda00aa.htnml (zitiert bei BT-Drucks. 15/181, S. 2), und die sächsischen Insolvenzgerichte unter der Plattform www.justiz.sachsen.de/gerichtstafel (zitiert bei Braun/*Kießner*, § 9 Rn. 30) vorgenommen; zu Veröffentlichungen von Insolvenzdaten im Internet vor Reformierung des § 9 InsO siehe im Übrigen *Schörnig*, InVO, Einhefter zu Heft 8, E 1 f. Keine Aussage trifft die BekanntmachungsVO aber über Veröffentlichungen privater Anbieter im Internet. Diese sollen sich weiterhin nach allgemeinen datenschutzrechtlichen Vorgaben regeln, BR-Drucks. 1082/01, S. 6.

[276] Etwa MüKo-InsO/*Ganter*, § 9 Rn. 12.

[277] Nerlich/Römermann/*Becker*, § 9 Rn. 17, der von einer „virtuellen Gerichtstafel“ spricht; Uhlenbruck/*Uhlenbruck*, § 9 Rn. 6.

in der Fassung des InsOÄndG (2001) eine Sonderregelung für die gerichtliche Veröffentlichung von Insolvenzdaten im Internet dar, neben der eine weitere Insolvenzveröffentlichung durch die Insolvenzgerichte auf einer nicht amtlichen Internetseite auch unter den Voraussetzungen des § 9 Abs. 2 Satz 1 InsO unzulässig sein dürfte.[278] Folgt man diesem von der Bundesregierung ausgesprochenen Ansatz, so wäre es auch ohne die Regelungsaussage von § 1 Satz 1 BekanntmachungsVO unzulässig, Insolvenzpublikationen auf solchen Internetseiten vorzunehmen, die hierfür nicht durch die jeweiligen Landesjustizverwaltungen bestimmt wurden.

§ 9 Abs. 1 InsO legt allgemein fest, in welchen von den Landesjustizverwaltungen bestimmten Publikationsorganen die öffentlichen „Bekanntmachungen" zu erfolgen haben. Innerhalb dieses Bestimmungsrecht der Landesjustizverwaltungen obliegt es diesen damit auch, diejenigen Internetportale zu benennen, auf denen Bekanntmachungen im Internet als dem relevanten elektronischen Informations- und Kommunikationssystem iSd. § 9 Abs. 1 InsO vorgenommen werden.[279] Systematisch läge daher auch der Schluss nahe, dass die Landesjustizverwaltungen generell den zulässigen Rahmen dessen vorzugeben haben, was als relevantes Internetbekanntmachungsportal im Insolvenzverfahren in Betracht kommt. Jedoch ist diese systematische Betrachtungsweise wohl nicht gänzlich zwingend, denn es könnte der Einwand erhoben werden, dass § 9 Abs. 2 Satz 1 InsO begriffstechnisch keine Bekanntmachungen im eigentlichen Sinne regele, sondern vielmehr weitere und wiederholte „Veröffentlichungen" in das Ermessen („kann") des Gerichts stellt. Innerhalb dieses gerichtlich eröffneten Ermessensspielraums erschiene es grundsätzlich auch sinnvoll, dem Gericht einen Wahlrecht dahingehend einzuräumen, in welchem Publikationsorgan die Veröffentlichung vorgenommen werden solle. Ein solcher Ermessensspielraum könnte zudem vermutlich am besten gewährleisten, die einander widerstreitenden Interessen einer Zweitveröffentlichung fallgerecht gegeneinander abzuwägen.[280] Genau genommen könnte ein derartiger Ermessensspielraum einschränkend aber nur für die „weiteren" Veröffentlichungen gelten, weil „wiederholte" Veröffentlichungen solche Veröffentlichungen beschreiben, die im originär bestimmten

---

278 Bericht der Bundesregierung über Daten- und Persönlichkeitsschutz bei der Veröffentlichung insolvenzrechtlicher Daten über das Internet, veröffentlicht als BT-Drucks. 15/181, dort unter III. auf S. 3.

279 Ausdrücklich Kübler/Prütting/*Prütting*, § 9 Rn. 5b, unter Berufung auf die Gegenäußerung zum RegE InsOÄndG, BT-Drucks. 14/5680, S. 40.

280 Als Ermessensfaktoren für das Gericht kommen in Betracht u.a. Publizitätswirkung, Kosten der Veröffentlichung (Braun/*Kießner*, § 9 Rn. 26), Persönlichkeitsrecht des Schuldners (MüKo-InsO/*Ganter*, § 9 Rn. 12) oder etwa das Schuldnerverhalten, wie etwa ein kurz vor Erstveröffentlichung erfolgter Umzug, der eine Veröffentlichung im örtlichen Raum des vorherigen Sitzes notwendig erscheinen lässt (HK/*Kirchhof*, § 9 Rn. 11; *Ganter*, aaO.).

Bekanntmachungsorgan (dem Amtsblatt bzw. elektronischen Informations- und Kommunikationssystem) erfolgen.[281]

Gegen einen solchen Ermessensspielraum für elektronische Zusatzveröffentlichungen spricht aber letztlich, dass § 9 Abs. 2 Satz 1 InsO einen integralen Bestandteil der allgemeinen Vorschrift für Veröffentlichungsvorgänge im Insolvenzverfahren bildet. Nimmt sich nun der Gesetzgeber innerhalb dieser Vorschrift eines bestimmten Regelungskomplexes an, wie den Voraussetzungen an eine Veröffentlichung in einem elektronischen Informations- und Kommunikationssystem, scheint eine unterschiedliche Bewertung zweier grundsätzlich gleich gearteter Vorgänge, nämlich der Offenbarung von Insolvenzvorgängen im Internet (sei es im Rahmen einer „Bekanntmachung" oder „weiteren Veröffentlichung"), nicht gewollt zu sein. Es spricht daher einiges dafür, dass § 9 Abs. 1 InsO hinsichtlich Internetpublikationen eine abschließende Sonderregelung darstellt. Gestützt wird diese Erwägung zusätzlich von dem im Gesetzgebungsverfahren zum Ausdruck gebrachten Willen, der im Kern darauf abzielt, einer tatsächlichen Verselbstständigung von Insolvenzvorgängen im Internet, z.B. durch Kopieren relevanter Textpassagen, entgegenzuwirken. Insbesondere vor dem Hintergrund einer fortschreitenden und nicht mehr kontrollierbaren Beeinträchtigung der Persönlichkeitsrechte betroffener Schuldner waren die einschränkenden Voraussetzungen der § 9 Abs. 2 Satz 2 und 3 InsO eingefügt worden. Sie sollen gewährleisten, dass die amtlichen Internetbekanntmachungsportale, also diejenigen, die von den Landesjustizverwaltungen hierzu bestimmt wurden, Internetveröffentlichungen nur unter Berücksichtigung der datenschutzrechtlichen Belange der betroffenen Schuldner vornehmen. Dieser Aspekt wird umgangen, wenn Zweitveröffentlichungen im Internet veranlasst werden können, ohne hierfür die gleichen gesetzlichen Vorgaben wie für Bekanntmachungen im Internet iSd. § 9 Abs. 1 InsO einhalten zu müssen.

Bei der hier vertretenen Sichtweise bedeutet dies letztlich, dass das abschließende Portalbestimmungsrecht der Landesjustizverwaltungen bereits unmittelbar aus § 9 InsO folgt und es insoweit grundsätzlich keiner ausdrücklichen Aufnahme in § 1 Satz 1 BekanntmachungsVO bedurft hätte. Angesichts der jedoch angeführten Stimmen, die weitergehende Internetpublikationen auf nicht amtlichen Portalen (vermeintlich) gestützt auf § 9 Abs. 2 Satz 2 InsO für rechtmäßig erachten, ist allerdings unter rein klarstellenden Gesichtspunkten die Aussage des § 1 Satz 1 BekanntmachungsVO im Ergebnis nicht zu beanstanden.

---

[281] MüKo-InsO/*Ganter*, § 9 Rn. 9.

cc) Exkurs: Internetveröffentlichungen durch private Anbieter sowie Nutzung des e-Bundesanzeigers als Veröffentlichungsportal

(1) Internetveröffentlichungen durch private Anbieter

Die BekanntmachungsVO trifft keine Aussage darüber, inwieweit Insolvenzdaten durch private Anbieter[282] über das Internet verbreitet werden dürfen. Die Einführung der rechtlichen Bestimmungen in der InsO sowie der Erlass der BekanntmchungsVO haben insoweit keine spezifische Regelung getroffen, ob und unter welchen Voraussetzungen auch Private Informationen über ein Insolvenzverfahren im Internet verbreiten dürfen. Ob eine solche Verbreitung zulässig ist, richtet sich damit weiterhin zutreffender Weise nach den allgemeinen rechtlichen Bestimmungen.[283] So wurde sich schließlich auch ausdrücklich gegen das Begehren des Bundesdatenschutzbeauftragten gewandt, gesetzlich festzulegen, dass Dritte Daten aus amtlichen Bekanntmachungen im Rahmen von Insolvenzverfahren nicht über die Fristen der Verordnung zu § 9 InsO hinaus im Internet verbreiten dürfen.[284] Für den Schuldner bedeutet dies, dass er neben ihm etwa zustehenden zivilrechtlichen Unterlassungs- und Schadensersatzansprüchen[285] im Wesentlichen allenfalls bei Vorliegen eines Verstoßes gegen Verarbeitung nicht allgemein öffentlicher personenbezogener[286] Daten oder der Bereithaltung solcher (rechtswidriger) Daten zum Abruf mittels automatisierter Datei, namentlich über die bußgeldbewehrten Ordnungswidrigkeiten gem. § 43 Abs. 2 Nrn. 1 und 2 BDSG[287] geschützt wird. Ob dabei die (Weiter-)Verbreitung von Informationen über Insolvenzverfahren durch Private mittels Auswertung der staatlichen Bekanntmachungsorgane zulässig ist, bestimmt sich nach § 29 BDSG, der die geschäftsmäßige Datenerhebung und -speicherung zum Zweck der Übermittlung regelt.

---

282 Zu Anbietern solcher Informationsdienste siehe bereits FN 216.

283 Ebenso Bericht der Bundesregierung über Daten- und Persönlichkeitsschutz bei der Veröffentlichung insolvenzrechtlicher Daten im Internet, BT.-Drucks. 15/181, S. 3.

284 Tätigkeitsbericht 2001 und 2002 des Bundesbeuaftragten für Datenschutz, BT-Drucks. 15/888, S. 72.

285 Hierzu BT.-Drucks. 15/181, S. 4 f.

286 Zum Begriff personenbezogener Daten und zur Behandlung nicht-personenbezogener Daten korporativer Schuldner siehe unten Teil 2II.3.b)dd), S. 77 f.

287 Denkbar ist auch das Vorliegen einer Straftat nach § 44 Abs. 1 BDSG, sollte unter kommerzieller Auswertung gegen Entgelt vorsätzlich gegen die nach § 43 Abs. 2 BDSG geschützten Rechtsgüter verstoßen werden. Entgelt ist dabei nach § 11 Abs. 1 Nr. 9 StGB zu definieren, d.h. jede in einem Vermögensvorteil bestehende Leistung, *Gola/Schomerus*, § 44 BDSG Rn. 5. Damit käme bspw. eine zu zahlende Schutzgebühr eines Nutzers zum Abruf eines Datensatz aus einer privaten Insolvenzdatenbank als Gegenleistung und damit als Entgelt im Sinne von § 44 Abs.1 BDSG in Betracht.

(a) Speicherung von Insolvenzinformationen durch Auswertung der amtlichen Bekanntmachungen

Das bloße Speichern von Daten gem. § 29 Abs. 1 BDSG unter Auswertung von staatlichen Internetbekanntmachungen dürfte sich danach in jedem Fall als zulässig darstellen, da die Speicherung tatbestandlich sowohl von Nr. 1 als auch Nr. 2 erfasst sein wird. Wesentliches Tatbestandsmerkmal für die Speicherung nach Nr. 1 ist die Annahme eines nicht entgegenstehenden „schutzwürdige Interesses" des Betroffenen. Dieses kann bezogen auf die weitere Verbreitung von Insolvenzinformationen durch Private lediglich darin liegen, dass der Schuldner mit der zusätzlichen Veröffentlichung des Bekanntmachungsvorgangs auf einem privaten Internetportal eine erschwerte Beeinträchtigung seiner schutzwürdigen Belange hinnehmen muss. Die Veröffentlichung des Vorgangs als solches vermag das schutzwürdige Interesse jedoch nicht zu begründen, da dieser Vorgang als Teil der insolvenzrechtlichen Publikationspflicht des Insolvenzgerichts in jedem Fall, sei es im Internet oder in den bisherigen amtlichen Bekanntmachungsblättern, durch den Schuldner hinzunehmen ist. Selbst wenn man in dieser bloßen „Vertiefung" der Publikation ein hinreichendes schutzwürdige Interesse im Sinne von Nr. 1 des Schuldners sieht, so wird die tatbestandlich immanent vorzunehmende Abwägung im Einzelfall mit den Interessen Dritter[288] dazu führen, dass hier eine Abwägung zu Lasten des Schuldners ausfällt. Dies folgt aus dem Umstand, dass die Veröffentlichungen durch private Informationsvermittler insbesondere für Gläubiger und potentielle Neugläubiger von wesentlicher Bedeutung sein können, da das Insolvenzverfahren über das Vermögen des Schuldners die wirtschaftlichen Grundlagen zu ihrem – ggf. prospektiven - Geschäftspartner nachhaltig ändert. So sollen bspw. bereits Angaben, die geeignet sind, etwaige Kreditgeber zu einer sorgfältigen Bonitätsprüfung zu veranlassen, für das Kreditgewerbe erforderlich sein und von dem Betroffenen hinzunehmen sein.[289] Dann muss dies grundsätzlich erst recht gelten, sollte die Bonitätslage sich so darstellen, dass der Schuldner aufgrund des eröffneten Insolvenzverfahrens nicht mehr über sein Vermögen verfügungsbefugt ist.

Im Übrigen ist in jedem Fall von einer Zulässigkeit der Speicherung der Daten aufgrund der Voraussetzungen in Nr. 2 auszugehen. Werden Daten von privaten Betreibern aus amtlichen Bekanntmachungen übernommen, so handelt es sich um Daten, die aus allgemein zugänglichen Quellen entnommen werden. Zu allgemein zugänglichen Quellen gehören insbesondere solche Daten, die aus öffentlichen Registern stammen, wie bspw. das bei den Amtsgerichten geführte

---

[288] Vgl. *Gola/Schomerus*, § 29 BDSG Rn. 11; vgl. auch BGH NJW 1986, 2505, 2506 unter Hinweis auf die vorzunehmende Interessensabwägung, die bei der Prüfung schutzwürdiger" Belange vorzunehmen sei.

[289] *Schaffland/Wiltfang*, § 29 BDSG Rn. 10 u.a. unter Hinweis auf BGH NJW 1986, 2505 f. Zu den rechtlichen Bedenken von sogenannten Warndateien siehe jedoch auch *Gola/Schomerus*, § 29 BDSG Rn. 14 m.w.N.

Schuldnerverzeichnis gem. § 915 ZPO bzw. § 26 Abs. 2 InsO.[290] Damit sind Information aus amtlichen Bekanntmachungen in Insolvenzverfahren, für die im Gegensatz zur Auskunft aus dem Schuldnerverzeichnis nicht einmal die Darlegung eines berechtigten Interesses[291] erforderlich ist, öffentlich zugänglich.[292]

Allenfalls ließe sich erwägen, dass bei ausschließlich über das Internet erfolgenden Bekanntmachungen nach Löschung dieser Daten in Übereinstimmung mit den Bestimmungen der BekanntmachungsVO, die Daten nicht mehr als aus öffentlich zugänglichen Informationsquelle stammend gelten. Ein solcher Schluss wird indes nicht möglich sein. Zu allgemein zugänglichen Quellen werden auch solche gezählt, bei denen eine - schriftliche - Perpetuierung der Daten nicht erfolgt (wie z.B. Rundfunk oder Fernsehen).[293] Dementsprechend wird eine allgemein zugängliche Quelle auch dann angenommen, wenn für den Rezipienten der Informationsgehalt einer öffentlich zugänglichen Quelle aufgrund deren Art gegebenenfalls einer immanenten Flüchtigkeit unterliegt. Daran ändert auch die Tatsache nichts, dass auch für die vorgenannten Medien die Möglichkeit besteht, empfangene Information zu speichern, etwa indem Video- oder Tonbandaufzeichnungen gefertigt werden. Gegen den Verlust der Eigenschaft als Daten aus einer öffentlich zugänglichen Informationsquelle spricht ferner, dass es nach allgemeiner Auffassung nicht darauf ankommt, ob die gespeicherten Daten tatsächlich aus der allgemein öffentlich zugänglichen Quelle stammen, sondern es vielmehr ausreicht, wenn diese aus der besagten Quelle hätten entnommen werden können.[294] Letztlich ist auch der Vorschrift des § 35 Abs. 2 Satz 2 Nr. 4 BDSG zu entnehmen, dass in der Parallelvorschrift des § 29 BDSG zur Löschung der gespeicherten Daten in zeitlicher Hinsicht auf die „erstmalige" Speicherung abgestellt wird. Für die Frage der Entnahme von Daten aus einer allgemein zugänglichen Quellen kann es damit im Ergebnis allein auf den Zeitraum der Ersteinstellung der Insolvenzbekanntmachung auf dem amtlichen Portal ankommen.[295]

Liegen damit öffentlich zugängliche Daten vor, so lässt § 29 Abs. 1 Satz 1 Nr. 2 BDSG unter erleichterten Prüfbedingungen das Speichern der Daten zu.[296] Nach Nr. 2 ist die Speicherung nur dann untersagt, wenn ein entgegenstehendes

---

290 *Schafflland/Wiltfang*, § 28 BDSG Rn. 134.

291 Vgl. § 915b Abs. 1 ZPO. Diese Vorschrift findet im Insolvenzverfahren entsprechend Anwendung, Gottwald/*Uhlenbruck*, § 16 Rn. 10.

292 Vgl. auch die Bestimmung in § 10 Abs. 5 BDSG, wonach Daten allgemein zugänglich sind, die jedermann, sei es ohne oder nach vorheriger Anmeldung, Zulassung oder Errichtung eines Entgelts nutzen kann.

293 *Schafflland/Wiltfang*, § 28 BDSG Rn. 134.

294 *Gola/Schomerus*, § 29 BDSG Rn. 16; vgl. auch *Schafflland/Wiltfang*, § 28 BDGS Rn. 136.

295 So auch BT.-Drucks. 15/181, S. 4.

296 *Gola/Schomerus*, § 29 BDSG Rn. 16.

Interesse des Schuldners als Betroffenem offensichtlich ist. Dies ist angesichts des Umstandes, dass nach der hier vertretenen Auffassung bereits im Rahmen von § 29 Abs. 1 Satz 1 Nr. 2 BDSG die Interessenabwägung bei der Bewertung der schutzwürdigen Interessen des Schuldners zu dessen Lasten ausfällt, nicht der Fall. Selbst wenn man im Rahmen von Nr. 1 bei der Auslegung der schutzwürdigen Interessen des Schuldners noch einen gegenteiligen Standpunkt einnehmen könnte, so ist jedenfalls nicht ersichtlich, dass die lediglich zusätzliche Veröffentlichung der gleichen Information eindeutig erkennbar schutzwürdige Interessen des Schuldners verletzt.[297] Im Ergebnis handelt es sich damit bei der - professionellen - Auswertung von Internetbekanntmachungen durch private Informationsverwalter nach derzeitiger Rechtslage um eine zulässige Speicherung von Daten im Sinne von § 29 Abs. 1 BDSG.

(b) Übermittlung von Insolvenzinformationen durch private Anbieter

Ob dann wiederum die Bereitstellung der zulässig gespeicherten Insolvenzdaten an Dritte rechtmäßig ist, bemisst sich nach § 29 Abs. 2 Satz 1 Nr. 1 lit. a) i.V.m. Satz 2 BDSG.[298] Danach ist die Zurverfügungstellung der Daten davon abhängig, ob (i) die glaubhafte Darlegung eines berechtigten Interesses des Dritten möglich ist sowie (ii) kein Grund zur Annahme besteht, dass der Betroffene ein schutzwürdiges Interesse an dem Ausschluss der Übermittlung hat. Was die zweite Voraussetzung angeht, so kann diese jedenfalls solange angenommen werden, wie die amtliche Bekanntmachung im Internet noch nicht gelöscht ist. Dies folgt schon aus der Interessensabwägung zur Speicherung, da die Übermittlung der Daten an die Dritten gerade die bestimmungsgemäße Zurverfügungstellung der Insolvenzdaten ermöglicht, die nach hier vertretener Auffassung die Speicherung der Daten gem. § 29 Abs. 1 BDSG zulässt.[299]

Die Darlegung eines berechtigten Interesses wird ebenfalls in aller Regel möglich sein, wenn der Einsichtnehmende die Recherche nicht in der bloßen Absicht vornimmt, Informationen über einen Schuldner zu erhalten, der mit dem „Makel“ der Insolvenz behaftet ist.[300] Gegen die Möglichkeit der Darlegung eines berechtigten Interesses könnte wohl auch nicht der allgemein gehaltene Einwand angeführt werden, die Informationsbeschaffung sei ohnehin über ein amtliches Internetportal möglich. Denn auch wenn die Informationsbeschaffung

---

297 Vgl. auch zur allgemein anerkannten Zulässigkeit der Speicherung von Handelsregisterdaten durch Wirtschaftsinformationsdienste *Kollhosser* NJW 1988, 2409, 2416 m.w.N.

298 Der Sonderfall des § 29 Abs. 2 Satz 1 Nr. 1 lit. b) dürfte in aller Regel nicht vorliegen.

299 Vgl. auch *Schaffland/Wiltfang*, § 29 BDSG Rn. 42, wonach eine Interessabwägung in Bezug auf schutzwürdige Interessen des Betroffenen nicht erforderlich ist, da diese bereits bei der Speicherung erfolgen muss.

300 Das Interesse ist durch den Kunden entsprechend glaubhaft darzulegen, wofür im Rahmen der Abfrage eine Aufzeichnung der angeführten Gründe gemäß § 29 Abs. 2 Satz 3 BDSG erfolgen muss. Zu den Aufzeichnungspflichten vgl. *Schafflland/Wiltfang*, § 29 BDSG Rn. 48.

anderweitig möglich ist, so kann sehr wohl ein Interesse bestehen, die Informationen über einen privaten Anbieter zu erhalten, etwa indem die Informationen für den Kunden in einer bestimmten Art und Weise aufbereitet werden, die bspw. eine raschere Recherche nach bestimmten für den Nutzer des privaten Portals relevanten Vorgängen ermöglichen.[301]

Als problematisch dürften sich damit im Ergebnis allein diejenigen Fälle gestalten, bei denen die Bekanntmachungen über ein bestimmtes Insolvenzverfahren auf dem amtlichen Internetportal unter Berücksichtigung der Vorschriften der BekanntmachungsVO bereits gelöscht wurden. Für diese Fälle könnte dann, so - personenbezogene - Daten vorliegen, eine rechtswidrige Übermittlung durch den privaten Informationsdienst vorliegt. Dies wäre dann der Fall, wenn Grund zur Annahme besteht, dass der Betroffene ein berechtigtes Interesse am Ausschluss der Übermittlung hat. Aus der für private Anbieter geltenden Löschungsfrist des § 35 Abs. 2 Satz 2 Nr. 4 BDSG folgt, dass Unternehmen, die geschäftsmäßig zum Zwecke der Übermittlung Daten verarbeiten, nach Ablauf von vier Jahren nach der erstmaligen Speicherung zu prüfen haben, inwieweit die Daten noch benötigt werden. Hieraus folgt bereits die Verpflichtung der Unternehmen, jeweils im Einzelnen zu klären, ob die Daten weiterhin gespeichert werden dürfen.[302] Fällt diese Prüfung negativ aus, sind die Daten zu löschen.[303] Erhält nun ein Wirtschaftsinformationsdienst bereits vor Ablauf der vorgenannten Vierjahresfrist Kenntnis davon, dass ein Insolvenzverfahren beendet und die auf der amtlichen Internetseite eingepflegten Daten in Übereinstimmung mit den Löschungspflichten der InsO gelöscht wurden, so spricht vieles dafür, dass die Datenübermittlung des privaten Anbieters an einen Dritten jedenfalls nicht mehr ohne Bekanntgabe weiterer Zusatzinformationen zum Status des Verfahrens zulässig sein dürfte. Dies lässt sich a maiore ad minus aus dem Umstand schließen, dass der Wirtschaftsinformationsdienst im Falle der endgültigen Beendigung des Insolvenzverfahrens seinerseits der gesetzlichen Pflicht unterliegen würde, die Daten nach Ablauf der Frist des § 35 Abs. 2 Satz 2 Nr. 4 BDSG zu löschen, da dann aus Sicht des Rechtsverkehrs, dem die Informationen schließlich zugute kommen sollen, grundsätzlich kein hinreichender Grund mehr bestünde, die Daten in der Datei aufzubewahren.[304]

---

301 So wurde bereits bei der Auswertung von Handelsregisterinformationen betont, dass der Sinn und Zweck eines Wirtschaftsinformationsdienst insbesondere darin liege, „auf Vorrat“ Kenntnis des gesamten Handelsregisters zu verschaffen, damit für den Kunden „auf Knopfdruck“ die gewünschten Informationen geliefert werden können, *Kollhosser*, NJW 1988, 2409, 2414.

302 *Gola/Schomerus*, § 29 BDSG Rn. 14.

303 *Schaffland/Wiltfang*, § 29 BDSG Rn. 39.

304 Siehe zur Rechtfertigung der Löschungsfrist der BekanntmachungsVO de lege lata unten Teil 2II.3.f), S. 112 ff.

In der Konsequenz hieße dies, dass professionelle Wirtschaftsinformationssysteme Daten aus amtlichen Internetbekanntmachungen dann nicht mehr unkommentiert Dritten zur Verfügung stellen dürfen, da mit der Löschung der amtlichen Internetbekanntmachungen nach Maßgabe der BekanntmachungsVO, zugleich ein berechtigtes Interesse des Schuldners gegen die fortdauernde Übermittlung der im staatlichen Bekanntmachungssystem bereits gelöschten Information durch private Anbieter erwächst. Allenfalls ließe sich erwägen, bis zum Ablauf der Vierjahresfrist die Übermittlung insoweit eingeschränkt zuzulassen, dass ergänzende Hinweise zur Beendigung des Insolvenzverfahrens aufgenommen werden, die zu einer Löschung der Internetbekanntmachung auf dem amtlichen Internetportal geführt haben. Eine solche Vorgehensweise ließe sich möglicherweise mit dem Aspekt der Berichtigung im Sinne von § 35 Abs. 1 BDSG begründen. Zwar zielt die Vorschrift direkt vornehmlich darauf ab, unrichtig gespeicherte Daten zu korrigieren. Ursprünglich richtig übernommene Daten von Internetbekanntmachungen wären hiervon an sich nicht erfasst. Jedoch soll Unrichtigkeit von Daten auch dann vorliegen, soweit ein gravierender Kontextverlust besteht, der zu einer Fehlinformation führen kann.[305] Ein solcher Kontextverlust könnte vorliegen, falls durch die fortdauernde Veröffentlichung durch einen privaten Anbieter der Eindruck entstehen könnte, dass Insolvenzverfahren laufe fortdauernd an. Unter diesem Gesichtspunkt ließe sich erwägen, Internetveröffentlichungen von privaten Anbietern auch nach Löschung aus dem amtlichen Portal zuzulassen, sofern diese jedenfalls einen „korrigierenden" Hinweis auf die erfolgte Löschung enthalten.[306] Jedoch würden auch bei einer solchen Vorgehensweise letztlich Zweifel verbleiben, inwieweit der Übermittlung der Daten nach Löschung aus dem amtlichen Internetportal nicht doch berechtigte Interessen des Schuldners entgegenstehen, sodass bis auf begründete Ausnahmen im Einzelfall von einer Löschungspflicht auszugehen sein wird.

(2) Internetveröffentlichungen über den e-Bundesanzeiger

Vor dem Hintergrund des Portalbestimmungsrechts der Landesjustizverwaltungen sowie der Bewertung von Internetveröffentlichungen durch private Anbieter unter Berücksichtigung der Vorgaben des BDSG fragt sich, wie die derzeit erfolgenden Internetveröffentlichungen über Insolvenzverfahren im e-Bundesanzeiger rechtlich zu bewerten sind. Vordergründig mag der Anschein entstehen, es handele sich beim e-Bundesanzeiger lediglich um die online abrufbare Variante des amtlichen Bekanntmachungsblattes Bundesanzeiger, weshalb insbesondere die Veröffentlichung der zusätzlich obligatorisch im Bundesanzeiger bekannt zu machenden Vorgänge unproblematisch im Internet auf der Seite des e-Bundesanzeigers möglich seien. Der e-Bundesanzeiger ist allerdings nicht

[305] *Gola/Schomerus*, § 35 BDSG Rn. 5.

[306] Befürwortend für einen solchen Hinweis, jedoch ohne dogmatische Begründung, BT-Drucks. 15/181 S. 4.

als bloßes virtuelles Doppel der herkömmlichen Printausgabe anzusehen. Dies folgt schon daraus, dass der Gesetzgeber in anderen Gesetzen (vgl. § 25 Satz 1 AktG und § 12 Satz 2 GmbHG) sich absichtlich zugunsten einer obligatorischen Veröffentlichung in der elektronischen Variante entschieden hat und damit offensichtlich getrennte Publikationswirkungen zwischen herkömmlicher und elektronischer Variante sieht.[307] Wenn der e-Bundesanzeiger aber eine eigenständige Publikationsbasis im Internet gegenüber der herkömmlichen Printversion darstellt, muss umso mehr die Frage aufgeworfen werden, ob die derzeit mittels e-Bundesanzeiger im Internet erfolgenden Veröffentlichungen im Internet mit der InsO bzw. den Schutzvorgaben der BekanntmachungsVO vollumfänglich in Einklang zu bringen sind.

Es handelt sich bei den Insolvenzbekanntmachungen augenscheinlich nicht um die Nutzung des e-Bundesanzeigers als elektronische Plattform gem. § 9 Abs. 1 Alt. 2 InsO.[308] Der e-Bundesanzeiger wäre zwar im Grundsatz ein taugliches Medium, um hierüber Internetbekanntmachungen gem. § 9 Abs. 1 2. Alt InsO vorzunehmen. Allerdings ist nach der derzeitigen Rechtslage erforderlich, dass das System - also das Internetportal - durch die jeweiligen Landesjustizverwaltungen bestimmt wird. Die Veröffentlichungen im e-Bundesanzeiger erfolgen aber nicht auf Basis einer entsprechenden Bestimmung durch die Landesjustizverwaltungen.[309] Denkbar wäre darüber hinaus, dass es sich um elektronische Zweitveröffentlichungen gem. § 9 Abs. 2 Satz 1 InsO handelt. Dies scheidet jedoch ebenfalls aus, da es auch hierfür, entsprechend der obigen Ausführungen, einer Portalbestimmung durch die einzelnen Landesjustizverwaltungen bedürfte.

Die Zulässigkeit der Internetveröffentlichungen im e-Bundesanzeiger lässt sich daher allenfalls damit begründen, dass obligatorische Zusatzveröffentlichungen im Bundesanzeiger auch im Internet in dessen elektronischer Variante dargestellt werden können, ohne dass diese den Restriktionen des § 9 Abs. 2 Satz 2 InsO und der dazu ergangenen Verordnung unterliegen.[310] Als Begründung für diesen Ansatz möglichen Ansatz wird angeführt, die Veröffentlichungen im e-Bundesanzeiger seien wie diejenigen privater Anbieter zu behandeln.[311] Das hieße, dass sich die Veröffentlichungen im e-Bundesanzeiger an den zuvor dargestellten Maßstäben des § 29 BDSG messen lassen müssten. Eine

---

307 Zum Ganzen bereits FN 260.

308 Vgl. *Noack*, BB 2002, 2025, 2027 sowie dort in FN 27

309 Zu den zwischenzeitlich verworfenen Plänen, den e-Bundesanzeiger zum einheitlichen Internetbekanntmachungsportal auszubauen, siehe Ausführungen zu FN 498.

310 Ohne nähere Begründung für dieses Ergebnis auch *Noack*, BB 2002, 2025, 2027 in FN 27.

311 Vgl. BT-Drucks. 15/181, S. 3

nähere Erläuterung der Gleichstellung des e-Bundesanzeigers hinsichtlich Insolvenzveröffentlichungen mit privaten Informationsdiensten erfolgt jedoch nicht.

Gegen eine Gleichsetzung von Bekanntmachungen auf der Interseite des e-Bundesanzeigers mit Veröffentlichungen auf privaten Internetportalen sprechen gewichtige systematische Argumente. Elektronische Veröffentlichungen im e-Bundesanzeiger dürften damit im Ergebnis nicht ohne die Erfüllung der stringenten Voraussetzungen von § 9 Abs. 2 Satz 2 InsO sowie der BekanntmachungsVO vorgenommen werden. Denn anders als private Veröffentlichungen Dritter erfolgen die Insolvenzveröffentlichungen auf dem e-Bundesanzeiger gerade nicht außerhalb staatlichen Einflusses. Daran vermag weder der Umstand, dass der e-Bundesanzeiger im Rahmen der Organisationsprivatisierung durch das Bundesjustizministerium privatrechtlich herausgegeben wird,[312] noch die Trennung im Aufbau der Internetseite zwischen einem amtlichen Teil einerseits und separat abrufbaren Insolvenzdaten andererseits, etwas zu ändern. Insbesondere ist nicht einzusehen, wie dies dazu führen soll, dass die Sicherheitsanforderungen, die durch die InsO und die BekanntmachungsVO für elektronische Bekanntmachungen aufgestellt werden, für den e-Bundesanzeiger nicht gelten. Schließlich erfolgen die Internetveröffentlichungen im e-Bundesanzeiger unter systematischer Verwertung derjenigen Daten, die zwingend auch in der amtlichen Printversion aufzunehmen sind und nach bisherigem Gesetzesverständnis gerade eine erhöhte Publizitätswirkung schaffen sollen.[313] Wenn aber diese amtlichen Bekanntmachungen elektronisch auf der Seite des e-Bundesanzeigers gespiegelt werden, sollten sich diese Internetveröffentlichungen an den gleichen Sicherheitsanforderungen messen lassen, wie diese legislativ auch für anderweitige Internetpublikationen nach Maßgabe der InsO und der BekanntmachungsVO einzuhalten sind.

Deshalb erscheint es nicht als ausreichend, wenn auf der Seite des e-Bundesanzeigers lediglich darauf hingewiesen wird, die Veröffentlichungen orientierten sich an den für eine amtliche Veröffentlichung im Internet bestehenden rechtlichen Vorgaben,[314] ohne diese jedoch vollumfänglich eingehalten werden.[315] So hat seinerzeit auch der damalige DiskE zur Änderung der InsO, des BGB und anderer Gesetze die Einhaltung der Sicherheitsanforderungen der BekanntmachungsVO bei Veröffentlichungen von Insolvenzvorgängen über den e-

---

312 Vgl. *Noack*, BB 2002, 2025, 2025.

313 Siehe zu diesem bisherigen Gesetzesverständnis Teil 2I.3.a), S 46 f.

314 Siehe Begleittext unter: https://www.ebundesanzeiger.de/ebanzwww/wexsservlet?session.sessionid=d2ac063652d622bae3347cee30baae7a&state.partid=4&state.category=0&page.navid=topartstart (Stand: 01.09.2006).

315 Insbesondere ist nicht einzusehen, weshalb völlig unproblematisch ein elektronisches Kopieren der Veröffentlichungstexte möglich ist; der Kopierschutz soll eine besonders wichtige Schutzvorrichtung zugunsten der Wahrung der Persönlichkeitsrechte von natürlichen Schuldnern darstellen (ausführlich Teil 2II.3.e), S. 107 ff.).

Bundesanzeiger verlangt. Wie selbstverständlich sollte daher nach dem vorgenannten Gesetzesentwurf der e-Bundesanzeiger den gleichen Sicherheitsanforderungen unterworfen werden, wie diese für Internetveröffentlichungen in einem elektronischen Informations- und Kommunikationssystem iSd. § 9 Abs. 1 Alt. 2 InsO gelten.[316]

dd) Personenbezogene Daten nach Satz 2 und der Schutz korporativer Schuldner nach der BekanntmachungsVO

§ 1 Satz 2 BekanntmachungsVO bestimmt, dass die Veröffentlichung nur solche - personenbezogenen - Daten enthalten darf, die nach der Insolvenzordnung bekannt zu machen sind. Soweit damit auf den Publikationsinhalt der Bekanntmachung abgestellt wird, handelt es sich um die bloße Feststellung einer Selbstverständlichkeit, da ohne Zweifel die bloße rechtliche Zulässigkeit einer Veröffentlichung mittels eines elektronischen Informations- und Kommunikationssystems nach der Reformierung des § 9 InsO nicht dazu führen kann, inhaltlich weitergehende Informationen über das Insolvenzverfahren via Internet zu veröffentlichen, als dies im Rahmen von Printbekanntmachungen ebenfalls möglich ist. Alles andere ginge über den Regelungsbereich der Verordnungsermächtigung hinaus und wäre folglich unzulässig.

Allerdings spricht die BekanntmachungsVO in § 1 Satz 2 ausdrücklich von „personenbezogenen Daten“ und greift damit definitorisch an der Regelung des § 3 Abs. 1 BDSG an. Danach sind personenbezogene Daten Einzelangaben über persönliche oder sachliche Verhältnisse einer bestimmten oder bestimmbaren natürlichen Person. Dies ließe den Schluss zu, dass die Vorgaben der BekanntmachungsVO lediglich für diejenigen Bekanntmachungsvorgänge relevant sind, welche natürliche Schuldner betreffen. Daraus ließe sich wiederum folgern, dass solche Insolvenzen von dem Anwendungsbereich der BekanntmachungsVO ausgenommen sein sollen, die Schuldner betreffen, die nicht in den Schutzbereich des BDSG fallen, namentlich korporative Schuldner wie juristische Personen oder Personenhandelsgesellschaften.[317]

Zwar ist der Ausschluss korporativer Schuldner aus dem Schutzbereich des BDSG nicht selbstverständlich, da Art. 19 Abs. 3 GG grundsätzlich auch die Möglichkeit eröffnet, inländische juristische Personen in den Schutzbereich bestimmter Grundrechte einzubeziehen, soweit diese ihrem Wesen nach auf diese

[316] Siehe hierzu die Ausführungen in Teil 2II.5.a), S. 138.

[317] Diese sind nach allgemeiner Auffassung nicht durch das BDSG geschützt, siehe jeweils m.w.N. *Gola/Schomerus*, § 3 BDSG Rn. 11; *Schaffland/Wiltfang*, § 3 BDSG Rn. 17. Allenfalls dann kann der Anwendungsbereich des BDSG eröffnet sein, soweit Daten betroffen sind, die eine Beziehung der natürlichen Person zur Gesellschaft kennzeichnen, vgl. *Schaffland/Wiltfang*, aaO. Rn. 18 sowie *Gola/Schomerus*, aaO.

anwendbar sind.[318] Insofern ließe sich insbesondere rechtspolitisch erwägen, dass die Datenschutzbestimmungen des BDSG generell auch auf nicht natürliche Personen Anwendung finden sollten. So wird mittlerweile auch entgegen der bislang allgemein vertretenen Auffassung verstärkt argumentiert, juristische Personen könnten das Recht auf informationelle Selbstbestimmung gem. Art. 2 Abs. 1 i.V.m. Art 1 Abs. 1 GG für sich in Anspruch nehmen.[319] Sollte sich dieser Ansatz durchsetzen, könnte dies möglicherweise künftig auch für eine gesetzgeberisch vorzunehmende Erweiterung der Schutzbereichs des BDSG sprechen. Gleichwohl bedarf es an dieser Stelle keiner grundlegenden Auseinandersetzung mit dieser Auffassung, da unstreitig de lege lata nach dem gesetzgeberischen Willen die Schutzvorschriften des BDSG bezüglich personenbezogener Daten auf nicht natürliche Personen gerade keine Anwendung finden. Bezogen auf die BekanntmachungsVO hätte dies daher möglicherweise zur Folge, dass die darin enthaltenen datenschutzrechtlichen Bestimmungen nicht für korporative Schuldner gelten, der Verordnungsgeber insofern damit allein Schutzbestimmungen zur Sicherstellung des angemessenen Datenschutzniveaus für natürliche Schuldner erlassen hat. Dies ist jedoch nicht der Fall.

Weder dem Willen des Gesetzgebers noch des Verordnungsgebers ist zu entnehmen, dass hinsichtlich der im Internet veröffentlichten Daten durch die BekanntmachungsVO ausschließlich datenrechtliche Schutzbestimmungen bezogen auf Insolvenzen natürlicher Schuldner geschaffen werden sollten. So sieht bereits der Verordnungstext der BekanntmachungsVO – mit Ausnahme der Regelung in § 1 Satz 2 - an mehreren Stellen Anhaltspunkte vor, nach denen gerade keine Differenzierung zwischen Daten von natürlichen und korporativen Schuldnern getroffen wird. So regeln die eigentlichen Schutzvorschriften in §§ 2 und 3 der BekanntmachungsVO lediglich die Behandlung von „Daten“, ohne eine zusätzlichen Verweis auf die Personenbezogenheit dieser Daten zu enthalten. Ferner werden in § 2 Abs. 1 Nr. 3 der BekanntmachungsVO mit den Begriffen „Firma“ und „Sitz“ (im Gegensatz zum ebenfalls genannten „Wohnsitz“) Suchkriterien aufgestellt, die in der Regel auf korporative Schuldner Anwendung finden.[320] Überdies sieht auch das aktuelle Gesetz über elektronische Handelsregister und Genossenschaftsregister sowie das Unternehmensregister (EHUG), welches durch den Bundestag am 28. September 2006 verabschiedet wurde und zum 1. Januar 2007 in Kraft tritt, im Rahmen der Einführung des elektronischen Unternehmensregisters wie selbstverständlich vor, in § 2 Abs. 1

---

318 Vgl. *Gola/Schomerus*, § 3 BDSG Rn. 11 unter Hinweis auf andere Länder (z.B. Österreich, Dänemark, Luxemburg), die eine solche Einbeziehung in ihren Datenschutzgesetzen vorgenommen haben.

319 *Wilms/Roth*, JuS 2004, 577, 580.

320 Auch wenn der Begriff Firma im Sinne von § 17 Abs. 1 HGB zugleich für einzelkaufmännische Gewerbe verwendet wird, so wird der Begriff Firma umfangssprachlich gerade für Kapital- und Personengesellschaften verwendet.

Nr. 3 der BekanntmachungsVO als weitere Suchkriterien die Registernummer und den Sitz des Registergerichts aufzunehmen.[321] Hierbei handelt es sich jedoch um Daten, die sich regelmäßig lediglich auf korporativen Schuldner beziehen werden, die vom Schutzbereich des BDSG jedoch gerade nicht erfasst sind.[322] Letztlich geht damit auch die Fristensystematik in § 3 davon aus, dass die Löschungspflicht sämtliche Insolvenzen, mithin auch solche korporativer Schuldner erfasst.[323]

Im Ergebnis heißt dies, dass die auf Grundlage von § 9 InsO erlassene BekanntmachungsVO aufgrund der inhaltlich nicht erfolgten Differenzierung zwischen Bekanntmachungen von natürlichen Schuldnern einerseits und korporativen Schuldnern anderseits im Bereich von Unternehmensinsolvenzen reflexhaft zugunsten von korporativen Schuldnern ein datenschutzrechtliches Schutzniveau schafft, welches bei isolierter Betrachtung der Rahmenvorgaben des BDSG für korporative Schuldner rechtlich nicht zwingend geboten wäre, weil diese bereits vom Anwendungsbereich des BDSG ausgeschlossen sind.[324] Damit kann die Diskussion, inwieweit sich die einzelnen Schutzbestimmungen der BekanntmachungsVO inhaltlich als Ausfluss rahmenrechtlicher Vorgaben zur Schaffung eines angemessenen Datenschutzniveaus im Bereich von Internetveröffentlichungen darstellen, für korporative Schuldner allenfalls höchst eingeschränkt gelten.

c) § 2 BekanntmachungsVO: Datensicherheit und Missbrauchsvorbeugung

Die Umsetzung der aufgrund der Verordnungsermächtigung geforderten Sicherstellung der Datenauthentizität erfolgt über die Vorschrift des § 2 Bekanntma-

321 Zum Entwurf des EHUG BT-Drucks. 16/960, S. 30; siehe auch BT-Drucks. 16/2781, S. 65. Dabei soll die kumulative Angabe von Registernummer und Registergericht verhindern, dass eine Liste aller insolventen Unternehmen abgerufen werden kann, siehe Begründung zum RegE auf S. 68. Zum Ganzen im Rahmen des Ausblicks unter Teil 2II.5, S. 138 ff.

322 Zu denkbaren Ausnahmen bei HRA-Recherchen siehe FN 397.

323 So heißt es auch in der Begründung der BekanntmachungsVO zu § 3, dass „insbesondere" im Interesse von natürlichen Schuldnern eine fortdauernde Veröffentlichung im Internet verhindert werden müsse, siehe BR.-Drucks. 1082/01, S. 7. Damit wird klargestellt, dass dies jedenfalls reflexhaft auch für korporative Schuldner gilt.

324 Vgl. hierzu auch *Kollhosser*, NJW 1988, 2409, 2416, der für die Frage der Wiedergabe von Daten aus dem Handelsregister von Kapitalgesellschaften durch private Anbieter darauf hinweist, dass diese vom Schutzbereich des BDSG nicht erfasst sind, weshalb auch die Speicherung bzw. Übermittlung dieser Daten an Kunden grundsätzlich nicht nach dem Maßstab des BDSG geprüft werden kann. Dementsprechend ist die Frage der Informationsübermittlung von Insolvenzdaten korporativer Schuldner durch private Anbieter auch nicht den gleichen Restriktionen von § 29 BDSG unterworfen, die bezüglich der Speicherung und Übermittlung von personenbezogenen Daten, d.h. bezüglich der Informationsweitergabe über Insolvenzen natürlicher Schuldner, gelten.

chungsVO, die verschiedene Aspekte der Datensicherheit und des Schutzes vor Missbrauch regelt.

aa) Datenübermittlung

Nach § 2 Abs. 1 Nr. 1 BekanntmachungsVO wird zunächst festgelegt, dass die elektronische Übermittlung an die für die Veröffentlichung zuständige Stelle nur erfolgen darf, sofern die Daten elektronisch signiert sind. Ausdrückliche graduelle Anforderungen an die Sicherheitsstufe der elektronischen Signatur werden durch die BekanntmachungsVO nicht aufgestellt. Die BekanntmachungsVO folgt damit dem Vorbild, welches § 174 Abs. 3 Satz 3 ZPO für die elektronische Zustellung von Gerichten vorgibt.

Wie bereits erläutert stellt § 174 Abs. 3 ZPO keine ausdrücklichen qualitativen Anforderungen an die elektronische Signatur auf, sodass dort auch die einfache elektronische Signatur jedenfalls im Grundsatz als ausreichend anzusehen ist; gleichwohl wird auch im Rahmen von § 174 Abs. 3 Satz 3 ZPO der Einsatz qualifizierter Signaturen propagiert, sofern auch die Integrität der Daten sichergestellt sein soll.[325] Dass auch die Integrität des Inhalts elektronischer Bekanntmachungen notwendig ist, steht außer Frage. Mit Hinblick darauf wäre es sicherlich vertretbar, wenn die Übermittlung der Bekanntmachungsdaten vom Gericht oder Insolvenzverwalter nur durch Verwendung qualifizierter elektronischer Signaturen möglich ist.

Gleichwohl wird davon auszugehen sein, dass der Verordnungsgeber de lege lata eine qualifizierte Signatur nicht für erforderlich hält. Andernfalls hätte eine eindeutige Sprachregelung in Anlehnung an das SigG getroffen werden oder aber es hätte jedenfalls ein klarstellender Hinweis in der Verordnungsbegründung erfolgen müssen.[326] Im Gegensatz zu § 174 Abs. 3 Satz 3 ZPO bestünde zudem nicht die Möglichkeit einer differenzierten Betrachtungsweise, die zwischen unterschiedlichen zu übermittelnden Dokumentenarten trennt. Schließlich geht es stets um die Übermittlung von Bekanntmachungstexten, sodass nicht denkbar ist, hinsichtlich einiger Vorgänge die einfache Signatur ausreichen zu lassen, während hingegen manches Mal eine Signatur mit erhöhten Sicherheitsprofil notwendig werde. Daher wird im Anwendungsbereich der BekanntmachungsVO die Übermittlung unter Verwendung einer einfachen elektronischen Signatur als ausreichend anzusehen sein. Die Anforderungen an den Datentransfer werden seitens des Verordnungsgebers bislang offensichtlich bewusst nicht eng gefasst, um einen effizienten Datenaustausch nicht am mangelnden Verbrei-

---

325 U.a. MüKo-ZPO-Aktualisierungsband/*Wenzel*, § 174 ZPO Rn. 15; Hannich/Meyer-Seitz/*Häublein*, § 174 ZPO Rn. 15; siehe zum Ganzen im Übrigen bereits die Ausführungen zu FN 118.

326 In der Begr. zu § 2 die Verordnung heißt es lediglich, dass bei der Übermittlung der Daten durch das Gericht bzw. den Insolvenzverwalter zwingend die Verwendung einer elektronischen Signatur iSd. Signaturgesetzes vorgesehen sei, BR-Drucks. 1082/01, S. 6.

tungsgrad qualifizierter elektronischer Signaturen scheitern zu lassen. Freilich wird dauerhaft zu prüfen sein, ob die Verwendung einfacher Signaturen im Rahmen des Bekanntmachungssystems zu Missbrauchspotential führt. Bislang sind indes keine Fälle bekannt geworden.[327]

Nichtsdestotrotz besteht augenscheinlich im Rahmen der aktuell geplanten Änderungen der Insolvenzordnung das Bestreben, signaturrechtlich eine Verschärfung dergestalt einzuführen, dass die Übermittlung nur durch Verwendung einer mindestens fortgeschrittenen Signatur erfolgen darf.[328] Erforderlich wäre damit künftig in jedem Fall eine Signatur im Sinne von § 2 Nr. 2 SigG, die gegenüber der bloßen einfachen Signatur für ein erhöhtes Maß an Authentizität bürgen kann. Eine Begründung für die Verschärfung der signaturrechtlichen Anforderungen erfolgt jedoch nicht, sodass insoweit unklar ist, weshalb nunmehr nach jahrelanger anderweitiger Praxis eine diesbezügliche Änderung der BekanntmachungsVO erforderlich geworden zu sein scheint. Der federführende Rechtsausausschuss hat sich mittlerweile daher auch zu Recht explizit gegen die Einführung der fortgeschrittenen Signatur gewandt, da sich die Übermittlung der Daten mit einer einfachen elektronischen Signatur an die zentrale Stelle zur Veröffentlichung von Insolvenzdaten bewährt habe; die Einführung der fortgeschrittenen Signatur würde zu einem verstärkten administrativen Aufwand auf Seiten der Gerichte und des Betreibers des Insolvenzportals mit entsprechenden Kosten für die Länder führen, die nicht gerechtfertigt seien.[329]

Keine ernstlichen Probleme sollte sich nach der jetzigen Rechtslage daraus ergeben, sollten vereinzelte Gerichte oder Insolvenzverwalter nicht einmal über die notwendige technische Ausstattung verfügen, Daten einfach elektronisch signiert zu übermitteln. Abgesehen davon, dass mittlerweile jedenfalls für die Gerichte ein Internetzugang selbstverständlich sein sollte, ist die Lesart des § 2 Abs. 1 Nr. 1 BekanntmachungsVO nicht so zu verstehen, dass die herkömmliche Datenübermittlung auf nicht elektronischem Wege gänzlich ausgeschlossen sei. Deswegen könnten bspw. auch die Daten auf einem externen Speichermedium (etwa einer Diskette oder CD-ROM) festgehalten werden und postalisch ver-

---

327 *Mäusezahl*, InsbürO 2004, 53, 55, weist darauf hin, dass im Rahmen des Portals www.insolvenzbekanntmachungen.de ohnehin nur die Insolvenzgerichte die Möglichkeit haben, auf den Datenbestand der Internetbekanntmachungen zuzugreifen; ein unberechtigter Zugriff Dritter sei ausgeschlossen. Als problematisch könnte es sich gegebenenfalls erweisen, dass den Verwaltern diese Möglichkeit nicht zusteht und daher die Veröffentlichung des Verteilungsverzeichnisses durch Übersendung von e-Mail an das jeweilige Gericht veranlasst wird, *Mäusezahl*, aaO.

328 Siehe der RegE des Gesetzes zur Vereinfachung des Insolvenzverfahrens, BR-Drucks. 549/06, S. 8. Im dem RefE vom 8. Februar 2006 (veröffentlicht u.a. in NZI 2006, 212 ff.) fand sich diese Änderung indes noch nicht vor, NZI 2006, 212, 214.

329 Vgl. BR-Drucks. 549/1/06, S. 7.

sandt werden.[330] Allerdings wäre dies einer effizienten, auf tägliche Neuerung ausgerichteten Datenübertragung sicher abträglich. Soweit darüber hinaus mangels vorhandener IT-Ausstattungen nicht einmal die Möglichkeiten vorhanden sein sollte, die Daten elektronisch auf einem Speichermedium zu erfassen, könnte sich dies insbesondere bei einer obligatorischen Anordnung von Internetbekanntmachungen (etwa nach Maßgabe der aktuellen Reformbestrebungen) als problematisch erweisen. Es bestünde gegebenenfalls die Gefahr der Nichtdurchführbarkeit der gesetzgeberischen Anordnung von elektronischen Pflichtbekanntmachungen. Diese Probleme dürfen allerdings nicht überschätzt werden. So wurde bspw. im Rahmen der seinerzeitigen Überlegungen zur Einführung eines Pflichtbekanntmachungssystems über den e-Bundesanzeiger ausdrücklich darauf hingewiesen, dass etwaige Defizite bei der IT-Ausstattung dadurch kompensiert werden können, dass die zu veröffentlichenden Daten auch in Papierform zugeleitet werden könnten.[331]

bb) Unversehrtheit, Vollständigkeit und Aktualität der Daten

(1) Absicherung von Mindestanforderungen der InsO durch die BekanntmachungsVO?

§ 2 Abs. 1 Satz 1 Nr. 2 BekanntmachungsVO wiederholt den Gesetzeswortlaut von § 9 Abs. 2 Satz 3 Nr. 1 InsO, wonach zu gewährleisten ist, dass die Veröffentlichungen unversehrt, vollständig und aktuell bleiben. Es fragt sich, weshalb der Verordnungsgeber auf wortgleiche Bestimmungen zurückgreift, die bereits in der Verordnungsermächtigung vorgesehen sind.[332] Worin die durch die Verordnung zu regelnden „Einzelheiten" liegen sollen, wenn lediglich pauschal auf den Wortlaut der Ermächtigung zurückgegriffen wird, ist nicht ersichtlich. Ein Erklärungsansatz hierfür könnte darin bestehen, dass die Anforderungen aus § 9 Abs. 2 Satz 3 Nr. 1-3 InsO lediglich fakultativ bestünden. So meint *Prütting* aus einem Umkehrschluss zu der gesetzgeberischen Konstruktion einer Verordnungsermächtigung zu schließen, die Landesjustizverwaltungen seien nicht verpflichtet, die Anforderungen aus § 9 Abs. 2 Satz 3 Nr. 1-3 InsO als Mindestanforderungen zu gewährleisten, weil ansonsten eine Verordnungsermächtigung zur bundeseinheitlichen Regelung nicht erforderlich gewesen wäre.[333] Dem wie-

---

330 Bei der Einreichung von elektronischen Schriftsätzen bei Gericht wird auch die Überreichung eines Datenträgers als ausreichend angesehen, Zöller/*Greger*, § 130a ZPO Rn. 2.

331 Vgl. S. 22 der Begründung des DiskE InsOÄndG 2003 (abrufbar unter www.insorechtspfleger.de (Stand: 01.09.2006; abgedruckt auch in NZI 2003, 311 ff.). Die Umwandlung in elektronische Daten könnte dann durch leistungsfähige Scanner und entsprechende Texterfassungsprogramme erfolgen.

332 Diese Frage könnte im Ergebnis auch hinsichtlich der Sicherstellung eines Kopierschutzes nach dem Stand der Technik gem. § 2 Abs. 1 Satz 3 BekanntmachungsVO aufgeworfen werden, vgl. hierzu Teil 2II.3.e), S. 107 ff.

333 Siehe Kübler/Prütting/*Prütting*, § 9 Rn. 5b, wobei diese Ausführungen partiell im Widerspruch zu § 9 Rn. 21 stehen.

derholenden Wortlaut in § 2 Abs. 1 Satz 1 Nr. 2 BekanntmachungsVO könnte dann gegebenenfalls seitens des Verordnungsgebers der Zweck zugemessen worden sein, die Unversehrtheit, Vollständigkeit und Aktualität der Veröffentlichungen als einheitliches Mindestkriterium einer Internetpublikation durch die Landesjustizverwaltungen anzuordnen.

Ein solches Erklärungsmodell wäre allerdings nicht in sich schlüssig. Wie bereits erwähnt, wurde die Verordnungsermächtigung insbesondere deswegen aufgenommen, um die InsO nicht mit unnötigen datenschutzrechtlichen Details zu überfrachten. Aus diesem Grunde sollten die Einzelheiten hierzu in einer Verordnung geregelt werden. Um die gesetzliche Bestimmung zu wahren, musste der Gesetzgeber hierfür dem Verordnungsgeber Faktoren an die Hand geben, anhand welcher dieser die zu regelnden Einzelheiten auszurichten hat.[334] Der Gesetzgeber wird damit aber kaum zum Ausdruck gebracht haben wollen, die Landesjustizverwaltungen seien auch berechtigt, solche Internetveröffentlichungen zuzulassen, bei denen die allgemeinen Kriterien der Verordnungsermächtigung nicht eingehalten werden müssen. Wäre dies tatsächlich so zu verstehen, wäre der gesetzgeberische Wille, datenschutzrechtliche Regelungen aufzunehmen, diese aber zwecks Flexibilität an den Verordnungsgeber zu delegieren, konterkariert.[335] Somit wäre es z.B. den Landesjustizverwaltungen auch ohne Existenz der BekanntmachungsVO verwehrt, solche Internetpublikation zuzulassen, bei denen keine Löschungsfristen oder Vorrichtungen gegen Datenmissbrauch durch die Landesjustizverwaltungen vorgesehen worden wären.[336]

(2) Elektronische Datenabgleiche

Die Frage ist daher, welche Maßnahmen unternommen werden können, um die Unversehrtheit, Vollständigkeit und Aktualität der Daten faktisch gewährleisten zu können. Es wird geltend gemacht, die Sicherstellung der Datenauthentizität werde die Gerichte erheblich belasten,[337] ohne dass jedoch näher erläutert wird, worin die Belastungen bestehen sollen. In der Verordnungsbegründung zu Satz 1 Nr. 1 wird ohne vertieftere Begründung darauf hingewiesen, durch einen in relativ kurzen Zeitabständen erfolgenden Datenabgleich könne gewährleistet werden, dass die Daten jederzeit unversehrt, vollständig und aktuell blieben.[338] Den Insolvenzgerichten kann ein Datenabgleich in Form visueller Einsichtnah-

---

334 Vgl. auch Jaeger/*Gerhardt*, § 9 Rn. 4: „den Inhalt der Ermächtigung konkretisiert".

335 In diesem Sinne wohl auch BK/*Goetsch*, § 9 Rn. 6, wonach die Verordnung des Bundesjustizministeriums lediglich zwingende Rahmenbedingungen diktiert, die zu gewahren sind.

336 Offensichtlich genauso Uhlenbruck/*Uhlenbruck*, § 9 Rn. 3 a.E., der hervorhebt, dass die Vorgaben des § 9 Abs. 2 Satz 3 InsO zwingend seien.

337 *Hess*/Weis/Wienberg, InsOÄndG, § 9 Rn. 8

338 Vgl. BR-Drucks. 1082/01 zu § 2, S. 5, wobei dies genau genommen im Zusammenhang mit unterschiedlich denkbaren Formen der Dateneinschleusung in das Kommunikationssystem erwähnt wird.

me der Systemdaten selbstverständlich nicht aufgebürdet werden. Dies wäre angesichts der großen Datenmengen vollkommen irrealtistisch, weshalb Datenabgleiche sinnvoller Weise nur auf elektronischem Wege erfolgen können. Dies könnte in Form einer „Spiegelung“ der Daten von unterschiedlichen Systemen erfolgen[339] oder etwa durch einen elektronischen Vergleich der aktuellen Daten mit denjenigen, die sich auf einem Back-Up-Server befinden. Wie die Datenabprüfung erfolgen sollte, hängt im Einzelnen sicher von der technischen Gestaltung des jeweiligen Systems ab.

Die Verordnungsbegründung benennt keinen konkreten Zeitrahmen für Datenabgleiche. Hier wird die Notwendigkeit bestehen, mindestens täglich elektronische Routineschleifen zu fahren. Dies erscheint bereits deswegen erforderlich, weil die Datenbanken jeden Tag mit neuen Veröffentlichungsinhalten erweitert werden, sodass die Überprüfung der täglichen Aktualität der neu hinzugefügten Systemdaten nur dann gewahrt ist, wenn ein turnusmäßiger Kontrollvergleich binnen eines Zeitrahmens von 24 Stunden vollzogen wird.[340] Angesichts heutiger Rechnerleistungen dürfte dies auch technisch ohne weiteres realisierbar sein. Sollte es die vorhandenen IT-Administrationen vor nicht all zu große Anforderungen stellen, wäre es natürlich begrüßenswert aber wohl nicht zwingend notwendig, wenn häufiger als ein Mal am Tag eine Prüfung der Systemdaten erfolgen könnte.

Weiterhin fragt sich, welche Konsequenzen das Auftreten von Fehlermeldungen im Rahmen solcher elektronischer Datenabgleiche mit sich bringen soll. Es muss sichergestellt sein, dass nach Auftreten von Systemfehlern die entsprechenden Daten fehlerfrei rekonstruiert und wieder in das System eingeschleust werden. Hier stellt sich die Frage, ob nicht für diese Fälle ausnahmsweise ein „Kontrollblick“ seitens des Veranlassenden zu erfolgen hat, also desjenigen, der den Veröffentlichungstext verfasst hat. Dies könnte sich deshalb als sinnvoll erweisen, um sicherzustellen, dass die Daten in richtiger Form dem System wieder zugeführt werden. Im Gegensatz zu der reinen Durchführung einer Routineschleife ginge es auch nicht um das bloße Kontrollieren großer Datenmengen, sondern darum, eine elektronisch festgestellte Datenkorruption nachträglich wieder zu bereinigen. Die persönliche Kontrolle könnte auch im Interesse des Veranlassenden liegen, um einerseits eine eigene Verifizierung des Veröffentlichungstextes vorzunehmen und so andererseits gegebenenfalls eine systembedingte oder organisatorische Fehlerquelle aufzutun und diese künftig zu vermeiden. Allerdings ist nicht zu übersehen, dass eine solche Vorgehensweise auch kaum überwindbare praktische Hindernisse mit sich bringt. Es wäre keinesfalls gesichert, kurzfristig den Kontakt zu dem Verfasser des Veröffentlichungstextes

339 Im Ansatz wohl hierfür plädierend der Verordnungsgeber, vgl. BR-Drucks. 1082/01, S. 5.

340 Die Notwendigkeit eines täglichen Datenabgleichs sieht auch *Hess*/Weis/Wienberg, InsOÄndG, § 9 Rn. 8.

herstellen zu können. Dies wäre aber zwingend nötig, um die Datenbank möglichst schnell wieder in den richtigen Ausgangszustand zurückzusetzen. Deswegen wäre es wenig sinnvoll, einen obligatorischen Kontrollblick durch die BekanntmachungsVO anzuordnen. Zu denken wäre eher daran, festgestellte Fehler zu protokollieren und den Veranlassenden hierüber entsprechend zu informieren. Auch dadurch sollte sich ein hinreichender organisatorischer Informationsfluss gewährleisten lassen, um etwaige Fehlerquellen künftig zu vermeiden.

(3) Normativer Handlungsbedarf

Bei den angeführten Erwägungen zu Internetveröffentlichungen mit Hinblick auf die Unversehrtheit, Vollständigkeit und Aktualität der Daten fragt sich, inwieweit diese künftig normativ in der BekanntmachungsVO festgehalten werden sollen. Allerdings dürfte sich schnell die Frage von Überregulierung aufdrängen, sollten hier allzu viele konkrete Anordnungen in der Verordnung hinsichtlich der technischen und organisatorischen Gestaltung eines elektronischen Bekanntmachungsportals gestellt werden. Der Gesetzgeber selbst fördert bereits zweifelhaft Überregulierung, wenn er an den Verordnungsgeber u.a. die Forderung aufstellt, Detailregelungen hinsichtlich der Absicherung von Unversehrtheit, Vollständigkeit und Aktualität zu erlassen. Dass sich der Verordnungsgeber hierauf bislang nicht eingelassen hat, mag der eigentliche Grund dafür sein, weshalb die Verordnung partiell Bestimmungen der Verordnungsermächtigung in ihrem Wortlaut wiederholt, ohne diese inhaltlich jedoch weiter zu konkretisieren.

Man könnte zwar erwägen, die vorgenannten Aspekte elektronischer Datenabgleiche de lege ferenda[341] in die BekanntmachungsVO aufzunehmen, indem etwa § 2 Abs. 1 Nr. 2 dahingehend ergänzt wird, dass die Daten während der Veröffentlichung mindestens täglich durch elektronische Abgleiche auf ihre Unversehrtheit, Vollständigkeit und Aktualität geprüft werden. Ob dies aber wirklich notwendig erscheint, dürfte zu bezweifeln sein. Augenscheinlich erfolgt auf den einschlägigen Internetportalen die Pflege der Datensätze ohne nennenswerte Schwierigkeiten, sodass schon insoweit zu bezweifeln sein dürfte, überhaupt einen normativen Handlungsbedarf zur Anpassung der BekanntmachungsVO bejahen zu können.[342] Auch dürfte es sich als wenig sinnvoll erweisen, durch die Verordnung binnenorganisatorisch einzugreifen und konkrete Anweisungen hinsichtlich des Auftretens etwaiger Fehlermeldungen vorzuschreiben. Hier können im Einzelfall zahlreiche unterschiedliche Aspekte zu beachten sein, die durch eine abstrakt-generelle Regelung nur schwerlich alle erfassbar sein dürften. Es

---

341 Auch wenn es sich bei der Verordnung nicht um Legislativrecht handelt, möge an dieser Stelle der Ausdruck "lege" gestattet sein.

342 Nach Ziffer 7 der FAQs des Portals www.insolvenzbekanntmachungen.de erfolgt bspw. eine Aktualisierung der Datensätze mehrmals täglich, siehe www.insolvenzbekanntmachungen.de/fragen.html (Stand: 01.09.2006).

bestünde vermutlich die Gefahr, durch Schaffung einer ausdrücklichen Regelung eine systemungerechte Lösung zu finden. Deswegen ist es auch durchaus nachvollziehbar, wenn es einleitend in § 2 Abs. 1 Satz 1 BekanntmachungsVO lediglich als Zielvorgabe heißt, dass *„geeignete technische und organisatorische Maßnahmen"* die in Nr. 1 – 3 aufgeführten Punkte sicherzustellen haben und ansonsten keine spezifischen Aussagen hinsichtlich der Unversehrtheit, Vollständigkeit und Aktualität von Daten getroffen werden. Diese weitläufige Formulierung will offensichtlich bezwecken, dass die Einzelheiten der Absicherung des Systembetriebs flexibel gehandhabt werden können.

Im Übrigen scheint die BekanntmachungsVO damit bezüglich der normativen Verankerung bestimmter technischer Einzelheiten zur Sicherstellung der Vollständigkeit, Unversehrtheit und Aktualität der Daten inhaltlich an die technischen Zielvorgaben von § 9 BDSG und der Anlage zu § 9 Satz 1 BDSG anzuknüpfen. Ähnlich der programmatischen Einleitung in § 2 Abs. 1 Satz 1 BekanntmachungsVO enthält auch § 9 BDSG die Verpflichtung, für öffentliche wie nicht-öffentliche Stellen im Sinne von § 2 BDSG ausreichende technische und organisatorische Maßnahmen zur Datensicherung zu schaffen, d.h. solche Maßnahmen zu ergreifen, die den ordnungsgemäßen Ablauf der Datenverarbeitung durch Sicherung von Hard- und Software sowie von Daten vor Verlust, Beschädigung oder Missbrauch schützen.[343] § 9 BDSG richtet sich damit direkt auch an die Stellen, die die Daten verarbeiten[344] und gilt damit gleichsam für die Betreiber des amtlichen Internetportals. Diese wären also im Lichte der datenschutzrechlichen Rahmenbedingungen des BDSG ohnehin bereits gehalten, ein System zu implementieren, welches gewährleistet, dass die Veröffentlichungen unversehrt, vollständig und aktuell bleiben. Wenngleich die Zielvorgaben von § 9 BDSG direkt lediglich in Bezug auf personenbezogene Daten Anwendung finden, so gilt gleichwohl, dass die praktische Umsetzung des Informationssystems auch hinsichtlich der Insolvenzdaten korporativer Schuldner entsprechende technische und organisatorische Vorkehrungen vorzusehen hat. Dies folgt bereits aus Tatsache, dass die BekanntmachungsVO insoweit eine differenzierte Behandlung der Daten korporativer und natürlicher Schuldner ebenfalls nicht vornimmt. Wie die jeweiligen Maßnahmen dann konkret auszusehen haben, wird dabei durch die datenschutzrechtlichen Zielvorgaben vorbehaltlich der gem. der Anlage zu § 9 Satz 1 BDSG einzuhalten Maßnahmen im Detail nicht näher bestimmt. Diese haben sich vielmehr, wie dies auch für § 9 BDSG gilt,[345] im Grundsatz der Erforderlichkeit auszurichten und müssen damit in einem angemessenen Verhältnis zum angestrebten Schutzzweck stehen.

---

[343] *Gola/Schomerus*, § 9 BDSG Rn. 2.
[344] *Schaffland/Wiltfang*, § 9 BDSG Rn. 1.
[345] *Ernestus/Geiger* in Simitis, § 9 BDSG Rn. 20 i.V.m. Rn. 23.

d) Elektronische Recherche nach Insolvenzvorgängen

aa) Einsichtsmöglichkeiten in Internetveröffentlichungen nach der BekanntmachungsVO und der Grundsatz der Datenvermeidung und -sparsamkeit

Der Einsatz eines elektronischen Informations- und Kommunikationssystems bietet die Möglichkeiten einer einfachen Recherche.[346] § 2 Abs. 1 Satz 1 Nr. 3 und Satz 2 der BekanntmachungsVO widmen sich den Modalitäten der elektronischen Abfragemöglichkeiten. Grundsätzlich soll mit der Veröffentlichung im Internet eine Quasiangleichung an ein Printmedium erreicht werden, indem der „unbedarfte" Betrachter der Internetseite sogleich auf sämtliche für ihn relevanten Informationen gestoßen wird, ohne hier zunächst etwaigen Erforschungsaufwand betreiben zu müssen. Der Geschäftsverkehr müsse ohne weitere Zugangshindernisse über das Insolvenzgeschehen informiert sein, weshalb wie beim Aufschlagen des Bundesanzeigers oder einer Tageszeitung die Informationen ohne weitere Barrieren zugänglich sein müssen.[347] Hierfür will die Verordnung zwei Wege eröffnen:

Zunächst besteht nach § 2 Abs. 1 Satz 1 Nr. 3 die Möglichkeit, insgesamt bis zu zwei Wochen nach der Erstveröffentlichung die Daten gänzlich frei zugänglich im Internet zur Verfügung zu stellen, ohne dass es einer Eingabe von Suchkriterien bedürfe. Eine solche selektionslose Darstellung der Insolvenzvorgänge ließe sich als „offene" Einsichtnahme bezeichnen.[348] Diese kommt einer Veröffentlichung im Printmedium sicher am nächsten, da hier der Blick auf den Bildschirm letztlich nichts anderes als das Ansehen einer gedruckten Seite in einem Printmedium, etwa dem Amtsblatt oder einer Tageszeitung, bedeutet.

Als weitere Möglichkeit sieht die BekanntmachungsVO zudem eine gezielte Suchanfrage nach Vorgängen über bestimmte vorgegebenen Suchparametern vor. Neben der obligatorischen Angabe des Sitzes des Insolvenzgerichtes, in dessen Bereich nach Verfahren gesucht werden soll, müssen zusätzlich de lege lata mindestens a) Familiennamen, b) Firma, c) Sitz bzw. Wohnsitz des Schuldners oder d) Aktenzeichen des Insolvenzgerichts angegeben werden.[349] Die BekanntmachungsVO sieht eine solche „selektive" Einsichtnahme zwingend spätestens nach Ablauf von zwei Wochen vor.

---

346 Smid/*Smid*, § 9 Rn. 1a.

347 Vgl. BR-Drucks. 1082/01, S. 6.

348 Das Portal www.insolvenzbekanntmachungen.de bezeichnet diese Suchmöglichkeit als „uneingeschränkte Suche"; zur Ausgestaltung der elektronischen Recherchemöglichkeiten auf www.insolvenzbekannt-machungen.de siehe die Ausführungen von *Mäusezahl*, InsbürO 2004, 53, 58 ff., die zugleich umfangreichere optische Darstellungen des Portalaufbaus beinhalten.

349 Wobei die Suchkriterien auch kumulativ eingegeben werden können, vgl. „mindestens" in § 2 Abs. 1 Satz 1 Nr. 3 BekanntmachungsVO.

Die zeitliche Beschränkung der offenen Einsichtnahmemöglichkeit sowie die obligatorische Eingabe bestimmter selektiver Suchkriterien nach Ablauf der Zweiwochenfrist könnten sich - jedenfalls soweit personenbezogene Daten betroffen sind – systematisch als konkreter Ausfluss des in §3a BDSG verankerten Grundsatzes der Datenvermeidung bzw. Datensparsamkeit erweisen. Nach diesem programmatischen Zielgrundsatz haben sich Gestaltung und Auswahl von Datenverarbeitungssystemen an dem Ziel auszurichten, keine (Datenvermeidung) oder so wenig personenbezogene Daten wie möglich zu erheben, zu verarbeiten oder zu nutzen (Datensparsamkeit).

Zwar wird durch zeitliche Befristung einer offenen Einsichtnahmemöglichkeit und die zwingend erforderliche Eingabe von selektiven Auswahlkriterien nach Ablauf von zwei Wochen nicht die Erhebung und Verarbeitung der Daten als solches beschränkt, da es weiterhin bei der Speicherung solcher Daten verbleibt, die nach dem Bekanntmachungssystem der InsO publik zu machen sind. Aus diesem Grunde wäre es technisch daher nicht möglich, eine Insolvenzdatenbank dem Grundsatz der Datenvermeidung folgend auszugestalten. In der zeitlichen Befristung und der Notwendigkeit der Eingabe von Suchkriterien kann jedoch eine konkrete - normative - Vorgabe an eine datensparsame Datenbankgestaltung liegen. Ist die Vermeidung von Daten unausweichlich, so ist das Nächstbeste, die Verwendungsmöglichkeit notwendiger Daten einzuschränken.[350] Sowohl der Grundsatz der Datenvermeidung als auch der Grundsatz der Datensparsamkeit konkretisieren dabei den Verhältnismäßigkeitsgrundsatz für die technische Gestaltung von Datenverarbeitungssystemen; diese sollen so dazu beitragen, Gefahren für das informationelle Selbstbestimmungsrecht des Betroffenen zu minieren.[351] Hinsichtlich der Zugriffsmöglichkeiten auf eine Insolvenzdatenbank ist dabei eine Gefahr der Verletzung umso höher, je leichter der Zugriff auf Daten des betroffenen - natürlichen - Schuldners erfolgt. Rechercheschränkungen können insoweit dazu beitragen, den Abruf durch Dritte der über die einzelnen Schuldner in der Datenbank vorhandenen Datensätze maßgeblich zu reduzieren. Dies führt im Ergebnis dazu, dass mit den zu veröffentlichenden Informationen über das Insolvenzverfahren des betroffenen Schuldners datensparsam umgegangen wird, indem durch die konkrete technische Gestaltung des Datenverarbeitungssystems möglichst schonend mit den Daten der Betroffenen umgegangen wird und auf diese Weise ein dem Grundsatz der Verhältnismäßigkeit Rechnung tragender Eingriff in das Recht auf informationelle Selbstbestimmung erfolgt. Damit setzt die BekanntmachungsVO inhaltlich mit der Einfügung von Recherchebeschränkungen an die rahmenrechtlichen Zielvorgaben des § 3a BDSG an.

---

[350] vgl. *Federrath/Pfitzmann* in Roßnagel/Abel, Kapitel 2.2 Rn. 10.

[351] *Schaffland/Wiltfang*, § 3a BDSG Rn. 1.

Soweit man insoweit in den Recherchebeschränkungen der BekanntmachungsVO eine normative Ausgestaltung des Grundsatzes der Datensparsamkeit erblicken kann, ist jedoch bei der konkreten Fassung des Verordnungstextes stets darauf zu achten, dass der mit der Erhebung und der Nutzung der Daten verfolgte Zweck von Internetbekanntmachungen noch hinreichend erfüllt werden kann. Daher haben sich Recherchemöglichkeiten nach der BekanntmachungsVO daran zu orientieren, dass der Publikationszweck von Internetbekanntmachungen weiterhin gewahrt ist. Diesbezüglich gilt es im Hinblick auf die obigen Ausführungen zu korporativen Schuldnern[352] zu berücksichtigen, dass die Zielvorgabe des §3a BDSG zur Wahrung eines angemessenen Datenschutzniveaus dann keine Anwendung findet, soweit es sich nicht um personenbezogene Daten handelt. Dies gilt es insbesondere bei der Prüfung zu berücksichtigen, ob die Suchkriterien gegebenenfalls de lege ferenda einer Revision zu unterziehen sind. Im Ergebnis kann dies möglicherweise bedeuten, dass es bei korporativen Schuldnern zu anderen datenschutzrechtlichen Erwägungen kommen kann, was im Einzelfall nachstehend noch auszuführen ist.

bb) Online-Recherche de lege lata und ferenda

(1) Fakultative oder obligatorische „offene" Einsichtnahme?

Wie bereits angesprochen, sieht die BekanntmachungsVO eine Phase der offenen Einsichtnahme der ersten Veröffentlichung nicht zwingend vor. Nach der Verordnung ist es auch gestattet, eine Internetveröffentlichung vorzusehen, die von Anfang an die Daten lediglich über Suchkriterien erschließen lässt.[353] Die aktuellen Reformentwürfe zu § 9 InsO halten allesamt an diesem Optionsmodell fest.

Die zeitliche Begrenzung einer offenen, das heißt uneingeschränkten Suche soll dem Umstand Rechnung tragen, dass auch eine Primärinformation in einer Tageszeitung nur für einen relativ kurzen Zeitraum verfügbar sei.[354] Eine Aussage, die in dieser Pauschalität in Zweifel gezogen werden könnte, da es jedenfalls denkbar wäre, in geeigneten Archiven sämtliche Ausgaben einzusehen. In diesem Zusammenhang wird zudem insbesondere mit Hinblick auf das Verbraucherinsolvenzverfahren geltend gemacht, eine Einschränkung der Abrufbarkeit könne sich als problematisch erweisen. Unternehmen aus dem Bereich des Versandhandels oder der elektronischen Medien seien als Gläubiger vielfach von der Insolvenz ihrer Kunden betroffen; hier könne allein die Recherche, ob und wann das Insolvenzverfahren über das Vermögen eines Schuldners eröffnet worden ist, einige Zeit in Anspruch nehmen, insbesondere wenn Namensgleich-

[352] Teil 2II.3.b)dd), S. 77 ff.
[353] BR-Drucks. 1082/01, S. 7.
[354] BR-Drucks. 1082/01, S. 7.

heit oder ähnliche Adressen vorlägen.[355] Im Übrigen sei zu bedenken, dass mittlerweile auch herkömmliche Publikationsblätter, wie etwa das amtliche Verkündungsblatt Sachsen oder der Bundesanzeiger, gänzlich ins Internet eingestellt seien und hier technisch unproblematisch eine Einsicht verfahrensrelevanter Daten ohne entsprechende Abfrage - mit entsprechendem Aufwand - recherchiert werden könnten.[356]

Der Hinweis, man könne die amtlichen Bekanntmachungsblätter sukzessive durcharbeiten, ist aber letztlich nicht besonders realitätsnah und auch nicht stichhaltig. Zutreffend dürfte vielmehr sein, dass vermutlich nur die wenigsten, abgesehen gegebenenfalls von professionellen Privatanbietern, einen derartigen Aufwand über einen längeren Zeitraum betreiben. Insoweit ist der grundsätzliche Ansatz der BekanntmachungsVO auch nicht zu beanstanden, nur für einen beschränkten Zeitraum eine offene Einsichtnahme, das heißt eine Darstellung der Insolvenzvorgänge ohne die Notwendigkeit der Eingabe von Suchparametern, zu ermöglichen. Insofern stellt die Vereinbarung einer bestimmten Frist, binnen derer die Daten uneingeschränkt eingesehen werden können, grundsätzlich einen ausgewogenen Mechanismus dar, um datensparend eine Veröffentlichung der Insolvenzvorgänge im Internet zu ermöglichen.

Diesbezüglich erscheint es im Ergebnis auch nicht angebracht, eine differenzierende Regelung in der BekanntmachungsVO zwischen natürlichen und korporativen Schuldnern zu finden. Wenngleich es bezüglich korporativer Schuldner im Hinblick auf die obigen Erwägungen zur Absicherung eines angemessenen Datenschutzes sicherlich vertretbar wäre, dauerhaft eine uneingeschränkte Suche nach Insolvenzen korporativer Schuldner zu ermöglichen, so dürfte dies zum einen aus Nutzersicht eher für Verwirrung stiften, wenn hier auf der amtlichen Internetplattform andere Kriterien als für natürliche Schuldner angesetzt werden. Zum anderen würde dies möglicherweise dem jeweiligen Portalbetreiber oder dem übermittelnden Insolvenzgericht die Pflicht aufbürden, mitzuteilen, ob es sich bei der Bekanntmachung um einen Vorgang handelt, bei dem die datenschutzrechtlichen Beschränkungen für korporative respektive natürliche Schuldner anzuwenden sind. All dies dürfte vor dem Hintergrund der zu gewährleistenden Praktikabilität beim Betrieb des amtlichen Internetinsolvenzportals gegen eine all zu verflechte Normensystematik innerhalb der BekanntmachungsVO sprechen, welches unterschiedliche zeitliche Vorgaben an eine offene Einsichtnahme von Insolvenzvorgängen vorsieht.

Von der vorstehenden Frage getrennt zu klären ist jedoch, ob das gesetzliche Optionsmodell, das eine Veröffentlichung auch von Anfang an ohne offene Ein-

---

[355] *Keller*, ZIP 2003, 149, 154.

[356] Vgl. *Keller*, ZIP 2003, 149, 154. Zu der rechtlichen Problematik derartiger Publikationen im e-Bundesanzeiger siehe Teil 2II.3.b)cc), S. 69 ff.

sichtnahme zulässt, mit den gesetzgeberischen Zielen von öffentlichen Bekanntmachungen noch in Einklang zu bringen wäre. Bezüglich der Bekanntgabe von Daten natürlicher Schuldner ließe sich möglicherweise anführen, dass auf diese Weise in besonderem Maße dem Grundsatz der Datensparsamkeit nachgekommen werden kann, da in jedem Fall nur ein gezielter Zugriff auf die Insolvenzdaten dieser Schuldner erfolgen könne. Dieses Argument kann gegenüber korporativen Schuldnern aus den zuvor dargestellten Gründen nicht greifen. Gleichwohl dürfte selbst bei Bekanntmachungsvorgängen natürlicher Schuldner merkliche Zweifel bestehen, ob sich eine von vornherein selektive Suche noch als rechtlich zulässig erweist. Dies folgt aus der Erwägung, dass ansonsten gegebenenfalls der mit der Bekanntmachung verfolgte Zweck gefährdet wird.

Der hinter dem Akt der Bekanntmachung stehende Grundgedanke besteht primär darin, eine vereinfachte, wenn auch einseitige Form der Kommunikation im Insolvenzverfahren zu ermöglichen.[357] Bei herkömmlichen Printbekanntmachungen sind diese Aspekte gewahrt. Wenn auch nicht jedermann das veröffentlichende Printmedium ständig zur Verfügung steht, so stellt die Printveröffentlichung dennoch abstrakt gesehen einen Akt dar, mit dem eine Information der Allgemeinheit frei zugänglich gemacht wird. Durch die Printveröffentlichung wird ohne eine visuelle Einschränkung die Entscheidung nach außen verlautbart. Diese Form der Bekanntmachung setzt dementsprechend keinerlei Vorkenntnisse über den Schuldner oder das Insolvenzverfahren voraus und kommt damit insbesondere dem Zweck nach, auch bislang Unbekannte mit in das Verfahren einzubeziehen. Dem Begriff der Bekanntmachung wird diesbezüglich bei Printver- öffentlichungen noch wörtlich im Sinne einer „Kundgabe nach außen“ nachgekommen. Deshalb ist es auch richtig, dass der Verordnungsgeber den Aspekt nicht erforderlicher Vorkenntnisse bei Bekanntmachungen hervorhebt[358] und insoweit eine offene Einsichtnahme im Internet ermöglicht.

Inkonsequent ist indes, diese Form der Veröffentlichung in der BekanntmachungsVO lediglich fakultativ zur Verfügung zu stellen. Eine selektive Suche setzt voraus, dass der Interessent gezielt nach bestimmten Insolvenzvorgängen sucht. Die Notwendigkeit eines zielgerichteten Agierens des Interessenten sperrt aber grundsätzlich die bei Printveröffentlichungen oder offenen Einsichtnahmen vorhandene Möglichkeit eines Interessenten, bei Durchsicht des aktuellen Insolvenzgeschehens ein für ihn relevantes Verfahren zu erblicken. Vor diesem Hintergrund betont auch der Verordnungsgeber, dass eine an enge Recherchekriterien gebundene Suchfunktion den Anforderungen an eine Bekanntmachung iSv.

[357] Wobei dieser Aspekt gekoppelt ist an die Frage, inwieweit diese Kommunikation auch nach außen hin Geltung erlangt, d.h. unter Schaffung notwendiger Rechtswirkungen erfolgen kann, vgl. HK/*Kirchhof*, § 9 Rn. 2 i.V.m. § 8 Rn. 2; Braun/*Kießner*, § 9 Rn. 2 sowie bereits ausführlich oben unter Teil 2I, S. 41 ff.

[358] BR-Drucks. 1082/01, S. 6.

§ 9 InsO nicht mehr genüge. Dies könne jedoch nach Auffassung des Verordnungsgebers umgangen werden, wenn eine selektive Suche nicht an enge Kriterien gebunden sei, was die Verordnung durch die Möglichkeit einer unvollständigen Suchanfrage ermögliche.[359] Diese Begründung überzeugt indes nicht vollumfänglich. Eine ausschließlich selektive Einsichtmöglichkeit auch unter Berücksichtigung der von der BekanntmachungsVO zur Verfügung gestellten Suchkriterien setzt tendenziell stets voraus, dass ein Interessent entweder in Kenntnis oder aber in Vorahnung eines laufenden Insolvenzverfahrens gegen den Schuldner nach diesem sucht. Diejenigen Interessenten hingegen, die von einer (drohenden) Zahlungsunfähigkeit oder Überschuldung des Schuldners noch keine Kenntnis erlangt haben, gleichwohl das aktuelle Insolvenzgeschehen verfolgen möchten, werden bei einer allein selektiven Einsichtnahme potentiell vom Insolvenzverfahren ferngehalten. Daran vermag auch eine noch so großzügige Interpretation einer unvollständigen Suchanfrage nichts zu ändern. Diese kann allein über den Umstand hinweghelfen, etwaige Datensätze zu Insolvenzvorgängen durch entsprechende Reduzierung von Suchanfragen nicht zu übersehen. Auch eine solche Form der selektiven Einsichtnahme würde sich aber letztlich von dem eigentlichen Begriff der Bekanntmachung und mit ihr verfolgten Zweck entfernen und die aufgeworfenen Probleme nicht beseitigen. Aus diesem Grunde ist dafür zu plädieren, dass die BekanntmachungsVO das Optionsmodell zwischen einer anfänglich offenen Einsichtnahme und einer später selektiven Einsichtnahme beseitigt und eine zunächst offene Einsichtnahme obligatorisch vorschreibt. Dabei ist die bislang in der Verordnung vorgesehene Zweiwochenfrist wohl als angemessen zu bewerten, da diese für einen nennenswerten und im Vergleich zu Printmedien hinreichenden Zeitraum die Möglichkeit eröffnet, das laufende Insolvenzgeschehen ohne Vorkenntnisse zu verfolgen. § 2 Abs. 1 Satz 1 Nr. 3 BekanntmachungsVO ist dementsprechend dahingehend zu ändern, dass zu Beginn das Wort *„spätestens“* gestrichen wird.[360]

(2) Selektive Suchkriterien de lege lata

Die zur Verfügung gestellten Suchkriterien dürften sich in der Regel als ausreichend erweisen, um auch bei der zuvor von *Keller*[361] angesprochenen Problema-

---

359 BR-Drucks. 1082/01, S. 7; ausführlich hierzu sogleich unter 0, S. 100 ff.

360 Anzumerken ist jedoch, dass sowohl auf dem Forum www.insolvenzbekanntmachungen.de wie auch dem Portal www.ebundesanzeiger.de von der Möglichkeit einer von Beginn an lediglich selektiven Einsichtnahme nicht Gebrauch gemacht wurde. Beide Portale ermöglichen in den ersten zwei Wochen eine „offene“ Einsichtnahme, sodass angesichts dieser faktischen Situation jedenfalls bislang ein normativer Handlungsbedarf nicht als all zu hoch einzuschätzen ist. Nichtsdestotrotz sollte gerade im Hinblick auf die aktuellen Reformbestrebungen zu § 9 InsO die geplante Änderung der InsO zum Anlass genommen werden, in Zuge der Änderung der InsO auch die BekanntmachungsVO wie vorgeschlagen redaktionell zu ändern.

361 Siehe hierzu die Ausführungen zu FN 355.

tik der Verbraucherinsolvenzverfahren einen hinreichenden Sucherfolg zu gewährleisten. Die Suchkriterien der lit. a) - d) überschneiden sich partiell mit den inhaltlichen Veröffentlichungserfordernissen des § 9 Abs. 1 Satz 2 InsO, wonach in der Bekanntmachung der Schuldner genau zu bezeichnen ist und insbesondere Anschrift und sein Geschäftszweig anzugeben sind. So wie die Angaben von § 9 Abs. 1 Satz 2 InsO zur genauen Bezeichnung des Schuldners unverzichtbar erscheinen,[362] erweisen sich insbesondere die Suchkriterien der BekanntmachungsVO, die sich auf Familienname bzw. Firma und Wohn-/Sitz beziehen, spiegelbildlich als besonders wichtige Merkmale, um eine geeignete Suche nach den relevanten Insolvenzvorgängen zu ermöglichen. Denn häufig dürften genau diese Schuldnerdaten dem Gläubigerunternehmen zur Verfügung stehen. Insofern wäre ausdrücklich dem Argument entgegenzutreten, eine Verwechslungsgefahr bei gleichem Namen bzw. Adresse würde die Suche deutlich erschweren. Da die Suche unter Angabe des Namens bzw. Schuldneradresse für den Gläubiger eine Vielzahl redundanter Insolvenzvorgänge herausfiltert, wird der Suchaufwand im Gegenteil unter Zuhilfenahme der allgemein gehaltenen Suchkriterien begrenzt. Der erforderliche Zeitaufwand kann auch dann gegenüber einer selektionslosen Suche reduziert werden, wenn gezielt nach sämtlichen Insolvenzvorgängen unter besonders häufig anzutreffenden Massennamen wie bspw. „Schmidt“ oder „Müller“ gesucht wird. Dass dabei u.U. mehrere Treffer unter dieser Namensangabe erzielt werden und mithin noch der zusätzliche Aufwand der Einsichtnahme jedes der angezeigten Datensätze, vgl. § 2 Abs. 2 Satz BekanntmachungsVO, erforderlich wird, vermag nichts daran zu ändern, dass demgegenüber der Aufwand, der ansonsten im Rahmen einer anderweitig notwendig werdenden chronologischen Durchsicht sämtlicher Insolvenzvorgänge anfiele, in aller Regel sicher um ein Vielfaches darüber liegen dürfte.

(3) Selektive Suchkriterien de lege ferenda

(a) Vorname

Im Übrigen ist zu überlegen, der von *Keller* angeführten Problematik dadurch zusätzlich entgegenzuwirken, indem künftig bei natürlichen Schuldnern neben dem Familiennamen auch der Vorname - mithin also der gesamte Namen - als Suchkriterium zur Verfügung gestellt wird. Der Schutz des Persönlichkeitsrechts natürlicher Schuldner und die datenschutzrechtlichen Rahmenvorgaben, insbesondere der Grundsatz der Datensparsamkeit, scheinen eine Beschränkung der Suchmöglichkeiten nur auf den Familiennamen nicht zu fordern. Eher das Gegenteil liegt nahe. Denn mit der zusätzlichen Angabe des Vornamens wird der Ausgabekreis potentiell betroffener Schuldner im Rahmen einer Rechercheanfrage noch weitergehender eingekreist, sodass mit der gesamten Namensangabe in den allermeisten Fällen ein gezielter Zugriff auf einen einzigen Schuldner er-

[362] Nerlich/Römermann/*Becker*, § 9 Rn. 12.

möglicht würde. Hier spricht auch ein Vergleich der Suchmöglichkeit nach der Firma eines Schuldners für die zusätzliche Recherchemöglichkeit nach dem Vornamen. Denn häufig wird es sich schon als spezifische Folge der firmenrechtlichen Vorgaben ergeben, dass die Firma eines Schuldners, wenn sie nicht sogar ohnehin nur ein einziges Mal in dem Datensatz des elektronischen Informations- und Kommunikationssystems enthalten ist, allenfalls wenige Male im Datensatz des Insolvenzportals aufzufinden ist. Aufgrund dessen derzeit bei der Angabe der Firma insbesondere im Vergleich zu den zuvor erwähnten Massennamen natürlicher Schuldner ein durchaus erhöht einzuschätzendes Maß an gezielter Individualisierbarkeit einer Suchanfrage. Dieses Ungleichgewicht könnte ausgeglichen werden, wenn zugunsten einer erleichterten Suchmöglichkeit bei natürlichen Schuldnern die Recherche auch mit Hinblick auf den Vornamen zugelassen wird. Die BekanntmachungsVO müsste folglich künftig die Suche nach dem „*Namen*" insgesamt - womit Vor- und Nachnamen erfasst wären - ermöglichen.[363]

Nicht versperrt sein darf allerdings weiterhin die alleinige Suchmöglichkeit nach dem Familiennamen, da ansonsten gegebenenfalls Suchanfragen mangels Kenntnis des Vornamens scheitern könnten. Im Gegensatz dazu sollte der Vornamen als alleiniges Suchkriterium ausscheiden, da sich bereits dieser als Differenzierungskriterium in den allermeisten Fällen als ungeeignet erweisen dürfte.[364] Vielmehr bestünde dann die Gefahr, dass eine Vielzahl natürlicher Schuldner für eine konkrete Suche ausgeworfen werden, bspw. bei einem häufig anzutreffenden Vornamen, obwohl diese für die betreffende Recherche grundsätzlich nicht in Betracht kommen. Eine solche - unnötige - Offenlegung von personenbezogenen Daten sollte im Hinblick auf die erforderliche Abwägung zwischen dem Ziel der Einstellung der Daten ins Internet und dem zu berücksichtigenden Grundsatz von Datensparsamkeit nicht ermöglicht werden. Um dies in der praktischen Umsetzung zu erreichen, könnte künftig eine getrennte Eingabemöglichkeit von Vor- und Nachnamen zur Verfügung gestellt werden und im Rahmen des Begleittextes des elektronischen Portals darauf hingewiesen werden, dass bei einer Recherche nach dem Namen die (unvollständige) Eingabe des Familiennamens zwingend zu erfolgen hat.[365]

---

363 Darauf hinzuweisen ist, dass die hier vorgeschlagene Recherchemöglichkeit faktisch auf dem Portal www.insolvenzbekanntmachungen.de bei Suchanfragen realisiert werden kann. Offensichtlich ist das System nicht so programmiert, dass zwischen dem Vornamen und Nachnamen bei Suchanfragen differenziert wird. Dieser Praxis steht allerdings derzeit der eindeutige Wortlaut der BekanntmachungsVO entgegen, sodass das Portal insoweit zurzeit unter Verstoß gegen die Vorgaben der BekanntmachungsVO betrieben wird.

364 Derzeit ist eine alleinige Suchmöglichkeit nach dem Vornamen allerdings auf dem Portal www.insolvenzbekanntmachungen.de aufgrund der zuvor in FN 363 angeführten Defizite in der technischen Umsetzung zu erreichen.

365 In der BekanntmachungsVO könnte dies klargestellt werden, indem das Suchkriterium des lit. a) wie folgt lautet: „*den Familiennamen oder Namen*".

(b) Registernummer und Registergericht

Nach Maßgabe des EHUG steht künftig als weiteres Suchkriterium in § 2 Abs. 1 Satz 1 Nr. 3 lit. e) die BekanntmachungsVO die Suchmöglichkeit nach „Registernummer und Sitz des Registergerichts“ zur Verfügung. Hierbei handelt es sich um eine Änderung, die sich als Folge der beabsichtigten Verknüpfung des Unternehmensregister mit den insolvenzrechtlichen Bekanntmachungen gem. § 8b Abs. 2 Nr. 11 HGB in der Fassung des EHUG ergeben soll.[366] Bei der Einführung des Unternehmensregisters handelt es sich um die markanteste Neuerung der §§ 8 ff. HGB durch das EHUG; Ziel der Regelung ist es, alle Unternehmensdaten an einer zentralen Stelle zu bündeln und gebündelt zum Online-Abruf zur Verfügung zu stellen.[367] Die Schaffung des Unternehmensregisters führt demnach dazu, dass in Umsetzung der die Publizitätsrichtlinie[368] novellierenden Richtlinie 2003/58/EG des Europäischen Parlaments und des Rates die zusammengeführten Daten der Registereintragungen auf einer einheitlichen Plattform für jedermann zu Informationszwecken einsehbar gemacht werden.[369] Zu den abrufbaren Informationen gehört auch, ob und inwieweit ein Insolvenzverfahren über das Unternehmen eröffnet wurde. Der Zielsetzung eines „Unternehmensregisters“ folgend, seien daher Verbraucherinsolvenzverfahren und sonstige Kleinverfahren (§§ 304 bis 314 InsO) auszunehmen.[370]

Die Begründung zum RegE EHUG sieht die Notwendigkeit, in Umsetzung der Einführung eines elektronischen Unternehmensregisters die Suchkriterien der BekanntmachungsVO um die kumulative Eingabe von Registernummer und Registergericht zu erweitern, um die in Bezug auf Unternehmen beschränkte Verknüpfung mit dem Unternehmensregister zu ermöglichen.[371] Diese Begründung vermag zwar nicht vollständig zu überzeugen, da durchaus auch technisch anderweitige Umsetzungen denkbar erscheinen, eine Verknüpfung zum Unternehmensregister unter Verwendung der bisherigen Suchkriterien zu ermöglichen. Gleichwohl ist der Ansatz des EHUG zu begrüßen, auch eine Recherche nach Registernummern (HRA, HRB, GnR bzw. PR) zu ermöglichen. Richtigerweise sieht das EHUG auch die kumulative Angabe von Registergericht und Registernummer vor. Damit soll bezweckt werden, dass nicht allein durch die Angabe des zuständigen Insolvenzgerichts und des Registergerichts eine Liste

366 Siehe Begründung zum RegE EUHG, BT-Drucks. 16/960, S. 68.

367 *Meyding/Bödeker*, BB 2006, 1009, 1012.

368 Richtlinie 68/151/EWG zur Koordinierung der Schutzbestimmungen, die in den Mitgliedstaaten den Gesellschaften im Sinne des Artikels 58 Abs. 2 des Vertrages im Interesse der Gesellschafter sowie Dritter vorgeschrieben sind, um diese Bestimmungen gleichwertig zu gestalten vom 9.3.1968 (ABl. Nr. L 65, S. 8), zuletzt geändert durch Akte vom 16.4.2003 (ABl. vom 23.9.2003, Nr. L 236, S. 33).

369 *Krafka*, MittBayNot 2005, 290, 291.

370 Begründung RegE EUHG, BT-Drucks. 16/960, S. 41.

371 RegE EUHG, BT-Drucks. 16/960, S. 68.

aller insolventen Unternehmen im Bereich des Registergerichts abgerufen werden.[372] Das EHUG geht damit inzidenter davon aus, dass der Sitz des Insolvenzgerichts üblicherweise mit dem des Registergerichts übereinstimmen wird, was im Hinblick auf die Regelung in § 3 Abs. 1 Satz 1 InsO i.V.m. § 17 ZPO auch häufig zutreffen wird. Insofern erscheint die Angabe des Registergerichts ohnehin in den meisten Fällen als obsolet, da diese dann bereits durch Angabe des Insolvenzgerichts erfolgt wäre. Allerdings sind durchaus Fälle denkbar, insbesondere vor dem Hintergrund der Verordnungsermächtigung in § 2 Abs. 2 InsO und der Möglichkeit der Schaffung konzentrierter Insolvenzgerichte, bei denen es zu einem Auseinanderfallen von Insolvenz- und Registergericht kommt.

Daher verfolgt das EHUG im Ergebnis zutreffend den Ansatz, Registergericht und Registernummer kumulativ eingeben zu müssen. Dies folgt allerdings eher aus der praktischen Erwägung, dass ein auf dem amtlichen Bekanntmachungsportal Suchender, der die Registernummer eines Unternehmens kennt, üblicherweise auch den Sitz des Registergerichts kennt. Die im Rahmen der Begründung zum RegE EHUG angeführten vornehmlich datenschutzrechtlichen Erwägungen dürften im Ergebnis insoweit allenfalls subsidiär angeführt werden. Dies folgt bereits aus dem zuvor mehrfach festgestellten Umstand, dass die schutzrechtlichen Erwägungen, die für eine Beschränkung der gezielten Verwertung - personenbezogener - Daten innerhalb einer elektronischen Insolvenzdatei sprechen, allenfalls höchst eingeschränkt zugunsten insolventer korporativer Unternehmen Anwendung finden.

(c) Suchmöglichkeit innerhalb eines Bundeslandes

Weiterhin fragt sich, wie die Sucheinschränkung in § 2 Abs. 1 Satz 1 Nr. 3 BekanntmachungsVO zu bewerten ist, wonach obligatorisch ein Insolvenzgericht zu Beginn der Suchanfrage einzugeben ist. Nach § 3 Abs. 1 Satz 1 InsO i.V.m. §§ 13, 17 ZPO bestimmt sich die örtliche Zuständigkeit eines Insolvenzgerichts in aller Regel nach dem Wohn-/Sitz des Schuldners. Die zwingende Eingabe des Insolvenzgerichts ist zumeist an das Suchkriterium nach lit. c) angelehnt, mit dem Unterschied, dass der Wohn-/Sitz iSd. lit. c) einen Ort beschreibt, der wiederum in den Zuständigkeitsbereich des bei Suchanfragen obligatorisch einzugebenden Insolvenzgerichts fällt. Augenscheinlich könnte dies zu Problemen bei Recherchen führen, sollte dem Suchenden der Wohn-/Sitz des Schuldners nicht bekannt sein. Zu nennen wäre bspw. eine Sitzverlegung des schuldnerischen Unternehmens kurz vor Eröffnung des Insolvenzverfahrens in ein entferntes Bundesland.[373] Bei Unkenntnis über den Wohn-/Sitz des Schuldners iSd. lit. c) ist

---

372 RegE EUHG, BT-Drucks. 16/960, S. 68.

373 Dies hat bei herkömmlichen Printveröffentlichungen in der Vergangenheit u.a. zur Notwendigkeit von obligatorischen Veröffentlichungen im Bundesanzeiger beigetragen, vgl. *Keller*, ZIP 2003, 149, 152.

dann üblicher Weise auch nicht das zuständige Insolvenzgericht bekannt, weshalb eine Internetrecherche insbesondere nach dem Namen oder der Firma des Schuldners von vornherein dadurch erschwert wäre, dass die zwingend erforderliche Eingabe des Insolvenzgerichts mangels Kenntnis über die gerichtliche Zuständigkeit für das Insolvenzverfahren an sich nicht möglich wäre.[374] Dies Problematik ließe sich allenfalls durch eine hintereinander erfolgende Abfrage innerhalb aller zuständigen Insolvenzgerichte umgehen. Dass sich dies bei einer möglichen Vielzahl von Insolvenzgerichten häufig als umständlich und mühsam gestalten dürfte, liegt jedoch auf der Hand.

Um hier eine praktikablere Lösungsmöglichkeit zu finden, wäre zu erwägen, zwar eine örtliche Eingrenzung der Suchanfrage beizubehalten, diese regional aber über den Zuständigkeitsbereich eines Insolvenzgerichts hinaus auf den Einzugsbereich eines gesamten Bundeslands zu erweitern.[375] Eine landesweite Internetsuche ist heute bereits in denjenigen kleineren Bundesländern möglich, bei denen aufgrund der Konzentration der Insolvenzgerichte gem. § 2 Abs. 2 InsO i.V.m. den jeweiligen Landesverordnungen überhaupt nur ein Insolvenzgericht vorhanden ist.[376] Diese Divergenz in der Anzahl der Insolvenzgerichte kann sich nach heutiger Rechtslage auf einen etwaig erforderlichen Rechercheaufwand deutlich niederschlagen, sofern auf der Seite www.insolvenzbekanntmachungen.de nach einem Insolvenzvorgang ohne Kenntnis des Wohn-/Sitzes des Schuldners (also auch keiner Kenntnis über ein zuständiges Insolvenzgericht) in einem Bundesland gesucht wird, welches über zahlreiche Insolvenzgerichte verfügt (bspw. Nordrhein-Westfalen mit 19 Insolvenzgerichten).[377] Derzeit könnte unabhängig von datenschutzrechtlichen Erwägungen noch gegen eine Landesauswahlmöglichkeit angeführt werden, dass die einzelnen Landesjustizverwaltungen nach jetziger Rechtslage nicht einmal verpflichtet sind, Internetveröffentlichungen überhaupt zuzulassen, geschweige denn diese in einem bundes- oder landesweit einheitlichen Portal vorzunehmen. Denn ein rechtlicher Zwang der die einzelnen Landesjustizverwaltungen, an dem Portal www.insolvenzbekanntmachungen.de zu partizipieren, besteht bislang jedenfalls nicht, wobei

374 Siehe auch *Stamm* zu den Problemen der Unkenntnis der örtlichen Zuständigkeit bei Anfragen an das Schuldnerverzeichnis, ZRP 2003, 95, 96.

375 *Stamm*, ZRP 2003, 95, 96, fordert zwecks erleichterter Recherchemöglichkeiten eine landesweite Zentralisierung einer Schuldnerdatei, die für den Berechtigten elektronisch abrufbar sein müsse. Siehe auch *Krüger*, ZVI 2004, 162, 169 ff., zur inhaltlichen Ausgestaltung einer solchen Schuldnerdatei.

376 So derzeit etwa bei den Internetveröffentlichungen der Länder Hamburg und Saarland mit je einem Insolvenzgericht; ähnlich begrenzt bspw. auch der Recherchebedarf in Bremen mit nur 2 Insolvenzgerichten. Eine Auflistung der zuständigen Amts- bzw. Insolvenzgerichte findet sich u.a. bei Smid/*Smid*, § 2 Rn. 19.

377 Siehe zu den Insolvenzgerichten in den einzelnen Bundesländern die Aufstellung in Mü-Ko-InsO/*Ganter*, § 2 Rn. 18.

sich freilich faktisch sämtliche Bundesländer mittlerweile angeschlossen haben.[378]

Sollte daher entsprechend der aktuellen Reformvorhaben künftig eine ausschließlich Bekanntmachung im Internet auf dem Portal www.insolvenzbekanntmachungen.de rechtlich geboten sein, spricht als Folgeänderung der BekanntmachungsVO einiges dafür, eine regional weiter gefasste Rechercheeinschränkung, ausgerichtet an den Ländergrenzen, zur Verfügung zu stellen. Denn gerade bei einem einheitlichen Bekanntmachungsportal könnte eine Ländereingrenzung dem Suchenden Vorteile bringen, wenn diesem so erspart bliebe, Dutzende von Insolvenzgerichten einzugeben, bevor er einen für ihn passenden Suchtreffer bezüglich des Namens bzw. der Firma des Schuldners landet. Nicht notwendiger Weise muss auf das derzeitige Eingrenzungskriterium des Sitzes des Insolvenzgerichts verzichtet werden. Da es im Ergebnis darum geht, eine insgesamt taugliche, die Schutzinteressen von Schuldnern wahrende Suchmöglichkeit zu ermöglichen, erscheint logisch, beide Eingrenzungskriterien bei künftigen einheitlichen Bekanntmachungen auf dem Portal www.insolvenzbekanntmachungen.de alternativ zur Auswahl zu stellen. So könnten Interessenten weiter gezielt auf den Datensatz für das zuständige Insolvenzgericht zugreifen, sofern sich dies für eine schnelle Recherche als vorteilhaft erweist.[379]

Als Folgeänderung zur geplanten einheitlichen Veröffentlichungen auf dem Portal www.insolvenzbekanntmachungen.de könnte daher erwogen werden, § 2 Abs. 1 Satz 1 Nr. 3 BekanntmachungsVO dahingehend zu ändern, dass Veröffentlichungen nur abgerufen werden können,

> *„... wenn die Abfrage ein Bundesland oder den Sitz des Insolvenzgerichts enthält:“.*

Fraglich ist jedoch, ob eine solche regionale Erweiterung der Suchmöglichkeiten im Internet unter dem zuvor angesprochenen Aspekt einer erforderlichen Interessensabwägung zwischen den Ziel der Bekanntmachung einerseits und einer möglichst schonenden Auswertung der elektronischen Insolvenzdatei andererseits noch zulässig ist. Im Hinblick auf korporative Schuldner lässt sich hier erneut ohne weiteres feststellen, dass diesen gegenüber ohnehin allenfalls ein erheblich abgeschwächter Prüfungsmaßstab angesetzt werden kann. Deswegen erscheint gegenüber diesen ohne weiteres eine regionale Erweiterung der Suchmöglichkeiten auf die Ländergrenzen unproblematisch als zulässig. Es wäre wohl selbst unter Berücksichtigung des grundrechtlichen Schutzes der Art. 12 und 14 GG zulässig, eine bundesweite Suche unter Verwendung der in § 2 Abs.

---

378 Siehe hierzu Ausführungen zu FN 257.

379 In aller Regel nicht notwendig dürfte die kumulative Eingabe von Insolvenzgericht und Wohn-/Sitz iSv. lit. c) sein. Allenfalls könnte dies sinnvoll sein, sofern mit dem Insolvenzgericht inhaltsgleiche Ortsnamen im Datensatz eines Bundeslandes mehrfach vorkommen.

1 Nr. 3 genannten Suchkriterien zuzulassen, um eine möglichst effiziente Verwirklichung des mit der Internetbekanntmachung verfolgten Zwecks zu ermöglichen.

Als kritischer gestaltet sich jedoch eine örtliche Ausweitung der Recherchemöglichkeiten bei natürlichen Schuldnern im Hinblick auf den Aspekt der zu gewährleistenden Datensparsamkeit, der, wie zuvor dergestalt, rahmenrechtlich gebietet, die Abrufmöglichkeiten von Insolvenzen privater Schuldner in einem angemessenen Umfang zu dem mit der Internetbekanntmachung verfolgten Zweck zu halten, sodass insoweit zu klären ist, ob sich eine bundeslandweite Suche noch als verhältnismäßig erweist.

Im Hinblick auf den verfolgten Publikationszweck ist zunächst festzuhalten, dass der Rechtsverkehr ein nicht unerhebliches Interesse daran haben dürfte, die Suchmöglichkeiten regional zu erweitern. Man stelle sich das bereits von *Keller* [380] angeführte Beispiel eines Unternehmens aus dem Versandhandel vor, welches im Massengeschäft tätig ist und über eine Vielzahl natürlicher Schuldner verfügt. Wenn in diesem Beispiel die Dokumentation der Schuldnerdaten auf Seiten des Versandhandelsunternehmens lückenhaft oder veraltet sein sollte, könnte die Gefahr drohen, dass bestimmte Insolvenzvorgänge gänzlich unentdeckt bleiben, weil dem Gläubigerunternehmen der Wohnsitz (und damit in der Regel das zuständige Insolvenzgericht) des natürlichen Schuldners unbekannt ist. Dieses Risiko dürfte im Hinblick auf die mit der Bekanntmachung verfolgten Ziele nur eingeschränkt hinnehmbar sein. Gerade vor dem Hintergrund einer erforderlichen erweiterten - bundesweiten - Aufklärung über das Insolvenzgeschehen erfolgen schließlich auch bislang die zusätzlichen Veröffentlichungen im - bundesweit - erhältlichen Printbundesanzeiger. Vor diesem Hintergrund erscheint auch unter Berücksichtigung der datenschutzrechtlichen Rahmenbedingungen zum Schutze natürlicher Schuldner eine regionale Erweiterung der Recherchemöglichkeiten als zulässig. Es ist insoweit auch nicht damit zu rechnen, dass hierdurch eine gravierende Verstärkung des Eingriffs in das Recht auf informationelle Selbstbestimmung des natürlichen Schuldners gegenüber der bislang auf den Datensatz eines einzelnen Insolvenzgericht beschränkten Suche hervorgerufen wird. Wie bereits angeführt könnten sämtliche Datensätze ohnehin durch einen Nutzer auch chronologisch abgerufen. Dem steht gegenüber eine deutlich erhöhte Praktikabilität bei der Suche nach Insolvenzvorgängen, was damit auch dem Aspekt der Schaffung von Publizität durch Bekanntmachungen sachgerecht nachkommt. Letztlich kann für die Zulässigkeit einer Erweiterung der Recherchemöglichkeiten auf Landesebene auch im Hinblick auf Insolvenzen natürlicher Schuldner wiederum die Verordnungsermächtigung in § 2 Abs. 2 der InsO zur Bildung konzentrierter Insolvenzgerichte angeführt werden. Selbst

[380] Siehe hierzu zu FN 355.

wenn es unwahrscheinlich ist, dass große Flächenländer wie Nordrhein-Westfalen oder Bayern die Konzentration auf ein einziges oder sehr wenige Insolvenzgerichte vornehmen, so bestünde jedenfalls theoretisch diese Möglichkeit. Mit anderen Worten kann die Möglichkeit einer landesweiten Recherche von Umständen abhängig gemacht werden, die sich außerhalb eines einzuhaltenden angemessenen Datenschutzniveaus von natürlichen Schuldnern vollziehen. Insofern ist es dann aber nicht einzusehen, weshalb Gläubiger in ihren Recherchemöglichkeiten bevorzugt werden, deren Schuldner - zufälligerweise - ihren Wohnsitz in einem Bundesland wie z.B. Hamburg haben, welches lediglich über ein Insolvenzgericht verfügt. Daher sollte zugunsten einer Nivellierung der Suchmöglichkeiten auf Länderebene, eine Recherche innerhalb eines Bundeslandes sowohl im Hinblick auf korporative als auch auf natürliche Schuldner zugelassen werden.

Dies bedeutet insoweit keine Aufgabe des Datenschutzes, da die datenschutzrechtlichen Aspekte, insbesondere die Gewährleistung einer möglichst datensparsamen Ausgestaltung der Insolvenzdatenbank dadurch gewahrt werden, dass die Recherche nach Insolvenzen nur durch weitere Eingabe von Suchkriterien erfolgen kann. Insofern verbleibt es dabei, dass ein möglichst breiter und ungezielter Zugriff auf Insolvenzdaten durch die Normensystematik der Bekanntmachungsverordnung vermieden wird. Dabei sollte, um nicht gegebenenfalls insbesondere bei Stadtstaaten einen vollständigen Abruf der im System vorhandenen Daten zu ermöglichen, die landeweite Recherche nur dann zugelassen werden, wenn das Suchkriterium nach dem Sitz bzw. Wohnsitz des Schuldners gesperrt wird.[381]

cc) Wissensdefizite bei Suchanfragen

(1) Unterscheidungskraft iSd. § 2 Abs. 1 Satz 2 BekanntmachungsVO

Mit Hinblick auf den Publizitätszweck von Internetbekanntmachungen könnte es sich in der Tat als problematisch erweisen, sollten Unsicherheiten über die Schreibweise des Namens bestehen oder lediglich rudimentäre Kenntnisse über sonstige Suchkriterien der BekanntmachungsVO vorhanden sein. Der Verordnungsgeber hat diese potentielle Informationslücke nicht einfach, wie dies bei der österreichischen Ediktsdatei der Fall ist, über den bei Suchmaschinen häufig

[381] Hier zeigt sich im Übrigen auch de lege lata eine der Schwächen des gegenwärtigen Systems, da z.B. in Hamburg, welches lediglich über ein Insolvenzgericht verfügt, bereits gegenwärtig nahezu alle aktuell in der Datenbank eingepflegten Insolvenzdatensätze abgerufen werden können, wenn als Suchkriterien beim Sitz ebenfalls Hamburg eingegeben wird. Insofern wäre möglicherweise sogar zur Durchsetzung des Grundsatzes der Datensparsamkeit zu überlegen, eine solche Recherche nicht zuzulassen. Andererseits ist nicht zu verkennen, dass gerade in Flächenstaaten die Suche nach dem Sitz bzw. Wohnsitz möglicherweise für bestimmte Gläubiger erst ermöglicht, den sie interessierenden Insolvenzvorgang herauszufinden.

gangbaren Umweg einer Trunkierung der jeweiligen Suchanfrage gelöst.[382] § 2 Abs. 1 Satz 2 BekanntmachungsVO bestimmt vielmehr ausdrücklich, dass die Angaben nach lit. a) bis d) - bzw. nunmehr mit Erlass des EHUG auch lit. e) - zwar unvollständig sein können, aber Unterscheidungskraft besitzen müssen. Mit dem Begriff der Unterscheidungskraft knüpft die Verordnung an einen in § 18 HGB sowie im Marken-, und Sortenschutzrecht oftmals verwendeten Begriff an, wobei er eine spezielle auf die Internetbekanntmachungen im Insolvenzverfahren losgelöste Bedeutungskraft entfalten solle.[383] Eine vollständig korrekte Schreibweise sei daher nicht erforderlich. Es dürfe bei der Frage nach dem Bedeutungsgehalt des Begriffs Unterscheidungskraft kein all zu strenger Maßstabe angelegt werden, sondern es müsse lediglich ein Mindestmaß an Individualisierung erreichbar sein. Die Verordnungsbegründung verweist hierbei auf die Rechtsprechung des BGH zum Markenrecht als Interpretationshilfe.[384] Im markenrechtlichen Sinne bedeutet Unterscheidungskraft die einer Marke innewohnende (konkrete) Eignung, vom Verkehr als Unterscheidungsmittel für die angemeldeten Waren eines Unternehmens gegenüber solchen anderer Unternehmen aufgefasst zu werden.[385] Dabei reicht jede noch so geringe Unterscheidungskraft aus, um das markenrechtliche Schutzhindernis iSd. des § 8 MarkenG zu überwinden.[386]

(2) Friktionen zwischen Verwendung des Rechtsbegriffs Unterscheidungskraft und technischen Umsetzungsmöglichkeiten bei Internetrecherchen

Ob sich allerdings die gefestigten Interpretationsansätze des BGH zum Begriff der Unterscheidungskraft im Markenrecht für Suchanfragen nach Insolvenzvorgängen im Internet übertragen lassen, ist höchst fraglich. Hier zeigt sich eine auffallende Problematik elektronischer Recherchen. Die Frage, ob eine Marke, Firma oder Sortenbezeichnung Unterscheidungskraft aufweist, unterliegt im Streitfalle einer tatrichterlichen Einschätzung, mit der für den Einzelfall eine den juristischen Auslegungsmaßstäben folgende verbindliche Lösung dahingehend gefunden werden kann, ob die zuvor angesprochene Schutzbarriere iSd. § 8 MarkenG durch zu bejahende Unterscheidungskraft überwunden wurde oder nicht. Nur durch diese gerichtlichen Streitigkeiten konnte sich überhaupt eine gefestigte Judikatur zum Begriff der Unterscheidungskraft entwickeln. Die

382 Indem bspw. durch Verwenden des Platzhalters (*) die jeweilige Suchanfrage bis auf ein Zeichen reduziert werden kann; daneben besteht in Österreich die Möglichkeit der Verwendung des Platzhalters (?) für einen einzelnen Buchstaben, siehe hierzu *Duursma/Duursma-Kepplinger*, ZInsO 2002, 913, 914 sowie *Mohr*, ZIP 2000, 997, 998 dort mit Hinweis unter FN 6.

383 BR-Drucks. 1082/01, S. 7.

384 BR-Drucks. 1082/01, S. 7.

385 St. Rspr., vgl. nur BGH WRP 2001, 1082, 1082 m.w.N.

386 BGH GRUR 2001, 240, 241; WRP 2001, 31 jeweils m.w.N.

Problematik bei der Anwendung der Vorgaben der BekanntmachungsVO liegt nun jedoch darin, dass der Begriff der Unterscheidungskraft als vermeintlich geeignetes Mittel verwendet wird, einen gerechten Ausgleich herzustellen zwischen dem Interesse von Gläubigern (und anderen Interessenten), eine einfache und flexible Suchmöglichkeit für relevante Insolvenzvorgänge vorzufinden und dem (Persönlichkeits-)Interesse von vornehmlich - natürlichen - Schuldnern vor „unberechtigter“ Einsichtnahme eines Insolvenzvorgangs im Internet. Letzteres besteht mit Hinblick auf die datensparenden Einsichtsmöglichkeiten im Internet darin, dass die sie betreffenden Insolvenzveröffentlichungen möglichst nur von solchen Personen eingesehen werden, die hierfür auch ein nachvollziehbares Informationsinteresse haben, wie dies z.B. für die jeweils betroffenen Gläubiger oder Drittschuldner unzweifelhaft zu bejahen wäre.

Um diesen Interessensausgleich zu ermöglichen, muss nun bereits im Vorfeld festgelegt werden, bei welchen Suchanfragen der Begriff der Unterscheidungskraft noch als tatbestandlich erfasst gilt und wann nicht mehr. Faktisch wird damit, sofern man dann überhaupt noch davon sprechen kann, eine „Auslegung“ des Begriffs der Unterscheidungskraft in die Hände derjenigen Personen gelegt, die für die Programmierung der entsprechenden Suchabfragesoftware verantwortlich sind. Dabei wird man zwar wohl unterstellen können, dass die Projektentwicklung von juristisch fachkundigen Personen begleitet wird.[387] Doch auch der juristische Einfluss bei der Programmierung vermag nichts daran zu ändern, dass die relevanten Programmprozesse, das heißt die einzelnen Suchabfragen, nach einmal anfänglich festgelegten und der Einzelfallauslegung nicht mehr zugänglichen Kriterien erfolgen. Der Verordnungsgeber verstrickt sich in diesem Zusammenhang in Widersprüchlichkeiten. So betont er zwar, in Einzelfällen sei auch schon bei sehr kurzen Familiennamen denkbar, bereits bei der Eingabe von zwei Zeichen die Anforderung der Unterscheidungskraft als erfüllt anzusehen.[388] Hier zeigt sich nun aber die schon oben angedeutet Problematik einer programmbasierten Betrachtung des Begriffs der Unterscheidungskraft. Denn wenn ausdrücklich nur im Einzelfall die Eingabe von zwei Zeichen ausreichen soll, fragt sich, auf welche Weise nun ein Programm erkennen soll, ob es für diese konkrete Suchanfrage (ausnahmsweise) zwei Zeichen als ausreichend ansehen soll oder nicht. Etwa durch einen Zufallsgenerator? Wohl kaum.

Jede auch nur noch so ausgefeilte technische Möglichkeit, hier den Vorgaben des Verordnungsgebers zu folgen, wirft kaum lösbare Probleme auf. Denn ein differenziertes Sprachgefühl, noch zudem, wenn es wie bei Sprache häufig lediglich um Nuancen der phonetischen Betonung geht, ist nach heutigen technischen Möglichkeiten über eine Programmierung schwerlich zu erreichen und - überdies - letztlich nie einzelfallbezogen. Damit wäre aber eine unter Einsatz

387 Vgl. hierzu das Beispiel von *Dieckmann*, NJW-CoR 2000, 153 ff.
388 Vgl. BR-Drucks. 1082/01, S. 7.

von Computertechnologie erfolgende Betrachtung der jeweiligen Suchanfrage auf ihre Unterscheidungskraft hin, vergleichbar einer richterlichen Würdigung, im Kern zum Scheitern verurteilt. Faktische Konsequenz der inhaltlichen Vorgaben des Verordnungsgebers, der eine weite Interpretation des Begriffs Unterscheidungskraft anstrebt, wird daher sein müssen, stets eine die Unterscheidungskraft wahrende Anfrage darin zu sehen, wenn lediglich zwei aufeinander folgende Zeichen eingegeben werden.[389]

Wenn aber der vermeintlich gewollte Einzelfall mangels technischer Differenzierungsmöglichkeiten notwendig zum Regelfall wird, erfüllt das Merkmal der Unterscheidungskraft keinen Zweck mehr. Es wird damit obsolet. Um diese Widersprüchlichkeiten zu beseitigen, ist es folglich erforderlich, eine für den Interessenten durchsichtige Regelung zu schaffen, die den in der BekanntmachungsVO schillernden aber überflüssigen Ausdruck der Unterscheidungskraft vermeidet. In diesem Zusammenhang muss die Frage beantwortet werden, wie das Interesse insbesondere von natürlichen Schuldnern zu gewichten ist, nicht ad hoc im Internet als Insolvenzschuldner ersichtlich zu sein. Dabei ist unter Wahrung der primären Funktion von Bekanntmachungen, (größtmögliche) Publizität für das Insolvenzverfahren zu schaffen, darauf zu achten, dass ein etwaiges Restrisiko, einen Insolvenzvorgang zu übersehen, weitestgehend auf Null reduziert wird. Denn sollte die Internetbekanntmachung so gestaltet sein, dass etwa ein in seiner Schriftweise nicht richtig bekannter Name bzw. eine Firma aufgrund „falscher“ Anwendung der Suchparameter nicht aufgefunden werden kann, wird das System der Internetbekanntmachung in sich gänzlich angreifbar.[390]

(3) Reduzierte Suchanfragen de lege ferenda

(a) Eingabe von zwei Mindestzeichen

Mit Hinblick auf den Namen und die Firma böte sich sinnvoller Weise eine alphabetisch ausgerichtete Abfragemöglichkeit an. Ausgehend von einem Anfangsbuchstaben könnte eine Suchanfrage soweit reduziert werden, dass ein in seiner Schreibweise unter die eingegebenen Suchzeichen fallender Begriff als Ergebnis einer Anfrage ausgegeben werden müsste. Diese Vorgehensweise entspräche dem in Österreich praktizierten Modell, Suchanfragen durch Platzhalter

[389] Dieses Ergebnis lässt sich auch auf der Informationsseite www.insolvenzbekanntmachungen.de/hilfe.html (Stand: 01.09.2006) wiederfinden lässt. Dort wird ausdrücklich darauf hingewiesen, dass die Angaben zu Namen/Firma und zum Wohn-/Sitz des Schuldners wenigstens zwei Zeichen enthalten müssen. Diese Praxis zeigt, dass eine einzelfallbezogene Bestimmung des Begriffs Unterscheidungskraft offensichtlich technisch nicht zu erreichen ist.

[390] Dies gilt umso mehr, so lange die BekanntmachungsVO nicht auf die Möglichkeit einer von vornherein lediglich selektiv ausgestalteten Einsichtnahme in den Datensatz verzichtet, hierzu oben unter Teil 2II.3.d)bb)(1), S. 89 ff.

zu reduzieren.[391] Dem Grunde nach kann dieses Ergebnis auch dem Portal www.insolvenzbekanntmachungen.de durch Eingabe zweier Mindestzeichen erreicht werden. Denn durch Eingabe der Buchstabenkombination „AA" bis „ZZ" können auch heute bei entsprechendem Eingabeaufwand faktisch sämtliche Insolvenzvorgänge alphabetisch erfasst werden. Es erscheint daher als durchaus plausibler Lösungsansatz, diese nach jetziger Rechtslage zweifelhafte Recherchepraxis inhaltlich aufzugreifen und durch normative Aufstellung der Forderung nach Eingabe von zwei Mindestzeichen auf rechtlich sichere Grundlagen zu stellen. Dabei dürfte die Forderung nach zwei Mindestzeichen keinen Einschnitt im Vergleich zu der in Österreich vorhandenen Möglichkeit der Trunkierung auf nur einen einzigen Buchstaben darstellen, denn schließlich soll die Eingabemöglichkeit unvollständiger Suchanfragen insbesondere dann zum Einsatz kommen, sofern Unsicherheiten über die Schreibweise bestehen.[392] Zudem wird es bei der Reduzierung einer Suchanfrage auf einen einzigen Buchstaben im Regelfall nicht mehr um die bloße Beseitigung etwaiger Schreibunsicherheiten gehen, sondern der Aspekt der Auflistung der unter dieses Zeichen fallenden Insolvenzvorgänge im Vordergrund stehen. Dies wäre dann gerade im Hinblick auf natürliche Schuldner wohl nicht mehr mit dem Grundsatz der Datensparsamkeit in Einklang zu bringen und erscheint, jedenfalls bei strenger - datenschützender - Sichtweise, selbst bei einer Eingabe von zwei Buchstaben als nicht gänzlich unkritisch. Gleichwohl sollte eine Reduzierung auf zwei Zeichen zugelassen werden, da schon bei drei Zeichen die Gefahr einer „falschen" Eingabe durch einen Suchenden erheblich steigen dürfte.

Das für natürliche Schuldner als Ausfluss des Rechts auf informationelle Selbstbestimmung und der rahmenrechtlichen Datenschutzbestimmungen, insbesondere des Gebots der Datensparsamkeit, bestehende rechtliche Interesse, einer breiten „Internetöffentlichkeit" nicht sofort als Schuldner eines Insolvenzverfahrens bekannt zu werden, wird letztlich auch bei einer solchen Reduzierung der Suchanfrage noch hinreichend gewahrt. Denn schließlich sind etwaige Inhalte einer Internetveröffentlichung erst in einem weiteren Schritt abrufbar. Dies regelt ausdrücklich § 2 Abs. 2 BekanntmachungsVO, wonach bei einer Abfrage zunächst nur eine Übersicht über die ermittelten Datensätze übermittelt und erst in einem weiteren Schritt durch Auswählen eines Datensatzes der Veröffentlichungstext abgerufen werden darf. § 2 Abs. 2 BekanntmachungsVO erfüllt damit die eigentliche Schutzfunktion vor einer Einsichtnahme in Insolvenzvorgänge, da das bloße Aufzeigen der in § 2 Abs. 1 Satz 1 Nr. 3 lit. a) bis e) enthaltenen Angaben ohne weitere Darstellung des Veröffentlichungstextes keine detaillierten Rückschlüsse auf das angezeigte Insolvenzverfahren zulässt. So wurde § 2 Abs. 2 BekanntmachungsVO vornehmlich vor dem angestrebten großzügi-

[391] *Duursma/Duursma-Kepplinger*, ZInsO 2002, 913, 914 sowie *Mohr*, ZIP 2000, 997, 998.
[392] Vgl. BR-Drucks. 1082/01, S. 7.

gen Interpretationsmaßstab des Begriffs Unterscheidungskraft in die Verordnung aufgenommen.[393] Das zweistufige Abrufbarkeitsmodells bliebe daher bei reduzierten Suchanfragen auf zwei Anfangszeichen weiter in sich konsistent.

(b) Verzicht auf Suchmöglichkeit nach unvollständigem Aktenzeichen bzw. Registernummer

Fraglich ist allerdings, wie künftig eine unvollständige Suche nach einem Aktenzeichen iSd. lit. d) bzw., nach Einfügung von lit. e) nach Maßgabe des EHUG,[394] die Recherchemöglichkeit nach einer unvollständigen Registernummer zu bewerten sind. Gegen eine unvollständige Suchmöglichkeit bezüglich des Aktenzeichens oder der Registernummer kann hauptsächlich angeführt werden, dass eine Abfragemöglichkeit beruhend auf unvollständigen Daten hinsichtlich des Aktenzeichens oder der Registernummer generell von untergeordnetem Interesse sein dürfte. Denn soweit schon Wissensmängeln eines Interessenten hinsichtlich Schuldnername/Firma bzw. Wohn-/Sitz vorliegen, dürfte kaum zu erwarten sein, dass auch nur ein bruchstückhafter Erinnerungswert des Suchenden über ein gerichtliches Aktenzeichen bzw. einer handelsrechtlichen Registernummer vorhanden ist. Folglich diente eine unvollständige Suche hiernach nicht der erleichterten und gezielten Suche nach einem bestimmten Insolvenzvorgang, sondern würde allein eine pauschale Einsichtnahme in die bei Gericht geführten Insolvenzvorgänge ermöglichen, ohne dass hierfür sinnvolle Gründe existieren. Eine derart pauschale Einsichtnahmemöglichkeit in die Internetbekanntmachungen soll aber nach dem Willen des Verordnungsgebers gerade vermieden werden. Dementsprechend könnte mangels ernstlichem Bedarf an einer Suchmöglichkeit nach einem unvollständigen Aktenzeichen bzw. einer unvollständigen Registernummer hierauf wohl unbeschadet der datenschutzrechtlichen Erwägungen für natürliche Schuldner schon aus sonstigen praktischen Erwägungen gänzlich verzichtet werden, ohne dass dadurch eine rechtlich fragwürdige Einengung der Recherchemöglichkeiten zu Lasten des Publizitätsinteresses der Allgemeinheit zum Ausdruck käme.

Daneben bliebe fraglich, wie eine unvollständige Suchanfrage bei einem Aktenzeichen oder einer Registernummer gestaltet sein soll. Die Angabe von zwei Mindestzeichen ist nicht geeignet. Denn anders als Namen oder Orten dürfte Aktenzeichen nur ein weit geringer phonetischer oder graphischer Erinnerungswert beigemessen werden können. Die Möglichkeit einer unvollständigen Suchanfrage nach Name/Firma bzw. Wohn-/Sitz beruht aber auf der Erwägung, den visuellen Wiedererkennungswert der jeweils ausgeworfenen Datensätze nutzbar zu machen. Ein solch potentieller Effekt stünde bei einer auf zwei Mindestzei-

---

393 Vgl. BR-Drucks. 1082/01, S. 7. Wobei allerdings anzumerken ist, dass das nahe liegende Gegenargument, bereits aus der reduzierten Suchanfrage sei die Insolvenz an sich erkenntlich, nicht vollständig von der Hand zu weisen ist.

394 Siehe oben Teil 2II.3.d)bb)(3)(b), S. 95 f.

chen reduzierten Suchanfragemöglichkeit nach einem unvollständigen Aktenzeichen kaum zu erwarten.[395] Es zeigt sich daher, dass der Begriff der Unterscheidungskraft in der BekanntmachungsVO seine gegebenenfalls ansonsten noch vorhandenen Restkonturen an dieser Stelle gänzlich verliert. Aktenzeichen bezwecken Gerichtsverfahren nach einem bestimmten nach Registerzeichen und chronologischen Gang ausgerichteten Schlüssel logisch zu ordnen. Ist dieser Schlüssel nun aber nicht vollständig könnte aus Geschäftsstellensicht keine verbindliche Zuordnung des Aktenzeichens zu einem bestimmten Verfahren mehr erfolgen. Streng genommen dürfte bei einem Aktenzeichen Unterscheidungskraft wohl erst dann bejaht werden können, wenn dieses dem Interessenten vollständig bekannt wäre. Ansonsten bliebe bei einem primär numerisch aufgebauten und zudem lückenhaften Schlüssel immer zweifelhaft, welches konkrete Verfahren tatsächlich gemeint ist. Ähnliches gilt auch für Registernummer, bei denen ein eindeutiger Rückschluss auf den Schuldner erst dann möglich ist, wenn die betreffende Registernummer korrekt wiedergegeben wird.[396] Wenn aber wiederum Unterscheidungskraft erst bei einem vollständigen Aktenzeichen bzw. der zutreffenden Wiedergabe der Registernummer zu bejahen wäre, wäre zugleich die Suchmöglichkeit nach einem/einer unvollständigen Aktenzeichen bzw. Registernummer nicht durchführbar. Angesichts der angeführten Gründe ist daher künftig auf eine unvollständige Suchmöglichkeit nach dem Aktenzeichen gänzlich zu verzichten. Gleiches gilt für Recherchemöglichkeiten nach der Registernummer.[397]

Aus den vorgenannten Erwägungen folgt damit insgesamt, dass § 2 Abs. 1 Satz 2 künftig wie folgt zu fassen ist, um klare normative Vorgaben hinsichtlich der Behandlung von Suchmöglichkeiten bei Wissensdefiziten zu schaffen:

> *„Die Angaben nach Satz 1 Nr. 3 Buchstabe a bis c können unvollständig sein, sofern sie mindestens die Angabe von zwei Zeichen enthalten."*

---

[395] Zu den Möglichkeiten der Suchanfragenreduzierung für Aktenzeichen auf der Seite www.insolvenzbekanntmachungen.de siehe auch www.insolvenzbekanntmachungen.de/hilfe.html (Stand: 01.09.2006).

[396] Abzulehnen wäre auch, für Unterscheidungskraft die bloße Trennung nach Verfahrensart (IN, IK oder IE) oder Art der Registernummer (HRA, HRB, GnR oder PR) ausreichen zu lassen, da diese lediglich eine generische Zuordnung bestimmter Verfahren bzw. zuständiger Register ermöglichen.

[397] Insoweit scheidet auch hinsichtlich der Registernummer unter praktischen Gesichtspunkten eine differenzierende Betrachtung natürlicher und korporativer Schuldner aus. Zwar greifen die datenschutzrechtlichen Erwägungen nicht, wenn nach der Registernummer eines korporativen Schuldners gesucht wird. Jedoch sind auch im Falle einer Recherche nach der Registernummer Konstellationen denkbar, in denen ausschließlich natürliche Schuldner betroffen sein können, so insbesondere, wenn unter HRA-Nummern nach Insolvenzen eingetragener Kaufmänner gesucht wird.

e) Kopierschutz

aa) Das Ausmaß des Kopierschutzes

§ 2 Abs. 1 Satz 2 BekanntmachungsVO in der bisherigen Fassung kommt der Forderung von § 9 Abs. 2 Satz 3 Nr. 3 InsO in der Fassung des InsoÄndG 2001 nach, wonach sicherzustellen ist, dass Veröffentlichungen nach dem Stand der Technik nicht kopiert werden können.[398] Die BekanntmachungsVO hat das in der Verordnungsermächtigung angelegte Kopierverbot dahingehend festgelegt, dass insbesondere das elektronische Kopieren nach dem Stand der Technik auszuschließen sei. Dies führt zu der Frage, ob die BekanntmachungsVO hier eine unzulässige Einschränkung des in der Verordnungsermächtigung geforderten Kopierverbots vornimmt. Es ließe sich erwägen, den Begriff des Kopierens in der Verordnungsermächtigung weit auszulegen und aus ihm ein umfassendes Vervielfältigungsverbot abzuleiten, welches jegliche Form der textlichen Perpetuierung, sei sie elektronischer oder papierförmlicher Art verbietet. Dann wäre es auch unzulässig, die Veröffentlichungsvorgänge mittels eines Ausdrucks zu erlauben, wie dies aber nach der BekanntmachungsVO gestattet wäre.[399]

Sieht man einen Computerausdruck des Bildschirminhalts als Äquivalent zu einer herkömmlichen Kopie einer Printveröffentlichung an, da auch der Ausdruck den Veröffentlichungstext abschriftartig auf Papier wiedergibt, könnte man dementsprechend den Standpunkt einnehmen, das geforderte Kopierverbot gem. § 9 Abs. 2 Satz 3 Nr. 3 InsO erfasse von seinem Wortlaut auch den Ausdruck des Bildschirminhalts. Ein derartiges Gesetzesverständnis des Begriff Kopierens iSd. § 9 Abs. 2 Satz 3 Nr. 3 InsO ist aber ersichtlich nicht gewollt und mit dem Sinn und Zweck der Verordnungsermächtigung nicht in Einklang zu bringen. Die Forderung nach einem Kopierverbot ist vor dem Hintergrund zu sehen, dass die Gefahr einer einfachen missbräuchlichen Weiterverbreitung von elektronischen Bekanntmachungen im Internet außerhalb des Forums eines offiziell von der Landesjustizverwaltung hierzu bestimmten elektronischen Kommunikations- und Informationssystems gesehen wurde. Aus diesem Grunde sollte auch gewährleistet werden, dass Daten möglichst nicht kopiert werden können.[400] Diese Gefahr besteht aber bei einem auf Papier erfolgenden Ausdruck in dieser Form nicht. Zwar wäre es denkbar, einen Ausdruck durch entsprechende Scan-Programme in elektronische Textdateien umzuwandeln, sodass auch dann

---

398 Zur Abschaffung des Kopierschutzes durch das EHUG siehe nachfolgend unter Teil 2II.3.e)cc), S. 111 f.

399 Der Verordnungsgeber geht ausdrücklich von einer Zulässigkeit von Ausdrucken aus, da es den Ländern überlassen bleibe, ob dem Einsichtsrecht gem. § 4 BekanntmachungsVO durch einen Ausdruck nachgekommen werde, vgl. BR-Drucks. 1082/01, S. 8. Faktisch kann durch das Drücken der Shift-Taste und einer weiteren Taste eine Kopie auf der Seite www.insolvenzbekanntmachungen.de ermöglicht werden, siehe Begleittext unter www.insolvenzbekanntmachungen.de/hilfe.

400 Vgl. RegE InsOÄndG, BT-Drucksache 14/6468, S. 17.

die Daten über das Internet weiterverbreitet werden könnten. Dies würde aber bei der Vielzahl von öffentlichen Bekanntmachungen einen erheblichen Arbeitsaufwand beanspruchen, wollte man hier systematisch Missbrauch betreiben. Zudem wäre eine solche Missbrauchsgefahr auch bei Einscannen herkömmlicher Printveröffentlichungen vorhanden. Mit dem von der Verordnungsermächtigung geforderten Kopierverbot sollte daher lediglich sichergestellt sein, dass eine einfache elektronische Vervielfältigung der Internetveröffentlichungen, etwa mittels Kopieren und Einfügen des Veröffentlichungstextes in ein neues Textdokument,[401] ermöglicht wird. Gegen ein von § 9 Abs. 2 Satz 3 Nr. 3 InsO beabsichtigtes Verbot von Computerausdrucken spricht letztlich, dass für einen Interessenten auch die Möglichkeit bestehen muss, diejenigen Insolvenzveröffentlichungen, die für ihn relevant sind, ohne größeren Aufwand archivieren zu können. Es wäre nicht einzusehen, dass eine herkömmliche Printveröffentlichung ohne Weiteres in (kopierter) Papierform aufbewahrt werden kann, beim Einsatz von Internetbekanntmachungen eine solche Möglichkeit aber nicht bestünde. Schon deshalb ist es daher notwendig und vom Gesetzgeber auch nicht anders gewollt, Computerausdrucke von Internetveröffentlichungen zuzulassen. Im Ergebnis schränkt die BekanntmachungsVO damit auch nicht das in § 9 Abs. 2 Satz 3 Nr. 3 InsO geforderte Kopierverbot unzulässig auf elektronisches Kopieren ein, sondern stellt dieses lediglich inhaltlich klar.

bb) Stand der Technik des Kopierschutzes

(1) Begriff

Der Forderung nah einem effektiven Kopierschutz nach dem Stand der Technik wurde jedenfalls bislang hervorhebenswerte Bedeutung zugemessen,[402] ohne dass jedoch bislang genauer hinterfragt wurde, welche konkreten Folgerungen hieraus zu ziehen sind. Der Stand der Technik wird von zahlreichen Gesetzen oder auch Verordnungen in aller Regel als Maßstab festgesetzt, um bereichsspezifisch verbindliche und hohe technische (Sicherheits-)Standards festzulegen, die von Herstellern, Nutzern, Betreibern, etc. bestimmter technischer Vorrichtungen eingehalten werden müssen.[403] Mit dem Abstellen auf den jeweiligen Stand der Technik soll damit auch gewährleistet werden, dass es nicht dauerhaft bei der Verwendung herkömmlicher Technologien verbleibt, sondern technische

[401] Sog. „Drag & Drop"- oder „Copy & Paste"-Verfahren.

[402] Kübler/Prütting/*Prütting*, § 9 Rn. 25.

[403] Der fortschrittsorientierte Schutzgedanke kommt bspw. in den inhaltsgleichen Definitionen von § 3 Abs. 6 BImSchG und § 3 Abs. 12 KrW-/AbfG zum Ausdruck: „*Stand der Technik im Sinne dieses Gesetzes ist der Entwicklungsstand fortschrittlicher Verfahren, Einrichtungen oder Betriebsweisen, der die praktische Eignung einer Maßnahme zur Begrenzung von Emissionen in Luft, Wasser und Boden, zur Gewährleistung der Anlagensicherheit, zur Gewährleistung einer umweltverträglichen Abfallentsorgung oder sonst zur Vermeidung oder Verminderung von Auswirkungen auf die Umwelt zur Erreichung eines allgemein hohen Schutzniveau für die Umwelt insgesamt gesichert erscheinen lässt.*"

Neuerungen, die die Qualitätsstandards eines bestimmten Sektors vorteilhaft anheben, als nunmehriger Stand der Technik Einzug erhalten.

Das Konzept der Absicherung eines hohen technischen Niveaus wird auch hinsichtlich eines Kopierschutzes von Insolvenzbekanntmachungen verfolgt. Der Gesetzgeber geht davon aus, dass ein gänzlich sicherer Kopierschutz nicht bestehen kann,[404] weshalb er auch kein absoluten, sondern lediglich einen „State of the Art"-Kopierschutz verlangt. In Anlehnung an das zuvor erwähnte Begriffsverständnis ist deshalb im Insolvenzverfahren unter Stand der Technik ein Entwicklungsstand eines fortschrittlichen Kopierschutzverfahrens zu verstehen, welches die praktische Eignung zur Erreichung eines allgemein hohen Schutzniveaus gegen Datenmissbrauch im Insolvenzverfahren gesichert erscheinen lässt.

(2) Absicherung des Schutzniveaus

Die Forderung nach einem auf dem Stand der Technik befindlichen Kopierschutz könnte die Landesjustizverwaltungen faktisch vor nicht all zu geringe Belastungen stellen, da bei dem teilweise sehr schnellen Entwicklungstempo auf den Gebieten des Datenmissbrauchs und -schutzes theoretisch ständig kontrolliert werden müsste, ob der Kopierschutz das für den Stand der Technik erforderliche Schutzniveau erreicht.[405] Die Verordnungsbegründung verweist lediglich darauf, die nach dem jeweiligen Stand der Technik verfügbaren Mittel einzusetzen, um ein Kopieren zumindest zu erschweren.[406] Hieraus dürfte zu folgern sein, dass das Ausmaß dessen, was seitens der Landesjustizverwaltungen an Aufwand betrieben werden muss, insgesamt den Bogen nicht überspannen darf. Denn ansonsten droht ein Scheitern des Systems von Internetbekanntmachungen an legislativ kaum erreichbaren Anforderungen hinsichtlich des Einhaltens eines sicheren Kopierschutzverfahrens.

Die allgemeine Verantwortlichkeit für die Prüfung der Einhaltung von Sicherheitsstandards wird organisatorisch dort anzugliedern sein, wo das technische Know-How vorhanden ist, um sachgerecht beurteilen zu können, ob der verwendete Kopierschutz dem Stand der Technik entspricht. In der Regel sind dies die zuständigen IT-Abteilungen. Denkbar wäre nun, mittels der BekanntmachungsVO in zeitlich angemessenen Abständen eine Kontrolle des verwendeten Kopierschutzsystems anzuordnen. Wird gesetzlich die Forderung nach einer

---

404 Vgl. RegE InsOÄndG, BT-Drucksache 14/6468, S, 17 wonach sichergestellt sein soll, dass *„Daten möglichst nicht kopiert werden soll."*

405 Kübler/Prütting/*Prütting*, § 9 Rn. 22, sieht deswegen gegebenenfalls sogar die Notwendigkeit, die Rechtsverordnung selbst an den ständig verändernden Stand der Technik anzupassen. Diese Notwendigkeit besteht aber dann nicht, sofern - wie dies bei der derzeitigen Gestaltung der BekanntmachungsVO der Fall ist - deren Regelungsgehalt lediglich die gesetzlichen Vorgaben der Verordnungsermächtigung nach einem Stand der Technik-Schutz im Verordnungstext verankert.

406 BR-Drucks. 1082/01, S. 6.

auf dem Stand der Technik befindlichen Entwicklungsstufe aufgestellt, so kann es der fortlaufende technische Wandel erforderlich machen, dass sich der Staat durch gesetzlich geregelte Kontrollmechanismen seinen Einfluss auf Überprüfung der Einhaltung der Sicherheitsstandards sichert. Eine solch externe Prüfung des Kopierschutzniveaus sieht die Verordnung indes nicht vor. Dies wundert nicht, weil insofern Adressat der BekanntmachungsVO die jeweiligen Landesjustizverwaltungen[407] als Bestandsglieder des Staates sind und deswegen vermutlich ein geringeres Absicherungsbedürfnis hinsichtlich der Einhaltung von Sicherheitsstandards im Vergleich zu privaten Betreibern gesehen wird. Allerdings besteht auch bei einem unter staatlichem Einfluss betriebenen Internetportal die Gefahr, mit der raschen Entwicklung auf dem Gebiet des Datenmissbrauchs nicht Stand halten zu können.

Deswegen wird es jedenfalls erforderlich sein, durch innerbehördliche organisatorische Maßnahmen zu gewährleisten, dass ein turnusmäßiger Abgleich der Tauglichkeit des verwendeten Kopierschutzverfahrens mit aktuell hochwertigen Kopierschutzsystemen erfolgt. Um jedenfalls binnenorganisatorisch ein geeignetes Maß an Transparenz zu gewinnen, wäre zu erwägen, Sicherheitsberichte zum Stand der Maßnahmen gegen Datenmissbrauch seitens der verantwortlichen Stellen anzufordern.[408] In regelmäßigen Zeitabständen zu erstellende Sicherheitsberichte könnten als eine Art Selbstkontrolle verstanden werden, bei der geprüft und festgestellt werden kann, ob die Schutzmaßnahmen dem Stand der Technik entsprechen oder möglicherweise weitere Schritte eingeleitet werden müssen.

Bei der Frage, wie und in welcher Form solche Sicherheitsberichte zu erfolgen haben, dürfte indes erneut einer internen Lösung der Vorzug zu geben sein.[409] Denn strenge formale Vorgaben hinsichtlich Zuständigkeit, Zeitabständen und Inhalt etwaiger Sicherheitsberichte könnten dazu führen, dass im Einzelfall nicht mit der gebotenen Flexibilität systemgerecht auf aktuelle Entwicklungen reagiert werden kann. Soweit die Verantwortlichkeit für Internetbekanntmachungen noch bei den Landesjustizverwaltungen angesiedelt ist, obliegt es im Übrigen den Behördenleitungen innerhalb ihres beamten- bzw. arbeitsrechtlichen Weisungsrechtes die Einhaltung der Sicherheitsmaßnahmen organi-

[407] Nach Kübler/Prütting/*Prütting*, § 9 Rn. 25, richtet sich die Verordnung nur an die Insolvenzgerichte. Dies ist diesbezüglich indes nicht gänzlich treffend, weil den einzelnen Insolvenzgerichten keine eigenständige Bestimmungsbefugnis für die Betreibung eines elektronischen Informations- und Kommunikationssystems zusteht, sondern diese bei den Landesjustizverwaltungen liegt.

[408] Vgl. zur rechtlichen Gestaltung von Sicherheitsberichten im Umweltgefahrenschutzrecht § 3 Abs. 1 Nr. 1 AtVfV (Atomrechtliche VerfahrensVO) sowie § 9 der 12. BImSchV (StörfallVO); zu letzterem *Müggenborg*, NVwZ 2000, 1096, 1001.

[409] Vgl. zu den Erwägungen einer außernormativen Lösung bereits oben Teil 2II.3.c)bb)(3), S. 85 ff.

satorisch abzusichern. Die zuvor genannten Sicherheitsberichte könnten dementsprechend auch ohne ausdrückliche Ermächtigungsgrundlage angefordert werden. Die hier getätigten Ausführungen seien daher bislang als Anregung an die Portalbetreiber gemeint, eine intern gestaltete Kontrollinstanz aufzubauen, bei der zumindest in angemessenen Umständen eine Information der übergeordneten Leitungsstelle zum Stand der Technik des Kopierschutzes erfolgt.

cc) Abschaffung des Kopierschutzes

Der RegE des Gesetzes zur Vereinfachung des Insolvenzverfahrens sieht vor, dass der bislang nach § 9 Abs. 2 Satz 3 Nr. 3 InsO bzw. § 2 Abs. 1 Satz 2 BekanntmachungsVO vorgesehene Kopierschutz ersatzlos gestrichen wird.[410] Die Begründung führt hierzu allein an, dass die bislang vorgesehene Schutzregelung nach dem gegenwärtigen Stand der Technik weitgehend leer gelaufen sei und nunmehr der Forderung nachgekommen werde, die Regelung zum Kopierschutz abzuschaffen.[411] Ebenso ist die Streichung des Kopierschutzes mit gleichen Argumenten durch das EHUG vorgesehen.[412]

Der Begründungsansatz vermag grundsätzlich nicht zu überzeugen. Der Kopierschutz gehört sicherlich zu den wichtigsten Regelungen gerade für natürliche Schuldner vor einer dauerhaften und unkontrollierten Wiedergabe ihrer Daten im Internet außerhalb des amtlichen Bekanntmachungsportals. Insofern besteht im Grundsatz ein erhebliches und berechtigtes Interesse entsprechende Schutzvorkehrungen vorzusehen, um eine Vervielfältigung so weit es geht technisch zu unterbinden. Zwar finden sich hierfür letztlich keine zwingenden rahmenrechtlichen Vorgaben des BDSG zur Schaffung eines hinreichenden Kopierschutzsystems. Auch auf europarechtlicher Ebene bestehen hier keine zwingenden Vorgaben. Jedoch lässt sich bspw. aus einem Vergleich zu Nr. 3 (Zugriffskontrolle) der Anlage zu § 9 schließen, dass technische Datenverarbeitungssysteme Kopierschutzmaßnahmen vorsehen sollen. Nach Nr. 3 der Anlage zu § 9 Satz1 BDSG ist unter anderem zu gewährleisten, dass personenbezogene Daten bei der Nutzung nicht kopiert werden können. Damit besteht jedenfalls binnenorganisatorisch die Zielvorgabe, Schutzvorkehrungen zur Abwehr von Missbrauch durch unberechtigtes Kopieren zu treffen.

Wenngleich auch eine direkte Anwendung der Vorschrift insoweit schon ausscheidet, weil es sich bei der Suche nach Insolvenzvorgängen auf dem amtli-

410 BR-Drucks. 549/06, S. 2 bzw. S. 8.

411 BR-Drucks. 549/06, S. 25.

412 Siehe BT-Drucks. 16/2781 in der elektronischen Vorabfassung, S. 119. Als Begründung wird auf S. 175 angeführt, dass die Änderungen in § 9 Abs. 2 Satz 3 Nr. 3 InsO und § 2 Abs. 1 Satz 3 BekanntmachungsVO auf die Prüfbitte des Bundesrates (siehe Nr. 40 auf S. 85 zu BT-Drucks. 16/960) und von der Bundesregierung vorgeschlagene Streichung der Vorschriften zum Kopierschutz zurückgehen, die mangels technischer Umsetzbarkeit aufgehoben werden sollten.

chen Internetportal durch einen Interessenten nicht um eine binnenorganisatorische Maßnahme des Portalbetreibers handelt, für die gem. Nr. 3 der Anlage zu § 9 Satz 1 BDSG ein Kopierschutz vorzuhalten, sondern der Zugriff von außen auf das System erfolgt. Die Regelung in Nr. 3 der Anlage zu § 9 Satz 1 BDSG verdeutlicht aber insgesamt, welche Risiken aus einer unbefugten Weitergabe der Daten durch unbefugtes Kopieren entstehen können. Dieser Schutzaspekt ist bislang auch zutreffend in der bisherigen Regelung zu § 9 InsO bzw. der flankierenden Bestimmung in § 2 Abs. 1 Satz 2 der BekanntmachungsVO reflektiert. Das bloße faktische Umgehungspotential rechtfertigt eine Aufgabe dieses Schutzaspekts nicht. Daher ist der Konflikt bezüglich des Risikos einer Umgehung des Kopierschutzsystems durch manipulativen externen Zugriff durch Dritte im Ergebnis dahingehend zu lösen, dass entsprechend der obigen Ausführungen bei der Festlegung des Schutzniveaus für den Kopierschutz kein für den Sytstembetreiber unerreichbarer Maßstab anzusetzen ist. Es verbleibt insofern im Ergebnis dabei, dass angemessene Schutzmaßnahmen vor unberechtigtem Zugriff auf die Daten ergriffen werden müssen. Insofern sollte die angestrebte Streichung des Kopierschutzes durch die aktuellen Reformgesetze rückgängig gemacht werden oder jedenfalls eine entsprechende gesetzliche Regelung aufgenommen werden, die legislativ zum Ausdruck bringt, dass ein unberechtigtes Kopieren möglichst nach dem Stand der Technik erschwert werden sollte.[413]

f) § 3 BekanntmachungsVO: Löschungsfristen

aa) Verfahrensbeendigung als Anknüpfungspunkt der Löschungsfrist

Die BekanntmachungsVO enthält in Ausführung der Vorgaben von § 9 InsO spezifische Löschungsregelungen, die grundsätzlich den Bestimmungen des BDSG (§§ 20, 35 BDSG) nach Maßgabe des Subsidiaritätsgrundsatzes von § 1 Abs. 3 BDSG vorgehen. Dabei bestimmt § 3 BekanntmachungsVO das Prinzip, wonach alle Daten eines Verfahrens gemeinsam zu löschen seien. Die Insolvenzveröffentlichungen sind dabei nicht nur während der Dauer des ganzen jeweiligen Verfahrens, sondern auch für eine bestimmte Zeit darüber hinaus abfragbar. Dabei trennt der Verordnungsgeber in § 3 Abs. 1 und 2 BekanntmachungsVO dogmatisch zwischen Insolvenz- und Restschuldbefreiungsverfahren. Letzteres stelle ein eigenständiges Verfahren dar, welches gesonderte Löschungsfristen erforderlich mache.[414] Inhaltlich wird jedoch zwischen beiden

---

413 Siehe hierzu auch BT-Drucks. 16/960, S. 95, wonach die Bundesregierung prüfen wird, inwieweit gegebenenfalls in anderen Gesetzgebungsverfahren mit stärkeren Sachzusammenhang entsprechende Regelungen aufzunehmen sind, um dem Schutzzweck des Kopierschutzes sachgerecht nachzukommen.

414 BR-Drucks. 1082/01, S. 8. Die Notwendigkeit einer solchen Trennung nach Verfahrensarten dürfte allerdings zu bezweifeln sein, da die BekanntmachungsVO den Inhalt der allgemeinen Vorschrift des § 9 InsO konkretisiert, der wiederum verfahrensübergreifend für sämtliche Verfahrensarten der InsO gilt.

Verfahrensarten kein Unterschied gemacht und die Löschungsfrist mit einem Monat nach Aufhebung oder Rechtskraft der Einstellung des Insolvenzverfahrens bzw. Rechtskraft der Entscheidung über die Restschuldbefreiung bemessen. Nach Ansicht des Verordnungsgebers handele es sich dabei um einen recht kurzen Zeitraum, der insbesondere dazu diene, natürlichen Personen, die eine Restschuldbefreiung erlangt haben, den wirtschaftlichen Neuanfang nicht durch die fortdauernde Publizität aus dem Insolvenzverfahren zu stören.[415] Vergleicht man demgegenüber die Löschungsfristen der österreichischen Insolvenzdatei, so sind diese erheblich länger ausgestaltet. Grundsätzlich beträgt der Zeitraum dort ein Jahr, teilweise sogar drei Jahre.[416]

Vereinzelt wird eine grundsätzliche Verlängerung der Löschungsfrist von § 3 Abs. 1 BekanntmachungsVO auf mindestens ein Jahr u.a. deswegen gefordert, um Nachfragen von Gläubigern bei Insolvenzgerichten und den damit verbundenen beiderseitigen Aufwand zu vermeiden.[417] Der RegE des Gesetzes zur Vereinfachung des Insolvenzverfahrens sieht vor, dass die Löschungsfrist von einem auf sechs Monate verlängert wird.[418] Eine Begründung hierfür erfolgt indes nicht. Betrachtet man vergleichsweise die Löschungsregelung in § 20 Abs. 2 Satz 2 BDSG, so besteht eine Löschungspflicht grundsätzlich dann, wenn die Daten für Aufgabenerfüllung nicht mehr erforderlich sind. Damit wird der wesentliche Aspekt hervorgehoben, dass die mit der Datenspeicherung verbundene Aufgabe erfüllt ist.[419]

Bei entsprechender Heranziehung dieses Maßstabs im Zusammenhang mit der bereichsspezifischen Regelung von Löschungsfristen in der BekanntmachungsVO wird eine allgemein länger gehaltene Löschungsfrist an sich nicht erforderlich sein. Wie bereits dargestellt erfolgt die durch die Insolvenzbekanntmachungen bezweckte Aufklärung der Allgemeinheit durch Schaffung von Publizität stets auch verfahrensbezogenen, was insbesondere in der Zustellungswirkung des § 9 Abs. 3 InsO auch ausdrücklich zum Ausdruck kommt. Insoweit stellen sich knapp bemessene Löschungsfristen immer dann als ausreichend dar, wenn sich das Verfahren in einem Stadium befindet, bei dem eine

---

415 BR-Drucks. 1082/01, S. 7 f.; vgl. auch *Keller*, ZIP 2003, 149, 154, wonach der Verordnungsgeber einen „Neuanfang ohne Makel der Insolvenz“ anstrebe.

416 Vgl. § 14 Abs. 2 bis 4 Ö-IEG. Bspw. ein Jahr etwa nach Aufhebung des Konkurses, Ablauf der Zahlungsfrist bei einem Zahlungsplan oder vorzeitiger Einstellung bzw. Beendigung des Abschöpfungsverfahrens. Drei Jahre dagegen bei der in Österreich zu veröffentlichenden Konkursabweisung mangels Masse, siehe im Übrigen hierzu auch *Krenn*, ZIK 2000, 54, 55 und *Duursma/Duursma-Kepplinger*, ZInsO 2002, 913, 914; *dies.* in Aktuelle Entwicklungen im Internet-Recht, S. 89, 90.

417 So vom Bundesverband Deutscher Inkasso-Unternehmen (BDIU) im Rahmen einer Stellungsnahme zum DiskE InsOÄndG 2003, abrufbar unter: www.inso-rechtspfleger.de (Stand 01.09.2004).

418 BR-Drucks. 549/06, S. 8.

419 Vgl. *Mallmann* in Simitis, § 20 BDSG Rn. 40.

Beeinträchtigung von Verfahrensrechten nicht mehr zu besorgen ist. So tritt die (formelle) Rechtskraft des Einstellungsbeschlusses bzw. des Beschlusses über die Gewährung der Restschuldbefreiung nach Ablauf der für die sofortige Beschwerde maßgeblichen Zweiwochenfrist ein, vgl. §§ 216, 289 Abs. 2 Satz 1, 6 Abs. 2 InsO i.V.m. §§ 557, 569 Abs. 1 ZPO. Der gleichen Frist unterliegt die gegebenenfalls eingelegte sofortige Erinnerung gegen den Aufhebungsbeschluss des Rechtspflegers gem. § 11 Abs. 2 RPflG.[420] Knüpft der Verordnungsgeber nun an diese Fristen an und verlangt sogar noch eine gewisse Phase der Einsichtbarkeit nach Ablauf dieser Fristen, so sind mit Hinblick auf den Aspekt einer gesicherten Verfahrensbeendigung gegen die vorgesehenen Löschungsfristen grundsätzlich keine Einwände zu erheben. Auf der anderen Seite ist nicht zu übersehen, dass eine etwaige Verlängerung der Löschungsfristen in gewissem Umfang möglicherweise dazu beiträgt, den kritischen Stimmen, die eine Verlängerung der Fristen aus praktischen Gründen für erforderlich erachten, Rechnung tragen kann, was jedoch im Ergebnis wiederum einen kritischen Diskurs im Hinblick auf die Einhaltung eines angemessenen Schutzniveaus zugunsten natürlicher Schuldner hervorrufen dürfte.

bb) Die Löschungsfrist bei Aufhebung von Sicherungsmaßnahmen

Zu diskutieren ist allerdings noch, ob die vornehmlich verfahrensrechtlich geprägten Erwägungen, die eine Verlängerung der Löschungsfristen nicht zwingend gebieten, auch im gleichen Maße greifen, wenn das Insolvenzverfahren überhaupt nicht eröffnet wird. Hier sieht § 3 Abs. 1 Satz 2 BekanntmachungsVO eine Löschung einen Monat nach Aufhebung der veröffentlichten Sicherungsmaßnahmen vor. In Anlehnung an die zuvor diskutierte Frage, ob ein Abweisungsbeschluss bekannt zu machen ist,[421] könnte erörtert werden, inwieweit gegebenenfalls eine Verlängerung der Löschungsfrist für die Bekanntmachung des Beschlusses über die Aufhebung der Sicherheitsmaßnahmen in Betracht zu ziehen ist.[422] Sicherungsmaßnahmen sind aufzuheben, wenn sie nicht mehr benötigt werden, was insbesondere der Fall ist, wenn der Antrag auf Eröffnung des Insolvenzverfahrens abgewiesen wird.[423] Insoweit könnte u.U. aus der Bekanntmachung nach §§ 25 Abs. 1, 23 Abs. 1 Satz 1 InsO geschlossen werden, der In-

---

[420] Hierzu *Bork*, Rn. 304.

[421] Hierzu Teil 2I.3.b)aa), S. 47 ff. Es sei nebenbei angemerkt, dass auch der Verordnungsgeber augenscheinlich von der Nichtveröffentlichbarkeit des Abweisungsbeschluss ausgeht, BR-Drucks. 1082/01, S. 8.

[422] So wie dies auch Österreich mit der Trennung zwischen einer grundsätzlich einjährigen Löschungsfrist und der Dreijahresfrist für Abweisungsbeschlüsse mangels Masse gehandhabt wird, vgl. *Krenn*, ZIK 2000. 54, 55; *Duursma/Duursma-Kepplinger*, in Aktuelle Entwicklungen im Internet-Recht, S. 89, 90.

[423] *Bork*, Rn. 110.

solvenzantrag sei mangels Masse abgewiesen worden.[424] Mit einer längeren Einsichtsfrist auch nach Bekanntgabe der Aufhebung der Sicherungsmaßnahmen könnte dann gegebenenfalls dem oben angeführten ordnungspolitischen Interesse[425] nachgekommen werden, potentielle Neugläubiger längerfristig vor der Gefahr des Kontraktierens mit einer vermögenslosen Person zu schützen, ohne zuvor kostenpflichtig Einsicht in das Schuldnerverzeichnis zu nehmen oder entsprechende Registerauszüge zu prüfen.

Mag der Gedanke der Verlängerung der Löschungsfrist des § 3 Abs. 1 Satz 2 BekanntmachungsVO vordergründig reizvoll wirken, um die Problematik des nicht bekannt zu machenden Abweisungsbeschlusses zu entschärfen, so sprechen allerdings auch gewichtige Argumente gegen eine derartige Verlängerung. Zunächst stellt sich erneut die Frage der gesetzlichen Legitimation. Man könnte zwar meinen, die gegebenenfalls zu erzielende Publikationswirkung knüpfe an der bloßen Verlängerung der Löschungs- bzw. Einsichtsfrist der ansonsten gesetzlich ausdrücklich angeordneten Bekanntmachung über die Aufhebung der Sicherungsmaßnahmen an, weshalb sich auch die Frage nach einer Rechtsgrundlage nicht stelle. Gesichert erschiene diese Argumentationsweise aber keineswegs. Denn wenn allein die Löschungsfrist des § 3 Abs. 1 Satz 2 BekanntmachungsVO - bspw. auf ein Jahr - verlängert werden würde, könnte gegen die Zulässigkeit einer solchen Frist angeführt werden, die längere Löschungsfrist lasse den eindeutigen Schluss auf ein mangels Masse nicht eröffnetes Verfahren zu. Dies wiederum könnte als Argument angeführt werden, die BekanntmachungsVO ordne über Umwege die Bekanntmachung des Abweisungsbeschlusses an und gehe damit letztlich unzulässig über ihren zulässigen Regelungsbereich inhaltlich hinaus. Zudem dürfte dieses Argument dann umso mehr an Gewicht verlieren, wenn tatsächlich die durch das geplante Gesetz zur Vereinfachung des Insolvenzverfahrens vorgesehene Publikationspflicht von Abweisungsbeschlüssen in § 26 InsO eingeführt werden sollte.[426]

Zusätzlich zu diesen Bedenken ist nicht zu verkennen, dass mit einer verlängerten Einsichtsfrist nach § 3 Abs. 1 Satz 2 BekanntmachungsVO nicht sämtliche Verfahren erfasst werden, deren Eröffnungsanträge durch das Gericht abgewiesen wurden. Denn die Anordnung von Sicherungsmaßnahmen ergeht keinesfalls zwingend, sondern das Gericht ist gem. § 21 Abs. 1 Satz 1 InsO nur dann gehalten, Sicherungsmaßnahmen anzuordnen, sofern diese erforderlich erscheinen, um bis zur Entscheidung über den Antrag eine den Gläubigern nachteilige

---

424 Bekannt zu machen ist nicht die Abweisung selbst, sondern die allein Aufhebung der Sicherungsmaßnahmen, *Mäusezahl*, InsbürO 2004, 41, 57; vgl. auch Braun/*Kießner*, § 9 Rn. 13, wonach die Bekanntgabe des Abweisungsbeschlusses (mittelbar) erfolgt, wenn die Bekanntmachung der Aufhebung der Sicherungsmaßnahmen nach §§ 25, 23 Abs. 1 Satz 1 InsO vorgenommen wird.

425 Vgl. die Ausführungen zu FN 195.

426 BR-Drucks. 549/06, S. 3; vgl. hierzu auch die Ausführungen zu FN 199.

Veränderung in der Vermögenslage des Schuldners zu verhüten. Mag die Anordnung von Sicherungsmaßnahmen auch der Regelfall sein, so sind durchaus Fälle denkbar, bei denen das Gericht hierzu gerade keine Veranlassung sieht. In diesen Fällen kann aber bei einer späteren Abweisung des Eröffnungsantrags gem. § 26 InsO, aufgrund der dann jedenfalls noch de lege lata fehlenden Bekanntmachung des Beschlusses über die Aufhebung von Sicherheitsmaßnahmen, auch nicht mittelbar auf den Erlass eines Abweisungsbeschlusses geschlossen werden. Der gegebenenfalls zu erzielende Schutzeffekt einer längeren Löschungsfrist würde dementsprechend nicht diejenigen Neugläubiger hinreichend sicher vor dem Abschluss mit solch vermögenslosen Schuldnern schützen, bei denen das Gericht zuvor keine Sicherheitsmaßnahmen erlassen hatte. Sachliche Gründe für diese Differenzierung sind jedoch nicht zu erkennen. Im Ergebnis ist deshalb aus den vorgenannten Gründen auch von einer Verlängerung der Frist des § 3 Abs. 1 Satz 2 BekanntmachungsVO abzusehen.

g) § 4 BekanntmachungsVO: Unentgeltliches Einsichtsrecht

Sofern ausschließlich Veröffentlichungen der Insolvenzen im Internet erfolgen, haben die Länder nach § 4 BekanntmachungsVO sicherzustellen, dass jedermann in angemessenen Umfang unentgeltlich von den öffentlichen Bekanntmachungen Kenntnis nehmen kann. Die Vorschrift setzt inhaltlich an der Problematik des sog. Digital Divide an. Im Wesentlichen zusammengefasst soll damit auf die potentielle Gefahr hingewiesen werden, die immer weiter fortschreitende Einsatzgebiete von Computertechnologie im gesellschaftlichen Alltag mit sich bringen. Nach dieser Argumentation könnte ein partieller Ausschluss bestimmter Lebensbereiche für diejenigen Personen drohen, die sich nicht die neuen Technologien zunutze machen.[427] Der Verordnungsgeber will dieser Problematik insoweit Rechnung tragen, dass auch denjenigen interessierten Personen die Möglichkeit der Kenntnisnahme in Insolvenzverfahren zu verschaffen sei, die über keinen Computerzugang verfügten. Dabei stehe es den Insolvenzgerichten frei, ob die Einsichtnahme durch Ausdruck der veröffentlichten Daten oder Einblick ins Internet ermöglicht werde.[428]

Da insbesondere im privaten Sektor noch lange keine hundertprozentige Abdeckung der Haushalte mit Internetanschlüssen vorhanden ist, ist die Regelung in § 4 BekanntmachungsVO zu begrüßen, um grundsätzlich allen Interessierten eine unentgeltliche Einsichtnahme in Insolvenzvorgänge zu ermöglichen. Freilich kann bei der Einschränkung, eine Einsichtnahme lediglich an den (konzentrierten) Insolvenzgerichten zu ermöglichen, manches Mal die Fahrt zu einem

---

[427] Vgl. *Schreiber*, S. 43 ff., der sich ausführlicher mit den Fragen des Auseinanderdriftens von Nutzern und Nicht-Nutzern moderner Kommunikationstechniken im Rahmen elektronischen Verwaltens beschäftigt.

[428] BR-Drucks. 1082/01, S. 8.

entfernten Insolvenzgericht deutlich kostspieliger werden, als bspw. die Kosten des Besuchs eines ortsnahen Internetcafes. Insofern kommt die Reglung in § 4 BekanntmachungsVO nicht allen Interessierten zu gute. Gleichwohl ist hier nicht für eine Ausweitung der Regelung zu plädieren, da es nicht Aufgabe der Länder sein kann, flächendeckend Internetzugänge zur Verfügung zu stellen.[429]

4. Ausgewählte Rechtsfragen von Internetbekanntmachungen

Nach umfassender Betrachtung der BekanntmachungsVO soll sich nunmehr ausgewählten Rechtsfragen zugewandt werden, die sich im Zusammenhang mit der Nutzung des Internet als Bekanntmachungsmedium stellen. Dabei sollen neben materiellrechtlichen Problemstellungen auch prozessuale Fragen im Zusammenhang mit dem Einsatz des Internet erörtert werden.

a) Die Rechtswirkung von Bekanntmachungen unter Berücksichtigung des Einsatzes des Internet

aa) Verfassungsgemäßheit der Zustellungswirkung des § 9 Abs. 3 InsO im Rahmen von Internetbekanntmachungen

Wie bereits im Rahmen der Grundlegungen[430] dargestellt, besteht ein wesentlicher Aspekt von öffentlichen Bekanntmachungen darin, Rechtswirkungen mittels der Zustellungsfiktion des § 9 Abs. 3 InsO zu schaffen. Nur durch die Zustellungsfiktion kann erreicht werden, sämtliche (auch unbekannten) Verfahrensbeteiligten mit einzubeziehen. Sie ist daher notwendiges Instrument, ein effizientes Insolvenzverfahren zu ermöglichen. Dabei scheint es an sich unerheblich zu sein, welches Bekanntmachungsmedium genutzt wird, um die Zustellungsfiktion nach § 9 Abs. 3 InsO herbeizuführen. Gleichwohl vertritt *Ganter*[431] die Auffassung, die Veröffentlichung im Internet könne die öffentliche Bekanntmachung nicht ersetzen, soweit es um die Zustellungswirkung des § 9 Abs. 3 InsO gehe. Eine dezidierte Begründung hierfür erfolgt allerdings nicht. Im Vordergrund scheint die Erwägung zu stehen, dass das Internet keinen hinreichenden Verbreitungsgrad erreicht habe und nicht jedermann zur Verfügung stünde. Insofern müsse bei Einsatz eines elektronischen Informations- und Kommunikationssystem verstärkt auf einen Einsatz von Einzelzustellungen zurückgegriffen werden.[432] Soweit die Auffassung *Ganters* zuträfe, wären indes sinnvolle Einsparungs- und Effizienzpotentiale, die ein Bekanntmachungssystem über das Internet ermöglicht, zunichte gemacht.

---

[429] Es sollen im Übrigen auch aus der Praxis bislang keine Fälle bekannt geworden sein, wonach von dem Einsichtsrecht nach § 4 der BekanntmachungsVO Gebrauch gemacht worden ist, FK/*Schmerbach*, § 9 Rn. 9g.

[430] Siehe oben Teil 2I.1.b), S. 43 ff.

[431] In MüKo-InsO, § 9 Rn. 31.

[432] MüKo-InsO/*Ganter*, § 9 Rn. 31.

Wortlaut und Systematik von § 9 InsO geben für die Auffassung *Ganters* indes nichts her. Eine sachliche Differenzierung hinsichtlich verschiedener Bekanntmachungsmedien erfolgt nicht. Vielmehr spricht der Umstand, dass der Gesetzgeber in § 9 Abs. 1 Satz 1 InsO auch die alleinige Einsatzmöglichkeit eines elektronischen Informations- und Kommunikationssystems zur Verfügung gestellt hat, dass er zweifelsfrei von der Zustellungsfiktion bei Einsatz des Internet ausging. Soweit überhaupt der Frage der Zustellungsfiktion bei Internetbekanntmachungen im übrigen Schrifttum nachgegangen wird, wird der Auffassung *Ganters* ausdrücklich entgegengetreten. Nach diesen Autoren entfalte die öffentliche Bekanntmachung mittels eines elektronischen Informations- und Kommunikationssystems die gleichen Rechtswirkungen wie eine Bekanntmachung in einem „Blatt" iSd. § 9 Abs. 1 InsO.[433] Auch die Reformvorhaben zur Änderung von § 9 InsO[434] setzen allesamt die Zustellungsfiktion bei einer Internetbekanntmachung als gegeben voraus. Sofern daher Bedenken an einer Zustellungsfiktion einer Internetbekanntmachung bestehen sollten, können sich diese nicht aus der Systematik von § 9 InsO selbst ergeben, sondern allenfalls aus sonstigen rechtlichen Bedenken gegenüber einer solchen Zustellungswirkung.

Das BVerfG hat die Gleichstellung der öffentlichen Bekanntmachung mit einer gelungenen Zustellung unter verfassungsrechtlichen Gesichtspunkten im Rahmen der Vorgängerregelung des § 119 Abs. 4 InsO für bedenkenlos erklärt.[435] Solange hinreichender gerichtlicher Rechtsschutz gewahrt sei, sei die Zustellungsfiktion zulässig und eine Verletzung von Art. 19 Abs. 4 GG scheide aus.[436] Das BayObLG[437] und nunmehr auch der BGH[438] sind diesen Erwägungen für Bekanntmachungen im Insolvenzverfahren gefolgt.[439] Die Erwägungen *Ganters* könnten aber Anlass dafür geben, die Zustellungsfiktion einer neuerlichen

---

433 Kübler/Prütting/*Prütting*, § 9 Rn. 20; HK/*Kirchhof*, § 9 Rn. 9 *„uneingeschränkt dieselbe Wirkung"*, vgl. auch BK/*Goetsch*, § 9 Rn. 3.

434 Namentlich der RegE des Gesetzes zur Vereinfachung des Insolvenzverfahrens lässt die Regelung zur Zustellungswirkung unberührt, vgl. BR-Drucks. 549/06, S. 2; ebenso hat der hierzu zuvor ergangene RefE vom 8. Februar 2006 (veröffentlicht u.a. in NZI 2006, 212 ff.; siehe hierzu auch *Pannen/Riedemann*, NZI 2006, 193 ff.) keine abweichende Regelung getroffen. Letztlich haben auch der insoweit zwischenzeitlich verworfene DiskE zur Änderung der InsO, des BGB und anderer Gesetze aus dem Jahre 2003 (abgedruckt in NZI 2003, 311 ff.) sowie der hierzu vorgelegte RefE vom 16. September 2004 (abgedruckt in NZI 2004, 549 ff.), mit dem geplant war, den e-Bundesanzeiger als einheitliches Bekanntmachungsportal einzuführen, die Zustellungswirkung als selbstverständlich vorausgesetzt. Zu den Reformvorhaben im Bereich des § 9 InsO siehe im Übrigen unten unter Teil 2II.5.a), S. 138 ff.

435 BVerfG NJW 1988, 1255, 1256.

436 Vgl. BVerfG NJW 1988, 1255, 1256.

437 BayObLG ZInsO 2002, 129, 130 f.

438 BGH ZInsO, 2004, 199 unter Hinweis auf BayObLG (FN 437).

439 In der Literatur wird die Verfassungsmäßigkeit der Zustellungswirkung ebenfalls nicht in Zweifel gezogen, vgl. etwa Smid/*Smid*, § 9 Rn. 4; FK/*Schmerbach*, § 9 Rn. 4 sowie Jaeger/*Gerhardt*, § 9 Rn. 7.

verfassungsrechtlichen Prüfung mit Hinblick auf den Einsatz des Internet zu unterziehen.

Im Kern läuft die Kritik an einem mangelnden Verbreitungsgrad auf das bereits zu § 4 BekanntmachungsVO angesprochene Argument eines möglichen Digital Divide hin. Vollständig von der Hand zu weisen sind diese Gedanken sicher nicht, da noch lange nicht jeder Haushalt über einen Internetanschluss verfügt. Das Insolvenzverfahren betrifft zudem individuelle Ansprüche, die individueller Prüfung bedürfen.[440] Sollte sich deshalb z.B. ein Gläubiger mangels entsprechenden Zugangs nicht der Einsichtmöglichkeiten über Insolvenzverfahren im Internet bedienen (können), drohte gegebenenfalls eine Missachtung rechtsstaatlich verankerter Partizipationsrechte an einem gerichtlichen Verfahren. Dieses Digital Divide Argument ist allerdings im Bereich der Frage der Zustellungswirkungen von Internetbekanntmachungen letztlich nicht stichhaltig. Mit zutreffenden Erwägungen wurde dieses bereits mit Hinblick auf gesellschaftsrechtliche Publikationen im e-Bundesanzeiger ausdrücklich zurückgewiesen, da Internetpublikationen in aller Regel leichter zur Verfügung stünden als herkömmliche Veröffentlichungsblätter wie der Print-Bundesanzeiger.[441]

Gleiches gilt für Bekanntmachungen im Insolvenzverfahren. Für die weit überwiegende Anzahl von Interessenten dürfte es sich als völlig unproblematisch erweisen, sich einen entsprechenden Internetzugang zu besorgen. Dass der Staat mit der Regelung des § 4 BekanntmachungsVO sogar eine eigene (unentgeltliche) Einsichtmöglichkeit zur Verfügung stellt, entschärft weitere Beschaffungslücken. Gleichwohl dürfte diese Regelung aber nicht notwendig sein, um der Zustellungsfiktion des § 9 Abs. 3 InsO auch für Internetbekanntmachungen ihre Legitimation zu verschaffen. Denn für die Schaffung der Rechtswirkungen einer öffentlichen Bekanntmachung im Insolvenzverfahren reicht gerade die abstrakte Möglichkeit der Kenntnisnahme aus. Vergleicht man aber den Verbreitungsgrad herkömmlicher Amtsblätter mit demjenigen des Internet, so kann dieser Vergleich nur zu Lasten von Printbekanntmachungen ausfallen. Insgesamt ist damit mit Hinblick auf die verfassungsrechtlich verbürgten Grundsätze des Anspruchs auf rechtliches Gehör die Bejahung der Zustellungsfiktion auch bei Internetbekanntmachungen nicht zu beanstanden.

---

440 Nerlich/Römermann/*Becker*, § 9 Rn. 26.

441 *Noack*, Infobase, Rn. 42 unter Hinweis auf *Seibert*, NZG 2002, 609, 609: „Man wird erwidern müssen, dass auch bei weitem nicht jeder ein Abonnement des Papier-Bundesanzeigers hat.“

bb) Zeitpunkt der Rechtswirkung von Internetbekanntmachungen

(1) Beginn der Zustellungsfiktion von Internetbekanntmachungen

Der Zeitpunkt, zu dem die öffentliche Bekanntmachung als bewirkt gilt, ist insbesondere für den Lauf der Beschwerdefrist, vgl. § 6 Abs. 2 InsO, maßgeblich.[442] Gem. § 9 Abs. 1 Satz 3 InsO gilt eine Bekanntmachung als bewirkt, sobald nach dem Tag der Veröffentlichung zwei weitere Tage verstrichen sind. Bei Printveröffentlichungen ist der Tag der Veröffentlichung der Tag, an dem diejenige Ausgabe des für die Bekanntmachung bestimmten Blattes erschien, welche die Bekanntmachung enthielt.[443] Dabei ist nicht etwa das aufgedruckte Datum der Ausgabe entscheidend, sondern deren tatsächliches Erscheinen.[444] Bei einer elektronischen Publikation bedarf es notwendiger Weise keines vergleichbaren händischen Distributionsaktes,[445] der als Anknüpfungspunkt für den Wirksamkeitszeitpunkt einer öffentlichen Bekanntmachung herhalten könnte. Für den Beginn der Zweitagesfrist nicht von Relevanz kann sein, wann der Interessent erstmals Einblick in den Veröffentlichungstext genommen hat. Denn wie auch bei der Ausgabe des Amtsblattes muss die abstrakte Möglichkeit ausreichen, Zugriff auf den Veröffentlichungstext nehmen zu können. Diese Möglichkeit besteht dann, wenn die Bekanntmachung erstmals ins Internet eingestellt wurde und dort durch einen Interessenten eingesehen werden kann. Die Zweitagesfrist des Abs. 1 Satz 3 beginnt demnach mit dem Tag der erstmaligen Aufnahme der Mitteilung in das Internet.[446]

Dabei kann es für den Lauf der Zweitagesfrist des Abs. 1 Satz 3 nicht darauf ankommen, zu welcher genauen Uhrzeit die Einstellung erfolgte. Es bedarf

---

442 Umstritten ist, inwieweit der Lauf der Beschwerdefrist individuell durch eine der Bekanntmachung zuvorgekommene Zustellung in Gang gesetzt wird. Nach vormals hM sorgte die Bekanntmachung für einen einheitlichen Fristbeginn, vgl. nur OLG Hamm ZIP 1993, 777, 777 f.; wohl auch LG München I, ZInsO 2000, 684; BK/*Goetsch*, § 9 Rn. 11; Kübler/Prütting/*Prütting*, § 9 Rn. 15. Mittlerweile ist die Auffassung im Vordringen, wonach sich § 9 Abs. 3 InsO insoweit entscheidend von § 76 Abs. 3 KO im Wortlaut unterscheide („genüge" gegenüber „gilt"), sodass auch eine zuvorkommende Zustellung die Beschwerdefrist für den Adressaten zum Laufen bringe, OLG Köln ZIP 2000, 195, 196 f. mit zust. Anm. *Bork*, EWiR, § 9 InsO 1/2000, S. 181 f.; MüKo-InsO/*Ganter*, § 9 Rn. 24; Nerlich/Römermann/*Becker*, § 9 Rn. 25; Uhlenbruck/*Uhlenbruck*, § 9 Rn. 5. Dieser Streit dürfe bei einer fortschreitenden Verbreitung von Internetbekanntmachungen an Bedeutung verlieren, wenn damit zu rechnen ist, dass die Publikation im Internet in der Regel schneller als eine individuelle Zustellung erfolgen wird.

443 Nerlich/Römermann/*Becker*, § 9 Rn. 19.

444 Vgl. BGH KTS 1993, 415 zu „Ausgabe" iSd. § 76 Abs. 1 Satz 2 KO und 119 Abs. 2 Satz 2 VerglO; zur InsO vgl. u.a. Uhlenbruck/*Uhlenbruck* § 9 Rn. 3; MüKo-InsO/*Ganter*, § 9 Rn. 2.

445 Vgl. hinsichtlich der Informationsverbreitung über das Internet im Gesellschaftsrecht *Noack*, Infobase, Rn. 24.

446 Hierfür offensichtlich BK/*Goetsch*, § 9 Rn. 3; im Anschluss an *Goetsch* ebenso HK/*Kirchhof*, § 9 Rn. 8. Siehe auch OLG Rostock vom 19. Juni 2006, AZ. 3 U 6/06, einsehbar unter www.juris.de (dort zu Ziffer 18 des Urteils).

bspw. keiner Einschränkung dergestalt, dass die Einstellung noch zeitlich im Bereich normaler Geschäftszeiten erfolgen muss. Dem Interessenten drohten selbst bei einer erst spät am Tag erfolgenden Einstellung ins Internet hieraus keine Nachteile. Denn so wie auch der Tag der Ausgabe einer Printbekanntmachung für die Zweitagesfrist nicht mitgerechnet wird,[447] muss auch der Tag der erstmaligen Einstellung ins Internet für die Fristberechnung irrelevant sein. Theoretisch könnte daher eine Einstellung ins Internet noch bis 24.00 Uhr des laufenden Tages erfolgen, ohne dass dies zu einer Verschiebung der Zweitagesfrist führt. Der Interessent wäre selbst bei einer solch späten Einstellung nicht gegenüber einer „frühzeitig" am Tage erfolgten Ausgabe des Amtsblattes benachteiligt. Die Zweitagesfrist des Abs. 1 Satz 3 ermöglicht, dass den Interessenten ein angemessener Zeitraum zur Verfügung gestellt werden soll, binnen derer das Amtsblatt zwecks Informationsgewinnung beschafft werden kann.[448] Erst danach sollen die eigentlich maßgebenden Rechtsfristen zu laufen beginnen. Diese Probleme bestehen aber beim Internet nicht. Denn anders als bei Ausgabe eines Printmediums erfolgt die Freigabe der Information im Internet gegenüber sämtlichen Beteiligten einheitlich zum gleichen Zeitpunkt und bedarf - abgesehen von der bereits dargelegten Notwendigkeit eines Internetzugangs - keiner weiterer Beschaffungsaktivität seitens des Interessenten.

(2) Auswirkungen von Störungen auf den Zeitpunkt der Zustellungsfiktion

Eine andere Frage ist, wie etwaige Zugriffsbarrieren zu beurteilen sind, die sich mit Hinblick auf technische Probleme ergeben könnten. Hier fragt sich, wie sich diese auf den Zeitpunkt des Beginns der Zustellungsfiktion auswirken. Hierbei kommen zwei Richtungen von Störungen in Betracht:

Einerseits kann ein Zugriff technisch nicht möglich sein, weil eine Störung seitens des vom Interessenten verwendeten Anschlusses vorliegt. In diesen Fällen ist die Antwort eindeutig. Da es auf für den Start der Zweitagesfrist auf die abstrakte Einsichtnahmemöglichkeit ankommt, müssen Störungen, die aus dem Verantwortlichkeitskreis des Interessenten herrühren, für den Fristlauf unberücksichtigt bleiben. Gleiches gilt für Zugriffsverzögerungen aufgrund technischer Probleme des vom Interessenten verwendeten Computersystems, die während des Laufs der Zweitagesfrist des § 9 Abs. 1 Satz 3 InsO auftreten.

---

[447] Vgl. MüKo-InsO/*Ganter*, § 9 Rn. 2.

[448] Der Charakter einer solchen „Informationsbeschaffungsfrist" wird auch dadurch deutlich, dass die Fristberechnung insoweit unter Anwendung des § 4 InsO i.V.m. § 222 Abs. 2 ZPO erfolgt. Ist der zweite Tag nach dem Tag der Veröffentlichung ein Samstag, Sonntag oder allgemeiner Feiertag, so wird die Bekanntmachung dann auch erst mit Ablauf des folgenden Werktages wirksam, vgl. nur MüKo-InsO/*Ganter*, § 9 Rn. 20; Kübler/Prütting/*Prütting*, § 9 Rn. 13. Gleiches gilt im Übrigen für den Tag der Ausgabe (Einstellung) selbst. Der Interessent soll also ersichtlich Werktags die Möglichkeit haben, auf den Bekanntmachungstext tatsächlich zugreifen zu können.

Andererseits kann die Zugriffsbarriere aber auch darauf beruhen, dass das verwendete System keinen Fremdzugriff ermöglicht. Z.B. könnte ein Serverausfall[449] dazu führen, dass die Daten nicht mehr über das Internet einsehbar sind. Sollten die Insolvenzvorgänge am Tage der erstmaligen Einstellung ins Internet von vornherein für den gesamten Tag nicht abrufbar sein, stellt sich Frage nach dem Beginn der Zweitagesfrist nicht. Denn wenn von vornherein keine Einsicht ins Internet möglich ist, liegt keine der Ausgabe einer Printveröffentlichung vergleichbare Einstellung ins Internet vor, die eine für jedermann freie Zugriffsmöglichkeit bietet.

Schwieriger gestalten sich aber diejenigen Fälle, bei denen partiell über den Tag verteilt Zugriffsstörungen vorliegen. Liegt etwa ein temporärer Serverausfall vor, bei dem über einen gewissen Zeitraum die Daten nicht einsichtbar waren, fragt sich, ob dies Auswirkungen auf das Bewirken einer Bekanntmachung iSd. § 9 Abs. 1 Satz 3 InsO hat. Sollten die Störungen am Tage der Einstellung auftreten, wird man mit Hinblick auf die Ausführungen zum Beginn der Zweitagesfrist, temporäre Störungen großzügig behandeln können. Denn wenn es möglich ist, die Einstellung noch bis zum Ablauf des Einstellungstages einzustellen, ohne dass sich hierdurch der Fristbeginn verschiebt, erscheint es sachgerecht, selbst dann von einer hinreichenden Ersteinstellung an diesem Tage auszugehen, wenn die Daten über den Tag hinweg nur für einen kurzen Zeitraum abrufbar waren.

Die Problematik technischer Störungen reduziert sich damit im Kern auf die entscheidende Frage, wie sich Zugriffsstörungen auf Seiten des Bekanntmachungsportals auswirken, die während des Laufes der Zweitagesfrist auftreten. Betrachtet man zunächst herkömmliche Printveröffentlichungen, so scheinen vergleichbare Zugriffsbarrieren nicht erkennbar zu sein. Denn ist das Amtsblatt erst einmal ausgegeben, bestünde grundsätzlich dauerhaft die Möglichkeit, den Bekanntmachungstext einzusehen. Gleichwohl können sich auch hier Einschränkungen ergeben, etwa wenn ein Interessent einen bestimmten Ort zu einer bestimmten Zeit aufsuchen muss (bspw. ein Archiv), um sich überhaupt das Amtsblatt erst einmal verschaffen zu können. Gewisse Verzögerungsprobleme bei der Informationsbeschaffung sind also auch dem herkömmlichen Printbekanntmachungssystem immanent.

Vergleichbare Zugriffsverzögerungen sollen offensichtlich auch bei Bekanntmachungen über das Internet unberücksichtigt bleiben. Zwar offeriert das Internet den Interessenten an sich eine permanente Einsichtsmöglichkeit in die Insolvenzvorgänge. Eine solche Dauerhaftigkeit der Einsichtsmöglichkeit ist aber augenscheinlich nicht erforderlich, um der Systematik von Internetbe-

---

449 *Stadler*, ZZP 2002, 413, 423, nennt dies als potentielle Störquelle im Zusammenhang mit der Versendung elektronischer Dokumente gem. § 130a ZPO.

kanntmachungen hinreichende Gültigkeit zu verschaffen. Dies bringt u.a. § 4 BekanntmachungsVO zu Ausdruck, wonach die Insolvenzgerichte zwar sicherzustellen haben, dass Interessenten unentgeltlich Einsicht in die Internetbekanntmachungen einnehmen können; diese durch die Verordnung aufgestellte Forderung steht jedoch ausdrücklich unter dem Vorbehalt der Angemessenheit einer Einsichtsgelegenheit. Im Rahmen der Angemessenheit der Einsichtsgelegenheit wird schon in zeitlicher Hinsicht von den Insolvenzgerichten nicht zu fordern sein können, dass sie länger als zu den üblichen Öffnungszeiten bei Gericht den Interessenten Zugang zu den Insolvenzdaten zu gewähren haben.

Mittelbar kann hieraus insgesamt gefolgert werden, dass jedenfalls in gewissem Umfang temporäre Zugriffshindernisse auf die Veröffentlichungstexte durch Interessenten hinzunehmen sind. Daher dürfte auch nicht jede technische Störung bei Bekanntmachungen mittels eines elektronischen Informations- und Kommunikationssystem von vornherein zu einer Verschiebung der Zweitagesfrist führen können. Mit Hinblick auf die zeitlichen Einschränkungen der Zugriffsmöglichkeit, die auch in § 4 BekanntmachungsVO voraussetzt sind, dürfte es insbesondere für den Fristenlauf ohne Belang sein, sollten technische Störungen außerhalb üblicher Zugangszeiten zu Gericht eintreten. Ein Serverausfall bspw. während der Nachtzeit hätte so keine Auswirkungen auf den Fristenverlauf.

Treten die Zugriffshindernisse hingegen während üblicher Geschäftszeiten auf, dürfte sich eine völlige Außerachtlassung derartiger Störungen für den Fristenlauf dann nicht mehr als vertretbar erweisen, wenn den Interessenten eine Zugriffsmöglichkeit nur für einen kurzen Moment über den Tag hinweg möglich gewesen ist. Eine solch kurze Zugriffsmöglichkeit käme vielmehr einer dauerhaften Informationssperre gleich. In diesen Fällen erscheint es nicht mehr gerechtfertigt, von einer ausreichenden zur Verfügungstellung des elektronischen Bekanntmachungstextes auszugehen, die ein Bewirken iSd. § 9 Abs. 1 Satz 3 InsO nach sich ziehen könne.

Allerdings ist nicht zu verkennen, dass derartig dauerhafte Störausfälle in der Praxis kaum zu befürchten sind. Die weitaus realistischeren Fälle dürften lediglich kurze technische Störungen darstellen, bei welchen ansonsten ein Zugriff auf die Insolvenzvorgänge am restlichen Tag unproblematisch möglich ist. In diesen Fällen ist aber wiederum nicht einzusehen, weshalb diese Auswirkungen so gravierend sein sollen, dass sie zu einer notwendigen Verschiebung der Zweitagesfrist führen müssten. Maßstab für eine mögliche Verschiebung des Fristenbeginns kann damit nur sein, ob den Verfahrensbeteiligten ein hinreichender Zeitraum zur Verfügung stand, sich die erforderlichen Informationen mittels des Internet zu beschaffen. Eine hinreichende Möglichkeit zur Informationsbeschaffung wird man insbesondere dann annehmen können, wenn den Interessenten insgesamt ein zumutbarer Zeitraum zur Verfügung gestellt wurden, binnen derer neuerliche Onlinezugriffe möglich waren. Dabei wird man mit

Hinblick auf die notwendige Rechtssicherheit eines einheitlichen Fristbeginns, der gem. § 9 Abs. 1 Satz 3 InsO am Einstellungstag ausgerichtet sein soll, den erforderlichen Zeitraum einer Einstellung nicht nach strengen Maßstäben bemessen dürfen.

Im Ergebnis hieße dies, dass zugunsten der Rechtssicherheit auch längerfristige Störungszeiträume für die Interessenten hinzunehmen sein. Als überschritten dürfte die Zumutbarkeitsgrenze aber dann anzusehen sein, wenn es für den Interessenten realistischer Weise nicht mehr zu erwarten war, dass er eine Zugriffsmöglichkeit auf das Insolvenzportal nach Behebung der Störung nehmen könne. Denn es kann den Betroffenen nicht zugemutet werden, nahezu ihren gesamten Tagesablauf danach auszurichten, irgendwann einmal zufälliger Weise erfolgreich Zugriff auf die elektronischen Bekanntmachungen nehmen zu können. Damit könnten nur langfristige Zugriffsschwierigkeiten über mehrere Stunden, die während der üblichen Geschäftszeiten auftreten, überhaupt zu einer Verschiebung der Zweitagesfrist führen. Dass aber derartige Störungszeiträume von dieser Dauer des Öfteren vorkommen sollten, steht in der Praxis nicht zu befürchten, zumal den Systembetreibern hiermit ein großzügiger Zeitraum zur Behebung einer Störquelle zur Verfügung stünde. Bei Beachtung dieser Maßstäbe ist damit eine insgesamt ausgewogene Bewertung von technischen Zugriffshindernissen möglich, die aus dem Verantwortlichkeitskreis des Systembetreibers stammen.

(3) Konkurrenz verschiedener Publikationsmedien

Das Gesetz sieht bislang ein mögliches Nebeneinander von herkömmlicher Printbekanntmachung im Amtsblatt und der Publikation mittels eines elektronischen Informations- und Kommunikationssystem vor.[450] Aus dieser potentiellen Doppelläufigkeit der Bekanntmachungssysteme können sich mit Hinblick auf den Zeitpunkt des Bewirkens einer Bekanntmachung entscheidende Konkurrenzfragen ergeben. Da die elektronische Bekanntmachung im Internet ebenso wie die Printveröffentlichung die Zustellungsfiktion zu bewirken vermag, fragt sich, wie der Zeitpunkt des Bewirkens einer Bekanntmachung zu bewerten ist, wenn seitens einer Landesjustizverwaltung auf beide Bekanntmachungsarten zurückgegriffen wird. Zwar ist denkbar, dass sowohl der Tag der Ausgabe als auch der Tag der erstmaligen Einstellung ins Internet zusammenfallen, sodass in diesen Fällen folglich auch ein einheitlicher Tag des Bewirkens iSd. § 9 Abs. 1 Satz 3 InsO vorliegen muss. Allerdings wäre das Zusammenfallen beider Daten keineswegs gesichert, sondern durchaus möglich, dass Ausgabe des Amtsblatts und Ersteinstellung ins Internet zeitlich auseinander fallen. Wie in diesen Fällen

[450] Es bleibt den Landesjustizverwaltungen überlassen, ob das Internet „kumulativ" zu herkömmlichen Bekanntmachungen genutzt wird, vgl. MüKo-InsO/*Ganter*, § 9 Rn. 31.

der Zeitpunkt des Bewirkens zu beurteilen ist, beantwortet das Gesetz nicht ausdrücklich.

Auch beim herkömmlichen Printbekanntmachungssystem können sich Konkurrenzfragen stellen. Dies gilt einerseits hinsichtlich des Verhältnisses von der Bekanntmachung im Amtsblatt zu Zweitveröffentlichungen gem. § 9 Abs. 2 Satz 1 InsO und andererseits hinsichtlich des Verhältnisses der Bekanntmachung im Amtsblatt zur obligatorischen Pflichtveröffentlichung im Print-Bundesanzeiger. In beiden Fällen hat das Nebeneinander der verschiedenen Publikationsmedien indes keine Auswirkungen auf den Beginn des Fristverlaufs. Hinsichtlich der obligatorischen Veröffentlichungen im Bundesanzeiger folgt dies schon aus dem Umstand, dass die Veröffentlichung im Bundesanzeiger eine Bekanntmachung gem. § 9 InsO nicht ersetzen kann, im umgekehrten Falle hingegen die Bekanntmachungen gem. § 9 InsO trotz fehlender Veröffentlichung im Bundesanzeiger Wirksamkeit entfaltet.[451] Dies gilt im Grundsatz auch für die Zweitveröffentlichung. Auch diese sind nach allgemeiner Auffassung für die Rechtsmittelfrist irrelevant.[452] Die Bekanntmachung erfahre nicht etwa je nach Verbreitung anderweitiger Medien, womöglich gar unter Verlust der bisherigen Wirkung, stets aufs neue die Geltung als bewirkt.[453] Genauso wenig komme es für die Fristenberechnung auf die weitere Veröffentlichung an, wenn diese vor der Ausgabe des offiziellen Bekanntmachungsblatt erscheine.[454]

Eine vergleichbare Vorrangwirkung der Printbekanntmachung im Amtsblatt gegenüber Internetbekanntmachungen lässt sich indes nicht bejahen. Denn wie bereits dargestellt, misst das Gesetz Internetbekanntmachungen die gleichen Rechtswirkungen wie herkömmlichen Printbekanntmachungen bei.[455] Insofern kann in den Fällen des zeitlichen Auseinanderfallens weder per se der herkömmlichen Printbekanntmachung im Amtsblatt noch der Internetbekanntmachung die alleinentscheidende Wirkung hinsichtlich des Zeitpunkt des Bewirkens zugesprochen werden. Maßgebend muss folglich in diesen Fällen sein, ob die zeitlich zuerst erfolgende oder die zeitlich nachfolgende Bekanntmachung den Ausschlag für die Bestimmung des Fristenlaufs gibt.

Systematische Erwägungen sprechen de lege lata indes dafür, für den Fristenlauf die zeitlich zuerst erscheinende Bekanntmachung als entscheidend anzusehen. Dies folgt u.a. aus einem Vergleich von alternativer mit kumulativer Nut-

---

451 MüKo-InsO/*Ganter*, § 9 Rn. 14.

452 Uhlenbruck/*Uhlenbruck*, § 9 Rn. 5; FK/*Schmerbach*, § 9 Rn. 17; vgl. MüKo-InsO/*Ganter*, § 9 Rn. 23.

453 Nerlich/Römermann/*Becker*, § 9 Rn. 20; i.E. ebenso Jaeger/*Gerhardt*, § 9 Rn. 3.

454 Braun/*Kießner*, § 9 Rn. 26. Das „Vorabscheinen" einer wiederholenden Zweitveröffentlichung im gleichen Publikationsmedium ist technisch nicht möglich, da es sich dann insoweit um eine Erstveröffentlichung handeln würde.

455 Ausführlich Teil 2II.4.a), S. 117 ff.

zung des Internet für Bekanntmachungen. Bestimmt die Landesjustizverwaltung nur eine Form von Bekanntmachungen, richtet sich deren Wirksamkeitszeitpunkt automatisch nach deren Erscheinungsdatum (womit hier jeweils Ausgabezeitpunkt des Blattes oder Ersteinstellung im Internet gemeint sei). Tritt nun aber in dem Fall, in dem Nebeneinander von Print- und Internetbekanntmachung seitens der Landesjustizverwaltung vorgesehen ist, eine weitere inhaltsgleiche Bekanntmachung hinzu, kann die nachfolgende Bekanntmachung nicht dazu führen, dass die zuerst erschiene Bekanntmachung ihre Wirksamkeit verliert.[456] Für einen solchen Verlust der Rechtswirksamkeit gibt das Gesetz nichts her. Wenn aber die grundsätzliche Wirksamkeit durch eine nachfolgende Bekanntmachung unberührt bleibt, müssten Wirksamkeit und Wirksamkeitszeitpunkt auseinandergezerrt werden, wollte man der nachfolgenden Bekanntmachung den maßgeblichen Einfluss auf den Fristenlauf zumessen. Dies ist wiederum mit Bestimmung des § 9 Abs. 1 Satz 3 InsO ohne einen dogmatischen Kunstgriff nicht in Einklang zu bringen. Der Lauf von Rechtsmittelfristen würde sich folglich nach der zuerst erschienen Bekanntmachung richten, unabhängig davon, ob diese zuerst im Amtsblatt oder im Internet der Allgemeinheit zugänglich war. Der Schutz von Verfahrensbeteiligten gebietet hier auch keine zwingend andere Sichtweise. Denn soweit die Zweitagesfrist § 9 Abs. 1 Satz 3 InsO eine Informationsbeschaffung ermöglichen will, kann diese auch dann ohne Weiteres erreicht werden, wenn das erste Mal der Bekanntmachungstext, sei es im Amtsblatt oder im Internet, einsehbar ist.[457] Ein Interessent ist insofern nicht darauf angewiesen, die zweite (inhaltsgleiche) Bekanntmachung abzuwarten, um die für ihn relevanten Informationen zu erhalten.

Bei der hier vertretenen Auffassung ist zwar nicht zu verkennen, dass sie möglicherweise die Gefahr beinhaltet, dass sich ein Interessent fälschlicher Weise auf das Erscheinungsdatum des für ihn leichter zu erreichenden Mediums verlässt und dadurch gegebenenfalls erleichtert einem Irrtum über den tatsächlichen Wirksamkeitszeitpunkt der Bekanntmachung erliegt. Insofern wäre ggf. zu überlegen, eine ausdrückliche Regelung im Gesetz aufzunehmen, die hinsichtlich des Zeitpunkts der Bekanntmachung auf die nachfolgend erschienene Bekanntmachung abstellt.[458] Ein solcher Schritt dürfte jedoch de lege ferenda wohl nicht

---

456 Wie auch die „weitere“ Veröffentlichung iSd. § 9 Abs. 2 Satz 1 InsO, die ebenfalls im Amtsblatt erscheint, keinen Verlust der Rechtswirksamkeit der „ersten“ Bekanntmachung nach sich zieht, vgl. Nerlich/Römermann/*Becker*, § 9 Rn. 20.

457 Zu diesem Ergebnis kommt offensichtlich auch OLG Rostock vom 19. Juni 2006, AZ. 3 U 6/06, einsehbar unter www.juris.de (dort zu Ziffern 18 und 19 des Urteils), ohne dies freilich näher zu begründen.

458 Zu denken wäre bspw. an eine Regelung vergleichbar der Bestimmung in § 10 Abs. 2 HGB, wonach bezüglich der Bekanntmachung im Bundesanzeiger und einem weiteren Blatt nach Maßgabe von § 10 Abs. 1 HGB ausdrücklich bestimmt wird, dass die Bekanntmachung mit Ablauf des Tages als erfolgt gilt, an dem das letzte der die Bekanntmachung enthaltenden Blätter erschienen ist. Auf diese Weise werde sichergestellt, dass

erforderlich werden, da sich die Gefahr eines Irrtums über den Wirksamkeitszeitpunkt dann nicht mehr ergeben kann, wenn nur noch Bekanntmachungen über das Internet vorgesehen sind. Die Umsetzungspraxis auf dem Portal www.insolvenzbekanntmachungen.de hat mittlerweile gezeigt, dass die vorgenannten Konkurrenzfragen grundsätzlich nur für einen Übergangszeitraum von Interesse sind, sofern die Landesjustizverwaltungen das Internet als alleiniges Publikationsmedium bestimmen.[459] Wenn zudem - wie dies bei den aktuellen Reformvorhaben bezüglich § 9 InsO vorgesehen ist - künftig allein Internetbekanntmachungen erfolgen dürfen, hätten sich potentielle Konkurrenzfragen ohnehin erledigt.

b) Gutglaubensschutz und die öffentliche Bekanntmachung des Eröffnungsbeschlusses im Internet

aa) Gutglaubensschutz des Leistenden

Durch die Eröffnung des Insolvenzverfahrens geht das Verfügungs- und Verwaltungsrecht des Schuldners über sein Vermögen nach § 80 InsO verloren. Aus der Insolvenzeröffnung können sich einhergehend mit dem Rechtsverlust des Schuldners namentlich für Drittschuldner negative Folgen ergeben, sollten diese an den insolventen Schuldner und nicht an den nunmehr insoweit Empfangsberechtigten Verwalter leisten. Die Gefahr einer möglichen Doppelleistung folgt diesbezüglich aus § 82 Satz 1 InsO, der eine Befreiung des Drittschuldners von seiner Leistungspflicht bei einer Leistung an den Insolvenzschuldner nach Verfahrenseröffnung davon abhängig macht, ob der Leistende Kenntnis von der Eröffnung hatte.[460] § 82 Satz 1 InsO postuliert damit einen Gutglaubensschutz vergleichbar der Situation bei Abtretung einer Forderung und anschließender Leistung des Schuldners an den bisherigen Gläubiger, vgl. § 407 BGB.[461]

Dass dieser Gutglaubensschutz indes von Gesetzes wegen durchbrochen werden soll, lässt sich aus § 82 Satz 2 InsO ableiten. Denn zugunsten des Schutzes der Insolvenzmasse soll die öffentliche Bekanntmachung verhindern, dass der Vertragspartner des Insolvenzschuldners noch mit befreiender Wirkung an

---

die Wirkungen der Bekanntmachung nicht bereits in einem Zeitpunkt eintreten, in dem noch nicht alle Blätter erschienen sind und damit die Kenntnisnahme nicht allen Interessierten möglich sei, *Schaub* in Ebenroth/Boujong/Joost, § 10 HGB Rn. 17.

459 So erfolgten bspw. in Nordrhein-Westfahlen lediglich binnen der ersten drei Monate neben der Internetbekanntmachung weiterhin Bekanntmachungen über das Amtsblatt, vgl. Allgemein-Verfügung des Justizministeriums des Landes Nordrhein-Westfalen vom 13. März 2002 (132243-I D. 35) - JMBl NrW, S. 82, abgedruckt in ZVI 2002, 140.

460 Dabei reicht allein positive Kenntnis von der Verfahrenseröffnung selbst und nicht etwa Kenntnis über eine bestehende Krise oder die alleinige Stellung des Antrages aus, Uhlenbruck/*Uhlenbruck*, § 82 Rn. 11.

461 Gottwald/Riedel/*Keller*, Kap. 6/4.1.1, S. 2.

diesen leisten kann.[462] Nur dann, wenn der Leistende vor Erscheinen der öffentlichen Bekanntmachung geleistet hat, wird zugunsten des Leistenden vermutet, dass er die Eröffnung nicht kannte. Nach öffentlicher Bekanntmachung des Eröffnungsbeschlusses obliegt es hingegen dem Leistenden, zu beweisen, dass ihm die Eröffnung des Verfahrens unbekannt war.[463] Gelingt dieser Beweis nicht, so kann der Leistende keinen Erfüllungseinwand geltend machen und ist insoweit weiterhin gegenüber der Masse verpflichtet, den Anspruch des Insolvenzschuldners zu befriedigen.

bb) Nachweis der Unkenntnis des Leistenden bei Internetbekanntmachungen

Der Nachweis der Unkenntnis der Verfahrenseröffnung unterliegt strengen Anforderungen.[464] Es ist in der Regel davon auszugehen, dass der Leistende bei schuldiger Aufmerksamkeit von der öffentlichen Bekanntmachung hätte Kenntnis nehmen können.[465] Fraglich ist dabei nunmehr, inwieweit es dem Leistenden bei einer öffentlichen Bekanntmachung des Eröffnungsbeschlusses im Internet in einem etwaigen Prozess gelingen kann, den für ihn erforderlichen Nachweis der Unkenntnis zu erbringen.

(1) Kriterium des Verbreitungsgebietes des Bekanntmachungsmediums

Bislang wurde seitens Rechtsprechung und Literatur im Rahmen einer etwaigen Widerlegung der Kenntnisvermutung bei Printveröffentlichungen als Hauptkriterium darauf abgestellt, welches Verbreitungsgebiet das jeweilige Veröffentlichungsblatt erfahre. So hat der *BGH* hinsichtlich der Frage, ob die Vermutung des § 8 Abs. 3 KO widerlegt ist, darauf hingewiesen, dass auch das Verbreitungsgebiet des jeweiligen Bekanntmachungsblattes zu berücksichtigen sei, in dem das Verfügungsverbot veröffentlicht wurde. Leiste ein Drittschuldner außerhalb dieses Gebietes, sei der Beweis der Unkenntnis leichter zu führen.[466] Ein Drittschuldner hätte sich so gegebenenfalls darauf berufen können, als Bewohner eines anderen Bundeslandes mangels Erreichbarkeit des einschlägigen Be-

---

462 Vgl. Müko-InsO/*Ganter*, § 9 Rn. 5.

463 Vgl. nur Uhlenbruck/*Uhlenbruck*, § 82 Rn. 13. § 8 Abs. 3 KO sah diese Beweislastregelung ausdrücklich vor, wobei deren Wegfall lediglich eine „redaktionelle Verkürzung" darstelle aber keine inhaltliche Änderung bezwecken sollte, MüKo-InsO/*Ganter*, § 9 Rn. 25.

464 MüKo-InsO/*Ganter*, § 9 Rn. 25

465 Vgl. LG Dortmund ZIP 1997, 206, 206 f. = EWiR 1997, 265, 265 f. mit zustimmender Anm. *Hess* unter Hinweis auf historische Motive des Gesetzgebers.

466 BGH WM 1998, 2543, 2545; dies Grundsätze für die InsO als fortgeltend betrachtend, u.a. MüKo-InsO/*Ganter*, § 9 Rn. 25.

kanntmachungsorgans keine Kenntnis von einer Insolvenzeröffnung gegen den Schuldner gehabt zu haben.[467]

Bei einem Bekanntmachungssystem über das Internet sind derlei örtliche Einwände, die eine mangelnde örtliche Erreichbarkeit des Bekanntmachungsorgans für das Gericht als überzeugend erscheinen lassen, indes dem Grunde nach nicht mehr möglich. Da von jedem Ort der Welt aus das jeweilige Bekanntmachungsportal aufrufbar ist, sei es die Seite www.insolvenzbekanntmachungen.de, der e-Bundesanzeiger oder eine sonstige Portalseite, scheint in der Tat nunmehr zu gelten, dass sich *„niemand für die Zeit ab Bewirken der Bekanntmachung darauf berufen könne, vom Bekanntgemachten nichts gewusst zu haben.“*[468] Ein Beweis der Unkenntnis vor dem Hintergrund einer nicht möglichen Erreichbarkeit des Bekanntmachungstextes wäre faktisch bei einem internetbasierten Bekanntmachungssystem dann nicht mehr zu führen.

(2) Kriterium des Verkehrskreises des Leistenden

Möglicherweise können jedoch neben dem uneingeschränkten Verbreitungsgrad des Internet auch andere Faktoren für einen Beweis der Unkenntnis seitens des Leistenden angeführt werden. Eine Möglichkeit bestünde darin, auf die Person des Leistenden und dessen relevante Verkehrs- bzw. Geschäftskreise abzustellen. Hierfür soll an dieser Stelle ein Vergleich zur österreichischen Rechtslage gezogen werden.

§ 3 Abs. 2 der Ö-KO schließt eine Befreiung von der Leistungspflicht unter anderem dann aus, wenn zur Zeit der Leistung die Konkurseröffnung weder bekannt war noch bekannt sein musste. Dies muss der Leistende und nicht etwa der Masseverwalter beweisen.[469] Die österreichische Rechtslage entspricht der deutschen nicht vollständig. Zum einen fehlt eine zeitlich wechselnde Beweislastregel, die an die öffentliche Bekanntmachung des Eröffnungsbeschlusses geknüpft ist. Zum anderen wird in Österreich, indem qua Gesetzes das Kennenmüssen der Verfahrenseröffnung eine befreiende Leistung an den insolventen Schuldner ausschließt, deutlicher hervorgehoben, dass es zur Obligo eines Leistenden gehören kann, über einen etwaigen Konkurs seines Vertragspartner informiert zu sein. Dies führt ersichtlich dazu, dass in Österreich verstärkt der grundlegenden Frage nachgegangen wurde und wird, von welchen Leistenden erwartet werden kann, sich zwecks Eigenabsicherung vor einer zweifachen Leistung aktiv nach einer Konkurseröffnung über das Vermögen des Vertragspart-

[467] Einen solchen Einwand offensichtlich als begründet erachtend, BGH WM 1998, 2543, 2545.

[468] So zunächst einleitend Nerlich/Römermann/*Becker*, § 9 Rn. 21, wobei *Becker* freilich alsbald im Anschluss auf die Möglichkeit eines Beweises der Unkenntnis hinweist.

[469] *Mohr*, ZIK 2000, 3, 3 dort m.w.N. in FN 3.

ners zu informieren.[470] Dabei wird im Kern zwischen drei verschiedenen Gruppen von Leistenden unterschieden: Großunternehmen, Kleinunternehmen und Konsumenten.

Für Großunternehmen galt bereits vor Einführung der österreichischen Insolvenzdatei nach überwiegender Auffassung, dass es die obliegende Sorgfalt gebiete, sich über den letzten Stand der Insolvenzen auch im Wege von Online-Datennetzen oder Teletext Kenntnis zu verschaffen.[471] Hieraus sei zu folgern, dass Großunternehmen künftig der Vorwurf zu machen sei, sie hätten die Konkurseröffnung kennen müssen, wenn sie nicht Einsicht in die Insolvenzdatei genommen haben.[472] Gleiches gelte nunmehr auch für Kleinunternehmen. Ihnen sei aufgrund der erleichterten Einsichtmöglichkeiten in die Insolvenzdatei ein Blick ins Internet aufzubürden. Es könne erwartet werden, dass auch Kleinunternehmen über einen Internetanschluss verfügten.[473] Konsumenten als letzter Gruppe hingegen, könne auch nach Einführung der Insolvenzdatei nicht zugemutet werden, vor sämtlichen Zahlungen Einsicht in die Insolvenzdatei zu nehmen, da es ansonsten zu einer Überspannung der Sorgfaltspflicht käme.[474] Ein Verschuldensvorwurf sei daher erst dann gegeben, wenn durch anderweitige Verlautbarung, in häufig gelesenen Zeitungen, Fernsehen oder sonstigen Wahrnehmungen, eine Kenntnis hätte eintreten müssen.[475]

Die Darstellungen zur österreichischen Rechtslage offenbaren, dass dort maßgeblich darauf abgestellt wird, inwieweit dem jeweils Leistenden ein unproblematischer Zugriff auf die im Internet veröffentlichten Konkursvorgänge möglich ist. Dabei wird augenscheinlich davon ausgegangen, dass am Wirtschaftsleben teilnehmende Unternehmen heutzutage das Internet als selbstverständliche Kommunikationsbasis nutzen. Von diesen könne daher in jedem Fal-

470 Eine vergleichbare Diskussion zur anwaltlichen Pflicht, sich über die Insolvenzeröffnung eines Schuldners vor Klageeinreichung auf dem Internetportals www.insolvenzbekanntmachungen.de zu informieren, führen *Jansen/Hung* mittelbar im Zusammenhang mit der anwaltlichen Beraterhaftung, wobei diese angesichts der strengen Haftungskriterien des BGH für Anwaltshaftung zweifelhaft nur für Fachanwälte für Insolvenzrecht bejaht wird, *Jansen/Hung*, NJW 2004, 3379, 3381.

471 *Duursma/Duursma-Kepplinger*, ZInsO 2002, 913, 915 unter Berufung auf OGH ZIK 1996, 169 ff.; *dies.* in Aktelle Entwicklungen im Internet-Recht, S. 89, 90.

472 *Mohr*, ZIK 2000, 3, 3; ebenso *Duursma/Duursma-Kepplinger* in Aktelle Entwicklungen im Internet-Recht, S. 89, 90 ff. unter ausführlicher Schilderung einer nicht veröffentlichten Entscheidung des OGH vom 04.03.2001, Az.: 4 Ob 65/01i., die der Frage nachgeht, welche binnenorganisatorischen Maßnahmen erforderlich sind, eine unternehmensweite Informationsweiterleitung vorzunehmen, um einen Sorgfaltsverstoß auszuschließen Die unternehmensinterne Kommunikation soll jedoch an dieser Stelle außer Acht gelassen werden; vgl. hierzu zur deutschen Rechtslage etwa Uhlenbruck/*Uhlenbruck*, § 82 Rn. 13.

473 *Mohr*, ZIK, 2000, 3, 4; *Duursma/Duursma-Kepplinger*, ZInsO 2002, 913, 916; wobei jeweils bei Kleinstunternehmern dann eine Ausnahme zugelassen wird, wenn für deren Tätigkeit ein Internetanschluss nicht opportun sei.

474 *Duursma/Duursma-Kepplinger*, ZInsO 2002, 913, 916.

475 Vgl. *Mohr*, ZIK, 2000, 3, 4.

le, ob Groß- oder Kleinunternehmen, eine vorherige Einsicht in die Insolvenzdatei erwartet werden. Diese grundsätzlichen Erwägungen lassen sich inhaltlich, auch wenn die deutsche Rechtslage insoweit nicht vollständig mit der österreichischen übereinstimmt, übertragen.

Die Abdeckung mit Internetanschlüssen hat im Wirtschaftsleben ein derart hohes Maß erreicht, dass heutzutage von nahezu allen Unternehmen erwartet werden kann, dass sie in der Lage sind, dieses Kommunikationsmittel auch eigenständig nutzen zu können.[476] In Verbindung mit der in Deutschland geltenden Beweisregel, dass die Unkenntnis nach Bekanntmachung des Eröffnungsbeschlusses durch den Leistenden zu beweisen sind, sind daher für Unternehmen kaum noch Fälle denkbar, in denen es diesen gelingt, erfolgreich den Beweis der Unkenntnis zu führen.[477] In Österreich werden allenfalls solche Fälle diskutiert, bei denen ein Unternehmen trotz Einsicht der Bekanntmachungen im Internet ein Verfahren mangels der vollständigen Übereinstimmung des Namens bzw. der Firma des insolventen Schuldners mit den Daten in der Insolvenzdatei ein Konkursverfahren übersieht und deswegen in Unkenntnis der Verfahrenseröffnung leistet.[478] Auch hier wird man indes jedenfalls dann Einschränkungen zu Lasten der Unternehmen annehmen müssen, wenn nicht hinreichend dargelegt und bewiesen werden kann, weshalb von einer abweichenden Namens- oder Firmenbezeichnung ausgegangen wurde. Sollten bei der Recherche nach einer etwaigen Insolvenz des Vertragspartners Unsicherheiten über die Schreibweise bestehen, wird man von Unternehmen im zumutbaren Rahmen verlangen können, dass sie durch entsprechende Reduzierung der Suchanfrage gegebenenfalls prüfen, ob ein Insolvenzverfahren mit ähnlicher Schreibweise anhängig ist.

Soweit in Österreich hingegen ein Pflichtenverstoß von Konsumenten, in die Insolvenzdatei Einsicht zu nehmen, nach allgemeiner Auffassung abgelehnt

---

476 Die Begr. des RegE des Gesetzes zur Änderung der Insolvenzordnung, BT-Drucks. 549/08, S. 23, weist unter Angaben des Statistischen Bundesamtes auf eine nahezu 100 % Abdeckung mit Internetanschlüssen bei Unternehmen mit mehr als 250 Mitarbeitern hin.

477 Das OLG Rostock setzt hier – auch getrennt nach Verkehrskreisen - einen niedrigeren Maßstab zum Beweis der Unkenntnis an. In dem von dem OLG Rostock zu entscheidenden Fall hatte ein Handelsunternehmen an den Drittschuldner nach Einstellung des Insolvenzeröffnungsantrags im Internet geleistet. Dabei erfolgte die Zahlung sogar in Kenntnis der mangelnden Verfügungsbefugnis des Drittschuldners über sein Konto an einen vom Drittschuldner beauftragten Zahlungsempfänger. Das OLG führt aus, dass die Verteidigungsdarlegung des auf nochmalige Zahlung inanspruchgenommenen Schuldners nachvollziehbar sei, dass nicht jede Firma ihre Geschäftspartner daraufhin überprüfe, ob über deren Vermögen ein Insolvenzverfahren eröffnet worden sei. Die Nichtüberprüfung könne daher allenfalls grobe Fahrlässigkeit begründen (OLG Rostock vom 19. Juni 2006, AZ. 3 U 6/06, einsehbar unter www.juris.de (dort zu Ziffern 21 und 22 des Urteils). Das OLG Rostock führt ferner an, dass die für Banken geltenden strengeren Voraussetzungen des BGH zur Kenntniszurechnung (zuletzt BGH NZI 2006, 175 ff. mit Anmerkung von *Hippel/Schneider*, NZI 2006, 177 f. unter Betrachtung der geänderten Rechtslage zu Internetveröffentlichungen) insoweit nicht anwendbar seien.

478 *Mohr*, ZIK 2000, 3, 4; ebenso *Duursma/Duursma-Kepplinger*, ZInsO 2002, 913, 915.

wird, fragt sich, ob ähnliche Erwägungen auch in Deutschland greifen können. Zutreffend an dem österreichischen Ansatz ist, dass ein der übliche Wirtschaftsablauf des Konsumenten nicht durch kaum erfüllbare Pflichtenanforderungen gestört werden darf. Konsumenten steht gerade bei alltäglicheren Geschäften nicht ohne Weiteres vor jeglichen Zahlungsvorgängen ein Internetanschluss zur Verfügung. Insofern erscheint es jedenfalls im Grundsatz auch in Deutschland vertretbar, bei ihnen weniger strenge Anforderungen an den Beweis der Unkenntnis stellen zu können. Zwar ließe sich dahingehend argumentieren, dass § 4 der BekanntmachungsVO gerade eine Einsichtsmöglichkeit für jedermann ermögliche. Die faktischen Grenzen einer solchen Einsichtsmöglichkeit sowohl in örtlicher wie auch zeitlicher Hinsicht wurden jedoch bereits dargestellt.[479]

Gerichte dürften damit nicht allein deswegen den Beweis einer Unkenntnis als nicht führbar ansehen, weil der Leistende zuvor ein Insolvenzgericht mit entsprechendem Internetterminal habe aufsuchen können. Vielmehr wird es den Konsumenten künftig obliegen, die genaueren Umstände des Zahlungsvorganges hinreichend zu substantiieren und beweisen, die es aus Sicht des Gerichtes überzeugend darstellen, dass eine Zahlung trotz der zwischenzeitlich im Internet erfolgten Bekanntmachung des Eröffnungsbeschlusses in Unkenntnis der Verfahrenseröffnung erfolgte. Dabei wird insbesondere seitens der Gerichte in Betracht gezogen werden müssen, welchen Umfang das jeweilige Rechtsgeschäft für den Konsumenten hatte. Bei größeren Transaktionsvolumina erscheint es angemessen, u.U. strengere Maßstäbe als bei alltäglicheren Geschäften anzusetzen, da bei solchen Zahlungsvorgängen auch ein erhöhterer Grad von Aufmerksamkeit bei der Vertragsdurchführung erwartet werden kann.

c) Die Problematik von Abweichungen zwischen Originalbeschluss und Internetbekanntmachung

aa) Vorhandensein potentieller Fehlerquellen

§ 9 Abs. 2 Satz 3 Nr. 1 InsO sowie hierauf aufbauend § 2 Satz 1 Nr. 2 BekanntmachungsVO postulieren die Unversehrtheit, Vollständigkeit und Aktualität der insolvenzrechtlichen Daten. Diese Vorschriften bezwecken zwar den Schutz der in dem jeweiligen System eingefügten Daten. Unbeantwortet bleibt durch diese Vorschriften indes die Frage, wie etwaige inhaltliche Fehler von Internetbekanntmachungen zu bewerten sind, die von vornherein zu einer fehlerhaften Einstellung von insolvenzrechtlichen Vorgängen im Internet führen. So könnten bspw. Fehler bei der Übertragung eines in Papierform verfassten Bekanntmachungstextes in elektronische Datenform dazu führen, dass der tatsächlich veröffentlichte Text im Internet nicht dem entspricht, was ein Insolvenzgericht tatsächlich beschlossen hat. Dabei könnten Ungereimtheiten z.B. auftreten, wenn

---

[479] Siehe hierzu u.a. Teil 2II.3.g), S. 116.

die Geschäftsstellen handschriftlich verfasste Beschlüsse nachträglich in elektronische Form bringen müssen oder ein händischer Eingabeakt des Beschlussoriginals in das jeweils verwendete Informationssystem erforderlich wird.[480] Virulent könnte zudem werden, sollte es erforderlich sein, maschinell in größerem Umfange textliche Daten in elektronische Form umzuwandeln. So wurde offensichtlich noch im Rahmen des DiskE InsOÄndG 2003 davon ausgegangen, dass noch nicht bei allen Insolvenzgerichten die technischen Voraussetzungen vorhanden seien, eine elektronische Datenerfassung der Beschlussoriginale zu gewährleisten.[481] Hier wäre nicht garantiert, dass die Datenerfassung stets tatsächlich dem vollständig entspricht, was die Insolvenzgerichte ursprünglich angeordnet haben. Insbesondere bei der Verwendung von Texterkennungsprogrammen dürfte bei der Vielzahl von zu bearbeitenden Vorgängen nicht mit abschließender Sicherheit gewährleistet werden können, dass Übertragungsfehler bei der Texterfassung ausgeschlossen werden können. Die zuvor genannten §§ 9 Abs. 2 Satz 3 Nr. 1 InsO und 2 Satz 1 Nr. 2 BekanntmachungsVO vermögen derartige interne Fehlerquellen nicht auszuschließen. Auch wenn tägliche elektronische Datenabgleiche seitens der Systembetreiber durchgeführt werden, können Fehler, die bereits mit Einspeisung in das System vorhanden sind, notwendiger Weise hierdurch nicht aufgespürt werden.

bb) Erscheinungsformen des Abweichens

Bei der in Österreich vergleichbar bestehenden Problematik des Abweichens von Originalentscheidung und Bekanntmachung in der Insolvenzdatei unterscheidet *Konecny*[482] drei Unterfallgruppen des Abweichens: (1) Unvollständige Bekanntmachungen in der Insolvenzdatei, (2) offenkundig unrichtig bekannt gemachte Beschlüsse und (3) vom Originalbeschluss abweichende Bekanntmachungen eines möglichen Beschlussinhalts. Diese Einteilung der jeweiligen Probleme in diese drei Fallgruppen erklärt sich u.a. aus den Besonderheiten des in Österreich verwendeten Datenverarbeitungssystem, die insoweit nicht gänzlich auf die in Deutschland vorzufindende Situation übertragbar ist.[483] Die Drei-

[480] Diese Fehlerquelle wird insbesondere in Österreich betont, bei der das dort verwendete ADV-System einen solchen Übertragungsakt erforderlich macht. Aufgrund dessen seien bei der Masse der zu bearbeitenden Daten Fehlerquellen unvermeidlich, *Konecny*, in Konecny, Insolvenz-Forum 2001(2002), 84, 85. In Deutschland ist dies hoffentlich nicht verstärkt zu befürchten. So wurde bei der Entwicklung der Software für die Insolvenzgerichte in Nordrhein-Westfalen darauf geachtet, dass Medienbrüche zwischen der Verfügung als Arbeitsanweisung der Richter- und Rechtspflegerschaft und der Ausführung durch die Kanzleikräfte aufgehoben werden, vgl. *Dieckmann*, NJW-CoR 2000, 153, 154.

[481] Vgl. S. 22 der Begründung des DiskE sowie bereits FN 331.

[482] Zum Problemaufriss siehe insgesamt *Konecny*, Insolvenz-Forum 2001(2002), 84, 87 ff.

[483] Als Beispiel sei an dieser Stelle nur die im Rahmen der händischen Einstellung des Beschlussoriginals erfolgende Anberaumung von Tagsatzungen unter Zuhilfenahme sog. Rautecodes genannt, die die Eingabe bestimmter verallgemeinerungsfähiger Textbausteine ermöglichen, *Konecny*, Insolvenz-Forum 2001(2002), 84, 88.

teilung lässt jedoch zusammengefasst zwei unterschiedliche Erscheinungsformen bzw. Ursachen des Abweichens von Originalentscheidung und elektronischer Bekanntmachung erkennen, die in dieser Untersuchung mit Hinblick auf Internetbekanntmachungen näher betrachtet werden sollen.

Einerseits können in der Originalentscheidung ursprünglich bestimmte Inhalte vorhanden sein, die dann bei der elektronischen Übertragung des Entscheidungsoriginals in das Internet verloren gegangen sind. Diese Erscheinungsform der Differenz von Beschlussoriginal und Internetbekanntmachung entspricht der zuvor genannten Fallgruppe (1) der unvollständigen Bekanntmachung in der Insolvenzdatei. Andererseits kann eine Abweichung des Inhalts darin liegen, dass bestimmte ursprünglich nicht vorhandene Inhalte bei der elektronischen Übertragung versehentlich hinzugekommen sind und dadurch eine Differenz zwischen Original und Bekanntmachung hervorgerufen wird. Hierunter sind die von *Konecny* unter (2) und (3) genannten Fallgruppen zu subsumieren, die zusammengefasst unter dem Stichwort „Verfälschende Abweichungen" geprüft werden sollen.

cc) Auswirkungen von Abweichungen

(1) Unbedeutende Abweichungen

Bevor sich sogleich der unvollständigen und der verfälschenden Abweichung zugewandt wird, soll vorab kurz auf solche gänzlich unbedeutenden Abweichungen eingegangen werden, die für den in das Internet einsichtnehmenden Interessenten ohne Weiteres ersichtlich sind. Hier wird man ungeachtet dogmatischer Erwägungen hinsichtlich des Verhältnisses von Entscheidungsoriginal und öffentlicher Bekanntmachung von einer rechtsgültigen Publikation ausgehen können, die zugleich die bereits hinlänglich erörterten Rechtswirkungen nach sich zieht.

Zu denken wäre z.B. an Übertragungsfehler, bei denen die Internetbekanntmachung einen offensichtlichen Schreibfehler an einer nicht weiter relevanten Stelle gegenüber dem Entscheidungsoriginal beinhaltet. Zwar liegt auch in diesen Fällen einen Abweichung zwischen Originalentscheidung und Veröffentlichung im Internet vor. Jedoch gilt es zu bedenken, dass das Gesetz selbst in § 9 Abs. 1 Satz 1 2. Halbs. InsO die Möglichkeit eröffnet, lediglich auszugsweise Veröffentlichungen vorzunehmen. Maßgebend ist bei der auszugsweisen Veröffentlichung, dass die öffentliche Bekanntmachung den Mindestinhalt des § 9 Abs. 1 Satz 2 InsO sowie den bekanntzumachenden Vorgang beinhaltet.[484] Das Aufklärungsinteresse der Allgemeinheit gebietet dementsprechend nicht, für den Interessenten irrelevante Textpassagen des Originalbeschlusses nach außen kundzutun. Wenn aber schon die Möglichkeit besteht, auf bestimmte Teile des

[484] MüKo-InsO/*Ganter*, § 9 Rn. 12.

Entscheidungsoriginals bei der Bekanntmachung gänzlich zu verzichten, dürfte es sich als folgerichtig darstellen, bei gänzlich unwesentlichen Übertragungsfehlern im Internet, die zu keiner nennenswert inhaltlichen Änderung des Beschlussoriginals führen, ebenso die Rechtsfolgen einer erfolgreichen Zustellung gem. § 9 Abs. 3 InsO nach sich ziehen lassen. Denn in diesen Fällen tritt augenscheinlich der Wille, der in unterzeichneten Urschrift der gerichtlichen Entscheidung zutage tritt,[485] nach außen hervor.

(2) Unvollständige Internetbekanntmachungen

Bei solchen Abweichungen hingegen, die für Interessenten hingegen potentiell von Bedeutung sein können, stellt sich im Ausgang die Frage, ob die Internetbekanntmachung ungeachtet des Fehlens einer sie deckenden Originalentscheidung wirkt oder nicht.[486] Nach allgemeiner Auffassung wird eine unvollständige Bekanntmachung in dem Umfang als rechtswirksam angesehen, wie die Bekanntmachung für sich genommen einen bekanntzumachenden Inhalt deckt.[487] Ist dies nicht der Fall, gilt sie als unwirksam.[488] In diesen Fällen sei eine ergänzende Veröffentlichung oder eine neue Veröffentlichung mit ihrem bekanntzumachenden Inhalt vonnöten.[489] Damit gilt jedenfalls für die Erscheinungsform der Abweichung infolge des Verlusts von Informationen, dass sich die Frage des Verhältnisses von Originalentscheidung zu Internetbekanntmachung dahingehend verlagert, ob die Darstellung im Internet für sich genommen noch einen bekanntzumachenden Inhalt decken kann oder nicht. Mit anderen Worten bedarf es in diesen Fällen des Abweichens jeweils einer dezidierten Prüfung, ob im Rahmen der Bekanntmachung im Internet den jeweiligen (Mindest-)Publikationserfordernissen des bekanntzumachenden Vorgangs entsprochen wurde.

So könnte z.B. als Praxisbeispiel die Frage aufgeworfen werden, ob noch von einem bekanntmachungsfähigen Inhalt auszugehen ist, wenn die Internetbekanntmachung des Eröffnungsbeschlusses versehentlich keine Fristanberaumung der Forderungsanmeldung beinhaltet, vgl. § 28 Abs. 1 Satz 1 InsO, obwohl der Originalbeschluss eine solche vorsah. Dies wird man bejahen können, denn in diesen Fällen kann es mangels entsprechender Publizierung auch nicht zu einer verspäteten Anmeldung und der Notwendigkeit des Verfahrens einer nachträglichen Anmeldung und den damit verbunden nachteiligen Rechtsfolgen

---

485 *Konecny*, Insolvenz-Forum 2001(2002), 84, 94, sieht darin den maßgeblichen Grund für einen Vorrang der Originalentscheidung vor einer unrichtigen Veröffentlichung in der Insolvenzdatei, wobei allerdings nicht der Aspekt einer gänzlich unbedeutenden inhaltlichen Abweichung betrachtet wird.

486 Vgl. zur Insolvenzdatei *Konecny*, Insolvenz-Forum 2001(2002), 84, 93.

487 MüKo-InsO/*Ganter*, § 9 Rn. 17; vgl. auch Uhlenbruck/*Uhlenbruck*, § 9 Rn. 4.

488 Vgl. MüKo-InsO/*Ganter*, § 9 Rn. 17.

489 Nerlich/Römermann/*Becker*, § 9 Rn. 19.

säumiger Gläubiger gem. § 177 Abs. 1 Satz 2 und 3 InsO kommen.[490] Dieses Beispiel wäre erweiterbar auf weitere sonstige Elemente, die der Eröffnungsbeschluss beinhalten muss, bspw. der Aufforderung an die Gläubiger gem. § 28 Abs. 2 InsO, ihre (behaupten) Sicherungsrechte geltend zu machen oder die Anberaumung von Berichts- und Prüfungstermins durch den Eröffnungsbeschluss gem. § 29 InsO. Anders sind hingegen diejenigen Elemente zu beurteilen, die den Wesensgehalt des bekannt zu machenden Vorgangs ausmachen und daher in jedem Falle einer Veröffentlichung bedürfen, um noch einen bekanntmachungsfähigen Restinhalt zu bewahren. Bei der öffentlichen Bekanntmachung des Eröffnungsbeschlusses genügt dabei die Kernaussage, neben dem stets zu beachtenden § 9 Abs. 1 Satz 2 InsO, dass das Insolvenzverfahren zu dem nach § 27 Abs. 2 Nr. 3 bestimmten Zeitpunkt eröffnet wurde.[491]

(3) Verfälschende Internetbekanntmachungen

Verfälschende Internetbekanntmachungen zeichnen sich hingegen dadurch aus, dass nicht lediglich eine versehentlich kupierte Fassung der Originalentscheidung dargestellt wird, sondern ein - nicht völlig unbedeutender - Teil im Widerspruch zu der Originalentscheidung im Internet dargestellt wird. Im Zivilprozess wird u.a. vertreten, zumindest bei teilweisen Abweichungen sei der Ausfertigung eigenständige Rechtswirkung gegenüber dem Original zuzusprechen.[492] Diese Auffassung kann jedoch im Insolvenzverfahren allenfalls insoweit gelten, als es sich um keine wesentliche inhaltliche Abweichung der Internetbekanntmachung gegenüber dem Entscheidungsoriginal handelt und insofern einer der zuvor dargestellten Fälle der unbedeutenden Abweichung vorliegt. Ansonsten gilt, dass die seitens des Gerichts unterzeichnete Originalfassung Träger des gerichtlichen Entscheidungswillen ist und nicht die daran anknüpfende Bekanntmachung. Ebenso wenig, wie eine Bekanntmachung einer unwirksamen Originalentscheidung durch Heilung zur Wirksamkeit verhelfen vermag,[493] kann die Bekanntmachung einem nicht seitens des Gericht entschiedenen Bekanntmachungsinhalt Rechtsgültigkeit verleihen. Eine Wirksamkeit des unzutreffend veröffentlichten Inhalts der gerichtlichen Entscheidung ließe sich allenfalls bejahen, existierte eine bestimmte Regelung, die das Vertrauen auf den bekannt gemachten Inhalt im Internet schützt. Indes enthält weder die reformierte InsO noch die BekanntmachungsVO eine Vorschrift etwa der Art, dass bis zum Korrekturzeitpunkt im Vertrauen auf die Internetbekanntmachung gesetzte Rechts-

---

[490] Ebenso für Österreich, *Konecny*, Insolvenz-Forum 2001(2002), 84, 99.
[491] Vgl. *Keller*, ZIP 2003, 149, 157.
[492] Stein/Jonas/*Roth*, § 170 Rn. 33; MüKo-ZPO/*Wenzel*, § 170 Rn. 2 und 6.
[493] MüKo-InsO/*Ganter*, § 9 Rn. 29.

verhandlungen gültig sind.[494] Auch scheidet ein Rückgriff auf allgemeine Rechtsscheinsgesichtspunkte aus, da die Internetbekanntmachung eine einseitig staatlich veranlasste Veröffentlichung des Verfahrensstandes enthält, welche bei den einsehenden Interessenten keinen rechtlichen Anspruch auf Richtigkeit zu begründen vermag.[495]

Daraus folgt, dass dem Entscheidungsoriginal dementsprechend Vorrang vor einer Bekanntmachung einzuräumen ist. Übertragen auf Abweichungen aufgrund von Eingabefehlern wären daher solche Internetbekanntmachungen unwirksam, die zu einer relevanten inhaltlichen Änderung der Originalentscheidung führen und für sich genommen keinen (zutreffenden) bekanntmachungsfähigen Inhalt decken. Wird daher in Fortschreibung des oben erwähnten Beispiels aufgrund eines Übertragungsfehlers bei der Anmeldungsfrist versehentlich eines früheres Datum publiziert, so wären die Gläubiger nicht gehalten, diese Frist einzuhalten. Denn die falsche Publizierung führt insoweit zu einer verfälschenden Aussage des Originalbeschlusses, die nicht durch diesen gedeckt ist und dementsprechend auch nicht durch die Bekanntmachung Rechtsgültigkeit erlangen kann. Gleiches gilt für den umgekehrten Fall einer versehentlich zu lange anberaumten Anmeldefrist.[496] Zwar ließe sich dahingehend argumentieren, den Gläubigern drohe in diesem Fall bei Einhaltung der bekannt gemachten Frist kein Nachteil, da diese sogar über der tatsächlich im Originalbeschluss festgelegten Frist liege. Gleichwohl wird auch hier aufgrund des verfälschenden Inhalts der Bekanntmachung keine Rechtswirksamkeit hinsichtlich der Fristanberaumung zusprechen können, sodass eine nachträgliche Korrektur erforderlich sein wird.

dd) Korrektur von Abweichungen

Eine nachträgliche Abänderung einer Printbekanntmachung ist nicht möglich, was bei dieser Publikationsmethode schon aus technischen Gründen eine zwingende Neupublizierung erforderlich macht, sollte die Printbekanntmachung einen gegenüber dem Entscheidungsoriginal unzutreffenden Inhalt aufweisen. Bei Internetbekanntmachungen bestünde allerdings die Möglichkeit, eine nachträgliche elektronische Korrektur des Datensatzes vorzunehmen und auf diese Weise eine Angleichung von Original und Internetbekanntmachung herzustellen. Bei dieser Methode bestünde indes die hohe Gefahr, dass Interessenten, die den ur-

---

494 Eine solche Vorschrift existiert auch in Österreich nicht, sodass auch dort das Primat der Originalentscheidung vor der Veröffentlichung in der Ediktsdatei gilt, *Konecny*, Insolvenz-Forum 2001(2002), 84, 95.

495 Eine andere Frage mag sein, ob Fehler bei der öffentlichen Bekanntmachung gegebenenfalls dazu führen können, dass Amtshaftungsansprüche entstehen, weil infolge der fehlerhaften Bekanntmachung dem Einsichtnehmenden ein Schaden entstanden ist. Da das Spruchrichterprivileg mangels Entscheidung durch Urteil nicht gilt, wäre dies jedenfalls theoretisch denkbar.

496 Vgl. hierzu *Konecny*, Insolvenz-Forum 2001(2002), 84, 102.

sprünglich unzutreffend bekannt gemachten Inhalt bereits eingesehen haben, die nachträgliche elektronische Korrektur nicht mitbekommen. Daher gebietet schon das Aufklärungsinteresse der Allgemeinheit in diesen Fällen eine neuerliche Bekanntmachung, die gegebenenfalls auch unter Bezugnahme auf die bereits erfolgte - inhaltlich unzutreffende - Bekanntmachung zu erfolgen hat.

Das Verbot der nachträglichen Korrektur einer elektronischen Bekanntmachung folgt zudem aus § 9 Abs. 2 Satz 3 Nr. 1 InsO und § 2 Abs. 1 Satz 1 Nr. 2 BekanntmachungsVO, wonach die Unversehrtheit der elektronischen Bekanntmachung zu gewahren ist. Wenngleich damit der Schutz vor Datenmissbrauch und möglichen Systemfehlern bezweckt wird, so folgt hieraus aber zudem, dass der Inhalt des jeweils elektronisch publizierten Vorgangs - auch nicht befugt - von seinem ursprünglichen Inhalt verändert werden soll. Dies heißt zugleich, dass es auch den Systembetreibern nicht gestattet ist, einen einmal publizierten Vorgang, der sich als gegenüber dem Entscheidungsoriginal abweichend herausstellt, nachträglich mittels Änderung des Datensatzes zu bereinigen. Bei der Neuvornahme der Bekanntmachung ist seitens der Insolvenzgerichte zu beachten, inwieweit möglicherweise auch der Inhalt des ursprünglichen Entscheidungsoriginals einer Revision unterworfen werden muss. Wäre also bspw. in dem vorherigen Beispiel die zu lang anberaumte Frist noch nicht abgelaufen, könnte eine neue Bekanntmachung die ursprünglich falsch bekannte Anmeldefrist auch noch verkürzen, sofern nach der neuerlichen Publikation noch der Mindestzeitraum des § 28 Abs. 1 Satz 2 InsO von zwei Wochen verbliebe.[497] Ist dies nicht der Fall, so hat auch eine Abänderung der ursprünglich im Entscheidungsoriginal festgelegten Anmeldefrist zu erfolgen.

5. Ausblick

a) Das endgültige Aus von Printbekanntmachungen durch das Gesetz zur Vereinfachung des Insolvenzverfahrens?

Die Tage von Printbekanntmachungen sind gezählt. Nicht nur partizipieren mittlerweile sämtliche Bundesländer am Portal www.insolvenzbekanntmachungen.de. Auch rechtlich wird voraussichtlich die Möglichkeit der Publikation in Printmedien allenfalls nur noch eingeschränkt möglich sein, sollten die durch das Gesetz zur Vereinfachung des Insolvenzverfahrens geplanten Änderungen von § 9 InsO in Kraft treten. Bereits im Jahre 2003 legte das Bundesministerium einen Diskussionsentwurf zur Änderung der InsO, des BGB und anderer Gesetze[498] vor, wonach grundsätzlich der e-Bundesanzeiger als alleiniges Veröffentlichungsorgan dienen sollte. Das Bestreben, den e-Bundesanzeiger insoweit auch

[497] Ebenso für Österreich, *Konecny*, Insolvenz-Forum 2001(2002), 84, 102.

[498] DiskE InsOÄndG 2003 vom 15.04.2003 (abrufbar im Internet unter der Rubrik Materialien auf der Seite www.inso-rechtspfleger.de – Stand: 01.09.2006; im Übrigen abgedruckt in NZI 2003, 311 ff.).

für Internetbekanntmachungen als elektronisches Unternehmensinformationsportal auszubauen, ist vornehmlich deswegen nicht weiter verfolgt worden, weil sich zwischenzeitlich das Portal des Landes Nordrhein-Westfalen www.insolvenzbekanntmachungen.de nach anfänglichen Verzögerungen bereits zu einem praxisbewehrten Insolvenzveröffentlichungsportal entwickelt hatte.

Die - nach Verzögerungen – mittlerweile bundesweite Verwendung des Portals www.insolvenzbekanntmachungen.de führte dazu, dass nach den nunmehrigen Reformbestrebungen diese Internetseite rechtlich auch als einheitliches Bekanntmachungsportal ausgebaut werden soll, wie dies nunmehr durch das geplante Gesetz zur Vereinfachung des Insolvenzverfahrens vorgesehen ist. Zu diesem Gesetz liegen mittlerweile neben dem RefE und dem RegE auch die Stellungnahme des Bundesrates vor. Dabei sieht der offizielle RegE ausdrücklich auch die Bezugnahme auf das Portal www.insolvenzbekanntmachungen.de vor.[499] Es bestünden nach dem weiteren Verbreitungsgrad des Internets und vor allem nachdem die technischen Voraussetzungen geschaffen wurden, auf einer bundeseinheitlichen Internetplattform das Insolvenzgeschehen lückenlos zu dokumentieren, keine Hinderungsgründe mehr von Printveröffentlichungen Abschied zu nehmen.[500] Der Ansatz eines einheitlichen Bekanntmachungsportals wurde schon seinerzeit bei der beabsichtigten einheitlichen Veröffentlichung im e-Bundesanzeiger positiv aufgenommen.[501] Ein einheitliches elektronisches Bekanntmachungsorgan werde schon seit langem gefordert, um Interessenten eine erleichterte Suche nach Insolvenzvorgängen zu ermöglichen; [502] dabei stelle die Beschränkung der öffentlichen Bekanntmachung auf das Internet einen mutigen Schritt dar, der einer modernen Rechtsordnung wie der InsO angemessen sei.[503] Die Weiterverfolgung des Ansatzes des DiskE aus dem Jahre 2003 zur Refor-

---

499 § 9 Abs. 1 Satz 1 InsO in der Fassung des RegE des Gesetzes zur Vereinfachung des Insolvenzverfahrens lautet: „*Die öffentliche Bekanntmachung erfolgt durch eine zentrale und länderübergreifende Veröffentlichung im Internet*[1]; *diese kann auszugsweise erfolgen.*[1] *www.insolvenzbekanntmachungen.de*", siehe BR-Drucks. 549/06, S. 2.

500 BR-Drucks. 549/06, S. 13.

501 So bspw. der *Gravenbrucher Kreis* in seiner Stellungnahme zum DiskE InsOÄndG 2003 unter II.1, ZIP 2003, 1220, 1221; *Sabel*, ZIP 2003, 781, 784. Im Grunde ebenfalls befürwortend die durch *Hänel/Wessel/Westphal/Lummel* erarbeitete Stellungnahme der Bundesrechtsanwaltskammer vom Juni 2003 zum DiskE InsOÄndG 2003, abrufbar unter: www.brak.de/seiten/pdf/Stellungnahmen/InsoBGBua.pdf (Stand: 01.09.2006); siehe im Übrigen auch die Stellungnahme der Bundesrechtsanwaltskammer aus November 2004 (Stellungnahme 39/2004), abrufbar unter: www.brak.de/seiten/pdf/Stellungnahmen/InsoBGBua.pdf (Stand: 01.09.2006), mit der die BRAK zum RefE zur Änderung der InsO und anderer Gesetze (RefE InsO ÄndG 2004) aus dem Jahre 2004 zur Frage der Internetveröffentlichung über ein einheitliches Portal grundsätzlich befürwortend Stellung genommen hat (abrufbar unter: www.brak.de/seiten/pdf/Stellungnahmen/2004/Nr39.pdf).

502 Stellungnahme des Bundesverbandes Deutscher Inkasso-Unternehmen e.V. zum DiskE InsOÄndG 2003, abrufbar unter www.inso-rechtspfleger.de (Rubrik Materialien/Dokumentation zur Reform der Insolvenzordnung 2003, Stand: 01.09.2006).

503 *Pape*, ZInsO 2003, 389, 390.

mierung von § 9 InsO durch das Gesetz zur Vereinfachung des Insolvenzverfahrens wird ebenfalls begrüßt.[504]

Einige der durch das Reformgesetz angedachten Änderungen (insbesondere die ebenfalls durch das EHUG verfolgte und umgesetzte Streichung des Kopierschutzes[505] sowie der künftigen Datenübermittlung mittels fortgeschrittener Signaturen[506]) wurden in den vorherigen Abschnitten bereits kritisch bewertet. Abschließend soll noch einmal kursorisch im Rahmen des Ausblicks auf die geplante Neufassung des § 9 InsO durch die aktuellen Reformbestrebungen eingegangen werden.

b) Partielle Aufrechterhaltung von Veröffentlichungen in Printmedien

aa) Printbekanntmachung bei Unternehmensinsolvenzen?

Die bereits bei der Einführung der InsO diskutierte einheitliche Bekanntmachung im Print-Bundesanzeiger scheiterte seinerzeit am Widerstand des Bundesrates.[507] Bei den zahllosen zu erwartenden Verbraucher-, Klein-, und Nachlassinsolvenzverfahren sei eine Bekanntmachung im Bundesanzeiger nicht zu rechtfertigen. Zudem wurde eine Kostensteigerung befürchtet, da bei dem überwiegend lokalen und regionalen Bezug der meisten Insolvenzverfahren in der Regel eine weitere Bekanntmachung in den örtlichen Blättern erforderlich sei.[508] Vergleichbare Kritikpunkte an einer ausschließlichen Verwendung des Internets als Bekanntmachungsorgan hat die Bundesrechtsanwaltskammer im Rahmen der seinerzeit angedachten Internetpublikation über den e-Bundesanzeiger angeführt. Mit im Kern vergleichbaren Erwägungen wie sie seinerzeit vom Bundesrat bei Entstehung der InsO wurde für Unternehmensinsolvenzen angeführt wurden hat die BRAK dafür plädiert, neben der elektronischen Bekanntmachung weiterhin die herkömmliche Printbekanntmachung nach dem bisherigen System zwingend aufrechtzuerhalten. Zum Schutze vor solchen Unternehmensinsolvenzen, die allein regionalen Bezug hätten, müsse weiterhin eine Information der natürlichen Personen, Handwerker und Kleingewerbetreibenden vor der Insolvenz ihrer Auftraggeber, Lieferanten und Kunden durch regionale Veröffentlichungen sichergestellt sein.[509] Zudem wurde seinerzeit noch der Internetbekanntmachung eine disziplinierende Wirkung von insolvenzgefährdeten Unter-

---

504 Siehe bspw. *Pannen/Riedemann* zum RefE, NZI 2006, 193, 197.

505 Siehe hierzu Teil 2II.3.e)cc), S. 111 f.

506 Siehe hierzu Teil 2II.3.c)aa), S. 80 ff.

507 Vergleiche hierzu die im Rahmen der Entstehungsgeschichte des § 9 InsO dargestellten Einwände des Bundesrates gegen eine einheitliche Bekanntmachung im Bundesanzeiger, Teil 2II.1.a)aa), S. 54.

508 *Hess*/Weis/Wienberg, § 9 Rn. 2 unter Bezugnahme auf BT-Drucksache 12/2443, S. 248 f.

509 Stellungnahme der BRAK zum DiskE InsOÄndG 2003, S. 2 f.

nehmen abgesprochen, da eine Mehrzahl der Unternehmen den e-Bundesanzeiger nicht lesen werde.[510]

Der Ansatz zwingender Printbekanntmachungen bei Unternehmensinsolvenzen ist jedoch zurückzuweisen. Das Bestreben, Bekanntmachungen künftig allein über das Internet erfolgen zu lassen, ist im Grundsatz ohne Abstriche zu befürworten.[511] Das Internet ist ohne Weiteres in der Lage, das Publizitätsinteresse der Allgemeinheit zu gewährleisten. Dies gilt auch für solche Verkehrskreise, bei denen nicht automatisch erwartet werden kann, dass sie das Internet dauerhaft nutzen. Auch bei diesen kann das Bewusstsein geschaffen werden, dass es erforderlich sein kann, vor Abschluss bestimmter Geschäfte einen Blick ins Internet zu werfen. Zudem steht nach § 4 BekanntmachungsVO den Interessenten sogar eine unentgeltliche Einsichtsmöglichkeit zu. Erfolgten hingegen bei Unternehmensinsolvenzen weiterhin zwingend Printbekanntmachungen, so wären wichtige Einsparpotentiale, die die Nutzung eines elektronischen Bekanntmachungssystems mit sich bringt, für einen Großteil der Bekanntmachungen aufgezehrt. Im Gegenteil würden nach dem damaligen Vorschlag der BRAK[512] bei zwingend kumulativer Anwendung beider Bekanntmachungsmedien sogar nicht unbeträchtliche Zusatzkosten entstehen. Zudem müsste bei dem Vorschlag der BRAK überlegt werden, ob nicht eine gesetzgeberische Entscheidung notwendig werde, etwa vergleichbar der Regelung in § 10 Abs. 2 HGB, wie das Verhältnis von Print- und Internetbekanntmachung bei Unternehmensinsolvenzen zueinander zu gewichten sei.[513]

---

510 Stellungnahme der BRAK zum DiskE InsOÄndG 2003, S. 3.

511 Siehe auch *Stephan* in Insolvenzrecht 2003, S. 1, 14, der darauf verweist, dass auf eine Internetveröffentlichungen nicht verzichtet werden kann, um die Information aller betroffener Gläubiger und des Geschäftsverkehrs in angemessener Weise zu gewährleisten. Aus diesem Gründe könne auch künftig gänzlich auf Printveröffentlichungen verzichtet werden.

512 Unklar ist, inwieweit die BRAK selbst ihren damaligen Vorschlag aufrecht erhalten will. In der von ihr herausgegebenen Stellungnahme zum RefE InsOÄnsG 2004, mit welchem bereits von einer Publikation der Internetbekanntmachungen über den e-Bundesanzeiger Abstand genommen wurde, findet sich diese ursprüngliche Forderung nicht wieder, vgl. S. 4 f. der BRAK-Stellungnahme 39/2004. Gleichwohl ist auch dieser Stellungnahme zu entnehmen, dass die BRAK Internetveröffentlichungen in Bezug auf deren Publizitätswirkung offensichtlich skeptisch gegenüber eingestellt ist.

513 In Anlehnung an die Ausführungen unter Teil 2II.4.a)bb)(3), S. 124 ff. wäre ohne ausdrückliche gesetzliche Regelung davon auszugehen, dass die zeitlich zuerst erfolgende Bekanntmachung allein maßgebend für den Lauf der Fristen ist. Aufgrund der schnelleren Datenübermittlung ist die Vorlaufzeit für die elektronische Veröffentlichung in aller Regel kürzer als bei der Printversion, *Deilmann/Messerschmidt*, NZG 2003, 616, 617. *Mäusezahl*, InsbürO 2004, 53, 54, geht davon aus, dass die Internetpublikation in der Regel am gleichen Tage erscheine, während die Printbekanntmachung mindestens eine Woche benötige. Da die Bundesrechtsanwaltskammer aber gerade das faktische Publizitätspotential der dann meist zuerst erscheinenden Internetbekanntmachung in Zweifel zieht, müsste als Folgeüberlegung geprüft werden, ob nicht zum Schutze von Verfahrensbeteiligten der

bb) Printveröffentlichung nach Maßgabe der Bestimmung durch die Landesjustizverwaltungen

Vor dem Hintergrund der offensichtlich in Teilen noch immer mit Skepsis betrachteten Publikationswirkung von Internetbekanntmachungen ist darüber hinaus fraglich, wie die Regelung in § 9 Abs. 2 Satz 1 in der Fassung des RegE des Gesetzes zur Vereinfachung des Insolvenzverfahrens zu bewerten ist, wonach das Insolvenzgericht weitere Veröffentlichung nur dann veranlassen kann, soweit dies landesrechtlich bestimmt ist.[514] Wie die Landesjustizverwaltungen mit Hinblick auf diese im RegE vorgenommene Einschränkung entscheiden werden, ist nicht absehbar. Der RegE verweist auf angebliche Erfahrungen in Österreich, wonach die Zeitungen im Rahmen ihres Informationsauftrages zumindest die für die Region bedeutsamen Insolvenzen in ihrem redaktionellen Teile ohnehin meldeten, weshalb amtlich veranlasste Veröffentlichungen in den Tageszeitungen regelmäßig nicht mehr erfolgen sollen, was wiederum zu einer spürbaren Reduzierung der Verfahrenskosten führe.[515] Ob dies auch in Deutschland durchweg so gehandhabt würde, kann derzeit nicht abgesehen werden und erscheint zumindest zweifelhaft.

Aus diesem Grunde erscheint es sinnvoller, die Frage, ob ein bestimmter Vorgang gegebenenfalls zusätzlich in Printmedien veröffentlicht werden soll, grundsätzlich weiterhin in das Ermessen des Insolvenzgerichts zu stellen. Dieses wird sicherlich im Hinblick auf die Verfahrenskosten sachgerecht unter Berücksichtigung der Publizitätswirkung des Internet darüber entscheiden können, ob Zusatzveröffentlichungen zur Schaffung „regionaler" Printpublizität tatsächlich erforderlich sind. Hingegen ist eine diversifizierte Regelung nicht sinnvoll, wonach es einigen Insolvenzgerichten aufgrund einer entsprechenden Bestimmung durch die zuständige Landesjustizverwaltung ermöglicht wird, Zusatzveröffentlichung in Printmedien vorzunehmen, anderen Insolvenzgerichten mangels Bestimmung jedoch nicht. Hier sollte es daher zur Wahrung einer einheitlichen rechtlichen Grundlage weiterhin sämtlichen Insolvenzgerichten überlassen sein, fallbezogen nach eigenem Ermessen darüber zu entscheiden, wann eine weitere Veröffentlichung in einer Tageszeitung zu veranlassen ist. Daher sollte auf die beabsichtigte Reformierung des § 9 Abs. 2 Satz 1 InsO durch den RegE des Gesetzes zur Vereinfachung des Insolvenzverfahrens verzichten werden. Freilich ist nicht zu verkennen und darauf hinzuweisen, dass die zusätzliche Veröffentlichung durch ein Insolvenzgericht tatsächlich ein Ausnahmefall bleiben sollte und allein dem Ermessenskriterium geschuldet sein darf, dass aufgrund besonderer Umstände eine Schaffung erweiterter Publizität geboten ist.

Printbekanntmachung bei Unternehmensinsolvenzen gesetzlich eine Vorrangwirkung einzuräumen wäre.

514 Siehe BR-Drucks. 549/06, S. 2.

515 Begr. des RegE BR-Drucks. 549/06, S. 23 f.

c) Auszugsweise Zusatzveröffentlichungen in Print- und/oder e-Bundesanzeiger

Abschließend bliebe die Frage zu erörtern, wie die ausdrücklich in der InsO angeordneten auszugsweisen Veröffentlichungen wichtiger Verfahrensschritte im Bundesanzeiger, wie etwa Eröffnung oder Aufhebung des Insolvenzverfahrens, zu behandeln sind. Das Bedürfnis, insbesondere überregionale Gläubiger mit der Veröffentlichung im Print-Bundesanzeiger anzusprechen,[516] ist dann nicht mehr vorhanden, wenn diese auf gleichwertige Weise den Bekanntmachungstext in Erfahrung bringen können. Dies ist bei einem internetbasierten Bekanntmachungssystem der Fall. Denn mit der globalen Abrufbarkeit von Internetbekanntmachungen besteht sogar für die weit überwiegende Mehrzahl überregionaler Interessenten eine wesentlich vereinfachte Möglichkeit, Kenntnis von den Insolvenzvorgängen zu erhalten.

Bereits der damalige DiskE InsOÄndG 2003, wonach eine bundesweit einheitliche Bekanntmachung über den e-Bundesanzeiger sollte, hat deshalb folgerichtig auch den Wegfall der Bekanntmachung im Print-Bundesanzeiger durch Streichung der entsprechenden Stellen oder redaktionelle Angleichung der InsO vorgesehen.[517] Obwohl mittlerweile eine einheitliche Veröffentlichung über das Portal des e-Bundesanzeigers nicht weiter verfolgt wird, wird dieser Ansatz auch im Rahmen der Internetbekanntmachungen über www.insolvenzbekanntmachungen.de weiterverfolgt.[518] Der RegE spricht - wie bereits zuvor der DiskE InsOÄndG 2003 – diesbezüglich von einer „Folgeänderung",[519] was angesichts des nunmehr unterschiedlichen Veröffentlichungsportals nicht zwingend logische Folge ist.

Gleichwohl ist der Ansatz im Ergebnis zutreffend, die InsO insoweit anzugleichen und auf weitere Zusatzveröffentlichungen im Bundesanzeiger zu verzichten. Denn ein Bedürfnis für Zusatzveröffentlichungen besteht dann nicht mehr, sollten nicht nur faktisch, sondern auch rechtlich durch Änderung der InsO bundesweit einheitlich elektronische Bekanntmachungen auf dem Portal www.insolvenzbekanntmachungen.de erfolgen. Insofern sind keine gravierenden strukturellen Unterschiede zu einer Publikation im Internet auf der Seite des e-Bundesanzeigers gegenüber denjenigen auf dem Portal www.insolvenzbekanntmachungen.de festzustellen, mit Ausnahme der Tatsache, dass der eingeschaltete Portalbetreiber nicht mehr der staatliche Bundesanzeiger-Verlag ist.

---

516 Siehe zu diesem bisherigen Gesetzesverständnis, MüKo-InsO/*Ganter*, § 9 Rn. 14.

517 Siehe hierzu Art. 1 Ziff. 8, 9, 21 und 23 des DiskE InsOÄndG 2003, abrufbar unter der Rubrik Materialien auf der Seite www.inso-rechtspfleger.de – Stand: 01.09.2006; im Übrigen abgedruckt in NZI 2003, 311 ff.).

518 Siehe Ziffern 10, 11, 25 und 26 des RegE, BR-Drucks. 549/06.

519 Siehe Begründung zu Ziffern 10, 11, 25 und 26 des RegE auf S. 30 und 41 der BR-Drucks. 549/06.

Allenfalls ließe es sich noch erwägen, weitere Veröffentlichungen über den Bundesanzeiger-Verlag weiterhin gesetzlich vorzusehen, diese jedoch auf die elektronische Ausgabe des Bundesanzeigers zu beschränken, um hier weitere Kosten bei den Verfahrenskosten zu produzieren. Da aber solche Publikationen nicht erforderlich sind, um zusätzliche Publikationswirkung zu schaffen, sollte von einer solchen Veröffentlichung abgesehen werden. Dies hat dann zur Konsequenz, dass das derzeitige Angebot des e-Bundesanzeigers, welches unter Verwertung der zusätzlichen Bekanntmachungen im Bundesanzeiger erfolgt, einzustellen wäre.[520]

[520] Siehe hierzu auch unter Teil 2II.3.b)cc)(2), S. 74 ff.

Teil 3
Gläubigerautonomie im Lichte von Kommunikationstechnologie

I. Einleitung

In diesem Abschnitt soll geprüft werden, welchen Einfluss die moderne Kommunikationstechnologie auf die Gläubigerautonomie nehmen kann. Diese Frage ist weitestgehend ungeklärt und bislang nicht Fokus eines rechtswissenschaftlichen Diskurses über die vereinfachte Wahrnehmung von Gläubigerrechten Dank der Einsatzmöglichkeiten von Kommunikationstechnologie.[521] Im Gesellschaftsrecht, vornehmlich aufgrund seiner Satzungsstrenge im Aktienrecht,[522] wird eine Debatte zur erleichterten Wahrnehmung von Gesellschafterrechten durch Kommunikationstechnologie hingegen schon seit längerer Zeit auf breiter Basis kontrovers geführt. Dabei geht es bspw. um Fragen der Übertragung von Hauptversammlungen im Internet oder die Stimmrechtswahrnehmung mittels elektronischer Kommunikationsmittel in den Entscheidungsgremien der Aktiengesellschaft. Vergleichbare Denkansätze lassen sich im Insolvenzverfahren auch hinsichtlich der erleichterten gläubigerautonomen Binnenkommunikation tätigen. Diese Arbeit möchte daher einen Diskussionsbeitrag über die aufkommenden rechtlichen Fragestellungen erbringen und damit möglicherweise auch im Insolvenzrecht eine dem Aktienrecht entsprechende Diskussion in Gang bringen.

II. Gläubigerversammlungen im Lichte von Kommunikationstechnologie

Von den Mitwirkungsorganen der Gläubiger hat die Gläubigerversammlung die weitaus wichtigste Stellung im Insolvenzverfahren. Die Gläubigerversammlung ist verantwortlich für die Grundsatzentscheidungen des Insolvenzverfahrens.[523] Bei konsequenter Ausübung ihrer Rechte können die Gläubiger über die Versammlung die gesamte Verfahrensabwicklung maßgeblich beeinflussen.[524] Angesichts der maßgeblichen Bedeutung der Gläubigerversammlung auf das Insolvenzverfahren ist thematisch der Schwerpunkt der Untersuchung von Teil 3 auf die Wahrnehmung von Gläubigerrechten in der Gläubigerversammlung zu le-

---

521 Soweit ersichtlich geht allein *Ehricke*, in MüKo-InsO, § 76 Rn. 13, überhaupt auf derartige Fragestellungen ein.

522 Zu den Gründen der aktienrechtlichen Ausrichtung der Diskussion vgl. *Schwarz*, MMR 2003, 23, 23. Zu Einsatzmöglichkeiten von Kommunikationstechnologie im Vereins- und GmbH-Recht siehe im Übrigen *Erdmann*, MMR 2000, 526 ff.

523 Die Rechte der Gläubigerversammlung sind in zahlreichen Vorschriften der InsO niedergelegt. Eine dezidierte Auflistung der Rechte der Gläubigerversammlung enthalten etwa die Aufstellungen von *Pape*, Rn. 18-32 und MüKo-InsO/*Ehricke*, § 74 Rn. 13.

524 *Pape*, Rn. 182; ders. im Übrigen hierzu bereits in ZIP 1990, 1251, 1251 ff.

gen. Bei der Erörterung der rechtlichen Fragen des Einsatzes von Kommunikationstechnologie wird dabei neben den versammlungsspezifischen Aspekten der internen Kommunikationsfindung zudem auf die bei der Gläubigerversammlung bestehende Besonderheit einzugehen sein, dass Gläubigerversammlungen nicht gänzlich frei von staatlichem Einfluss durchgeführt werden. Das Gericht darf zwar mit Ausnahme der Aufsichtsfunktion des § 78 Abs. 1 InsO grundsätzlich keine eigenen materiellen Entscheidungen treffen, indem es in der Gläubigerversammlung eigenständig Beschlüsse fasst oder ersetzt, um dieses voranzubringen.[525] Gleichwohl steht dem Insolvenzgericht formal die Leitungsfunktion über die Gläubigerversammlung gem. § 76 Abs. 1 InsO zu.[526] Aufgrund dieser prozeduralen Integration des Insolvenzgerichts in den Ablauf der Gläubigerversammlung wird insbesondere zu erörtern sein, inwieweit ein Rückgriff auf die mittlerweile im Zivilprozess gem. § 128a ZPO bestehende Möglichkeit der Bild- und Tonübertragung von Verhandlung und Vernehmung (nachfolgend als „Videokonferenz" bezeichnet) für Gläubigerversammlungen zulässig ist.

1. Organisation und Ablauf von Gläubigerversammlungen

Im Folgenden soll zunächst ein kurzer Überblick über den herkömmlichen Ablauf und die Organisation der Gläubigerversammlung gegeben werden, um hiervon ausgehend die verfahrensrelevanten Fragestellungen für den Einsatz von Kommunikationstechnologie aufwerfen zu können.

a) Zusammentreffen der Gläubigerversammlung

Das Zusammentreffen der Gläubigerversammlung findet sowohl obligatorisch wie auch fakultativ statt. So ordnet das Gesetz das Zusammenkommen der Gläubigerversammlung etwa bei dem im Eröffnungsbeschluss gem. § 29 Abs. 1 InsO sowohl festzulegenden Berichtstermin (§ 156 InsO) sowie dem Prüfungstermin (§ 176 ff. InsO) an; zudem findet obligatorisch ein Schlusstermin (§ 197 InsO) und im Insolvenzplanverfahren der Erörterungs- und Abstimmungstermin (§ 235) statt. Bei den in diesen Terminen zu treffenden Entscheidungen handelt sich jeweils um grundlegendste Aspekte des Insolvenzverfahrens, weshalb das Gesetz ausdrücklich ein Zusammenkommen der Gläubiger anordnet.[527] Das Insolvenzgericht kann zudem weitere Termine von Amts wegen anberaumen.[528] Maßstab solcher Einberufungen ist das gemeinsame Interesse der Insolvenzgläubiger, das nach § 78 InsO für das Gericht ermessensleitend wirkt.[529] Über die vorgenannten Fälle hinaus kann gem. § 75 Abs. 1 InsO die Gläubigerver-

---

[525] MüKo-InsO/*Ehricke*, § 74 Rn. 14.
[526] In aller Regel ist funktionell zuständig der Rechtspfleger, *Pape*, Rn. 211.
[527] Vgl. *Bork*, Rn. 75.
[528] MüKo-InsO/*Ehricke*, § 75 Rn. 1. HK/*Eickmann*, § 74 Rn. 3; Kübler/Prütting/*Kübler*, § 74 Rn. 7 f.
[529] *Pape*, Rn. 205; vgl. zu § 99 KO LG Stuttgart, ZIP 1989, 1595, 1596.

sammlung auch durch entsprechenden Antrag des Insolvenzverwalters (Nr. 1), des Gläubigerausschusses (Nr. 2) oder eines Quorums der in Nr. 3 und 4 genannten Gläubiger einberufen werden. Das Gericht entscheidet über den Antrag durch Beschluss, der gem. § 75 Abs. 3 InsO durch den Antragsteller angefochten werden kann.[530] Nach § 74 Abs. 2 Satz 1 InsO sind Zeit, Ort und die Tagesordnung der Gläubigerversammlung öffentlich bekannt zu machen. Beschlüsse der Gläubigerversammlung, die ohne hinreichende Bekanntmachung des jeweiligen TOP ergehen, sind in aller Regel mangels Beschlussgrundlage nichtig.[531] Ort der Gläubigerversammlung ist nicht zwingend ein Gericht, vgl. § 4 InsO i.V.m. § 219 ZPO. Da insbesondere bei Großverfahren u.U. mehrere hundert oder tausend Gläubiger erscheinen können, hat das Insolvenzgericht Räumlichkeiten auszuwählen, die der voraussichtlichen Teilnehmerzahl angemessen sind. Das bedeutet, dass die Gläubigerversammlung auch an einem anderen Ort als dem Gerichtsgebäude stattfinden kann.[532]

b) Teilnahmeberechtigung

Das Recht an der Gläubigerversammlung teilzunehmen steht gem. § 74 Abs. 1 Satz 2 allen absonderungsberechtigten Gläubigern und Insolvenzgläubigern,[533] dem Insolvenzverwalter, den Mitglieder des Gläubigerausschusses[534] und dem Schuldner zu. Die Nichtnennung des Sachwalters bzw. Treuhänders beruhe auf einem redaktionellen Versehen; diese sind daher auch teilnahmeberechtigt.[535] Nicht zur Teilnahme berechtigt sind indes die Aussonderungsberechtigten sowie die Massegläubiger.[536] Die Gläubigerversammlung ist nicht öffentlich,[537] sodass über die Genannten hinaus grundsätzlich keine weiteren Personen teilnahmeberechtigt sind. Das Gericht kann allerdings Ausnahmen zulassen. Hierzu sollen

---

530 Das Beschwerderecht soll bei den Quorumsantragsrechten der Nr. 3 und 4 jedem einzelnen Gläubiger zustehen, *Hess*/Weis/Wienberg, § 75 Rn. 7; a.A. HK/*Eickmann*, § 75 Rn. 11.

531 Ausführlich hierzu MüKo-InsO/*Ehricke*, § 74 Rn. 36 ff.

532 Vgl. jeweils MüKo-InsO/*Ehricke*, § 74 Rn. 34; Nerlich/Römermann/*Delhaes*, § 74 Rn. 6; *Pape*, Rn. 204.

533 Nicht ganz eindeutig sind die Ausführungen von Nerlich/Römermann/*Delhaes*, § 74. Rn. 12, ob Gläubigern bestrittener Forderungen gegebenenfalls die Teilnahmeberechtigung abzusprechen ist. Zu Recht allerdings für ein Teilnahmerecht unter Hinweis auf § 77 Abs. 2 InsO, *Pape*, Rn. 197.

534 Diese müssen nicht notwendig selbst Gläubiger sein (§ 67 Abs. 3 InsO), siehe auch *Pape*, Rn. 193; Nerlich/Römermann/*Delhaes*, § 77 Rn. 1.

535 MüKo-InsO/*Ehricke*, § 74 Rn. 28; ebenso *Pape*, Rn. 193 unter analoger Anwendung von § 74 Abs. 1 Satz 2 InsO.

536 Überwiegend wird hierfür kein Bedürfnis gesehen, da die Rechtswahrnehmung anderweitig gesichert sei, MüKo-InsO/*Ehricke*, § 74 Rn. 28 und *Pape*, Rn. 195.

537 Siehe nur *Hess*/Weis/Wienberg, § 76 Rn. 5 und MüKo-InsO/*Ganter*, § 4 Rn 7, jeweils m.w.N.

z.B. Pressevertreter, Organe von Gläubigerschutzverbänden, Studenten oder sonstige Auszubildende gehören.[538]

c) Beschlussfassung, Stimm- und Äußerungsrecht

Die Gläubigerversammlung verfasst ihre kollektiven Entscheidungen in Beschlüssen entsprechend der jeweiligen Beschlussvorlage. Das Insolvenzgericht stellt im Rahmen seiner leitenden Aufgabe gem. § 76 Abs. 1 InsO die Beschlussfähigkeit der Gläubigerversammlung fest. Eine Mindestquote für die Beschlussfähigkeit der Gläubigerversammlung bestimmt die InsO dabei nicht. Allein Voraussetzung für die Beschlussfähigkeit ist das Erscheinen eines stimmberechtigten Gläubigers.[539]

Das Insolvenzgericht hat zudem die Stimmrechte festzustellen. Aus der bloßen Teilnahmeberechtigung in der Gläubigerversammlung folgt nicht per se die Stimmberechtigung.[540] Die Höhe des Stimmrechts richtet sich nach der Höhe der Insolvenzforderung. Die seitens des Insolvenzgerichts festgestellten Stimmrechte bilden die Grundlage der Ermittlung des Abstimmungserfolgs über die Beschlussvorlage. Nach § 77 Abs. 1 InsO gewähren Stimmrechte die Forderungen, die angemeldet und weder vom Insolvenzverwalter noch von einem stimmberechtigten Gläubiger bestritten sind. § 77 Abs. 2 InsO bestimmt das Verfahren für bestrittene Forderungen. Hinsichtlich der Mehrheitsverhältnisse statuiert § 76 Abs. 2 InsO das Prinzip der absoluten Mehrheit der Forderungsbeträge. Dies bedeutet, dass ein Antrag nur dann angenommen wird, wenn mehr als die Hälfte der den erschienenen Gläubigern zustehenden Forderungsbeträge für den Antrag stimmt.[541] Die Beschlüsse der Gläubigerversammlung sind unabhängig von der Zahl der erschienenen Gläubiger für die Nichterschienen bindend.[542] Möglich ist insoweit allein einen Beschluss aufzuheben, wobei derartige Neubeschlüsse lediglich Wirkung ex nunc entfalten.[543]

Neben dem Stimmrecht, hat grundsätzlich jeder Gläubiger das Recht, sich in der Gläubigerversammlung zur Sache zu äußern. Da es in der Gläubigerver-

---

538 Nerlich/Römermann/*Delhaes*, § 74 Rn. 12; vgl. auch *Pape*, Rn. 199. Grundlage der Gestattung soll in diesen Fällen § 175 Abs. 2 GVG sein, *Hess*/Weis/Wienberg, § 76 Rn. 5. Namentlich für Pressevertreter wird dies aber in Zweifel gezogen, MüKo-InsO/*Ehricke*, § 76 Rn. 5.

539 FK/*Kind*, § 76 Rn. 7; HK/*Eickmann*, § 76 Rn. 5; Huntemann/Brockdorff/*Buck*, Kap. 10 Rn. 62; ebenso LG Köln ZIP 1997, 2053 und LG Neuruppin, ZIP 1997, 2130.

540 Bspw. haben Mitglieder des Gläubigerausschusses, die nicht zugleich Gläubiger sind, trotz Teilnahmeberechtigung kein Stimmrecht, MüKo-InsO/*Ehricke*, § 77 Rn. 1.

541 *Hess*/Weis/Wienberg, § 76 Rn. 17. Kopfzahlen sind daher nicht erforderlich, vgl. hierzu Kübler/Prütting/*Kübler*, § 76 Rn. 15 ff.

542 Kritik an der Bindungswirkung für nichterschienene Gläubiger unter dem Gesichtspunkt eines verfahrensrechtlichen Vertrages zu Lasten Dritter äußert *Smid*, Grundzüge Insolvenzrecht, § 13 Rn. 13.

543 Nerlich/Römermann/*Delhaes*, § 76 Nr. 6; MüKo-InsO/*Ehricke*, § 76 Rn. 32.

sammlung um die Wahrung der Interessen der Gläubiger gehe, sei ihnen weitgehend die Möglichkeit zur Stellungnahme zu gewähren.[544]

Die vorgenannten Rechte in der Gesellschaftsversammlung müssen nicht selbst wahrgenommen werden. Es ist daher nicht erforderlich, dass die einzelnen Gläubiger höchstpersönlich erscheinen. Die Gläubiger können sich vielmehr auch unter Nachweis der Vertretungsmacht gem. § 4 InsO i.V.m. §§ 80, 88 ZPO entsprechend vertreten lassen.[545] Inwieweit zudem das versammlungsbezogene Stimmrecht auch schriftlich ausgeübt werden kann, ist umstritten und wird noch bei der Frage der Ausübung von Stimmrechen mittels Kommunikationstechnologie näher zu erörtern sein.[546] Die Frage der schriftlichen Stimmabgabe stellt sich allerdings nicht im Verbraucherinsolvenzverfahren, da dort die gesamte Verfahrensabwicklung schriftlich erfolgen kann, vgl. § 312 Abs. 2 InsO.[547]

2. Impulse für die Gläubigerversammlung durch den Einsatz von Kommunikationstechnologie

Der Begriff der Gläubigerversammlung als kollektives Organ der Gläubigerautonomie darf nicht darüber hinwegtäuschen, dass der einzelne Gläubiger für sich genommen grundsätzlich keine kollektiven Interessen verfolgt, sondern seine eigenen, nämlich die größtmögliche Minimierung des durch die Insolvenz des Schuldners drohenden Ausfalls.[548] Die Gläubigerversammlung muss allerdings ein handlungsfähiges Organ sein, weshalb das an der Forderungshöhe ausgerichtete Mehrheitsprinzip ein technisch notwendiger Rechtsbehelf zur Erleichterung der Entscheidungsfindung einer unkoordinierten Vielzahl Beteiligter ist.[549] Diese notwendige Bündelung der Meinungspluralität macht es umso mehr erforderlich, dass die Gläubiger auch an den Gläubigerversammlungen partizipieren, um versammlungsintern entsprechend ihre jeweilige Position erörtern und vertreten zu können. Die Gläubigerversammlung dient insofern ähnlich wie die Hauptversammlung der Aktiengesellschaft vornehmlich der Information, Kommunikation und der Entscheidungsfindung.[550]

Trotz dieser grundlegenden Notwendigkeit des einzelnen Gläubigers, die Rechte auch innerhalb der Versammlung wahrzunehmen, besteht häufig Desinteresse, an den Gläubigerversammlungen auch tatsächlich teilzunehmen. Die

544 MüKo-InsO/*Ehricke*, § 76 Rn. 9.

545 MüKo-InsO/*Ehricke*, § 74 Rn. 26; *Pape*, Rn. 199. Der Nachweis der Vollmacht entfällt insoweit bei anwaltlichen Vollmachten, vgl. § 88 Abs. 2 ZPO.

546 Siehe unten Teil 3II.4.a)dd), S. 162 ff.

547 Vgl. *Pape*, Rn. 185.

548 MüKo-InsO/*Ehricke*, § 74 Rn. 7.

549 MüKo-InsO/*Ehricke*, § 74 Rn. 10.

550 So treffend für die Hauptversammlung, *Noack*, NZG 2003, 241, 241 sowie 249; vgl. auch zum formal organisatorischen Zweck der Gläubigerversammlung, Kübler/Prütting/*Kübler*, § 76 Rn. 3.

Beteiligung an den einzelnen Versammlungen ist in der Regel eher schwach und nimmt meist nach dem ersten Zusammentreffen weiter ab; dieses Desinteresse an der Teilnahme kann den Versuch teilnehmender Gläubiger forcieren, sich durch eine Majorisierung der Versammlung zweifelhafte Rechtspositionen zu sichern und unliebsame Auseinandersetzungen zu ersparen.[551]

Die Einsatzmöglichkeiten von Kommunikationstechnologie könnte diesbezüglich hilfreiche Impulse geben, um die Teilnahmequoten an den Gläubigerversammlungen zu steigern. So könnten Konferenzschaltungen über Fernsprecher oder das Internet aufgrund einer erheblichen Zeit- und Kostenersparnis möglicherweise zu einer vergrößerten Bereitschaft führen, an Gläubigerversammlungen mitzuwirken.[552] Insbesondere für diejenigen Gläubiger, die eine verstärkte Kosten-Nutzen-Rechnung der Reisekosten im Vergleich zu der zu erwartenden quotalen Befriedigung ihrer Forderung anstellen müssen, könnte es sich als vorteilhaft erweisen, wenn diese an der Versammlung mittels Bild- und Tonübertragung teilnehmen können und auf diese Weise gegebenenfalls erhebliche Kosten für Anreise und Aufenthalt zu sparen. Ähnliche Motive wurden auch als Hauptbeweggründe für eine erleichtere Wahrnehmung von Aktionärsrechten mittels neuer Kommunikationstechniken Hauptversammlungen angeführt.[553]

Die Öffnung der Gläubigerversammlung für moderne Übertragungstechniken könnte zudem einen erhöhten Anreiz für einzelne Gläubiger darstellen, der Versammlung persönlich zu folgen. Auch wenn das Recht besteht, einen Vertreter in der Gläubigerversammlung zu entsenden, so kann diese Form der Wahrnehmung des Gläubigerrechts nicht immer vollständig überzeugen. Insbesondere dann, wenn der versammlungsinterne Diskurs entscheidenden Einfluss auf das Meinungsbild eines Gläubigers gewinnen kann, dürfte es sich für zahlreiche Gläubiger als Vorteil erweisen, wenn sie den vorgebrachten Argumenten eigenständig folgen können. Denn die bloße im Vorfeld erbrachte Direktive an den Stellvertreter, entsprechend des Weisungsauftrages zu handeln, vermag nicht die immer die Defizite einer mangelnden persönlichen Teilnahme des Gläubigers vollständig zu kompensieren.

3. Einsatzarten von Kommunikationstechnologie in der Gläubigerversammlung

Die aktienrechtliche Diskussion um die Zulässigkeit des Einsatzes von Kommunikationstechnologie ist weitgehend ausgerichtet auf die Möglichkeiten, die das

551 So bereits zum Beteiligungsinteresse an Gläubigerversammlungen unter der Herrschaft der KO, *Pape*, ZIP 1990, 1251, 1251; ebenso Kübler/Prütting/*Kübler*, § 74 Rn. 2, für die InsO unter Hinweis auf die gegenüber der KO sogar gestärkte Stellung der Gläubigerversammlung im Insolvenzverfahren.

552 MüKo-InsO/*Ehricke*, § 76 Rn. 13.

553 Siehe nur *Rieger*, ZHR 165 (2001), 204, 205; umfassend zu den Missständen traditioneller Hauptversammlungen *Sasse*, S. 38 ff.

Internet hierfür bietet. Entsprechend entwickelte sich bei der rechtlichen Bewertung von Hauptversammlungen unter Einsatz von Kommunikationstechnologie eine Terminologie, die vornehmlich an den Begrifflichkeiten des Internet angelehnt ist. So werden in der einschlägigen Literatur Begriffe wie Internet-, Online und/oder Virtuelle Hauptversammlung und weitere ähnliche Termini verwendet. Hingegen hat sich im Zivilprozess und in den anderen Verfahrensordnungen, die den Einsatz von Kommunikationstechnologie im Rahmen der Verhandlung zulassen, der Begriff der „Videokonferenz" als feststehend etabliert.[554] Der Sache nach geht es trotz der unterschiedlichen Begrifflichkeiten im Kern stets um eines: die Übertragung von Ton- und/oder Bildsignalen. Welche Übertragungsverfahren dabei verwendet werden, ist jedoch unerheblich.[555] Insofern ist es richtig, wenn der Gesetzgeber in den einschlägigen Gesetzen keine übertragungsspezifischen Besonderheiten regelt, sondern allein auf die Übertragung von Ton und Bild abstellt.[556]

Sofern daher Kommunikationstechnologie in der Gläubigerversammlung zum Einsatz kommt, geht es ebenfalls um die Übertragung von Bild und/oder Ton. Dabei soll der Prüfungsumfang dieser Untersuchung hinsichtlich der Einsatzmöglichkeiten von Kommunikationstechnologie in der Gläubigerversammlung beschränkt werden auf die Situation die einer „Videokonferenz" im Zivilprozess oder der sog. „Online-Präsenz-Hauptversammlung" im Aktienrecht gleichkommt.[557] Sowohl bei der Videokonferenz wie auch der Online-Präsenz-Hauptversammlung findet das eigentliche Zusammentreffen der Beteiligten weiterhin an einem physischen Ort statt. Dies wird auch bei Gläubigerversammlungen weiterhin der Fall sein.

Zu Recht wird darauf hingewiesen, dass Voraussetzung eines Einsatzes von Kommunikationstechnologie in der Gläubigerversammlung ist, dass die Erfordernisse des § 76 InsO gewahrt bleiben, insbesondere dass das Gericht weiterhin die Versammlung leitet.[558] Eine solche Leitungsfunktion wird es indes nur von einem physischen Ort ausüben können. Zudem ist es nicht denkbar, die Gläubiger von ihrem Recht, an der Versammlung physisch teilnehmen zu können, auszuschließen. Diskussion um eine rein virtuelle Gläubigerversammlung, bei der

---

554 Was möglicherweise damit zu erklären ist, dass die Gerichtsverhandlung mittels Kommunikationstechnologie im Grundsatz beschränkt auf wenige Teilnehmer ist und insofern eher von einer „Konferenz" gesprochen werden kann.

555 Zu üblichen Übertragungsverfahren für Bild- und Tonübertragungen im Rahmen von Videokonferenzen, siehe u.a. *Nissen*, S. 201 ff.

556 Siehe u.a. § 118 Abs. 3 AktG sowie in den Verfahrensordnungen: § 128a ZPO; § 247a StPO; §§ 91a, 93a FGO.

557 Siehe zu diesen Begrifflichkeiten bspw. *Noack*, BB 1998, 2533, 2535; *Rieger*, ZHR 165 (2001), 205, 207; *Schwarz*, MMR 2003, 23, 27; vgl. auch *Sasse*, S. 148 ff. „internetgestützte Präsenzversammlung".

558 MüKo-InsO/*Ehricke*, § 76 Rn. 13.

keine Präsenz-Gläubigerversammlung mehr stattfindet, sondern die Gläubiger nur noch ausschließlich an der Veranstaltung durch individuelle Zuschaltung teilnehmen dürfen, sind damit überflüssig.[559] Die rechtlichen Fragen des Einsatzes von Kommunikationstechnologie im Insolvenzverfahren haben sich damit vornehmlich mit der „audio-visuellen Übertragung" einer weiterhin an einem realen Ort stattfindenden Gläubigerversammlung zu befassen.[560] Um dabei eine der tatsächlichen Teilnahme an der Gläubigerversammlung gleichkommende Wirkung zu erreichen, könnte gegebenenfalls zusätzlich zur audio-visuellen Übertragung der Präsenz-Gläubigerversammlung mittels entsprechender technischer Vorrichtung ebenfalls eine Bild- und/oder Tonübertragung von Äußerungen des zugeschalteten Gläubigers an den Ort der Gläubigerversammlung erfolgen. Dies ermöglicht eine bidirektionale Kommunikation der Beteiligten, die bei gehörigem technischen Aufwand theoretisch auch an mehrere Orte erfolgen könnte.[561]

4. Einsatzmöglichkeiten von Kommunikationstechnologie in Gläubigerversammlungen de lege lata

a) Einsatzmöglichkeiten von Kommunikationstechnologie nach der InsO

Die InsO selbst sieht bislang keine ausdrückliche Regelung über die Zulässigkeit von Bild- und/oder Tonübertragungen der Gläubigerversammlungen an einen anderen Ort vor. Auch wenn die InsO eine solche Vorschrift nicht beinhaltet, soll hier die Zulässigkeit von Bild und/oder Tonübertragungen nicht sogleich nach alleiniger Maßgabe der Vorschrift des § 128a ZPO geprüft werden. Zwar gelten die Bestimmungen der ZPO nach § 4 InsO entsprechend auch im Insolvenzverfahren. Der Rückgriff auf die ZPO gilt aber nur ergänzend, soweit sich aus der InsO nichts anderes ergibt. Dies muss zudem nicht ausdrücklich geschehen.[562] Auch Regeln, die sich erst nach Auslegung der InsO finden lassen, ma-

---

559 Soweit MüKo-InsO/*Ehricke*, § 76 Rn. 13, den Begriff „virtuelle Gläubigerversammlung" ins Feld führt, ist daher nicht davon auszugehen, dass damit eine Situation vergleichbar der im Aktienrecht diskutierten rein virtuellen Hauptversammlung gemeint ist. Dort wird eine rein virtuell durchgeführte Hauptversammlung diskutiert, bei der die Aktionäre nur noch ausschließlich über das Internet teilnehmen können. Nach derzeitigem Stand wird auf Anregung der Regierungskommission Corporate Governance durch Hinzufügen von § 121 Abs. 6 AktG eine virtuelle Vollversammlung aller Aktionäre erwogen, bei der allerdings wiederum beurkundungsbedürftige Beschlüsse nur gefasst werden können, wenn der Vorstand, Aufsichtsrat und Notar sich an einem realen Ort aufhalten, vgl. hierzu *Noack*, NZG 2003, 241, 247 und *Schwarz*, MMR 2003, 23, 28.

560 Es soll an dieser Stelle der Begriff „Online-Präsenzgläubigerversammlung" ausdrücklich nicht eingeführt werden, da er suggeriert, die Übertragung von Bild und Ton sei beschränkt auf das Medium Internet.

561 Etwa im Rahmen einer Videokonferenz durch sog. multipointfähige Videokonferenzanlagen, siehe *Nissen*, S. 23.

562 MüKo-InsO/*Ganter*, § 4 Rn. 5.

chen die Inanspruchnahme des Zivilprozessrechts entbehrlich und damit unzulässig.[563] Daher ist hier vorrangig vor § 128a ZPO zunächst der Einsatz von Kommunikationstechnologie unter isolierter Betrachtung der Bestimmungen der InsO vorzunehmen.[564]

aa) Übertragung der Gläubigerversammlung

Damit ortsabwesende Gläubiger der Gläubigerversammlung wie real teilnehmende Gläubiger der Gläubigerversammlung folgen können, ist erforderlich, die Präsenzversammlung audio-visuell zu übertragen. Denn nur durch deren Bild- und Tonübertragung kann überhaupt eine faktische Gleichstellung mit anwesenden Gläubigern erreicht werden, mit der sich abwesende Gläubiger ein eigenes Bild von der Versammlung machen können. Dabei stellt sich die Frage, inwieweit überhaupt die audio-visuelle Übertragung der nach allgemeiner Auffassung nicht-öffentlichen Gläubigerversammlung[565] zulässig ist. Daneben gilt es zu prüfen, inwieweit aufgrund von Persönlichkeitsrechten der Teilnehmer Restriktionen bei der Übertragung folgen. Zudem fragt sich, wie der Umstand zu bewerten

---

563 Nerlich/Römermann/*Becker*, § 4 Rn. 5.

564 Dies gilt im Grundsatz jedoch nicht für solche Vorgänge, für die im Insolvenzverfahren die Vorschrift des § 128a ZPO über die allgemeine Verweisungsvorschrift des § 4 InsO an sich direkt Anwendung findet, namentlich dann, wenn eine gerichtliche Entscheidung des Insolvenzgerichts bzw. der Rechtsmittelinstanz in Rede steht. Somit bemisst sich bspw. die Frage, ob in gerichtlichen Beschwerdevorgängen der Einsatz von Kommunikationstechnologie ggf. eine bessere Gewährung von Teilnahmerechten sichern kann, grundsätzlich nach den hierfür direkt durch § 128a ZPO sowie den betreffenden Vorschriften der InsO, die dem jeweils Beschwerten ein Beschwerderecht einräumen, aufgestellten Voraussetzungen. Es ist insoweit gerade im Hinblick der Entscheidung des BGH in Sachen Konsum-Berlin-Brandenburg vom 07.07.2005 (abgedruckt in NZI 2005, 619 ff.) zu erwägen, bei der u.a. die Frage der hinreichenden Wahrung rechtlichen Gehörs der Gläubiger im Beschwerdeverfahren streitig war, ob in gerichtlichen Beschwerdesachen im Insolvenzplanverfahren vermehrt über die Einsatzmöglichkeiten von Kommunikationstechnologie nach Maßgabe von § 128a ZPO nachzudenken ist. Dies insbesondere, um den im Insolvenzplanverfahren entscheidenden Zeitfaktor (diesen Aspekt im Hinblick auf die Entscheidung des BGH besonders betonend *Smid*, NZI 2005, 613, 613) zu gewährleisten. Bei den diesbezüglich aufkommenden Rechtsfragen zur Zulässigkeit des Einsatzes von Kommunikationstechnologie wird sich ein Insolvenzgericht im Ergebnis letztlich wohl auch an den Erwägungen orientieren, die für oder gegen einen Einsatz von Kommunikationstechnologie im Zuge der im Rahmen des Insolvenzplanverfahrens stattfindenden Gläubigerversammlungen sprechen. Dies folgt vornehmlich aus der Erwägung, dass im an gerichtlichen Bestätigungsbeschluss gem. § 248 InsO anschließenden Beschwerdeverfahren gerichtlicherseits jedenfalls partiell solche Fragen zur Prüfung gestellt, die zuvor im Rahmen des Erörterungstermin debattiert und über die, jedenfalls soweit nicht von der schriftlichen Stimmabgabemöglichkeit nach Maßgabe von § 242 InsO Gebrauch gemacht wurde, auch in einer Gläubigerversammlung abgestimmt wurde. Insofern dürften die Ausführungen unter Teil 3II.4.b), S. 165 ff. zur Möglichkeit der entsprechenden Anwendbarkeit von § 128a ZPO auf Gläubigerversammlungen auch für derartige gerichtliche Beschwerdesachen von Relevanz sein. Zur vorinstanzlichen Entscheidung in Sachen Konsum Berlin-Brandenburg des LG Berlin (NZI 2005, 335 ff.) siehe auch eingehend *Smid*, NZI 2006, 296 ff. sowie hierauf erwidernd *Heublein*, NZI 2005, 381 f.

565 Zu Nachweisen siehe bereits oben FN 537.

ist, dass die Gläubigerversammlung unter gerichtlicher Leitung steht und hieraus gegebenenfalls Restriktionen zur Zulässigkeit der Bild und/oder Tonübertragung folgen.

(1) Nicht-Öffentlichkeit und Legitimationsnachweis bei audio-visueller Übertragung von Gläubigerversammlungen

Die bloße Tatsache, dass die Gläubigerversammlung an einem realen Ort stattfindet, macht die audio-visuelle Übertragung der Versammlung nicht per se unzulässig. Der Einsatz von Kommunikationstechnik ist auch der herkömmlichen „Präsenz-Gläubigerversammlung" nicht fremd. So hat insbesondere bei Großverfahren das Gericht dafür Sorge zu tragen, dass Kommunikationsanlangen zur Verfügung stehen, die gewährleisten, dass jeder Teilnehmer seine Rechte tatsächlich in Anspruch nehmen kann.[566] Neu an der Diskussion um Kommunikationstechnik ist jedoch, dass diese dergestalt eingesetzt werden soll, den Gläubigern die Möglichkeit zu eröffnen, ihre verfahrensrechtlich verbürgten Rechte auch von einem anderen Ort aus wahrnehmen zu können. Entscheidend ist dabei, dass trotz einer Übertragung von Ton- und Bildsignal der Charakter einer nicht-öffentlichen Veranstaltung erhalten bleibt. Dabei sei insbesondere bei einer Übertragung der Gläubigerversammlung über das Internet fraglich, wie die Nicht-Öffentlichkeit gewahrt werden könne und zu gewährleisten sei, dass der Zugeschaltete auch tatsächlich teilnahmeberechtigt ist.[567]

Wäre jedermann in der Lage, der Gläubigerversammlung bei Einsatz von Kommunikationstechnologie wie dem Internet zu folgen, so wäre unzweifelhaft nicht mehr von einer nicht-öffentlichen Versammlung zu sprechen. Daher erfordert eine audio-visuelle Übertragung der Gläubigerversammlung eine Zugangsbeschränkung auf den berechtigten Teilnehmerkreis.[568] Das Argument, der berechtigte Teilnehmer könne Dritten unberechtigten Zugang zur Gläubigerversammlung verschaffen, indem er diesen Zugang zu seinen Endgeräten gewähre, kann wie auch im Aktienrecht zurückgewiesen werden. Denn der Berechtigte könnte Dritten auch dann Zugang zur Versammlung verschaffen, wenn er sich entsprechend in der Präsenzversammlung vertreten lässt.[569] Im Übrigen wäre zu überlegen, dass das Insolvenzgericht im Rahmen seiner Leitungsfunktion bei Beginn der Gläubigerversammlung einen mündlichen Hinweis erteilt, dass es den der Übertragung zugeschalteten „Teilnehmern" untersagt sei, nicht-

---

566 Vgl. MüKo-InsO/*Ehricke*, § 76 Rn. 22.

567 Vgl. MüKo-InsO/*Ehricke*, § 76 Rn. 13.

568 Nach allgemeiner Auffassung nimmt eine zugangsunbeschränkte Übertragung der Hauptversammlung im Internet der Veranstaltung ihren nicht-öffentlichen Charakter. Dagegen wird dieser bei einer Zugangsbeschränkung auf berechtigte Aktionäre gewahrt, vgl. nur *Spindler*, ZGR 2000, 420, 434; *Sasse*, S. 156 f.; *Rieger* ZHR 165 (2001), 204, 211.

569 So zu Recht für die Hauptversammlung, *Rieger* ZHR 165 (2001), 204, 211 und *Sasse*, S. 156 f.

legitimierten Personen die Verfolgung der Gläubigerversammlung zu ermöglichen und die Übertragung aufzuzeichnen[570] oder aber bereits im Vorfeld eine entsprechende Zusicherung durch die zugeschalteten Gläubiger zu verlangen.[571]

Technisch lässt sich eine Zugangsberechtigung auf nur bestimmte Teilnehmer auch dann realisieren, wenn als Übertragungsmedium der Gläubigerversammlung das global abrufbare Internet verwendet wird.[572] Aufgrund dieser technisch möglichen Zugriffsbarrieren für nicht-berechtigte Teilnehmer könnte daher im Grundsatz auch die Nicht-Öffentlichkeit der Gläubigerversammlung gewahrt bleiben. Fraglich wäre allerdings insbesondere bei einer zugangsbeschränkten Übertragung über das Internet, wie im Vorfeld zur Gläubigerversammlung der Personenkreis der zur Übertragung Zugangsberechtigten festgelegt werden kann und der Umstand zu bewerten ist, dass sich das Insolvenzverfahren zunächst an eine unbekannte Zahl von Gläubigern richtet.[573] Unbekannten Gläubigern Zugangsrechte zu einer Übertragung der Gläubigerversammlung zu gewähren, ist indes nicht möglich. Wollte man unbekannten Gläubigern Zugang ermöglichen, könnte dies nur durch eine zugangsfreie Übertragung erfolgen, was der Versammlung ohne Zweifel den Charakter der Nicht-Öffentlichkeit nähme. Zugangsrechte könnten daher nur denjenigen Gläubigern eingeräumt werden, die überhaupt bekannt sind. In jedem Falle sind dies diejenigen, die eine (behauptete) Forderung zuvor gem. § 174 InsO beim Insolvenzverwalter angemeldet haben. Jedenfalls dem Gläubiger einer angemeldeten Forderung könnte damit im Vorfeld der Gläubigerversammlung ein Zugangsrecht zur Übertragung gewährt werden.

Dabei ließe sich auch bei einer breiter angelegten Internetübertragung von Gläubigerversammlungen das Problem der hinreichenden Legitimation des Zugeschalteten Gläubigers bewältigen. Zwar könnte bei einer Teilnahme eines zugeschalteten Gläubigers keine Ausweiskontrolle durch das Insolvenzgericht durchgeführt werden.[574] Derartige Kontrollmethoden können aber auch bei herkömmlichen Gläubigerversammlungen ungeeignet sein, sofern eine große Anzahl von Gläubigern teilnahmeberechtigt ist. Daher bietet es sich schon heute bei Großverfahren aus organisatorischen Gründen an, im Vorfeld der Gläubigerversammlung an die Teilnahmeberechtigten Stimmkarten auszugeben, die zur Teilnahme an der Gläubigerversammlung berechtigen.[575] Vergleichbare Kontrollverfahren könnten auch beim Einsatz von Kommunikationstechnologie zum Zuge

570 Bei Hauptversammlungen wird ein vergleichbarer elektronischer Hinweis vor dem Einloggen in das Übertragungssignal empfohlen, *Zetsche*, ZIP 2001, 682, 683.

571 Vgl. hierzu auch unten unter Teil 3II.4.b)(3)(c), S. 181 ff.

572 Hierzu *Blank/Zetsche*, K & R, 2000, 486, 489.

573 Siehe oben bereits unter Teil 2I.1.a), S. 41 f.

574 Zur Berechtigung von Ausweiskontrollen siehe MüKo-InsO/*Ehricke*, § 76 Rn. 5.

575 MüKo-InsO/*Ehricke*, § 76 Rn. 5.

kommen. Bei Hauptversammlungen unter Zuhilfenahme des Internet wird u.a. die Verwendung zugewiesener PIN- oder TAN-Nummern wie beim Homebanking oder sonst übliche Nachweisverfahren wie HBCI-Standards vorgeschlagen; denkbar wäre auch der Einsatz elektronischer Signaturen.[576] Solche Nachweisverfahren könnten auch bei Gläubigerversammlungen eingesetzt werden. Dafür wäre im Vorfeld der Gläubigversammlung eine Koordination des Gläubigers mit dem Insolvenzgericht und/oder dem Verwalter erforderlich, bei der dem Gläubiger eine entsprechend legitimierende Zugangsberechtigung zugewiesen wird. Die Zugangsberechtigung müsste im Übrigen so ausgestaltet sein, dass sie nur einmal ausgeübt werden kann, um eine illegale Mehrfachnutzung dergleichen Zugangsberechtigung auszuschließen. Bei einer derart zugangsbeschränkten Übertragung wären damit zugleich Bedenken zurückzuweisen, die gegen eine Nicht-Öffentlichkeit der Gläubigerversammlung einer audio-visuellen Übertragung sprechen.

(2) Persönlichkeitsrechte der Teilnehmer

Die Diskussion um eine versammlungsinterne Übertragung von Bild- und/oder Tondaten kann nicht frei von etwaig in Rede stehenden Persönlichkeitsrechten der an der Gläubigerversammlung beteiligten Teilnehmer beantwortet werden. Keine Einschränkungen folgen zunächst aus der einfachgesetzlichen Ausprägung des Persönlichkeitsrechts gem. § 22 KunstUrhG, der die Verbreitung oder öffentliche Zurschaustellung von Bildnissen des Abgebildeten von dessen Einwilligung anhängig macht. Zwar soll auch das nicht perpetuierte Bildnis wie die Videokonferenz unter den Bildnisbegriff des § 22 KunstUrhG fallen; bei der bloßen Übertragung der Gläubigerversammlung mangelt es indes an der Weitergabe eines körperlichen Gegenstandes, sodass es zugleich an einem Verbreiten fehlt.[577] Die Gefahr missbräuchlicher Aufzeichnung durch Dritte (dazu sogleich beim allgemeinen Persönlichkeitsrecht), ändert nichts daran, dass die eigentliche Übertragung an einen anderen Ort gerade keinen Weitergabeakt eines körperlichen Gegenstandes darstellt.[578] Ebenso fehlt es bei der nicht-öffentlichen Gläubigerversammlung an einer öffentlichen Zurschaustellung. Richtigerweise erfolgt nach überwiegender Auffassung die Definition der Öffentlichkeit in Anlehnung an § 15 Abs. 3 UrhG.[579] Bei der Gläubigerversammlung liegt aufgrund der durch § 74 Abs. 1 Satz 2 InsO normierten Teilnahmerechte eine Abgegrenztheit des Personenkreises vor, der zudem durch die Beziehung zum Gericht

---

[576] Siehe *Rieger*, ZHR 165 (2001), 204, 208; ebenso *Sasse*, S. 164; vgl. ders. auch auf S. 109 f. zu Legitimationsnachweisen bei elektronischer Weisungserteilung. Zum Ganzen im Übrigen auch *Zetsche* ZIP 2001, 682, 683.

[577] Vgl. zu Videokonferenzen im Rahmen des Zivilprozesses *Nissen*, S. 42.

[578] Vgl. BGHZ 24, 200, 208 sowie *Ernst*, NJW 2004, 1277, 1278 f., der sich allerdings de lege ferenda für eine Ausweitung des Tatbestandes von § 22 KunstUrhG auf Bildniserschleichungen ausspricht.

[579] *Nissen*, S. 43, dort m.w.N. in FN 119.

als „Veranstalter" entsprechend der dem Insolvenzgericht zugewiesen Leitungsaufgabe gem. § 76 Abs. 1 InsO persönlich geprägt ist.[580]

Fraglich ist aber, inwieweit sich bei alleiniger Betrachtung der InsO de lege lata Grenzen der Übertragbarkeit von Gläubigerversammlungen aus dem verfassungsrechtlich aus Art 1 Abs. 1 i.V.m. Art. 2 Abs. 1 GG abgeleiteten Persönlichkeitsrecht von Versammlungsteilnehmern ergeben. Im Aktienrecht wird überwiegend die grundlegende Entscheidung des BGH,[581] ein Widerspruchsrecht des teilnehmenden Aktionärs gegen Aufzeichnung seiner Wortbeiträge als Ausfluss seines allgemeinen Persönlichkeitsrechts zu bejahen, dahingehend analysiert, dieses Widerspruchsrecht bestehe auch bei einer zugangsbeschränkten Übertragung von Bild und/oder Ton über das Internet.[582] Der körperlich teilnehmende Versammlungsteilnehmer könne insbesondere einer Übertragung seiner Redebeiträge widersprechen. Als Grund wird angeführt, dass der Übertragung im Internet die Möglichkeit der Aufzeichnung inhärent sei.[583] Einer solche Deutung der Rechtsprechung des BGH wird allerdings auch ausdrücklich entgegengetreten. Die BGH-Entscheidung sei nicht dahingehend zu deuten, dass das Widerspruchsrecht heimliche bzw. unkontrollierbare Aufzeichnungen der Redebeiträge verhindern solle.[584]

Jedenfalls bei einer breit angelegten Übertragung der einzelnen Beiträge über das Internet spricht manches für die Bejahung eines Widerspruchsrechts. Zwar wird auch im Rahmen der Videokonferenz im Zivilprozess unter Bezugnahme auf die Rechtsprechung des BVerfG zum Persönlichkeitsrecht geltend gemacht, das die Schutzwürdigkeit auslösende Moment des Persönlichkeitsrechts sei allein die Gefahr einer Verbreitung der reproduzierbaren Aufzeichnung; dieses fehle aber bei einer bloßen Übertragung, bei der keine Aufzeichnung erfolge.[585] Diese Argumentation dürfte auch dann Richtigkeit für sich be-

---

580 *Nissen*, S. 45 f., sieht sogar bei Videokonferenzen einer öffentlichen Gerichtsverhandlung die persönliche Verbundenheit gewahrt; so wohl auch *Schultzky*, NJW 2003, 313, 315, dort in FN 38.

581 BGHZ 127, 107, 109.

582 *Mülbert*, in Großkommentar zum AktG, Vor §§ 118-147 Rn. 177; *Spindler*, ZGR 2000, 420, 434; *Habersack*, ZHR 165 (2001), 172, 184; *Rieger*, ZHR 165 (2001), 204, 211; *Zetsche*, ZIP 2001, 682, 683; in diesem Sinne wohl auch *Goedecke/Hauser*, BB 2001, 369, 372.

583 *Rieger*, ZHR 165 (2001), 204, 211; vgl. auch *Habersack*, ZHR 165 (2001), 172, 184 und *Spindler*, ZGR 2000, 420, 435.

584 *Sasse*, S. 158; gegen ein Widerspruchsrecht wegen einer Einschränkung der Interessen der Online-Aktionäre auch *Hasselbach/Schumacher*, ZGR 2000, 258, 264, die jedoch insoweit argumentativ zweifelhaft zwischen beschränkten und unbeschränkten Zugriffsrechten im Internet trennen.

585 *Nissen*, S. 49 unter Hinweis auf BVerfGE 34, 238 ff.; 35, 202 ff.; 63, 131 ff; 87, 334 ff.; 97, 228 ff. und jüngst 101, 361 ff. Nach a.A. ist aber auch bei Videokonferenzen im Zivilprozess das Einverständnis aller Beteiligter erforderlich, Baumbach/Lauterbach/Albers/*Hartmann*, § 128a ZPO Rn. 4 (vgl. hierzu auch Ausführungen zu FN 660).

anspruchen, solange das Gericht bei einer eng umgrenzten Teilnehmerzahl an einer Videokonferenz im Zivilprozess trotz vorhandener sitzungspolizeilicher Defizite an dem anderen Ort in den allermeisten Fällen die Einhaltung eines Aufzeichnungsverbots auch faktisch gewährleisten kann.[586] Die Anzahl der Gläubiger im Insolvenzverfahren und damit der Teilnahmeberechtigten in einer Gläubigerversammlung kann und wird allerdings in der überwiegenden Mehrzahl der Fälle deutlich über die Zahl hinausgehen, die der Gerichtsverhandlung als zugeschaltete Parteien oder Personalbeweismittel im Rahmen einer Videokonferenz gem. § 128a ZPO folgen. Ohne hier detailliert die Problematik aufzuwerfen, ob das Insolvenzgericht überhaupt zur Vornahme sitzungspolizeilicher Maßnahmen an einem anderen Ort als dem der Gläubigerversammlung berechtigt sein kann,[587] so erscheint eine breit angelegte Kontrolle eines durch das Gericht ausgesprochenen Aufzeichnungsverbots an verschiedenen Empfangsorten der Übertragung kaum realisierbar. Will man daher insbesondere bei größeren Gläubigerversammlungen einer Vielzahl von Gläubigern die Möglichkeit eröffnen, an der Versammlung durch Zuschaltung zu partizipieren, ließe sich die nicht zu unterschätzende Gefahr missbräuchlicher Aufzeichnung kaum leugnen.[588] Je größer hier das Missbrauchspotential ist, umso mehr muss dann zu Recht auch die Frage aufgeworfen werden dürfen, ob eine Berührung des Persönlichkeitsrechts allein deshalb ausgeschlossen sein kann, weil eine gerichtliche (oder gesetzliche) Anordnung eines Aufzeichnungsverbots ergangen sei. Jedenfalls hinsichtlich ihrer Wortbeiträge im Gegensatz zur bloßen bildlichen Übertragung wäre daher den Gläubigern insbesondere bei einer kaum kontrollierbaren Internetübertragung nach bestehender Rechtslage in der InsO ein Widerspruchsrecht gegen deren Übertragung zuzugestehen.

Neben diesen Erwägungen spricht zudem für das Vorhandensein eines Widerspruchsrecht anwesender Teilnehmer, dass auch der Gesetzgeber augenscheinlich von der Existenz eines solchen Rechts ausgeht. So war im Aktienrecht ein wesentliches Motiv der Einführung von § 118 Abs. 3 AktG die Erwägung, das verfassungsrechtlich abgeleitete Widerspruchsrecht des einzelnen Aktionärs einfachgesetzlich einzuschränken und damit eine Übertragung seiner Redebeiträge auch gegen seinen Willen möglich zu machen.[589] Setzt aber der Gesetzgeber selbst die Existenz eines Widerspruchsrechts von Versammlungsteil-

---

586 Vgl. jeweils *Schultzky*, NJW 2003, 313, 316 f.; *Nissen*, S. 102 ff.

587 Das Insolvenzgericht ist unstreitig im Rahmen seiner Leitungsfunktion zur Wahrnehmung sitzungspolizeilicher Maßnahmen in der Verhandlung gem. §§ 176 ff. GVG berechtigt, siehe nur MüKo-InsO/*Ganter*, § 4 Rn. 94; vgl. auch Hess/Wies/*Wienberg*, § 4 Rn. 32;

588 Ob sich diese effektiv durch die von *Hasselbach/Schumacher*, ZGR 2000, 258, 264, angesprochenen read-only-access-Systeme effizient einschränken ließe, ist schon allein mit Hinblick auf die einfache Möglichkeit der Abfilmung der Übertragung zu bezweifeln.

589 Siehe hierzu *Schwarz*, MMR 2003, 23, 25 unter Bezug auf RegE TransPuG, BT-Drucks. 14/8769, S. 19 f.

nehmern bei interner Übertragung voraus, bedürfte es auch im Insolvenzverfahren einer Regelung, die ein solches Recht einfachgesetzlich ausschließt. Da die InsO indes bislang gerade keine Regelungen zur Zulässigkeit von Bild- und/oder Tonübertragungen enthält, dürfte zumindest nach ausschließlicher Maßgabe der InsO eine Übertragung der Gläubigerversammlung ohne Widerspruchsrecht gegen die Übertragung der Redebeiträge der körperlich teilnehmenden Gläubiger nicht möglich sein. Das Insolvenzgericht hätte hierüber im Rahmen seiner Leitungsfunktion spätestens zu Beginn der Gläubigerversammlung aufzuklären.

(3) Übertragungsrestriktionen aufgrund der gerichtlichen Leitung

Gerichtsverfassungsrechtliche Restriktionen zur audio-visuellen Übertragung der Gläubigerversammlung aufgrund der Leitungsfunktion des Gerichts bestehen nicht. Ohne bereits an dieser Stelle näher auf das Verhältnis der Begrifflichkeiten von Versammlung und Verhandlung einzugehen, lässt sich aus dem GVG ein Verbot zur versammlungsinternen Übertragung eines Bild und/oder Tonsignals von der Gläubigerversammlung nicht ableiten. Die Vorschrift des § 169 Satz 2 verbietet allein Ton- und Fernseh-Rundfunkaufnahmen sowie Ton- und Filmaufnahmen zum Zwecke der öffentlichen Vorführung oder Veröffentlichung ihres Inhalts. Nach allgemeiner Auffassung findet § 169 GVG bei Gläubigerversammlungen keine Anwendung, da diese Vorschrift den Grundsatz der Öffentlichkeit[590] verkörpere und der Richter hier nicht als erkennender Richter tätig werde.[591] Aber selbst dann, wenn man der Schutzwirkung von § 169 Satz 2 GVG zur Einschränkung der mittelbaren Öffentlichkeit[592] im Wege eines Erst-Recht-Schlusses jedenfalls deklaratorischen Geltungsanspruch bei Gläubigerversammlungen beimessen wollte,[593] würde dies die grundsätzliche Zulässigkeit von Ton- und/oder Bildübertragungen nicht berühren. Denn die bloße Übertragung eines Bild und Tonsignals, noch dazu lediglich versammlungsintern und damit nicht öffentlich, wäre schon tatbestandlich nicht von § 169 Satz 2 GVG erfasst.

Soweit im Übrigen Bedenken bestehen sollten, wie eine mögliche Protokollierung der nichterschienenen aber zugeschalteten Gläubiger erfolgen könne, lassen sich diese mit Hinblick auf die Möglichkeiten eines elektronischen Legitimationsnachweises beseitigen. Unstreitig finden zwar auch im Rahmen der Gläubigerversammlungen die Protokollierungsvorschriften der §§ 159 ff. ZPO

---

590 Nicht zu verwechseln ist die Öffentlichkeit mit dem Grundsatz der Parteiöffentlichkeit, der das Recht der Teilnahme an allen Stadien der Verhandlung umschreibt, MüKo-ZPO/*Wolf*, § 169 GVG Rn. 71.

591 Vgl. nur Hess/Weis/*Wienberg*, § 4 Rn. 42; MüKo-InsO/*Ganter*, § 4 Rn. 7.

592 MüKo-ZPO/*Wolf*, § 169 GVG Rn. 41 und 43.

593 § 169 Satz 2 GVG für Gläubigerversammlungen bejahend, Braun/*Kießner*, § 74 Rn. 14; HK/*Eickmann*, § 74 Rn. 13.

Anwendung.[594] Das Insolvenzgericht hat daher im Rahmen seiner Leitungsaufgabe entsprechend § 160 Abs. 1 Nr. 4 ZPO die erschienenen Versammlungsteilnehmer aufzunehmen. Bereits heute kann dabei hinsichtlich der Protokollierung der Namen der Anwesenden auf Stimmlisten Bezug genommen werden.[595] Die Aufnahme der zugeschalteten Gläubiger könnte insoweit unproblematisch erfolgen, sofern bspw. die bereits angesprochenen Verfahren zum Legitimationsnachweis[596] eingehalten werden.

bb) Bidirektionale Übertragung des zugeschalteten Gläubiger

Ist damit im Grundsatz auch bei isolierter Betrachtung der InsO eine Übertragung der tatsächlich stattfindenden Gläubigerversammlung unter Beachtung der zuvor genannten Einschränkungen zulässig, so bringt die Übertragung von Bild und Ton des Zugeschalteten grundsätzlich keine weiteren Probleme mit sich. Da der Zugeschaltete freiwillig das für ihn vorteilhafte Kommunikationsforum der audio-visuellen Übertragung wählt, stellen sich auch keine Bedenken bezüglich zu beachtender Persönlichkeitsrechte bei einer bidirektionalen Bild- und/oder Tonübertragung vom zugeschalteten Gläubiger zur realen stattfindenden Gläubigerversammlung.

cc) Versammlungs- und Teilnahmebegriff bei Einsatz von Kommunikationstechnologie

Im Zuge der aktienrechtlichen Diskussion um den Einsatz von Kommunikationstechnologie wurde und wird vertreten, der Begriff der Hauptversammlung und des Versammlungsteilnehmers sei extensiv auszulegen. Mit dieser extensiven Auslegung wird dafür plädiert, auch ohne gesetzliche Sonderbestimmungen den per Internet oder sonst wie zugeschalteten Aktionär einem Teilnehmer im Rechtssinne gleichzustellen. Ein Teilnahmerecht an der Hauptversammlung ohne physische Präsenz sei jedenfalls dann zuzulassen, wenn zugleich eine Präsenz-Hauptversammlung stattfindet. Dies folge daraus, dass maßgeblich auf den Zweck der Versammlung abgestellt werden müsse; jeder müsse mit Augen und Ohren dabei sein können; wenn dieser Zweck auch ohne körperliche Anwesenheit des Anteilseigners mittels Kommunikationstechnologie erreichbar sei, spreche nichts dagegen den Versammlungsbegriff weit auszulegen und insoweit ein Online-Teilnahmerecht von Aktionären zu bejahen.[597]

---

594 Hess/Weis/*Wienberg*, § 4 Rn. 26, MüKo-InsO/*Ganter*, § 4 Rn. 48; vgl. bereits RGZ 64, 82, 85. Zum Inhalt des Protokolls siehe im Übrigen MüKo-InsO/*Ehricke*, § 76 Rn. 12.

595 MüKo-InsO/*Ehricke*, § 76 Rn. 12.

596 Siehe hierzu insbesondere die Nachweise in FN 576.

597 So schon *Noack*, BB 1998, 2033, 2035; ebenso bspw. *Hasselbach/Schumacher*, ZGR 2000, 258, 260 f.; wohl auch *Hanloser*, NZG 2001, 356, 357 f.; auch nach Erlass von § 118 Abs. 3 AktG für eine solche Auslegung *Schwarz*, MMR 2003, 23, 26 f.

Diese vermeintlich „teleologische Interpretation“[598] des Versammlungsbegriffs ist indes zweifelhaft. Zwar kennzeichnet in der Tat den verfassungsrechtlichen Versammlungsbegriff die gemeinschaftliche Meinungsbildung mit kommunikativen Mitteln und die Mitteilung der Kommunikationsmittel.[599] Gleichwohl dürfte dieser verfassungsrechtliche Interpretationsansatz von Art. 8 GG nicht für die vorgenannte extensive Auslegung des Begriffs der Hauptversammlung streiten. Dem AktG ist an mehreren Stellen zu entnehmen, dass die Hauptversammlung eine Präsenzveranstaltung mit physischer Anwesenheit der Teilnehmer ist.[600] Wie trotz dieses eindeutigen Wortlauts des AktG auch die nichtphysische Teilnahme als ausreichend erscheinen soll, ist fraglich. Der Gesetzgeber geht offensichtlich selbst nicht davon aus, dass das AktG hier weit auszulegen sei. Dies ist neben anderen Äußerungen des Gesetzgebers im Laufe des Reformprozesses des Aktienrecht[601] insbesondere dem Umstand zu entnehmen sein, dass er es nunmehr mit dem durch das TransPuG eingefügten § 118 Abs. 3 AktG der Satzung oder Geschäftsordnung überlassen will, die Übertragung „in Bild und Ton“ zu regeln. Offensichtlich ging der Gesetzgeber davon aus, dass derartige Übertragungen gerade vom klassischen Versammlungsbegriff abweichen, weshalb er legislativen Änderungsbedarf des AktG sah, um die neuerlichen technischen Kommunikationsmöglichkeiten auch in der Hauptversammlung zum Einsatz bringen zu können.

Der Versammlungsbegriff und die Beurteilung des Teilnehmerstellung des per Bild und Tonübertragung „Zugeschalteten“ lassen im Insolvenzrecht keine eine andere Beurteilung zu. Im Grunde gelten die gleichen auf den eindeutigen Wortlaut der InsO gestützten Erwägungen wie im Aktienrecht. Wie auch das AktG geht die InsO bspw. von „erschienenen“ Gläubigern aus, vgl. § 77 Abs. 2 Satz 1 InsO.[602] Ebenso wie die Hauptversammlung hat die Gläubigerversammlung an einem geographischen Ort stattzufinden.[603] Dieser ist in den meisten Fällen sogar eine Gerichtsstelle, was Folge der Leitungsaufgabe des Gerichts im Rahmen der Gläubigerversammlung ist (vgl. § 219 Abs. 1 ZPO). Aus alledem folgt daher, dass der Begriff der Gläubigerversammlung ohne eine entsprechende Sonderbestimmung in der InsO ein physisches Zusammentreffen voraussetzt.

---

598 So *Schwarz*, MMR 2003, 23, 26.

599 *Schwarz*, ebd. (dort in FN 43) unter Hinweis auf BVerfGE 84, 203, 209 und BVerfG NJW 1995, 3110, 3112.

600 *Sasse*, S. 149 f unter Hinweis auf §§ 118 Abs. 1, 129 Abs. 1 Satz 2, 245 Nr. 1 und 2, 121 Abs. 3 Satz 1 und Abs. 5 Satz 1 AktG. Zur Auslegung des Begriffs „Ort“ als geographischem Ort zudem *Rieger*, ZHR 165 (2001), 204, 209.

601 *Sasse*, S. 150, weist unter Hinweis auf die Begr. RegE NaStraG, BT-Drucks. 14/4051, S. 16, darauf hin, dass ein Abrücken von der Versammlungsgebundenheit der Aktionärsrechte mit dem NaStraG gerade nicht gewollt war; vgl. hierzu auch *Rieger*, ZHR 165 (2001), 204, 210.

602 Vgl. MüKo-InsO/*Ehricke*, § 76 Rn. 26.

603 Vgl. oben unter Teil 3II.1.a), S. 146 f.

Der Gläubiger nimmt dementsprechend nicht als Teilnehmer im Rechtssinne an der Versammlung teil, wenn er bzw. sein Vertreter nicht körperlich am Ort der Versammlung anwesend ist.[604]

dd) Ausübung versammlungsgebundener Rechte bei Übertragung

Das Stimmrecht ist das essentielle Recht des einzelnen Gläubigers, innerhalb der Gläubigerversammlung seinen Willen zu kundzutun. Für den einzelnen Gläubigers ist es aufgrund der Bindungswirkung von Beschlüssen für nichterschienene Gläubiger damit entscheidend, sein zustehendes Stimmrecht auch tatsächlich in der Gläubigerversammlung wahrnehmen zu können. Eine besondere Form für die Stimmrechtsausübung sieht die InsO nicht vor. Daher ist zulässig ohne Weiteres die schriftliche Stimmabgabe, sofern sie innerhalb der Gläubigerversammlung erfolgt. Vor dem Hintergrund der Bindungswirkung von Versammlungsbeschlüssen für nichterschienene Gläubiger ist jedoch umstritten, inwieweit es Gläubigern auch gestattet ist, ohne an der Versammlung tatsächlich teilzunehmen oder einen weisungsgebundenen Vertreter zu entsenden, ihr Stimmrecht schriftlich auszuüben.[605] Zugleich stellt sich damit die Frage, inwieweit eine Rechtswahrnehmung des Stimmrechts unter Zuhilfenahme von Kommunikationstechnologie möglich ist.

Von den Befürwortern einer schriftlichen Möglichkeit der Rechtswahrnehmung wird vorgetragen, aus dem Umstand, dass die Einigung über das Stimmrecht oder der Antrag auf Änderung eines zugesprochenen Stimmrechts das Erscheinen des Gläubigers voraussetze, im Übrigen aber nicht auf das Erscheinen abgestellt werden, könne geschlossen werden, dass eine schriftliche Stimmabgabe nicht erschienener Gläubiger zulässig sei.[606] Dieser Auffassung wird allerdings ausdrücklich entgegengetreten.[607] Ohne ausdrückliche Regelung gelte das Unmittelbarkeitsprinzip, sodass der Gläubiger seine Stimme als Erschienener wahrzunehmen habe; zwar sei zuzugeben, dass im multimedialen Zeitalter mit extrem kurzen Kommunikationszeiten und der Möglichkeit gekoppelter visueller Präsenz trotz räumlicher Distanz das Unmittelbarkeitserfordernis dem her-

---

604 Nach MüKo-InsO/*Ehricke*, § 76 Rn. 16, ist neben der körperlichen Anwesenheit zudem der Wille des Teilnehmers erforderlich, an der Gläubigerversammlung teilzunehmen. Dieser werde allerdings durch die Anwesenheit am Versammlungsort indiziert.

605 Ausgenommen von dieser Diskussion ist allerdings das Verbraucherinsolvenzverfahren wegen § 312 Abs. 2 InsO, siehe bereits oben FN 547.

606 Dies werde vor allem in Großverfahren relevant, *Obermüller*, Rn. 1.443; *Hess*/Weis/Wienberg, § 76 Rn. 22; BK/*Blersch*, § 76 Rn. 9, der sogar eine fernmündliche Stimmabgabe de lege lata als mit der InsO vereinbar ansieht, sofern dies der jeweils organisatorische und zumutbare Ablauf einer ordnungsgemäßen Versammlung erlaube.

607 Nerlich/Römermann/*Delhaes*, § 76 Rn. 4; MüKo-InsO/*Ehricke*, § 76 Rn. 26; FK/*Kind*, § 76 Rn. 10; Kübler/Prütting/*Kübler*, § 76 Rn. 21; *Pape*, Rn. 214; *Haarmeyer/Wutzke/Förster*, § 6 Rn. 74, unter Hinweis auf § 18 Abs. 3 Satz 2 RPflG.

kömmlichen Verständnis nach überdacht werden könne.[608] Dem rechtlichen Bild der InsO liege derzeit aber noch die Abstimmung in der Gläubigerversammlung zugrunde.

Ob sich das Präsenzerfordernis für die Ausübung des Stimmrechts tatsächlich als Ausfluss der Unmittelbarkeit darstellen kann, könnte zwar mit Hinblick auf die im Zivilprozess vorherrschende Auffassung bezweifelt werden, wonach Bild- und Tonübertragungen der Verhandlung den Grundsatz der Unmittelbarkeit nicht berühren.[609] Gleichwohl wird man nach dem Verständnis der InsO de lege lata eine schriftliche Ausübung des Stimmrechts ohne an der Versammlung körperlich teilzunehmen, nicht bejahen können. Wie schon bei der Diskussion um den insolvenzrechtlichen Versammlungs- und Teilnahmebegriff dargestellt, geht die InsO bislang davon aus, dass der Gläubiger seine Rechte in der real stattfindenden Gläubigerversammlung auszuüben hat. Hier kann erneut ausdrücklich § 77 Abs. 2 InsO angeführt werden. Ob sich dieses Präsenzgebot des Gläubigers dabei dogmatisch als Ausfluss des Gedankens von Unmittelbarkeit oder Mündlichkeit im Insolvenzverfahren darstellt, mag dahingestellt sein.[610] Soweit die Gegenauffassung darauf abstellt, dass in den übrigen Vorschriften zur Stimmabgabe gerade nicht auf das Erscheinen Bezug genommen werde, hinterlässt diese Argumentationsweise einen deutlich ergebnisorientierten Eindruck. Denn gesetzessystematisch erscheint es unsinnig, für die Einigung über das Stimmrecht eine Präsenz zu verlangen, bei der eigentlichen Abstimmung eine solche hingegen zu negieren. Zudem spricht gegen ein schriftliches Stimmrecht die Parallelregelung in §§ 235, 242 InsO, bei der die schriftliche Ausübung des Stimmrechts zur Abstimmung über den Insolvenzplan ausdrücklich geregelt ist.[611]

Für die Einsatzmöglichkeiten von Kommunikationstechnologie de lege lata nach alleiniger Maßgabe der InsO ist daraus zu folgern, dass eine unmittelbare Stimmabgabe des Zugeschalteten mangels eigentlicher Teilnahme im Rechtssinne bislang nicht möglich ist. Daher könnte sich ein zugeschalteter Gläubiger, der die Versammlung über audio-visuelle Übertragung verfolgt, bspw. nicht mittels e-Mail unmittelbar an das Insolvenzgericht sein Votum über einen bestimm-

608 MüKo-InsO/*Ehricke*, § 76 Rn. 26, dort in FN 95 ausdrücklich unter Hinweis auf die technischen Möglichkeiten im Zusammenhang mit der Abhaltung von Internet-Hauptversammlungen.

609 So *Nissen*, S. 128 ff., unter Hinweis auf die Auffassungen zum Zivilprozess (Nachweise bei *Nissen* in FN 605), wonach die formelle Unmittelbarkeit nur durchbrochen wird, wenn eine dritte Person zwischengeschaltet werde, nicht jedoch ein sachliches Zwischenglied wie ein Schriftstück. Dies gelte ebenso für Videokonferenzen; so wohl auch *Stadler*, ZRP 111 (2002), 413, 437 und 440.

610 Zum Ganzen im Übrigen unten unter Teil 3II.4.b)(2)(b), S. 167 ff.

611 Braun/*Kind*, § 76 Rn. 9; MüKo-InsO/*Ehricke*, § 76 Rn. 26; Huntemann/Brockdorff/*Buck*, 10. Kap. Rn 63.

ten Tagesordnungspunkt abgeben (sog. Direct-Voting).[612] Als Alternative stünde eine vergleichbar der im Aktienrecht praktizierte Möglichkeit zur Verfügung, die Stimmabgabe über einen real teilnehmenden Vertreter vorzunehmen, der auch noch direkt vor der Abstimmung unmittelbare Weisungen durch den zugeschalteten Gläubiger entgegennehmen könnte.[613] Dabei ist allerdings fraglich, ob es bei Gläubigerversammlungen in gleichem Maße realisierbar ist, organisierte Stimmrechtsvertretungen vorzunehmen, wie dies bei Aktiengesellschaften heute bereits praktiziert wird. Zudem ist das Vertretermodell insoweit unbefriedigend, als es Effizienzpotentiale bei Einsatz von Kommunikationstechnologie deutlich senkt.

Was das Äußerungsrecht der zugeschalteten Gläubiger angeht, so gelten die obigen Ausführungen zum Stimmrecht entsprechend. Da die zugeschalteten Gläubiger gerade keine Teilnehmer im eigentlichen Sinne sind, dürfte ihnen im Ergebnis auch nicht das Recht einzuräumen sein, Wortbeiträge auf der real stattfindenden Gläubigerversammlung zu erbringen.[614] Dementsprechend verbliebe es auch hier dabei, die Redebeiträge über einen Vertreter vorlesen zu lassen, was wiederum deutliche organisatorische Schwierigkeiten mit sich bringen könnte.

ee) Zwischenfazit

Bei isolierter Betrachtung der InsO hinsichtlich der Einsatzmöglichkeiten von Kommunikationstechnologie lässt sich im Ergebnis festhalten, dass die Gläubigerversammlung grundsätzlich bereits de lege lata unter Zuhilfenahme moderner Kommunikationstechniken abgehalten werden können. Die InsO schließt eine solche Form der Gläubigerversammlung von Gesetzes wegen nicht aus.[615] Die Restriktionen die bei der gegenwärtigen Betrachtung der InsO bestehen, würden allerdings einem überzeugenden Einsatz von Kommunikationstechnologie nach Maßgabe der InsO entgegenstehen. Insbesondere könnten körperlich teilnehmende Gläubiger ohne entsprechende Sonderregelung zur Einschränkung des Persönlichkeitsrechts der Übertragung ihrer Wortbeiträge widersprechen, was befürchten ließe, dass die zugeschalteten Gläubiger nicht sämtliche Vorgänge in der Gläubigerversammlung mittels Übertragung von Bild und/oder Ton verfolgen könnten. Entscheidend kommt zudem hinzu, dass ohne einen Paradigmen-

---

612 So auch die h.M. im Aktienrecht, vgl. nur *Spindler*, ZGR 2000, 420, 437; *Habersack*, ZHR 2001 (165), 172, 180; *Rieger*, ZHR 2001 (165), 204, 213; Sasse, S. 167 f.; ebenso auch nach Durchführung der bisherigen aktienrechtlichen Reformen aber für ein Direct-Voting plädierend, *Noack*, NZG 2003, 241, 248; vgl. auch *Mimberg*, ZGR 2003, 21, 45 f. Nach a.A. ist eine direkte Stimmabgabe bei entsprechender Satzungsbestimmung bereits heute zulässig, *Hasselbach/Schumacher*, ZGR 2000, 258, 262; *Schwarz*, MMR 2003, 23, 26.

613 Vgl. zuletzt nur *Noack*, NZG 2003, 241, 246 sowie jeweils die weiteren Fundstellen in FN 612.

614 Für die Aktiengesellschaft siehe jeweils die Nachweise der h.M. in FN 612.

615 MüKo-InsO/*Ehricke*, § 76 Rn. 13.

wechsel ein Wahrnehmung der Gläubigerrechte außerhalb der realen Versammlung nur eingeschränkt über unbefriedigende Vertretermodelle möglich ist.

b) Einsatzmöglichkeiten von Kommunikationstechnologie nach Maßgabe von § 4 InsO i.V.m. 128a ZPO

(1) Einleitung

Möglicherweise lassen sich die bei alleiniger Betrachtung der InsO bestehenden Defizite bei einer audio-visuellen Übertragung von Gläubigerversammlung durch die Anwendung der Vorschrift des § 128a ZPO kompensieren. Der durch das Gesetz zur Reform des Zivilprozesses[616] in die ZPO eingefügte 128a ZPO erlaubt den Einsatz von Videokonferenztechnik in der mündlichen Verhandlung. Abs. 1 modifiziert den Grundsatz der mündlichen Verhandlung am Terminsort (§ 128 ZPO i.V.m. § 219 ZPO)[617] und gestattet bei Einverständnis der Parteien, dass diese bzw. ihre Prozessbevollmächtigten wirksam Prozesshandlungen vornehmen können. Abs. 2 der Vorschrift erlaubt - wiederum im Einverständnis mit den Parteien - die Vernehmung von Zeugen, Sachverständigen und Parteien mittels Bild- und Tonübertragung. Die Notwendigkeit einer ausdrücklichen Regelung von Videokonferenzen im Zivilprozess ist in Zweifel gezogen worden.[618] § 128a ZPO schafft aber Rechtsklarheit und regt zur tatsächlichen Nutzung an.[619] Mittlerweile verfügen bundesweit mehrere Gerichte über Videokonferenzanlagen, die zum Teil auch mobil sind und so gegebenenfalls Gerichten zur Verfügung gestellt werden können, die ihrerseits bislang nicht über die entsprechenden technischen Voraussetzungen verfügen.[620]

Der Schwerpunkt dieser Untersuchung im Zusammenhang mit der Rechtswahrnehmung innerhalb der Gläubigerversammlungen von einem anderen Ort aus wird auf § 128a Abs. 1 ZPO zu legen sein. § 128a Abs. 1 ZPO ermöglicht den Parteien nicht nur im Rahmen der audio-visuellen Videokonferenz der mündlichen Verhandlung passiv zu folgen. Entscheidend ist vielmehr und darin dürfte auch einer der wesentlichen Gründe für das Aufnahme einer ausdrückli-

---

616 ZPO-RG vom 27.05. 2001, BGBl. I, S. 1887 ff. Die Neuregelung wurde auf der Grundlage der Empfehlung des Rechtsausschusses (BT-Drucks. 14/6036, S. 116) aufgenommen.

617 *Stadler*, ZRP 111 (2002), 413, 437.

618 Vor Erlass von § 128a ZPO MüKo-ZPO/*Damrau*, § 394 ZPO Rn. 1, allerdings unter Verweis auf eine analoge Anwendbarkeit des § 247a StPO; eine „Systemwidrigkeit" von § 128a ZPO jedenfalls in Bezug auf Zeugenvernehmungen bejahend, Zöller/*Geimer*, § 128a ZPO Rn. 1; vgl. auch für den Verwaltungsprozess *Heckel*, VBlBW. 2001, 1, 1 ff. sowie den Abschlussbericht des VG Sigmaringen, S. 5.

619 *Trunk* in FS Boguslavskij, S. 619, 629

620 Siehe hierzu die Übersicht über Standorte von Videokonferenzanlagen bei den Gerichten in Deutschland, herausgegeben durch das Niedersächsische Justizministerium (AZ.: 4103 - S4. 199), abrufbar in der Online-Ausgabe 3/2004 (dort auf S. 9 als weiterführender Link) des Kammerreports der Hamburgischen Rechtsanwaltskammer unter www.rechtsanwaltskammerhamburg.de.

chen Regelung in der ZPO liegen,[621] dass den Parteien nunmehr seitens des Gerichts gestattet werden kann, Verfahrenshandlungen vom einem anderen Ort vorzunehmen. Der Zivilprozess war und ist im Grundsatz weiterhin von der Vorstellung geprägt, dass die Parteien bzw. deren Beistände zur mündlichen Verhandlung erscheinen müssen, um dort auch an der Verhandlung entsprechend partizipieren zu können. Dies zeigt sich u.a. besonders deutlich in der Vorschrift des § 333 ZPO, wonach eine Partei selbst dann als nicht erschienen anzusehen ist, wenn sie in dem Termin zwar erscheint, aber nicht verhandelt. Wenn nun § 128a Abs. 1 ZPO hiervon primär zum Zwecke der Prozessökonomie[622] abweicht und die Vornahme von Verfahrenshandlungen[623] auch bei nicht körperlicher Anwesenheit ermöglicht, so könnte dies auch entscheidende Vorteile für die versammlungsinterne Rechtswahrnehmung von zugeschalteten Gläubigern im Rahmen einer audio-visuellen Übertragung der Gläubigerversammlung mit sich bringen. Sollte § 128a Abs. 1 ZPO bei Bild- und Tonübertragungen von Gläubigerversammlungen Anwendung finden, stünde möglicherweise über das Einfallstor der allgemeinen Verweisungsklausel des § 4 InsO eine Handhabe zur Verfügung, versammlungsgebundene Rechte, insbesondere das Stimmrecht und auch das Äußerungsrecht, auch als nicht körperlich erschienener Gläubiger von einem anderen Ort aus wahrnehmen zu können.

Ob die vorgenannte Handlungsmöglichkeit tatsächlich im Insolvenzverfahren besteht, setzt zunächst voraus, dass die Vorschrift des § 128a Abs. 1 ZPO über die Generalverweisungsklausel des § 4 InsO überhaupt im Insolvenzverfahren anwendbar ist. Hierfür gilt es das Verhältnis der Gläubigerversammlung und gerichtlicher Verhandlung im Lichte der Vorschrift des § 128a ZPO zu prüfen. Des Weiteren fragt sich, wie die tatbestandlichen Voraussetzungen von Videokonferenzen im Zivilprozess mit Hinblick auf die audio-visuelle Übertragung von Gläubigerversammlungen zu bewerten sind.

(2) Die allgemeine Anwendbarkeit von § 128a Abs. 1 ZPO im Insolvenzverfahren

Der Rückgriff auf zivilprozessuale Vorschriften im Insolvenzverfahren gem. § 4 InsO steht nicht nur unter dem Vorbehalt einer vorrangigen Prüfung der einzelnen Bestimmungen der InsO. Bevor eine Norm des Zivilprozessrechts im Insolvenzverfahren Anwendung finden kann, ist zudem zu klären, inwieweit eine passende Einflechtung von Regeln des Zivilprozesses in das Gesamtbild des in-

621 Vgl. BT-Drucks. 14/6036, S. 119.

622 BT-Drucks. 14/6036, S. 119. Zu den Motiven des Einsatzes von Videokonferenztechnik im Zivilprozess siehe im Übrigen *Nissen*, S. 30f.; vgl. auch *Stadler*, ZRP 111 (2002), 413, 437.

623 Der Begriff Verfahrenshandlungen ist dem Zivilprozess neu, ist jedoch dem herkömmlichen Begriff der Prozesshandlungen gleichzusetzen, *Nissen*, S. 68; vgl. auch Zöller/*Greger*, § 128a ZPO Rn. 2.

solvenzrechtlichen Regelungszusammenhanges möglich ist.[624] Bei der Frage, ob die zivilprozessual geregelte Videokonferenz im Rahmen von Gläubigerversammlungen Anwendung finden kann, gilt es daher notwendiger Weise das Verhältnis von Gläubigerversammlungen zu den von § 128a ZPO erfassten Gerichtsverhandlungen zu klären.

(a) Gläubigerversammlung ≈ Gerichtsverhandlung?

Festzuhalten gilt es zunächst, dass trotz der in § 76 Abs. 1 InsO verankerten Leitungsfunktion des Gerichts die Gläubigerversammlung keine Gerichtsverhandlung im eigentliche Sinne darstellt. Zwar finden auch im Insolvenzverfahren Verhandlungen statt, wie der Vorschrift des § 5 Abs. 2 InsO entnehmen ist. Nach Satz 1 können Entscheidungen des Gerichts dabei ohne mündliche Verhandlung ergehen. Gläubigerversammlungen stellen aber gerade keine solche Verhandlung dar, da die gläubigerautonomen Beschlüsse der Gläubigversammlung (und auch des Gläubigerausschusses) keine gerichtlichen Entscheidungen darstellen.[625] Soweit es daher im Insolvenzverfahren Angelegenheiten gibt, die in Terminen erledigt werden (vgl. z.B. §§ 29, 75, 176, 197, 235 InsO), handelt es sich insoweit nicht um mündliche Verhandlungen iSv. § 5 Abs. 2 InsO.[626]

Das heißt indes nicht im Umkehrschluss, dass damit per se für Gläubigerversammlungen ein Rückgriff auf diejenigen Vorschriften der ZPO verwehrt ist, die unmittelbar an den Verhandlungsbegriff anknüpfen. Vielmehr ist zu erörtern, inwieweit die im Zusammenhang mit §128a ZPO verkörperten zivilprozessualen Prinzipien gerichtlicher Verhandlungen auch bei Gläubigerversammlungen zu verwirklichen sind. Dabei ist auch der gesetzessystematische Gesamtzusammenhang von § 128a ZPO im Zivilprozess zu betrachten. Denn bei der Prüfung des Verweises auf die ZPO kann nicht allein der nackte Wortlaut der jeweiligen Vorschriften allein gelten; notwendigerweise bedeutet eine Verweisung auf Vorschriften aus der ZPO eine Verweisung auch auf das Umfeld des Gesetzeswortlauts, aus dem sich das Verständnis für die heranzuziehende Regel überhaupt erst ergibt.[627]

(b) Zivilprozessuale Verfahrensmaximen im Zusammenhang mit Videokonferenzen und deren Geltungsanspruch bei Gläubigerversammlungen

Ob die Vorschrift des § 128a ZPO damit im Insolvenzverfahren allgemein Anwendung finden kann, ist damit abhängig von einer Analyse des Gesamtkontextes der bei Videokonferenzen dominierenden zivilprozessualen Verfahrensma-

---

624 Vgl. Nerlich/Römermann/*Becker*, § 4 Rn. 12.
625 Hess/Weis/ *Wienberg*, § 5 Rn. 31.
626 MüKo-InsO/*Ganter*, § 5 Rn. 71; Smid/*Smid*, § 5 Rn. 26.
627 Nerlich/Römermann/*Becker*, § 4 Rn. 14.

ximen sowie deren jeweiliger Bewertung im Rahmen von Gläubigerversammlungen.

(aa) Mündlichkeit

Der Gesetzgeber hat die Möglichkeit von Videokonferenzen systematisch in den Gesamtkontext des in § 128 Abs. 1 ZPO verankerten Mündlichkeitsprinzips gestellt. § 128 ZPO statuiert, dass die Parteien über den Rechtsstreit vor dem erkennenden Gericht mündlich verhandeln. Der Gesetzgeber scheint davon auszugehen, dass der Einsatz von Videokonferenztechnik das normierte Mündlichkeitsprinzip durchbricht.[628] Die mangelnde mündliche Kommunikation zwischen Gericht und Parteien kann aber sowohl nach Ansicht des Gesetzgebers wie auch der Literatur durch die von § 128a Abs. 1 ZPO angeordnete bidirektionale Bild- und Tonübertragung ausgeglichen werden, sodass eine gravierende Verletzung des Mündlichkeitsprinzips ausscheide.[629]

Die gesetzessystematische Einbettung des § 128a ZPO in das zivilprozessuale Mündlichkeitsprinzip zwingt dazu, die Grundsätze der Mündlichkeit im Insolvenzverfahren näher zu betrachten. Trifft das Insolvenzgericht „Entscheidungen", verdeutlicht § 5 Abs. 2 Satz 1 InsO, dass das Mündlichkeitsprinzip grundsätzlich im Insolvenzverfahren einen geringen Stellenwert genießt.[630] Der Grund für diesen geringen Stellenwert liege im vollstreckungsrechtlichen Verständnis des Verfahrens; wie auch das Vollstreckungsgericht gem. § 764 Abs. 3 ZPO könne das Insolvenzgericht daher ohne mündliche Verhandlungen entscheiden.[631] Soweit es die InsO daher in das Ermessen des Insolvenzgerichts stellt, wann es mündliche Verhandlungen anberaumen will, scheint sich vordergründig keine Problematik bezüglich des Mündlichkeitsprinzips und dessen Durchbrechung oder Einschränkung durch Videokonferenzen zu ergeben. Denn wenn die Mündlichkeit ohnehin keinen oder nur geringen Stellenwert im Insolvenzverfahren genießt, bedarf es auch keiner Erörterung, ob diese durch Videokonferenzen unzulässig eingeschränkt werde.

Indes kann dieser Schluss gerade für Gläubigerversammlungen nicht ohne Weiteres gezogen werden. Denn an einigen wichtigen Stellen des Verfahrens,

---

628 So ist wohl BT-Drucks. 14/6036, S. 119 zu verstehen, wonach der Grundsatz des § 128 Abs. 1 ZPO, nach dem die Parteien den Rechtstreit mündlich verhandeln, im Interesse der Prozessökonomie durchbrochen werde. *Nissen*, S. 143 sowie dort FN 594 deutet diese Textstelle allerdings dahingehend, dass der Gesetzgeber von einer Durchbrechung des Unmittelbarkeitsgrundsatz ausgehe.

629 Sofern sie überhaupt betroffen sei, werde die Mündlichkeit zumindest im Kernbereich nicht beeinträchtigt, *Nissen*, S. 142; „unproblematisch" auch nach *Stadler*, ZRP 111 (2002), 413, 437; vgl. auch *Heckel*, VBlBW 2001, 1, 1 f.

630 Vgl. Nerlich/Römermann/*Becker*, § 5 Rn. 34 und 35; siehe auch *Prütting*, Kölner Schrift, S. 221 ff. Rn. 48: „zwingende Mündlichkeit des Verfahrens nicht hilfreich".

631 MüKo-InsO/*Ganter*, § 5 Rn. 65.

namentlich bei den Gläubigerversammlungen, legt das Gesetz doch besonderen Wert auf Mündlichkeit.[632] Anders als die Mündlichkeit einer üblichen gerichtlichen Verhandlung, die darauf abzielt, dass das Gericht nur den in der mündlichen Verhandlung vorgebrachten Vortrag zur Entscheidungsfindung berücksichtigen darf,[633] stellt sich die Mündlichkeit bei Gläubigerversammlungen allerdings modifiziert als Ausfluss einer versammlungsinternen Präsenzpflicht dar. Diese ist nach Gesetzeslage in der InsO erforderlich, um auch die entsprechenden Rechte in der Versammlung ausüben zu können. Das Gericht spielt hierbei trotz seiner Leitungsfunktion gem. § 76 Abs. 1 InsO nur eine untergeordnete Rolle. Seine Aufgabe besteht grundsätzlich allein darin, einen geordneten Rahmen des Versammlungsablaufs zu gewährleisten. Die eigentlich inhaltlichen Beschlüsse vollziehen sich mit Ausnahme des § 78 InsO hingegen gänzlich außerhalb des Einflussbereiches des Insolvenzgerichts.

Das so zu verstehende Mündlichkeitsprinzip von Gläubigerversammlungen setzt damit inhaltlich an dem schon oben dargestellten Zweck der Gläubigerversammlung an, den Versammlungsteilnehmern eine Basis zur Verfügung zu stellen, sich zu informieren, miteinander zu kommunizieren und Entscheidungen zu finden.[634] Dass diese Zwecke aber auch mittels Kommunikationstechnologie erreicht werden können, ist bei entsprechender technischer Infrastruktur vorauszusetzen.[635] Insofern würde die Berührung des Mündlichkeitsprinzips im Rahmen von Gläubigerversammlungen durch den Einsatz von Videokonferenztechnik nach Maßgabe des § 128a ZPO auf eine Weise erfolgen, die zwar eine Abkehr des unmittelbaren Präsenzerfordernis ermöglicht, gleichwohl in nahezu gleichkommender Weise eine gläubigerautonome Binnenkommunikation gewährleisten könnte. Der insoweit bei alleiniger Betrachtung der InsO de lege lata erforderliche Paradigmenwechsel zur Rechtswahrnehmung des Gläubigers von einem anderen Ort könnte so über die Einbruchsstelle des § 4 InsO zum Zivilprozess vollzogen werden.

(bb) Unmittelbarkeit

Gleiches gilt für den für Parteien ebenfalls aus § 128 Abs. 1 ZPO abgeleiteten Verhandlungsgrundsatz der Unmittelbarkeit, wonach die Verhandlung der Parteien unmittelbar vor dem erkennenden Gericht zu erfolgen habe.[636] Das Unmittelbarkeitserfordernis gilt im Insolvenzverfahren grundsätzlich nur insoweit, als

[632] Nerlich/Römermann/*Becker*, § 5 Rn. 40.

[633] Vgl. nur Baumbach/Lauterbach/Albers/*Hartmann*, § 128 ZPO Rn. 7 m.w.N.

[634] Siehe bereits oben zu FN 550.

[635] So zu Recht für Aktionärshauptversammlungen, *Schwarz*, MMR 2003, 23, 26, der allerdings gegen die eindeutigen Bestimmungen im AktG bereits de lege lata für eine Extension des aktienrechtlichen Versammlungsbegriffes plädiert.

[636] Für Beweismittel folgt der Unmittelbarkeitsgrundsatz aus § 355 Abs. 1 Satz 1 ZPO.

eine mündliche Verhandlung angeordnet wird.[637] Soweit gleichwohl für die interne Beschlussfassung der Gläubigerversammlung die Gültigkeit des Unmittelbarkeitserfordernisses der Stimmabgabe geltend gemacht wird,[638] ist dies synonym dem modifizierten Erfordernis der Mündlichkeit in Gläubigerversammlungen zu verstehen. Der Sache nach geht es dabei um das gleiche nach dem bisherigen Verständnis der InsO vorgesehene Präsenzerfordernis zur Wahrnehmung versammlungsgebundener Rechte. Daher kann inhaltlich auf die Erwägungen zum Mündlichkeitsprinzip verwiesen werden, sodass auch insoweit einem Einsatz von Videokonferenztechnik nach Maßgabe von § 4 InsO i.V.m. § 128a ZPO keine Bedenken entgegenstehen.

(cc) Gehörsrecht

Mit Hinblick auf die vorherigen Erwägungen ergeben sich auch keine Probleme, soweit Videokonferenzen gem. § 128a ZPO den Anspruch auf rechtliches Gehör nach Art. 103 Abs. 1 GG berühren. Nach dem BVerfG verkörpert Art. 103 Abs. 1 GG das Recht des einzelnen, nicht zum bloßen Verfahrensobjekt zu verkommen, sondern vor Entscheidungen, die seine Rechte betreffen, zu Wort zu kommen, um Einfluss auf das Verfahren nehmen zu können.[639] Ein Gehörsrecht steht den Gläubigern auch im Rahmen von Gläubigerversammlungen zu und schlägt sich dort als Äußerungsrecht des einzelnen Gläubigers nieder. Zwar wird dieses Äußerungsrecht nicht unmittelbar aus Art. 103 Abs. 1 GG abzuleiten sein, da es bei Gläubigerversammlungen nicht um eine gerichtliche Entscheidung im eigentliche Sinne geht.[640] Die dogmatischen Wurzeln des Gehörsrecht von Parteien bzw. Gläubigern sind für die Frage der Anwendbarkeit von § 128a ZPO bei Gläubigerversammlungen allerdings ohne Belang. Entscheidend ist vielmehr, dass das Gehörsrecht sowohl im Zivilprozessrecht wie auch bei Gläubigerversammlungen im Rahmen von Videokonferenzen gewahrt werden kann. Denn sofern ein Gläubiger mittels Ton- und Bildübertragung Wortbeiträge erbringen könnte, hätte er sogar von einem anderen Ort aus die Möglichkeit, mit richtungweisenden Redebeiträgen maßgeblich Einfluss auf die Binnenkommunikation der Versammlung zu nehmen.

Die Frage, die sich bei der Realisierung des Gehörsrecht des einzelnen Gläubiger innerhalb einer Gläubigerversammlung mittels Videokonferenz iSv. § 128a ZPO stellt, ist vielmehr, ob dieses gebietet, eine technisch einwandfreie und qualitativ hochwertige Übertragung zu gewährleisten. Für den Zivilprozess wird gefordert, das Recht auf Beachtung als Unterrecht des Anspruchs auf recht-

---

637 MüKo-InsO/*Ganter*, § 5 Rn. 72. Siehe auch *Prütting*, Kölner Schrift, S. 221 ff. Rn. 50.
638 MüKo-InsO/*Ehricke*, § 76 Rn. 26.
639 Vgl. nur BVerfGE 1, 418, 429; 86, 133, 144 f.; 89, 28, 35; BVerfG NJW 2000, 275.
640 *Vallender*, Kölner Schrift zur InsO, 249 ff. Rn. 66; MüKo-InsO/*Ehricke*, § 76 Rn. 9; für Ableitung aus Art. 103 Abs. 1 GG *Prütting*, Kölner Schrift, S. 221 ff. Rn. 23 f.

liches Gehör gebiete, dass die Bild- und Tonübertragung bei Videokonferenzen eine gewisse Übertragungsqualität, nicht etwa die Qualität eines Fernsehbildes, erreichen müsse.[641] Andernfalls drohten bei technischen Defiziten die Geltendmachung von Gehörsrügen im Prozess. Jedenfalls im Rahmen des Einsatzes von Gläubigerversammlungen dürfte ein solcher technischer „Qualitätsanspruch" des Gläubiger als Ausfluss des Gehörsrechts indes nicht bestehen. Dies folgt schon aus dem Umstand, dass der Gläubiger im Insolvenzverfahren frei darüber disponieren kann, ob er seine versammlungsinternen Gläubigerrechte überhaupt wahrnehmen möchte oder nicht. Eine mittelbare Pflicht zum gerichtlichen Termin zu erscheinen, wie sie sich als Folge der zivilprozessualen Vorschriften ergibt,[642] besteht für Gläubigerversammlungen hingegen nicht. Wenn dem Gläubiger insofern die Möglichkeit eingeräumt würde, alternativ zum Fernbleiben der Gläubigerversammlung auch durch Zuschaltung zu folgen, müsste er technische Abstriche bei der Übertragungsqualität zu seinem Lasten hinnehmen. Ansonsten wäre er auf die Möglichkeit des persönlichen Erscheinens in der Versammlung zu verweisen. Gleichwohl dürfte in der Praxis zu erwarten sein, dass das Insolvenzgericht nur dann die Möglichkeiten der Kommunikationstechnologie zum Einsatz kommen lassen wird, wenn das Übertragungsverfahren jedenfalls einen gewissen Qualitätsstandard erwarten lässt.

(dd) Öffentlichkeit - Nichtöffentlichkeit

Endlich ergeben sich auch keine Restriktionen aus dem Umstand, dass der Zivilprozess im Gegensatz zur Gläubigerversammlung gem. § 169 Satz 1 GVG Öffentlichkeit verlangt, die Gläubigerversammlung eine solche jedoch gerade ausschließen. Probleme könnten sich allenfalls dann ergeben, wenn aus dem Öffentlichkeitsprinzip das zwingende Gebot abzuleiten wäre, Zuschauern auch am anderen Ort iSv. § 128a ZPO Zutritt zur Bild- und Tonübertragung zu gewähren. Das ist indes keinesfalls der Fall. Nach allgemeiner Auffassung bezieht sich die Kontrollfunktion der Öffentlichkeit nur auf den Gerichtssaal und nicht den anderen Übertragungsort der Videokonferenz.[643] Allenfalls diskutiert wird daher die Frage, ob die Öffentlichkeit hier freiwillig hergestellt werden könne.[644] Bei Gläubigerversammlungen darf der Öffentlichkeit durch einen zugeschalteten Gläubiger in keinem Fall Zugang gewährt werden, da ansonsten der Verlust der Nicht-Öffentlichkeit der Veranstaltung droht. Die aufgrund des Missbrauchspotentials bestehende Möglichkeit, Dritten unberechtigt Zugang zu verschaffen, ist allerdings kein Argument, dass gegen die grundsätzliche Anwendbarkeit von

---

641 *Nissen*, S. 165.

642 Die Partei muss zur mündlichen Verhandlung erscheinen, will sie die für sie negativen Folgen der Säumnis vermeiden (vgl. §§ 95, 230 ff., 330 ff. ZPO).

643 *Schultzky*, NJW 2003, 313, 317; *Stadler*, ZZP 111 (2002), 413, 437; *Nissen*, S. 157; ebenso *Seibel*, AO-StB 2001, 147, 150 für das finanzgerichtliche Verfahren.

644 Bejahend bspw. *Schultzky*, aaO. in FN 643. Ausführlich hierzu *Nissen*, S. 140 ff.

§ 128a ZPO im Rahmen von Gläubigerversammlungen ins Feld geführt werden kann. Insofern kann auf die obigen Ausführungen zum Einsatz von Kommunikationstechnologie nach alleiniger Maßgabe der InsO verwiesen werden.[645]

(3) Tatbestandliche Voraussetzungen von § 128a Abs. 1 ZPO bei Gläubigerversammlungen

Kann die Vorschrift des § 128a ZPO damit nach eingehender gesetzessystematischer Analyse grundsätzlich in das Gesetzesgefüge der Bestimmungen über Gläubigerversammlungen und deren verfahrensrechtlichen Prinzipien integriert werden, bedarf es in einem weiteren Schritt einer Prüfung der tatbestandlichen Voraussetzungen von § 128a ZPO mit Hinblick auf die Durchführung von „videokonferenzgestützten" Gläubigerversammlungen. Die entsprechende Anwendung einer zivilprozessualen Norm im Insolvenzverfahren gem. § 4 InsO bedeutet nicht eine wortgleiche Verpflanzung der Regel aus dem Zusammenhang des Zivilprozesses in denjenigen des Insolvenzverfahrens.[646] Da terminologische Abweichungen unterschiedlicher Verfahrensordnungen unvermeidlich sind, kann es daher im Rahmen einer sachgerechten Übertragung erforderlich sein, die zu übernehmende Regel behutsam umbilden zu müssen.[647] Entscheidend ist dabei, dass die tatbestandliche Angleichung an die Insolvenzordnung nicht den Wesensgehalt der zu übernehmenden zivilprozessualen Norm verzerrt.

(a) Verfahren und Verfahrenshandlung

Vor diesem Hintergrund stellen sich die in § 128a Abs. 1 ZPO verwendeten Begrifflichkeiten der Verhandlung und der Verfahrenshandlung als unproblematisch dar. Dass der Begriff der Verhandlung insoweit auf den Versammlungsbegriff übertragen werden kann, wurde schon eingehend erörtert. Ebenso wenig bereitet die Gleichstellung des Begriffs der Verfahrenshandlung mit der Ausübung versammlungsgebundener Rechte Schwierigkeiten. Da der Begriff der Verfahrenshandlung wie der Begriff der Prozesshandlung alle prozessgestaltenden Betätigungen der Parteien oder ihrer Vertreter umfasst, unabhängig davon, ob sie in ihren Voraussetzungen und Wirkungen vom Prozessrecht geregelt sind,[648] können insbesondere das Stimm- aber auch das Äußerungsrecht des Gläubigers in der Versammlung unter diesen Begriff gefasst werden. Die Verwendung von § 128a Abs. 1 ZPO könnte damit genau eine derjenigen entscheidenden Lücken schließen, die bei Einsatz von Kommunikationstechnologie nach alleiniger Betrachtung der InsO offen bliebe.

---

645 Siehe Teil 3II.4.a)aa)(1), dort S. 154.

646 Nerlich/Römermann/*Becker*, § 4 Rn. 28.

647 Vgl. Nerlich/Römermann/*Becker*, aaO. in FN 646.

648 Vgl. *Nissen*, S. 68, unter Hinweis auf Thomas/Putzo/*Putzo*, Einl. III Rn. 3.

(b) Einverständnis der Parteien

Die Befugnis des Gerichts, den Parteien die Anwesenheit an einem anderen Ort zu gestatten und von dort aus Verfahrenshandlungen vorzunehmen, steht jedoch zunächst einmal gem. § 128a Abs. 1 ZPO unter dem Vorbehalt des Einverständnisses mit den Parteien. Gleiches gilt im Übrigen auch für die audio-visuelle Vernehmung nach Abs. 2. Der Gesetzgeber normiert damit beim Einsatz von Kommunikationstechnologie in der gerichtlichen Verhandlung als Vorstufe zur Eröffnung des gerichtlichen Ermessensspielraums ein Konsensprinzip, bei der gegen den Willen einer Partei die Bild- und Tonübertragung der Verhandlung bzw. Vernehmung nicht in Betracht kommt. Das in § 128a ZPO verankerte Konsensprinzip ist dabei inhaltlich an einer Schnittstelle zivilprozessualer Parteimaxime und prozeduraler Formstrenge anzusiedeln. Bestimmen die Parteien materiell grundsätzlich selbst darüber, was sie inhaltlich in den Prozess einbringen, so ist dagegen der formalisierende Rahmen, den die ZPO hierfür vorgibt, nur in engen Grenzen disponibel. Das Gericht kann so auch, wie bei einer durch beide Parteien erklärten Zustimmung gem. § 128 Abs. 2 ZPO,[649] in begründeten Fällen entgegen dem übereinstimmenden Willen der Parteien ein Erscheinen vor dem Gericht anordnen.[650] Wie die so zu bewertende erforderliche Einvernehmlichkeit von § 128a ZPO bei dem Einsatz von Videokonferenztechnik in Gläubigerversammlungen zu behandeln ist, ist eine der entscheidenden Fragen der Einsatzmöglichkeiten von Kommunikationstechnologie bei Gläubigerversammlungen. Der Sache nach geht es um die Frage, wem die Befugnis zusteht, das Einverständnis zu erklären, von der Vorschrift des § 128a ZPO Gebrauch zu machen.

(aa) Teilnahmeberechtigte Gläubiger als Partei iSv. § 128a Abs. 1 ZPO

Auf den ersten Blick Probleme könnte der in § 128a ZPO verwendete Parteibegriff bereiten. Bekanntlich herrscht insbesondere im juristischen Schrifttum noch immer Streit darüber, ob das Insolvenzverfahren der streitigen[651] oder freiwilligen[652] Gerichtsbarkeit zuzuordnen ist. Soweit das Insolvenzverfahren der streitigen Gerichtsbarkeit zuzuordnen ist, bereitet der Parteibegriff grundsätzlich keine Probleme. Denn trotz des fürsorgerischen Aspektes des Insolvenzverfahrens käme Insolvenzgläubigern im Verfahren dann die Stellung einer Partei zu.[653]

---

649 Auch bei § 128 Abs. 2 ZPO kann das Gericht trotz Zustimmung mündliche Verhandlung anberaumen, wenn es dies für zweckmäßig hält, Thomas/Putzo/*Reichold*, § 128 Rn. 30.

650 BT-Drucks. 14/6036, S. 119 f.

651 So die überwiegende Auffassung, *Haarmeyer/Wutzke/Förster*, § 2 Rn. 4; Obermüller/*Hess*, Rn. 41; *Vallender*, Kölner Schrift, S. 249 ff. Rn. 2; *Prütting*, Kölner Schrift, S. 221 ff. Rn. 1.

652 *Häsemeyer*, Rn. 3.05; *Smid*, Grundzüge Insolvenzrecht, § 1 Rn. 64, dort m.w.N. in FN 142.

653 Die Parteienstellung von Insolvenzgläubigern bejahend, MüKo-InsO/*Ganter*, § 5 Rn. 47; vgl. auch *Pape*, Rn. 199, wonach die Versammlung „parteienöffentlich“ sei.

Aber auch bei Ablehnung des streitigen Charakters des Insolvenzverfahrens kann der in § 128a ZPO verwendete Parteienbegriff kein Ausschlusskriterium für die Anwendbarkeit der Norm im Rahmen von Gläubigerversammlungen darstellen. Es handelt sich auch bei Zuordnung des Insolvenzverfahrens zur freiwilligen Gerichtsbarkeit um eine bloße sprachliche Verschiebung, die sachlich keine andere Bewertung als bei Bejahung der Parteistellung von Gläubigern zulässt. Dass derlei sprachliche Differenzen unausweichlich sind, folgt schon aus dem Umstand, dass eine Verweisung der InsO auf das FGG bereits deshalb keinen Sinn machen würde, als das FGG seinerseits auf die Vorschriften der ZPO verweist.[654] Teilnahmeberechtigte Gläubiger wären damit im Rahmen von Gläubigerversammlungen unter den Parteibegriff zu subsumieren.[655]

(bb) Sonstige Teilnahmeberechtigte

(cc) Parteibegriff

Fraglich ist, inwieweit die gläubigerfremden Personen unter den Parteibegriff zu fassen wären, die neben den Gläubigern in § 74 Abs. 1 Satz 2 InsO aufgeführt werden, das heißt also Insolvenzverwalter (bzw. Sachwalter oder Treuhänder), Mitglieder des Gläubigerausschusses (die nicht zugleich Gläubiger sind) und der Schuldner. Insbesondere beim Schuldner könnte der Eindruck entstehen, dieser müsse auch bei analoger Anwendung von § 128a Abs. 1 InsO unter den Parteibegriff zu fassen sein. Dem Schuldner wird - bei Einordnung des Insolvenzverfahrens als streitiges Verfahren - ebenfalls Parteistellung beigemessen.[656] Dies betrifft allerdings allein die Stellung im Insolvenzverfahren selbst und kann nicht für die Stellung des Schuldners innerhalb der Gläubigerversammlung gelten. Nach § 128a ZPO sind die Parteien, die das Einverständnis zu erklären haben, zugleich diejenigen Personen, die Verfahrenshandlungen iSd. Abs. 1 vorzunehmen haben und damit auch entscheidend auf den Verhandlungsverlauf Einfluss nehmen können. Da wie oben dargestellt der Begriff der Verfahrenshandlung im Rahmen von Gläubigerversammlungen die Ausübung der versammlungsgebundenen Rechte, insbesondere des Stimmrechts, umschreibt, erscheint es gesetzessystematisch sachgerecht, die Durchführung einer videokonferenzgestützten Gläubigerversammlung nach Maßgabe der § 4 InsO i.V.m. § 128a Abs. 1 InsO nicht von denjenigen Personen abhängig zu machen, denen die eigentlichen versammlungsgebundenen Rechte nicht zustehen. Gläubiger-

---

[654] Vgl. *Smid*, NJW 1994, 2678, 2679 als (Teil-)Argumentation der Zuordnung des Insolvenzverfahrens als nicht-streitiges Verfahrens trotz Fehlens einer Verweisung der InsO auf das FGG.

[655] Zu möglichen Bedenken bei nachrangigen Gläubigern gem. § 39 InsO siehe Ausführungen zu FN 657.

[656] MüKo-InsO/*Ganter*, § 5 Rn. 40 m.w.N.

fremden Personen käme dementsprechend trotz Teilnahmeberechtigung keine „Parteistellung" iSd. § 128a ZPO zu.

Mit Hinblick auf diese Erwägungen wäre gegebenenfalls sogar zu überlegen, ob in Ausnahme zur grundsätzlichen Erfassung teilnahmeberechtigter Gläubiger unter den Parteibegriff von § 128a Abs. 1 ZPO nachrangige Gläubiger iSd. § 39 InsO gleichwohl hiervon auszunehmen wären. Nachrangigen Gläubigern fällt trotz Teilnahmerecht an der Versammlung gem. § 77 Abs. 1 Satz 2 InsO gerade kein Stimmrecht zu. Allerdings ist denkbar, dass diese in der Versammlung geltend machen, doch stimmberechtigt zu sein und (unberechtigte) Anträge auf Feststellung des Stimmrechts nach § 77 Abs. 2 InsO stellen.[657] Damit stünden ihnen jedenfalls partiell doch versammlungsinterne Einflussmöglichkeiten zu, sodass insoweit von der Notwendigkeit einer Einverständniserklärung nachrangiger Gläubiger auszugehen sein dürfte.

(dd) Persönlichkeitsrechte sonstiger Teilnahmeberechtigter

Soweit daher die übrigen Teilnehmer nicht unter den Parteibegriff von §128a Abs. 1 ZPO zu fassen wären, ließe sich die Notwendigkeit der Einverständniserklärung der übrigen Versammlungsteilnehmer nur daraus ableiten, dass die Übertragung der Gläubigerversammlung deren Persönlichkeitsrechte berühre. Wie bereits im Rahmen der Erörterung zum Widerspruchsrecht der einzelnen Gläubiger gegen eine Übertragung ihrer Wortbeiträge angedeutet,[658] wird überwiegend die Durchführung von Videokonferenzen im Zivilprozess nicht vom Einverständnis sonstiger anwesender Personen abhängig gemacht. Eine Verletzung des Persönlichkeitsrechts scheide mit Hinblick auf das Aufzeichnungsverbot gem. § 128a Abs. 3 InsO aus.[659] Hier stellt sich allerdings entsprechend der bereits beim Widerspruchsrecht dargestellten Problematik die Frage, ob aufgrund des in aller Regel erhöhten Teilnehmerkreises von Gläubigerversammlungen gegenüber einer bloßen Gerichtsverhandlung die höher einzuschätzende Gefahr illegaler Aufzeichnungen nicht dazu zwingt, ein Einverständnis sämtlicher teilnahmeberechtigter Personen zu fordern.

Im Ergebnis ist dies allerdings nicht der Fall. Zunächst ist festzuhalten, dass die Bewertung des Widerspruchsrechts gegen die Übertragung von Wortbeiträgen und des Einverständnisses zweierlei unterschiedliche Bereiche betrifft. Das Widerspruchsrecht nach Betrachtung der InsO de lege lata gibt dem Gläubiger die Möglichkeit, einen konkreten Meinungsbeitrag, den dieser im Rahmen der Versammlung äußert, auf den Kreis der körperlich anwesenden Versammlungs-

[657] Die Möglichkeit solcher Anträge und des einhergehenden Störpotentials spricht nach *Pape*, Rn. 192, dafür, nachrangigen Gläubigern den Zugang zur Gläubigerversammlung gänzlich zu verwehren.
[658] Siehe oben unter Teil 3II.4.a)aa)(2), S. 156 ff.
[659] *Nissen*, S. 49 f.

teilnehmer zu beschränken. Hingegen betrifft die Frage des Einverständnisses bei § 128a ZPO grundsätzlich nur die Frage, ob ein prozess- bzw. versammlungsökonomischer Einsatz von Kommunikationstechnologie möglich sein soll oder nicht. Das Persönlichkeitsrecht wäre hiervon zunächst einmal überhaupt nicht berührt. Nur dann, wenn zwingend eine Berührung mit der Übertragung zu besorgen wäre, könnte dies überhaupt für die Notwendigkeit der Einverständniserklärung der übrigen Versammlungsteilnehmer streiten. Dabei ist zudem das Ausmaß der Berührung mit dem Persönlichkeitsrecht in die Abwägung mit einzubeziehen. Die bloße bildliche Erfassung erscheint dabei weniger schutzwürdig, denn im Gegensatz zum Redebeitrag lässt die rein bildliche Erfassung keine inhaltlichen Rückschlüsse auf ein persönliches Meinungsbild zu, wie dies aber bei dem in vertraulicher Atmosphäre der nicht-öffentlichen Gläubigerversammlung erbrachten Kommunikationsbeiträgen der Fall ist. So umfasst das Widerspruchsrecht des Gläubigers auch nicht das Recht, Kameraschwenks o.ä. bildliche Erfassungen seiner Person zu verhindern.[660] Auch das nunmehr mit § 118 Abs. 3 AktG satzungsmäßig einschränkbare Widerspruchsrecht des Aktionärs auf der Hauptversammlung wird nicht in diesem Sinne verstanden. Daher dürfte schon aus diesem Grunde unabhängig von der Frage einer illegalen Aufzeichnung eine Verletzung von Persönlichkeitsrechten übriger Teilnehmer selten zu befürchten sein. Namentlich der Schuldner hat nur in einem sehr eng umgrenzten Umfang einen Anspruch im Rahmen der Gläubigerversammlungen Redebeiträge zu erbringen. Grundsätzlich ist ein allgemeiner Anspruch des Schuldners dagegen abzulehnen.[661] Insbesondere in den Fällen, in denen dem Schuldner dann wiederum auf freiwilliger Basis der Versammlung das Rederecht eingeräumt wird, hätte es dieser selbst in der Hand, ob er das Risiko einer illegalen Aufzeichnung eingehen möchte oder nicht.

Letztlich spricht gegen eine Notwendigkeit von Einverständniserklärungen der übrigen Teilnehmer nicht allein das in § 128a Abs. 3 ZPO normierte Aufzeichnungsverbot, sondern auch der Gesamtregelungskomplex des § 128a ZPO. Wie schon zum Widerspruchsrecht dargelegt, besteht die Möglichkeit, das Persönlichkeitsrecht einfachgesetzlich auszugestalten, zu modifizieren und einzuschränken. Dies hat der Gesetzgeber bspw. im Aktienrecht nunmehr auch mit

---

[660] In Bezug auf Videokonferenzen bei Gericht wird das graduell unterschiedliche Gewicht der Beeinträchtigung von Persönlichkeitsrechten übriger Verhandlungsteilnehmer in der Diskussion bislang zu wenig berücksichtigt; dies gilt namentlich für Baumbach/Lauterbach/Albers/*Hartmann*, § 128a ZPO Rn. 4, der augenscheinlich auch von Urkundspersonen und gegebenenfalls auch von Zuschauern das Zustandekommen einer Videokonferenz abhängig machen will, obwohl von diesen Personen in keinem Falle eine (berechtigte) Äußerung in der Verhandlung zu erwarten sein wird.

[661] MüKo-InsO/*Ehricke*, § 76 Rn. 11. Ausdrücklich festgeschrieben ist die Möglichkeit, im Berichtstermin gem. § 156 Abs. 2 InsO zum Bericht des Insolvenzverwalters Stellung zu nehmen.

der Regelung des § 118 Abs. 3 AktG getan.[662] In diesem Sinne wird man auch die Vorschriften der § 128a Abs. 1 und Abs. 2 ZPO zu verstehen haben. Wenn der Gesetzgeber dort ausdrücklich das Einverständnis allein der Parteien fordert, bringt er damit seine legislative Gewichtung zum Ausdruck, dass sonstige Verhandlungsteilnehmer insoweit (allenfalls gering einzustufende) Eingriffe in das Persönlichkeitsrecht zu Lasten der Prozessökonomie hinzunehmen haben und daher auch nicht befugt sein sollen, über die Übertragung von Bild und Ton mittels Kommunikationstechnologie zu disponieren.[663] Vielmehr kann das Gerichts im Einzelfall die Übertragung ablehnen, sofern ein missbräuchliches Verhalten gerichtlicherseits ernstlich zu befürchten ist.[664] Die dem Aufzeichnungsverbot von § 128a Abs. 3 ZPO innewohnende Schutzwirkung kommt Dritten insoweit zwar zusätzlich zugute, dürfte jedoch für die rechtliche Bewertung des personellen Umfangs von Einverständniserklärungen gem. § 128a Abs. 1 und 2 ZPO nicht letztentscheidend sein.

(ee) Einverständnis aller teilnahmeberechtigter Gläubiger

Bei wortlautangelehnter Betrachtung von § 128a ZPO im Rahmen von Gläubigerversammlungen offenbart sich ein rechtliches Dilemma, welches einen geeigneten Anwendungsbereich der Vorschrift über Videokonferenzen in der Gläubigerversammlung deutlich einengen könnte. Diese Problematik besteht darin, dass das Einverständnis bei Wortlautbetrachtung § 4 InsO i.V.m. § 128a ZPO das Einverständnis jedes einzelnen Gläubigers voraussetzen dürfte. Denn wenn dem einzelnen Gläubiger bei übertragender Betrachtung von Videokonferenzen im Zivilprozess die Stellung einer Partei analog § 128a Abs. 1 ZPO zukommt, wäre das Merkmal „Einverständnis der Parteien" folgerichtig dahingehend zu verstehen, dass sämtliche Gläubiger einzeln ihre Zustimmung zur Bild- und Tonübertragung der Gläubigerversammlung geben müssten.

(i) Einholung von Einverständniserklärungen - zugleich ein Exkurs zum Antragserfordernis

Zunächst einmal fragt sich, wie faktisch überhaupt ein Einverständnis aller teilnahmeberechtigter Gläubiger eingeholt werden könnte. Im Zivilprozess gilt, dass das Einverständnis, eine Verhandlung oder Vernehmung im Wege der Bild- und Tonübertragung durchzuführen, durch die Parteien entweder schriftlich - auch außerhalb des Anwaltszwanges (§ 78 ZPO) zu Protokoll des Gerichts -

662 Begr. RegE TransPuG, BT-Drucksache, 14/8679, S. 119 f.

663 Insofern ist es im Grundsatz treffend, wenn *Hartmann* (siehe FN 660) § 128a ZPO als Spezialvorschrift im Rahmen der Persönlichkeitsrechte sieht. Nur spricht dieser Spezialcharakter im Gegensatz zu *Hartmanns* Erwägungen gerade gegen eine weite Auslegung, sodass es bei der Notwendigkeit von Einverständniserklärungen der Parteien verbleibt.

664 Vgl. *Nissen*, S. 59.

oder in der mündlichen Verhandlung zu erklären ist.[665] Ob vergleichbar der schriftlichen Erklärung im Zivilprozess das Einverständnis bereits im Vorfeld der Gläubigerversammlung von sämtlichen Gläubigern eingeholt werden könnte, dürfte jedenfalls bei größeren Gläubigerversammlungen erheblich zu bezweifeln sein. Hinsichtlich der obligatorischen Termine soll das Gericht nach der InsO jeweils einen Maximalzeitraum der Terminsanberaumung nicht überschreiten.[666] Bei fakultativen Gläubigerversammlungen soll der Zeitraum zwischen Antrag auf eine Gläubigerversammlung sowie deren Termin gem. § 75 Abs. 2 höchstens drei Wochen betragen.[667] Denkbar wäre zwar, im Falle eines Antrags analog § 128a ZPO auf audio-visuelle Übertragung der Gläubigerversammlung im Rahmen der jeweiligen öffentlichen Bekanntmachung des Termins auf die Möglichkeit der Abgabe eines schriftlichen Einverständnisses bei Gericht hinzuweisen.[668]

Allerdings würde dies voraussetzten, dass zum Zeitpunkt der Bekanntmachung des Versammlungstermins bereits ein Antrag auf audio-visuelle Übertragung der Versammlung eingegangen ist. Namentlich in dem Fall des im Eröffnungsbeschluss bekannt gemachten Berichts- und Prüfungstermins werden allerdings viele Gläubiger überhaupt erstmals durch die Bekanntmachung des Eröffnungsbeschlusses von dem eröffneten Insolvenzverfahren erfahren. Ist nun zu diesem Zeitpunkt noch überhaupt kein Antrag analog § 128a ZPO eingegangen, so bedürfte es an sich keiner Einverständniserklärungen von Gläubigern um den Weg für die audio-visuelle Übertragung der Versammlung zu eröffnen. Wird hingegen erst nach der Bekanntmachung des Eröffnungsbeschlusses ein Antrag entsprechend § 128a ZPO eingereicht, so wäre nun wiederum zu klären, wie die übrigen Gläubiger über den zwischenzeitlich eingegangener Antrag rechtzeitig vor Abhaltung der Gläubigerversammlung zu informieren sind. Der Lösungsweg über eine neue Bekanntmachung erscheint unpraktikabel, da er jedenfalls dann zu versagen droht, sollte nur noch ein geringer Zeitraum bis zum Abhalten des vorgesehenen Termins verbleiben. Insofern verbliebe es in einer Vielzahl von Fällen dabei, das Einverständnis erst in der Gläubigerversammlung selbst

---

665 *Nissen*, S. 51, unter Hinweis auf Kommentarliteratur zu § 128 Abs. 2 ZPO.

666 Siehe jeweils die Terminsbestimmungen in der InsO zum Berichtstermin (§ 29 Abs. 1 Nr. 1), Prüfungstermin (§ 29 Abs. 1 Nr. 2), Schlusstermin (§ 187 Abs. 2) und Erörterungs- und Abstimmungstermin (§ 235 Abs.1 Satz 2).

667 Unter Hinweis auf die im Extremfall bestehende Möglichkeit von Amtsansprüchen bei Fristversäumung sei das Gericht allerdings gehalten, die Dreiwochenfrist möglichst nicht zu überschreiten, *Pape*, Rn. 208.

668 Darin dürfte wohl keine unzulässige Überschreitung der Veröffentlichungsbefugnisse nach § 9 InsO liegen, wenn man davon ausgeht, dass die Bekanntmachung über die Möglichkeit der Erklärung eines schriftlichen Einverständnisses lediglich als ein verfahrensrechtlicher Hinweis zu verstehen ist, der keine weitergehende Beeinträchtigung des Persönlichkeitsrechts des Schuldners beinhaltet, siehe zum Ganzen ausführlich unter Teil 2I.3.b)aa), S. 47 ff.

mündlich einholen zu können. Dies würde für diejenigen Gläubiger, die der Versammlung zugeschaltet folgen möchten, allerdings eine nicht unerhebliche Rechtsunsicherheit bedeuten, ob sie tatsächlich ihre Rechte mittels Bild- und Tonübertragung wahrnehmen können.

Gewisse Abhilfe könnte hier die Möglichkeit verschaffen, in Abwandlung zu § 128a Abs. 1 ZPO von einem strengen Antragserfordernis abzuweichen und dem Gericht, ähnlich wie dies für § 128a Abs. 2 ZPO befürwortet wird, ein Initiativrecht zuzubilligen.[669] Das Insolvenzgericht wird selbst am besten abschätzen können, ob es überhaupt im Ansatz die erforderliche technische Mindestinfrastruktur für eine audio-visuelle Übertragung der Gläubigerversammlung zur Verfügung stellen könnte. Ist das Gericht hierzu grundsätzlich in der Lage, könnte es sich als sinnvoll erweisen, insbesondere im Rahmen der Bekanntmachung des Eröffnungsbeschlusses von vornherein einen deklaratorischen „Rechtshinweis" über die Möglichkeit eines Antrags auf audio-visuelle Übertragung von Gläubigerversammlungen sowie die Notwendigkeit der Erklärung eines Einverständnisses zu geben. Ein solcher Hinweis würde das Antragsprinzip nicht unzulässig unterminieren, zugleich jedoch die Möglichkeit eröffnen, dass (vorsorglich) ohne Antrag andere Gläubiger ihr Einverständnis für eine Übertragung der Gläubigerversammlung erklären können.

(ii) Die Problematik des Vetorecht als Ausfluss des Konsensprinzips

Die zuvor dargestellte Problematik der Einholung der Einverständniserklärungen sämtlicher teilnahmeberechtigter Gläubiger offenbart die Schwächen des in § 128a ZPO niedergelegten Konsensprinzips im Falle der Anwendung bei Gläubigerversammlungen. Denn anders als die Gerichtsverhandlung, an der meist nur wenige Parteien beteiligt sind, kann die Zahl der an der Gläubigerversammlung teilnahmeberechtigten Gläubiger häufig um ein Vielfaches höher liegen. Die Chancen, vollständige Einvernehmlichkeit zu erzielen, sinken dabei umso mehr, je größer der Kreis der Gläubiger zu fassen ist. Das bedeutet faktisch ein Vetorecht für den einzelnen Gläubiger, selbst wenn ansonsten alle übrigen Beteiligten und auch das Insolvenzgericht keinerlei Einwände gegen eine Bild- und Tonübertragung der Gläubigerversammlung erheben. Ein solches Vetorecht überzeugt im Grundsatz jedoch bei Gläubigerversammlungen nicht.[670]

---

669 Musielak/*Stadler*, § 128a ZPO Rn. 5; *Nissen*, S. 36.

670 Im Rahmen des Pilotprojekts „Virtuelles Verwaltungsgericht" des VG Sigmaringen wird die analoge Anwendung von § 128a ZPO im Verwaltungsprozess über die Generalverweisung des § 173 VwGO kritisiert. U.a. wird hier mit Hinblick auf die verwaltungsprozessuale Besonderheit der etwaigen Teilnahme eines Behördenvertreters kritisiert, dass es nicht sachgerecht sei, wenn die Zulässigkeit dessen Zuschaltung zur mündlichen Verhandlung von dem Einverständnis der Parteien abhängig gemacht wird, siehe S. 5 des Abschlussberichts.

Zwar kann auch im Zivilprozess eine audio-visuelle Verhandlung oder Vernehmung nicht gegen den Willen einer Partei erfolgen. Angesichts des in der Regel erheblich enger umfassten Kreises derjenigen Personen, die das Einverständnis zu erklären haben, ist hier aber auch häufiger mit einer Einigung als Grundvoraussetzung für den Einsatz von Kommunikationstechnologie zu rechnen. Im Übrigen verfolgt das Konsensprinzip im Zivilprozess einen rechtlichen Aspekt, der bei Gläubigerversammlungen so nicht bestehen kann. Das Konsensprinzip bringt nämlich faktisch zum Ausdruck, dass jede Prozesspartei einen Anspruch darauf hat, mit der anderen Partei körperlich anwesend und mündlich zu verhandeln. Ob ein solcher Anspruch im Zivilprozess sinnvoll ist oder ob nicht hier vielmehr de lege ferenda zu erwägen wäre, es allein dem Gericht im Rahmen des allgemeinen Ermessensspielraum zu überlassen, wie es eine ablehnende Haltung einer Partei im Rahmen eines Gestattungs- oder Abweisungsbeschlusses gewichten möchte, braucht allerdings an dieser Stelle nicht erörtert werden.[671] Denn jedenfalls im Rahmen von Gläubigerversammlungen können die Gläubiger gerade keinen Anspruch auf die körperliche Anwesenheit des Gläubigers haben. Schließlich ist es jedermann freigestellt ist, ob er überhaupt oder z.B. nur durch einen Vertreter in der Gläubigerversammlung erscheinen will.

Angesichts dieser systematischen Differenzen zwischen Gerichtsverhandlungen und Gläubigerversammlungen fragt sich, ob entgegen einer wortlautangelehnten Übertragung des § 128a ZPO auf das Konsensprinzip im Rahmen von Gläubigerversammlungen verzichtet werden kann. Die Grenzen, die § 4 InsO für eine Umschreibung der zivilprozessualen Norm im Insolvenzverfahren zulässt, sind allerdings eng umsteckt. Bei der Übertragung der zivilprozessualen Norm gilt es, einen möglichst ähnlichen Zusammenhang herzustellen; dazu ist die Regel so vorsichtig wie möglich anzupassen.[672] Angesichts dieser strengen Voraussetzungen erscheint ein Abweichen vom Konsensprinzip kaum möglich. Zwar ließe sich anführen, dass der Einsatz von Kommunikationstechnologie nach alleiniger Betrachtung der InsO grundsätzlich auch möglich ist und dort mangels ausdrücklicher Anordnung kein Einverständnis sämtlicher Gläubiger erforderlich sein dürfte.[673] Dem Insolvenzgericht obläge es in diesen Fällen, im Rahmen der allgemeinen Leitungsfunktion über einen sachgerechten Einsatz von Kommunikationstechnologie zu entscheiden. Allerdings bestehen bei Einsatz nach

---

671 Hinzuweisen ist an dieser Stelle auf den überzeugenden Lösungsansatz für das finanzgerichtlichen Verfahren, in §§ 91a, 93a FGO hinsichtlich des Einverständnisses eine differenzierende Betrachtung in Bezug auf Videoverhandlung und Videovernehmung vorzunehmen.

672 Nerlich/Römermann/*Becker*, § 4 Rn. 28.

673 A.A. jedoch wohl MüKo-InsO/*Ehricke*, § 76 Rn. 13, der mit Hinblick auf rechtsstaatliche Ansprüche an eine „virtuellen Versammlung" u.a. das Einverständnis der Gläubiger fordert, auf diese Weise miteinander zu kommunizieren.

alleiniger Maßgabe der InsO auch die angeführten Defizite, das heißt insbesondere das Widerspruchsrecht einzelner Gläubiger gegen die Übertragung ihrer Wortbeiträge sowie die Nichtmöglichkeit der Ausübung versammlungsgebundener Rechte von einem anderen Ort aus. Daher könnte der pauschale Verweis auf die insofern in der InsO nicht vorhandenen Regelungen zur Notwendigkeit von Einverständniserklärungen sämtlicher Gläubiger zu einer gesetzgeberisch nicht gewollten Verzerrung des Regelungsgehaltes von § 128a ZPO führen. Zudem könnte insbesondere mit Hinblick auf das Widerspruchsrecht von Gläubigern bei isolierter Betrachtung der InsO angeführt werden, dass ein solches jedenfalls dann ausgeschlossen sein müsse, wenn sich alle Gläubiger gemeinschaftlich mit der audio-visuellen Übertragung einverstanden erklären. Ein Abweichen vom Konsensprinzip des §128a ZPO, das zugleich einen gravierenden Strukturwandel gegenüber der zivilprozessualen Regel bedeuten würde, ist damit bei Übertragung der Norm gem. § 4 InsO auf Gläubigerversammlungen nicht möglich.

(c) Entscheidung des (Insolvenz-)Gerichts

(aa) Ermessenskriterien des Insolvenzgerichts

Liegen Antrag und Einverständniserklärungen vor, eröffnet § 128a Abs. 1 ZPO dem Gericht einen Ermessensspielraum („kann"), ob es eine audio-visuelle Verhandlung gestattet oder nicht. Wie bereits dargestellt, ist das Konsensprinzip nur Vorstufe eines Einsatzes von Kommunikationstechnologie in der gerichtlichen Verhandlung. Sofern das Gericht von den in § 128a ZPO genannten Einsatzmöglichkeiten absehen möchte, haben die Parteien keine Möglichkeit, isoliert gegen eine ablehnende Entscheidung des Gerichts vorzugehen. Dies stellt § 128a Abs. 3 Satz 2 ZPO klar, der Rechtsbehelfe vermeiden möchte, um so nicht entgegen Sinn und Zweck der eigentlich der Prozessökonomie dienenden Norm des § 128a ZPO prozessuale Verzögerungen herbeizuführen.[674] Lediglich in Ausnahmefällen kann die Ablehnung oder Durchführung der Videokonferenz die Berufung oder Revision gegen das Urteil begründen, etwa wenn das Gericht die Vernehmung eines Zeugen als unerreichbar abgelehnt hat, obwohl dieser mittels Videokonferenz hätte vernommen werden können.[675]

Ist damit im Grundsatz eine Justiziabilität der gerichtlichen Entscheidungen nicht gegeben, heißt dies gleichwohl nicht, dass das Gericht sein Ermessen willkürlich ausüben dürfe. Das Gericht hat vielmehr das Ermessen pflichtgemäß

---

[674] Dies gilt sowohl für § 128a Abs. 1 als auch Abs. 2 ZPO, vgl. BT-Drucks. 14/6036, S. 120.

[675] Zöller/*Greger*, § 128a ZPO Rn. 7; dies gilt jedenfalls im Strafprozess auch dann, wenn die audio-visuelle Vernehmung mittels Rechtshilfe im Ausland möglich war, vgl. 1. Strafsenat des BGH, NJW 1999, 3788, 3788 ff. zu § 247a StPO; zu sonstigen Rechtsbehelfsmöglichkeiten vgl. auch *Schultzky*, NJW 2003, 313, 318.

auszuüben.[676] Entscheidende Grundvoraussetzung sei zunächst, inwieweit eine Videokonferenz technisch unter Einhaltung eines geeigneten Mindeststandards realisiert werden könne.[677] Zudem wird mit Hinblick auf die Erreichung angestrebten Prozessökonomie eine Abwägung zwischen den Vorteilen einer persönlichen Begegnung und der Prozessökonomie eines Vorgehens nach § 128a ZPO erforderlich.[678]

Vergleichbare Ermessenskriterien werden auch bei einer Durchführung einer audio-visuellen Übertragung der Gläubigerversammlung zu berücksichtigen sein. Das Insolvenzgericht wird in aller Regel nur dann die Einsatzmöglichkeiten der Kommunikationstechnologie zulassen, wenn diese ein zumindest ansatzweise ordnungsgemäßes Partizipieren an der Gläubigerversammlung ermöglicht. Ein solches Ermessenskriterium gebietet schon die Leitungsaufgabe des Insolvenzgerichts, das sich insoweit auch verantwortlich für einen geordneten Versammlungsablauf zeichnet, wenngleich hieraus kein „Anspruch" des einzelnen Gläubigers auf eine hochwertige Übertragungsqualität erwachsen kann.[679] Gläubigerversammlungen, die aufgrund technischer Defizite nur mit größeren Schwierigkeiten durchzuführen sind, sollten wegen des dann vorhandenen erheblichen Störpotentials vermieden werden.

Sind hier hingegen keine Probleme zu befürchten, so hat in Anlehnung an Gerichtsverhandlungen unter Zuhilfenahme von Videokonferenztechnik eine Abwägung zwischen den Vorteilen der erleichterten Rechtswahrnehmung durch Kommunikationstechnologie und gegebenenfalls drohenden Nachteilen zu erfolgen. Dabei sollte tendenziell zugunsten der Gläubiger eine vereinfachte audio-visuelle Teilnahme an der Versammlung unterstützt werden, sofern die erforderliche technische Infrastruktur gerichtlicherseits zur Verfügung gestellt werden kann. Das Gericht wird dabei gegebenenfalls auch zu prüfen haben, ob es hierfür die reale Gläubigerversammlung (in Abweichung zur Regel des § 4 InsO i.V.m. § 219 Abs. 1 Satz 1, 1. Halbs. ZPO) an einem Versammlungsort stattfinden lässt, welcher über die notwendige technischen Voraussetzung einer audio-visuellen Übertragung verfügt. Wesentliche Prämisse ist insoweit, dass die Bild- und Tonübertragung kostengünstig und damit masseschonend erfolgt. Denn der Einsatz von Kommunikationstechnologie sollte nicht dazu führen, dass dadurch merklich die quotale Befriedigung derjenigen Gläubiger leidet, die die Mühen eines persönlichen Erscheinens nicht scheuen.[680] Kann hingegen sogar

---

676 Vgl. MüKo-ZPOReform/*Peters*, § 128a ZPO Rn. 5.

677 Vgl. *Schultzky*, NJW 2003, 313, 315 f.

678 *Stadler*, ZZP 111 (2002), S. 413, 439; vgl. auch *Nissen*, S. 55 ff., wonach die Verfahrensbeschleunigung und -vergünstigung ermessensleitende Kriterien für das Gericht darstellen.

679 Siehe hierzu bereits oben unter Teil 3II.4.b)(2)(b)(cc), S. 170 f.

680 Zu kostenrechtlichen Fragen beim Einsatz von Videokonferenztechnik im Zivilprozess siehe ausführlich Nissen, S. 93 ff.

ein masseentlastender Effekt herbeigeführt werden, indem andernfalls anfallende Kosten verringert werden, sollte dies seitens des Insolvenzgerichts zugunsten einer Übertragung der Gläubigerversammlung berücksichtigt werden. Zu denken wäre bspw. insbesondere an solche Großverfahren, bei denen es an einem genügend großen (Gerichts-)Raum mangelt, sodass nicht alle Gläubiger an der Versammlung teilnehmen können. Bei diesen als Rumpfversammlungen[681] bezeichneten Veranstaltungen ist das Gericht gehalten, entsprechende Räumlichkeiten vorzuhalten, um allen Gläubigern Zugang zu ermöglichen. Dies wiederum kann sich kostenerhöhend zu Lasten der Masse auswirken.[682] Bei einer Übertragung von Bild und Ton könnte hier möglicherweise die Anzahl der Gläubiger, die tatsächlich vor Ort erscheinen, entscheidend reduziert werden. Jedenfalls dann, wenn von einer größeren Anzahl von Gläubigern eine Zuschaltung in Anspruch genommen wird, wäre so ein kostenreduzierender Effekt zu erhoffen, der sich dann zugleich masseschonend auswirkt.[683]

Soweit im Rahmen von § 128a ZPO als Ermessenskriterium auch die Möglichkeit der einer mündlichen Verhandlung gleichwertigen Sachverhaltsaufklärung geltend gemacht wird, so betrifft dies vornehmlich die audio-visuelle Vernehmung nach Abs. 2.[684] Im Rahmen von Gläubigerversammlungen, die systematisch dem Bereich von Abs. 1 zuzuordnen sind, kann dies für das Gericht grundsätzlich als Ermessenskriterium nicht weiter von Bedeutung sein. Zwar sind sachdienliche Hinweise und Anregungen durch das Gericht nach dem Standard des § 139 ZPO, einschließlich der Aufklärung über Rechte und Pflichten der Gläubiger, von der Leitungsmacht des Gerichts gedeckt.[685] Darüber hinaus hat sich das Insolvenzgericht jedoch zurückzuhalten. Die Aufgabe des Insolvenzgerichts besteht also nicht darin, eine vollumfängliche Tatsachenbasis zu ermitteln, die dann insbesondere als Grundlage der Ausübung des Gläubigerstimmrechts herangezogen werden soll.

Letztlich hat das Insolvenzgericht selbstverständlich - wie auch das Gericht einer zivilprozessualen Verhandlung - in Betracht zu ziehen, ob ein missbräuchliches Verhalten bei Bild- und Tonübertragung zu besorgen ist. Richtigerweise wird für den Zivilprozess gefordert, dass sich das Gericht bereits im Vorfeld der

---

681 MüKo-InsO/*Ehricke*, 76 Rn. 22.

682 Kosten zur Anmietung für größere Räumlichkeiten stellen Masseverbindlichkeiten nach den § 54 Nr. 1 InsO bzw. § 55 Abs. 1 Nr. 1 InsO dar, Kübler/Prütting/*Kübler*, § 76 Rn. 22; Huntemann/Brockdorff/*Buck*, Kap. 10 Rn. 47; siehe auch MüKo-InsO/*Ehricke*, 76 Rn. 22.

683 *Sasse*, S. 40, weist hinsichtlich der Kostenstruktur von großen Hauptversammlungen darauf hin, dass allein die Anmietung größerer Veranstaltungshallen (im Jahr 2002) täglich mit rund DM 50.000 (≈ € 25.000) zu Buche schlägt. Diese und andere Durchführungskosten könnten gesenkt werden, wenn eine Vielzahl der Aktionäre nicht mehr physisch teilnehme.

684 Vgl. *Nissen*, S. 57.

685 MüKo-InsO/*Ehricke*, § 76 Rn. 10.

audio-visuellen Übertragung - bspw. mit Stellung des Antrags - die Einhaltung des Aufzeichnungsverbots zusichern lassen sollte.[686] Bei dem potentiell höheren Kreis audio-visuell zugeschalteter Gläubiger gilt dies erst recht. Zudem sollte man insoweit gerichtlicherseits von den Gläubigern die Zusicherung verlangen, das Dritten der Zugang zu der Übertragung zu versagen ist.

(bb) Einsatzorte der Übertragung von Gläubigerversammlungen

(i) Beliebiger Ort

Soweit für den Zivilprozess vertreten wird, aus § 219 ZPO folge, dass der Ort der Zuschaltung ein Gerichtsraum sein müsse,[687] kann dem nicht gefolgt werden. Da § 128a ZPO gerade als Durchbrechung des § 219 ZPO konzipiert ist,[688] wird diesem Ansatz auch einheitlich entgegengetreten.[689] Im Übrigen zeigt bereits die Vorschrift des § 219 ZPO mit der Zulassung von Lokalterminen selbst, dass die Rechtsprechungstätigkeit nicht an eine bestimmte Räumlichkeit gebunden ist.[690] Wie bereits dargestellt gilt dies insoweit auch für Gläubigerversammlungen, sodass diese nicht zwingend an einem Gericht abgehalten werden muss.[691] Ebenso kann sich auch der Gläubiger von einem Raum freier Wahl zuschalten, solange nur allgemein gewährleistet werden kann, dass der Versammlung von dort aus ohne weitere Hindernisse hinreichend gefolgt werden kann.

(ii) Zuschaltung aus dem Ausland

Klärungsbedürftig ist allerdings, ob der Ort, von dem die Zuschaltung in die Gläubigerversammlung erfolgt, zwingend im Inland liegen muss oder ob auch eine Zuschaltung von Orten außerhalb des deutschen Staatsgebietes erfolgen kann. Nach herrschender Auffassung stellt im Zivilprozess sowohl die grenzüberschreitende audio-visuelle Gerichtsverhandlung wie auch die Vernehmung von Auslandszeugen (oder sonstigen Personalbeweismitteln) unter Zuhilfenahmenahme von Videokonferenztechnik eine unzulässige hoheitliche Tätigkeit auf fremden Territorium dar, die dementsprechend nur im Wege der Rechtshilfe zulässig ist.[692] Davon abweichend wird allerdings zweifelhaft die völkerrechtliche

---

686 *Nissen*, S. 59; siehe aber zur etwaigen Einschränkbarkeit des Aufzeichnungsverbots unten Teil 3II.4.b)(3)(e), S. 191 ff.

687 In diesem Sinne weiterhin allein Zöller/*Greger*, § 128a ZPO Rn. 4.

688 *Stadler*, ZZP 111 (2002), 413, 437.

689 Vgl. nur *Stadler*, ZZP 111 (2002), 413, 437; *dies.* in Musielak, § 128a ZPO Rn. 2; *Schultzky*, NJW 2003, 313, 314; *Nissen*, S. 62 ff; Hannich/Meyer-Seitz/*Schwartze*, § 128a ZPO Rn. 5.

690 *Schultzky*, NJW 2003, 313, 314.

691 Siehe Nachweise in FN 532.

692 Vgl. nur *Schultzky*, NJW 2003, 313, 314; *Stadler*, ZZP 111 (2002), 413, 441; Zöller/*Greger*, § 128a ZPO Rn. 6; *Seibel*, AO-StB 2001, 147, 151; *Schaumburg*, ZRP 2002, 313, 315; vgl. ebenfalls zu § 247a StPO, BGHSt 45, 188, 192 sowie insoweit die zustimmende Anm. von *Vassilaki*, in JZ 2000, 474, 475.

Zulässigkeit von freiwilligen audio-visuellen Zeugenvernehmungen ohne der Notwendigkeit von Rechtshilfeersuchen propagiert.[693] Da das Gericht im Rahmen einer Gerichtsverhandlung jedenfalls virtuell hoheitlich im Ausland agiert,[694] ist die von *Nissen* angeführte Parallele zu den Befürwortern einer schriftlichen Äußerung eines im Ausland befindlichen Zeugen gem. § 377 Abs. 3 ZPO ohne der Notwendigkeit eines Rechtshilfeersuchens wenig überzeugend.[695] Überdies wird als entscheidendes Argument in Bezug auf die Zulässigkeit von schriftlichen Äußerungen ohne Rechtshilfeersuchen die Änderung des § 377 Abs. 3 ZPO im Jahre 1990 angeführt, der seither ein Erfordernis der eidlichen Versicherung der Richtigkeit der Aussage nicht mehr vorsieht; ein Eingriff in hoheitliche Befugnisse eines anderen Staates durch Eidesversicherung sei daher seit der Gesetzesänderung nicht mehr zu befürchten.[696] Wenn der Wegfall der Eidesversicherung aber das Kernargument der völkerrechtlichen Zulässigkeit für schriftliche Äußerungen ohne Rechtshilfeersuchen sein soll, muss zu Recht die Frage aufgeworfen werden, wie der Widerspruch zu bewerkstelligen sei, dass ein Zeuge einer Videovernehmung unter Beachtung der Voraussetzungen von §§ 391 ff. ZPO gegebenenfalls im Wege der Videokonferenz gem. § 128a Abs. 2 ZPO zu beeiden sein kann.[697] Die Vernehmung eines Auslandszeugen wäre insoweit dauerhaft von der latenten Gefahr überschattet, dass jedenfalls bei Notwendigkeit einer Eidesleistung ein hoheitlicher Eingriff auf fremden Territorium offensichtlich zu bejahen sei.

Dies spricht dafür, dass es auch im Rahmen von Vernehmungen gem. § 128a Abs. 2 ZPO staatlicher Rechtshilfersuchen bedarf. Freilich sind nunmehr seit dem 01.01.2004 die Erleichterungen der Europäischen Beweishilfeverordnung[698] (vgl. Art. 10 Abs. 4 und 17 Abs. 4 EuBeweisVO) zu beachten, bei der es künftig mit einfacheren Voraussetzungen möglich ist, innerhalb der Europäischen Union - mit Ausnahme Dänemarks - die Beweisaufnahme durch das Prozessgericht durchzuführen.[699] Für grenzüberschreitende Videoverhandlungen fehlt es allerdings bislang an einer vergleichbaren Rechtsgrundlage.[700] Da die Gläubigerversammlung nun mal im Rahmen der Übertragung der zivilprozessualen Regelung nach Maßgabe von § 4 InsO begrifflich an den Verhandlungsbegriff des § 128a Abs. 1 ZPO anzugliedern wäre, könnte der Eindruck entstehen, eine Zuschaltung innerhalb von Gläubigerversammlungen von einem anderen

---

693 *Nissen*, S. 132 ff.

694 So *Stadler*, ZZP 111 (2002), 413, 441.

695 Siehe Nachweise bei *Nissen*, S. 128, dort in FN 521 und 522.

696 Vgl. *Nissen*, S. 129.

697 Dies folgt e contrario aus § 479 Abs. 1 ZPO letzter Halbsatz n.F.; siehe im Übrigen BT-Drucks. 14/6036, S. 122.

698 Verordnung (EG) Nr. 1206/2001 vom 28.05.2001.

699 Vgl. *Stadler*, ZZP 111 (2002), 413, 441, dort m.w.N. zur EuBeweisVO in FN 130.

700 *Schultzky*, NJW 2003, 313, 315.

Ort im Ausland könne nur im Wege der bisher üblichen Rechtshilfeersuchen erfolgen.

Im Gegensatz zur normalen Gerichtsverhandlung mittels Videokonferenz gem. § 128a Abs. 1 ZPO wird man dies jedoch bei Gläubigerversammlungen ablehnen können. Auch wenn die Gläubigerversammlung unter gerichtlicher Leitung gem. § 76 Abs. 1 InsO steht, so ist sie doch ein Organ der insolvenzrechtlichen Selbstverwaltung.[701] Der Staat hat sich grundsätzlich innerhalb des Insolvenzverfahrens (und der Gläubigerversammlung) zurückzuhalten und nur den Rahmen vorzugeben, in welchem eine möglichst effektive und gleichmäßige Befriedigung der Gläubiger gewährleistet ist.[702] Dass die InsO formalisierende Vorgaben an den Ablauf von Gläubigerversammlungen gibt und die Leitungsmacht in die Hände des Insolvenzgerichts legt, ändert daher nichts daran, dass die Meinungsfindung innerhalb der Gläubigerversammlung keinen hoheitlichen Akt darstellt. Insofern muss es auch ohne entsprechende Rechtshilfeersuchen zulässig sein, sich von außerhalb des deutschen Staatsgebietes in die Gläubigerversammlung mittels Bild- und/oder Tonübertragung zuzuschalten.

(iii) Zuschaltung sonstiger Teilnahmeberechtigter von einem anderen Ort

Wie bereits dargestellt, kann die Durchführung einer audio-visuellen Übertragung entsprechend § 4 InsO i.V.m. § 128a Abs. 1 ZPO auch dann nicht vom Einverständnis gläubigerfremder Personen abhängig gemacht werden, wenn diesen ein Teilnahmerecht an der Gläubigerversammlung zusteht. Dies spricht im Grundsatz dafür, dass diesen auch nicht die Möglichkeit zur Verfügung stehen kann, die Versammlung von einem anderen Ort zugeschaltet zu verfolgen. Denn das Gericht kann nach § 128a Abs. 1 Satz 1 ZPO grundsätzlich nur den Parteien bzw. deren Bevollmächtigten und Beiständen gestatten, sich an einem anderen Ort aufzuhalten. Wenn nun wie gezeigt Partei iSv. § 128a ZPO nur teilnahmeberechtigte Gläubiger umschreibt, hieße dies in der Folge, dass dem Insolvenzgericht nicht die Befugnis zustünde, dem Schuldner, Insolvenzverwalter oder gläubigerfremden Ausschussmitgliedern eine Zuschaltung von einem anderen Ort aus zu gestatten. Gegen eine solche Argumentation ließe sich allerdings anführen, dass es für die Gläubiger an sich irrelevant sein dürfte, ob sich auch sonstige Teilnahmeberechtigte zuschalten, solange nur das Zustandekommen einer audio-visuellen Übertragung nicht von deren Einverständnis abhängig gemacht wird. Erwägenswert wäre daher in diesem Zusammenhang, sonstige Teilnahmeberechtigte in Anlehnung an § 128a Abs. 2 ZPO Zeugen bzw. Sachverständigen gleichzustellen und diesen auf diese Weise den Aufenthalt an einem anderen Ort zu ermöglichen. Freilich wäre in diesem Fall zwecks Gleichstufigkeit mit den Gläubigern selbstverständlich eine Bild- und Tonübertragung vom

---

[701] Siehe nur Kübler/Prütting/*Kübler*, § 74. Rn. 3.

[702] Vgl. MüKo-InsO/*Ehricke*, § 74 Rn. 4.

Versammlungsort, wie sie dem Wortlaut des Abs. 2 an sich nicht abzuleiten wäre, erforderlich.[703]

Ob tatsächlich eine Gleichstellung der sonstigen Teilnahmeberechtigten mit Zeugen bzw. Sachverständigen entsprechend § 128a Abs. 2 ZPO erforderlich sein wird, darf bezweifelt werden. Für den (natürlichen) Schuldner folgt dies bereits meist aus dem Umstand, dass es für ihn in aller Regel keine größeren Probleme bereiten dürfte, persönlich am Ort der Gläubigerversammlung zu erscheinen. Denn ist gem. § 3 Abs. 1 InsO das Insolvenzgericht, in dessen Bezirk der Schuldner seinen allgemeinen Gerichtsstand hat bzw. den Mittelpunkt seiner wirtschaftlichen Tätigkeit ausübt, örtlich zuständig, wird häufig fraglich sein, ob die Zuschaltung vom anderen Ort aus für den Schuldner tatsächlich einer erleichterten Terminswahrnehmung dienen könnte. So hat das Gericht bei der Abwägung der Vorteile der Kommunikationstechnologie auch die Entfernung des Zugeschalteten zu berücksichtigen.[704] Wenn aber eine größere Entfernung für den Schuldner in der Regel nicht zu erwarten ist, wird man von ihm grundsätzlich auch erwarten können, persönlich zur Gläubigerversammlung zu erscheinen. Ähnliche Erwägungen werden auch in einer Vielzahl der Fälle für den Insolvenzverwalter zutreffen. Auch wenn § 56 Abs. 1 InsO nicht ausdrücklich die Forderung aufstellt, dass der Insolvenzverwalter einen ortsnahen Sitz zum Schuldner hat, so wird gleichwohl häufig ein maßgebliches Kriterium der Geeignetheit sein, dass der Verwalter auch in der Lage ist, seine Tätigkeit regional entsprechend ausüben zu können.[705] Zudem könnte gegen eine Zuschaltung des Insolvenzverwalters von einem anderen Ort aus jedenfalls im Berichtstermin sprechen, dass dieser dort umfassend über die wirtschaftliche Situation des Schuldners zu berichten und den Gläubigern gegenüber auskunftspflichtig ist (vgl. § 156 Abs. 1 InsO). Dies könnte gegebenenfalls unter Ermessensgesichtspunkten dafür sprechen, dass angesichts der umfangreichen kommunikativen Einbindung ein persönliches Erscheinen des Verwalters vorzugswürdig sei. Soweit letztlich gläubigerfremden Ausschussmitgliedern ein Teilnahmerecht zustehen sollte, könnte es sich ausnahmsweise im Einzelfall als angebracht anzeigen, wenn ihnen die Möglichkeit der Zuschaltung von einem anderen Ort eröffnet wird. Zu denken wäre etwa an solche Ausschussmitglieder, die insbesondere mit Hinblick auf ihre umfassende fachliche Expertise ernannt wurden, ihrerseits

703 Für den Zivilprozess eine wechselseitige Bild- und Tonübertragung auch bei § 128a Abs. 2 ZPO voraussetzend, Musielak/*Stadler*, § 128a ZPO Rn. 5; *dies.* in ZZP 111 (2002), 413, 439; gegen ein redaktionelles Versehen bei Abs. 2 jedoch *Schultzky*, NJW 2003, 313, 315; ebenso *Nissen*, S. 71 f., der jedoch darauf hinweist, dass eine wechselseitige Übertragung durch Abs. 2 nicht ausgeschlossen sei, sondern die Vorschrift einen Mindeststandard regele.

704 Vgl. etwa *Schultzky*, NJW 2003, 313, 316.

705 Siehe *Haarmeyer/Wutzke/Förster*, § 5 Rn. 14 „Präsenz am Gerichtsort", wobei dort in FN 32 darauf hingewiesen wird, dass die Präsenz des Verwalters angesichts heutiger Kommunikationsformen nicht als unabdingbar bezeichnet werden dürfe.

aber nicht im regionalen Umfeld eines Schuldnerunternehmens ansässig sind. Bei solchen Ausschussmitglieder drängt sich auch der Vergleich zu Sachverständigen iSd. § 128a Abs. 2 ZPO auf, sodass bei Betrachtung der übrigen Voraussetzungen von §128a ZPO und der allgemeinen Abwägung von Vor- und Nachteilen der Zuschaltung dieser Personen in Ausnahmefällen deren Aufenthalt an einem anderen Ort vorstellbar ist.

(d) Übertragung

Soweit § 128a Abs. 1 ZPO obligatorisch die bidirektionale Übertragung gebietet, fragt sich, welche Voraussetzungen an die Übertragungsart im Rahmen von Gläubigerversammlungen durch das Insolvenzgericht vorzusehen ist. Zuzugestehen ist, dass eine wechselseitige Bild- und Tonübertragung die Wahrnehmung der versammlungsgebundenen Rechte am besten gewährleisten kann, da an beiden Übertragungsorten so jeweils ein audio-visueller Eindruck vom Geschehen am anderen Ort vermittelt wird. Insbesondere im Zusammenhang mit der Ausübung des Äußerungsrechts innerhalb der Gläubigerversammlung ermöglicht die Bild- und Tonübertragung einen überaus authentischen Eindruck der Vermittlung des Redebeitrages, da zusätzlich zum gesprochenen Wort auch noch Aspekte wie Körpersprache oder Mimik übertragen werden. Allerdings wäre die Übermittlung solcher zusätzlicher Eindrücke innerhalb der Versammlung nicht zwingend notwendig, da anders als bei der Gerichtsverhandlung (insbesondere bei der Vernehmung von Personalbeweismitteln) die Bild- und Tonübertragung nicht zugleich die Überprüfbarkeit des Wahrheitsgehaltes unterstützen soll. Hinzu kommt der schon erwähnte Umstand, dass die Wahrnehmung der versammlungsgebundenen Rechte von Gläubigern keinesfalls verpflichtend ist. Fraglich ist daher, ob aufgrund der genannten Besonderheiten im Rahmen von Gläubigerversammlungen Einschränkungen der von § 128a Abs. 1 ZPO angeordneten bidirektionalen Übertragung möglich sind.

(aa) Temporäre Begrenzung der Übertragung vom anderen Ort

Zunächst einmal ließe sich überlegen, inwieweit jedenfalls temporär auf die Übertragung eines Bild- und/oder Tonsignals vom anderen Ort aus verzichtet werden könnte. Die Vorschrift des § 128a Abs. 1 ZPO geht ersichtlich davon aus, dass die Übertragung sowohl der Verhandlung selbst wie auch die des anderen Orts zeitlich uneingeschränkt erfolgt. In der Gerichtsverhandlung nach Maßgabe von § 128a Abs. 1 ZPO bedeutet dies, dass die zugeschaltete Partei während der gesamten Verhandlung dauerhaft auf einem Bildschirmendgerät zu sehen und entsprechend zu hören sein muss.[706] Insbesondere diese Dauerhaftigkeit

[706] Siehe auch *Schultzky*, NJW 2003, 313, 315, der die zwingende Notwendigkeit einer zeitgleichen Übertragung von Bild und Ton betont, um eine Gespräch wie unter Anwesenden zu ermöglichen; daher sei bspw. die Übermittlung von Standbildern nicht möglich.

der bidirektionalen Übertragung soll eine auditive und visuelle Kommunikation innerhalb der Gerichtsverhandlung ermöglichen, *„die fast einer face-to-face Kommunikation gleichkommt"*.[707] Sind nun aber mehrere Personen über Videokonferenztechnik zugeschaltet, so stößt diese Technik notgedrungen an technisch realisierbare Grenzen. Denn nehmen mehrere Teilnehmer nach Maßgabe des § 128a Abs. 1 ZPO teil, so müssten folglich an den jeweiligen Übertragungsorten mehrere Endgeräte vorgehalten oder aber die Empfangsbildschirme durch entsprechende Split-Screen-Verfahren unterteilt werden, um die von § 128a ZPO geforderte Dauerhaftigkeit gewährleisten zu können.[708] Man stelle sich als Beispiel eine subjektive Klagehäufung vor, bei der zahlreiche Kläger auftreten, die allesamt einzeln einen Antrag auf audio-visuelle Verhandlung mit jeweils unterschiedlichen Übertragungsorten stellen. Sowohl das Gericht als auch die jeweils zugeschalteten Parteien müssten technisch gewährleisten können, dass das Verhalten sämtlicher zugeschalteter Parteien dauerhaft verfolgbar ist.

Ob diese technischen Voraussetzungen allseits erfüllt werden können, darf bezweifelt werden. Wenn daher § 128a Abs.1 ZPO die Möglichkeit von Mehrfachübertragungen im Zivilprozess zulässt, so wird häufig davon auszugehen sein, dass die Gerichte im Zivilprozess derartige Mehrfachübertragungen mangels technischer Realisierbarkeit durch die einzelnen Konferenzteilnehmer ablehnen müssen. Im Zivilprozess wäre dies allerdings auch nicht weitere problematisch, da sich ohnehin häufig jeweils nur ein Kläger und Beklagter gegenüberstehen, sodass nicht damit zu rechnen sein wird, dass sich Mehrfachkonferenzen im Zivilprozess als ernsthaftes Praxisproblem darstellen werden.[709]

Bei Gläubigerversammlungen gestaltet sich dies angesichts der häufig erheblich höheren Teilnehmerzahl indes anders. Aufgrund der häufig deutlich größeren Anzahl von Teilnehmern wird auch zu erwarten sein, dass ein erhöhterer Bedarf für Mehrfachkonferenzen bestünde. Hier wird man dann zugunsten eines erleichterten Einsatzes von Kommunikationstechnologie innerhalb von Gläubigerversammlungen eine Abweichung vom strengen Erfordernis der dauerhaften Verfolgbarkeit der Übertragung gem. § 128a Abs. 1 ZPO befürworten müssen. Denn das Erfordernis der dauerhaften Verfolgbarkeit des Verhaltens der anderen

---

707 Vgl. *Nissen*, S. 19, zu den Kommunikationsmöglichkeiten von Videokonferenzen.

708 Vgl. *Kodek*, ZZP 111 (2002), 445, 459, der im Zusammenhang mit gerichtlichen Videokonferenzverhandlungen zugleich darauf hinweist, dass ein einfaches sprachaktiviertes Umschaltsystem nicht ausreiche, um die nonverbalen Reaktionen der Teilnehmer zu erfassen. Soweit daher im Rahmen von Mehrfachkonferenzen des Pilotprojekts des Finanzgerichts Baden-Württemberg (siehe hierzu *Nissen*, S. 206) jeweils nur diejenige Partei gesehen werden konnte, die auch spricht, entspräche dies nicht den Anforderungen, die § 128a Abs. 1 ZPO an einen Mehrfachkonferenz stellt.

709 *Nissen*, S. 206, weist unter Hinweis auf Praxiserfahrungen im Rahmen des Pilotprojekts des Finanzgerichts Baden-Württemberg darauf hin, dass Zweierkonferenzen 95 % aller Fälle ausmachen.

Partei, wie dies § 128a Abs. 1 ZPO zugunsten der Einsatzmöglichkeiten von Kommunikationstechnologie in der Gerichtsverhandlung postuliert, besteht bei einer Gläubigerversammlung nicht in diesem Maße. Nur dann, wenn der zugeschaltete Gläubiger einen Redebeitrag erbringen möchte, kann insofern überhaupt das Bedürfnis der Versammlungsteilnehmer bestehen, das Verhalten des Zugeschalteten zusätzlich visuell zu verfolgen. Das sonstige Verhalten (mit Ausnahme der Ausübung des Stimmrechts) während der Versammlung ist für die übrigen Gläubiger unerheblich, sofern es nicht dem Meinungsaustausch dient. Daher muss es im Rahmen von Gläubigerversammlungen möglich sein, zu solchen Zeiten auf Bild- und/oder Tonübertragungen vom Zugeschalteten zu verzichten, in denen dieser keine Äußerungen in der Versammlung tätigt, sondern dieser allein passiv folgt.

Eine solche Form der Übertragung ließe sich auch technisch unproblematisch realisieren. Bereits Ende 2002 wurde auf Hochleistungskonferenzsysteme mit bis zu 600 Teilnehmern hingewiesen.[710] Eine solch hohe Teilnehmerzahl steht allerdings unter dem faktischen Vorbehalt einer entsprechenden Administration der Videokonferenztechnik, die das Insolvenzgericht im Rahmen seiner Leitungsstellung gem. § 76 Abs. 1 InsO grundsätzlich auch ermöglichen könnte. Die Leitungsfunktion des Insolvenzgerichts in der Gläubigerversammlung hat vornehmlich die Aufgabe, die Diskussion und die Meinungsäußerungen zu strukturieren und auf eine zielgerichtete Diskussion zu drängen.[711] Innerhalb dieser Leitungsaufgabe kann das Insolvenzgericht entsprechend § 136 Abs. 1 ZPO Gläubigern das Wort erteilen, diesen aber u.U. auch wieder das Wort entziehen.[712] Daher wäre es bei Beteiligung mehrerer zugeschalteter Gläubiger möglich, seitens des Insolvenzgerichts für diesen konkreten Redebeitrag eine Übertragung vom Zugeschalteten zu veranlassen. Denkbar wäre insofern auch, lediglich das Bildsignal des einzelnen Gläubigers konkret zuzuschalten und die Tonsignale, die ohnehin unproblematisch in einem Endgerät gebündelt werden können, dauerhaft zu übertragen. Bei einer solchen Ausgestaltung der bidirektionalen Übertragung könnte den Anforderungen von § 128a Abs. 1 ZPO genüge getan werden, ohne dass es bei der entsprechenden Anwendung über § 4 InsO zu einer unzulässigen Verzerrung des Regelungsgehaltes der zivilprozessualen Norm käme. Um hier aber einen geeigneten technischen Ablauf der Gläubigerversammlung zu gewährleisten, müsste es dem Insolvenzgericht überlassen sein, ob es für die technische Bedienung eine Hilfsperson zu Rate zieht, um der Gefahr vorzubeugen, dass das Gericht zu einer Art „Technoanimateur" verkomme.[713]

---

[710] *Borchert*, CR 2002, 854, 855.

[711] MüKo-InsO/*Ehricke*, § 76 Rn. 9.

[712] *Vallender*, Kölner Schrift zur InsO, S. 249 ff. Rn. 66; MüKo-InsO/*Ehricke*, § 76 Rn. 9.

[713] Ebenso für den Zivilprozess *Stadler*, ZZP 111 (2002), 413, 438.

(bb) Vollständiger Verzicht auf Übertragung vom anderen Ort

Ein gänzlicher Verzicht auf die Übertragung vom Zugeschalteten bei Gläubigerversammlungen ist de lege lata allerdings nicht in Einklang mit § 128a Abs. 1 ZPO bringen. Zwar könnte für einen solchen Verzicht angeführt werden, dass es dem Gläubiger schließlich freistünde, ob er überhaupt Äußerungen in der Versammlung tätigen will. Denn dies spricht letztlich auch dafür, eine lediglich temporäre Zuschaltung von Gläubigern zuzulassen. Dies entbindet die Gläubiger indes nicht von der grundsätzlichen Obliegenheit, eine Bild- und Tonübertragung vom anderen Ort aus zu ermöglichen, wenn sie an Gläubigerversammlungen auf diese Weise partizipieren möchten. Ansonsten würde der Normgehalt des § 128a Abs. 1 ZPO, der eine Quasiangleichung im Bereich der Mündlichkeit und Unmittelbarkeit erreichen will, in seinem Kerngehalt nicht mehr erhalten bleiben. Es muss daher im Rahmen Gläubigerversammlung unter entsprechender Anwendung der Vorschriften über die zivilprozessuale Videokonferenz auch möglich sein, dass das Insolvenzgericht oder Gläubiger gezielt an zugeschaltete Teilnehmer Fragen richten und diese dann auch unter entsprechender Vorhaltung der erforderlichen Technologie auf diese antworten können. Zudem ist zu bedenken, dass nach dem Verständnis von § 128a Abs. 1 ZPO augenscheinlich die Verfahrenshandlung als Teil eines mündlichen Verhandlungsbeitrags erfolgen soll, weshalb schon insofern geboten wäre, die technischen Gerätschaften einer bidirektionalen Übertragung vorzuhalten.

(e) Aufzeichnungsverbot

Das von § 128 Abs. 3 ZPO statuierte Aufzeichnungsverbot der Bild- und Tonübertragung wird bislang weitestgehend im Zivilprozess als nicht disponibel angesehen. Ausnahmen vom Aufzeichnungsverbot seien nicht zuzulassen, auch nicht bei Einverständnis der Parteien.[714] Angeführt hierfür wird der Regelungszweck des § 128a Abs. 3 ZPO, der darin bestehe, die Wahrheitsermittlung nicht zu gefährden.[715] Ob dies auch im Zivilprozess so durchweg Richtigkeit für sich beanspruchen kann, könnte durchaus in Frage gestellt werden.[716] Insbesondere im Zusammenhang mit der audio-visuellen Übertragung der Verhandlung gem. § 128a Abs. 1 ZPO ist fraglich, ob eine Aufzeichnung der Verhandlung stets eine Gefährdung der Wahrheitsermittlung nach sich ziehen würde. Zwar ist der Zivilprozess überlagert vom Grundsatz der prozessualen Wahrheitspflicht gem.

---

[714] *Schultzky*, NJW 2003, 313, 317; *Nissen*, S. 80; so wohl auch Hannich/Meyer-Seitz/*Schwartze*, § 128a ZPO Rn. 12, jedoch mit Bedenken aufgrund des für den Zivilprozess nur schwerlich begründbaren Eingriffs in die informationelle Selbstbestimmung; im finanzgerichtlichen Verfahren ebenfalls für ein striktes Aufzeichnungsverbot *Schaumburg*, ZRP 2002, 313, 315.

[715] *Nissen*, S. 80.

[716] Für Disponibilität des Aufzeichnungsverbots allein Thomas/Putzo/*Reichold*, § 128a ZPO Rn. 8.

§ 138 Abs. 1 ZPO, der die Parteien verpflichtet, Tatsachen wahrheitsgemäß vorzutragen. Gleichwohl sind zahlreiche Situationen denkbar, bei denen der Wahrheitsgehalt eines parteilichen Vortrags überhaupt nicht in Rede steht. So etwa, wenn in dem mündlichen Termin allein kompliziertere Rechtsausführungen zu einem ansonsten unstreitigen Sachverhalt erörtert werden.[717] In dieser Situation wäre dann zu erwägen, mangels Gefährdung der Wahrheitsermittlung eine Aufzeichnung zu gestatten, sofern die Aufzeichnung ansonsten in Einklang mit den Restriktionen von § 169 Satz 2 GVG erfolgte. Auch ist fraglich, ob eine Gefährdung der Wahrheit ernstlich zu befürchten ist, wenn man vorläufige Aufzeichnungen zu gerichtlichen Protokollzwecken gem. § 160a Abs. 1 ZPO auch von denjenigen Geräten zuließe, mit denen die Übertragung des Bild- und Tonsignals der Verhandlung erfolgt.[718]

Die angeführten Gründe, die selbst im Zivilprozess eine Einschränkbarkeit von § 128a Abs. 3 ZPO jedenfalls als möglich erscheinen lassen, könnten im Rahmen von Gläubigerversammlungen erst recht für eine Disponibilität des Aufzeichnungsverbots sprechen. Anders als die Gerichtsverhandlung soll die Gläubigerversammlung nicht dazu dienen, eine Urteilsfindung auf Grundlage wahrer Tatsachen zu ermitteln. Zwar unterliegen auch die Verfahrensbeteiligten des Insolvenzverfahrens der Wahrheitspflicht gem. § 138 Abs. 1 ZPO.[719] Die Gläubigerversammlung dient aber vornehmlich der Förderung des internen Diskurses und der abschließenden kollektiven Meinungsfindung; der Aspekt des wahrheitsgemäßen Tatsachenvortrags der einzelnen Gläubiger tritt hierbei allenfalls reflexhaft zu Tage. Äußerungen in der Gläubigerversammlungen könnten daher eher mit bloßen Rechtsausführungen in einer Gerichtsverhandlung verglichen werden, bei denen eine Gefährdung der Wahrheitsermittlung gerade nicht zu besorgen ist. Zudem unterliegt die Gläubigerversammlung als autonomes Selbstverwaltungsorgan in erhöhtem Maße der Gestaltungsbefugnis ihrer einzelnen Teilnehmer, sodass es bei diesen mehr als bei Parteien im Zivilprozess vertretbar erscheint, ihnen die Befugnis einzuräumen, über eine Aufzeichnung der Versammlung zu disponieren.

Gleichwohl gilt, dass das Insolvenzgericht aufgrund seiner Leitungsfunktion zu verantworten hat, dass die Nichtöffentlichkeit der Gläubigerversammlung gewahrt wird.[720] Die gerichtliche Befugnis für Versammlungsteilnehmer, Auf-

---

[717] Bspw. wurden bei einem Pilotprojekt des Finanzgerichts Cottbus ausschließlich Streitfälle behandelt, deren zugrundeliegenden Sachverhalte unstreitig waren, sodass sich die mündlichen Verhandlungen auf rechtliche Erörterungen beschränkten, *Borchert*, CR 2002, 854, 856.

[718] Laut *Nissen*, S. 77, soll dies ebenfalls vom Aufzeichnungsverbot des Abs. 3 umfasst sein.

[719] MüKo-InsO/*Ganter*, § 4 Rn. 47.

[720] So kann das Insolvenzgericht z.B. Ordnungsmittel verhängen, wenn ausnahmsweise zugelassene Medienvertreter Ton-, Lichtbild- oder Filmaufnahmen machen, MüKo-InsO/*Ehricke*, § 76 Rn. 7.

zeichnungen der Bild- und Tonübertragung der Gläubigerversammlung anzufertigen, könnte hier ein nicht unerhebliches Gefährdungspotential bieten. Zwar besteht das Risiko des Missbrauchs auch bei illegalen Aufzeichnungen. Sollte aber eine im Einverständnis mit den Teilnehmern und vom Insolvenzgericht genehmigte Aufzeichnung in unbefugte Hände geraten, wird sich das Insolvenzgericht dem Vorwurf ausgesetzt sehen, es habe letztlich mit der Genehmigung der Aufzeichnung den Missbrauch hervorgerufen. Die Erklärung der Versammlungsteilnehmer, man sei mit einer Aufzeichnung einverstanden, kann insoweit das Insolvenzgericht nicht von der Leitungsaufgabe entbinden, eine Wahrung der Nichtöffentlichkeit der Gläubigerversammlung im Rahmen des Möglichen zu gewährleisten. Daher ist, auch wenn durchaus Gründe für eine (Teil-)Disponibilität des Aufzeichnungsverbots angeführt werden könnten, jedenfalls dann von einer Gestattung der Aufzeichnung abzusehen, wenn das Gericht eine Kontrollierbarkeit der Aufzeichnung nicht mit Sicherheit gewährleisten kann. Dies wird immer dann der Fall sein, sollte sich zum einen der Aufzeichnungsvorgang selbst außerhalb des unmittelbaren Einfluss- und Wahrnehmungsbereichs des Insolvenzgerichts vollziehen und zudem nicht gerichtlicherseits sichergestellt werden können, dass eine unzulässige Verbreitung der angefertigten Aufzeichnung erfolgt.

(4) Fazit

Nach allem lässt sich festhalten, dass die Vorschrift des § 128a ZPO im Rahmen von Gläubigerversammlungen unter Berücksichtigung der zuvor dargestellten tatbestandlichen Angleichungen über § 4 InsO entsprechend Anwendung finden kann. Auf diese Weise kann, anders als dies die InsO de lege lata bei alleiniger Betrachtung zulässt, die Wahrnehmung versammlungsgebundener Rechte auch von einem anderen Ort aus erfolgen. Damit existiert im Grundsatz eine rechtliche Grundlage, um eine Erleichterung für diejenigen Gläubiger zu schaffen, die größere Kosten und Mühen bewerkstelligen müssen, um an der Gläubigerversammlung eigenständig partizipieren zu können. Insbesondere der Umstand, dass eine Zuschaltung in Abweichung zum Zivilprozess auch aus dem Ausland erfolgen kann, verdeutlicht das Potential einer vereinfachten Wahrnehmung von Gläubigerrechten mittels der Einsatzmöglichkeiten von Kommunikationstechnologie. Freilich ist zu prüfen, ob dieses Potential zur vollen Zufriedenheit ausgeschöpft wird.

Wie gezeigt, ergeben sich bei der Übertragung der zivilprozessualen Regelung des § 128a ZPO auf Gläubigerversammlungen nach Maßgabe des § 4 InsO auch Restriktionen, die nicht durchweg zu wünschenswerten Ergebnissen führen. An vorderster Stelle ist hier sicherlich das Erfordernis von Einverständniserklärungen sämtlicher Gläubiger zu nennen. Hier kann und wird es zu den angeführten Schwierigkeiten bei der Einholung der Einverständniserklärungen kommen, die den effektive Anwendungskreis für Kommunikationstechnologie in Gläubigerversammlungen erheblich einengen werden. Insbesondere bei größeren Verfahren wäre zweifelhaft, ob sich ausnahmslos alle Gläubiger mit der Bild- und Tonübertragung einverstanden erklären. So dürfte in der Tat nur dann von den neuen Technologien in Gläubigerversammlungen Gebrauch gemacht werden können, wenn eine überschaubare Anzahl von Gläubigern vorhanden ist, wie etwa im Falle der Insolvenz eines abhängigen Konzernunternehmens, dessen Schuldner nur Banken und andere Unternehmen des Konzernverbundes sind.[721] Auch fragt sich, ob es im Rahmen von Gläubigerversammlungen stets erforderlich sein muss, dass der zugeschaltete Gläubiger die Technik vorhalten muss, um audio-visuell für die real stattfindende Gläubigerversammlung wahrnehmbar zu sein.

5. Einsatzmöglichkeiten von Kommunikationstechnologie in Gläubigerversammlungen de lege ferenda

Inwieweit hinsichtlich der Frage des Einverständnisses oder auch in anderen Punkten gegebenenfalls praktikablere Lösungen de lege ferenda zu finden sind, soll in diesem Abschnitt erörtert werden.

a) Zielstellungen eines effizienten Einsatzes von Kommunikationstechnologie

Bei der Frage, ob eine eigenständige Regelung in der InsO einen geeigneteren Lösungsweg ermöglichen könnte, sind die legislativen Zielstellungen herauszuarbeiten, die für einen sinnvollen und effizienten Einsatz von Kommunikationstechnologie in der Gläubigerversammlung erforderlich sind. Die audio-visuelle Übertragung von Gläubigerversammlungen und die erleichtere Wahrnehmung von versammlungsgebundenen Rechten mittels Kommunikationstechnologie wirft dabei im Kern folgende Fragen auf,[722] deren Beantwortung maßgeblich für die erforderlichen Ziele einer sachgerechten Regelung im Insolvenzverfahren sind: (1) Wer entscheidet über die Übertragung? (2) Was wird übertragen? (3) Wer darf die Übertragung verfolgen? (4) Wie sollen und können Gläubigerrechte mittels Kommunikationstechnologie wahrgenommen werden?

Wie gezeigt, beantwortet das bereits vorhandene Lösungsmodell, Gläubigerrechte entsprechend § 4 InsO i.V.m. § 128a ZPO wahrzunehmen, diese Fragen zusammengefasst dahingehend, dass (1) die Entscheidung über die Übertragung durch das Insolvenzgericht im Einverständnis mit den teilnahmeberechtigten Gläubigern erfolgt, (2) die Gläubigerversammlung audio-visuell zu übertragen ist, dagegen ein vollständiger Verzicht auf eine bidirektionale Übertragung vom Zugeschalteten nicht möglich ist, (3) zur Wahrung der Nichtöffentlichkeit allein

---

721 MüKo-InsO/*Ehricke*, § 76 Rn. 13, zudem unter Hinweis auf begrenzte Einsatzmöglichkeiten, da nur wenige Gläubiger über die erforderlichen technischen Standards verfügten.

722 Vgl. zu den entscheidenden Fragestellungen bei audio-visuellen Übertragungen von Hauptversammlungen im Aktienrecht, *Noack*, NZG 2003, 241, 245.

Gläubiger (und in Ausnahmefällen sonstige Teilnahmeberechtigte) die Übertragung verfolgen dürfen und (4) Gläubigerrechte im Rahmen einer Zuschaltung von einem anderen Ort aus wahrgenommen werden können.

In Teilen entsprechen die vorgenannten Antworten bereits heute den wunschgemäßen Zielstellungen eines geeigneten Einsatzes von Kommunikationstechnologie in der Gläubigerversammlung. So steht hinsichtlich Punkt (3) außer Frage, dass ein - berechtigtes - Zuschauen von nicht an der Versammlung teilnahmeberechtigter Personen nicht in Betracht kommen darf.[723] Alles andere liefe darauf hinaus, dass die Nichtöffentlichkeit der Versammlung nicht gewahrt wird. Soweit die entsprechende Anwendung von § 128a Abs. 1 ZPO in Beantwortung von Frage (4) eine Wahrnehmung von Gläubigerrechten, insbesondere des Stimm- und Äußerungsrechts, als Teil einer Verfahrenshandlung ermöglicht, entspricht dies ebenfalls den erforderlichen Zielstellungen. Das Präsenzdogma, das bislang die Gläubigerversammlung beherrscht, ist angesichts der technischen Möglichkeiten neuer Kommunikationsmedien nicht mehr erforderlich, um auch ansonsten eine angemessene Wahrnehmung von Gläubigerrechten zu gewährleisten.

Defizite hinsichtlich der wünschenswerten oder zumindest erreichbaren Ziele lassen sich indes bei den Antworten zu Fragen (1) und (2) feststellen. Die Notwendigkeit von Einverständniserklärungen aller Gläubiger, um dem Insolvenzgericht in einem weiteren Schritt überhaupt erst einen Ermessensspielraum zu eröffnen, überzeugt nicht. Die Gläubigerversammlung ist eine Zwangsgemeinschaft,[724] bei der sich das Konsensprinzip von § 128a ZPO als Vorstufe zur Einsatzmöglichkeit von Kommunikationstechnologie als hinderlich erweisen kann. Insbesondere die im Gegensatz zur Gerichtsverhandlung regelmäßig zu erwartende größere Teilnehmerzahl wird dazu führen, dass faktisch eine erleichterte Rechtswahrnehmung durch einzelne Gläubiger willkürlich unterbunden werden kann. Zielstellung einer sachgerechten Lösung sollte daher sein, die Entscheidung über die Übertragung allein in die objektiven Hände des Insolvenzgerichts zu legen. Was Frage (2) angeht, so ist zu überlegen, ob in jedem Falle von Zugeschalteten zu fordern ist, ihrerseits die technischen Vorrichtungen für eine bidirektionale Übertragung von Bild und/oder Ton vom anderen Ort vorzuhalten. Denn anders als bei Gerichtsverhandlungen ist ein Kommunikationsbeitrag vom Zugeschalteten nicht zwingend zu erwarten. Der Gläubiger kann nicht nur darüber disponieren, ob er überhaupt zur Versammlung erscheinen möchte oder nicht; es steht ihm vielmehr selbstverständlich auch frei, ob er sich in der Versammlung selbst aktiv durch Redebeiträge einschalten möchte. Daher erscheint es auch folgerichtig, eine Einschränkung der Möglichkeit für die Ausübung des Rederechts zu ermöglichen, solange jedenfalls gesichert ist, dass der Gläubiger

723 Zu dem Problem des unberechtigten Zuschauens siehe Teil 3II.4.a)bb), S. 160 f.
724 MüKo-InsO/*Ehricke*, § 74 Rn. 7.

das ihm zustehende Stimmrecht anderweitig mittels Kommunikationstechnologie, etwa durch e-Mail, ausüben kann. Bei einer nur einseitigen audio-visuellen Kommunikation, sprich der alleinigen Übertragung der Gläubigerversammlung, ist die Aufregung über die Schaffung einer Zwei-Klassen-Gesellschaft von Gläubigern verfehlt.[725] Schließlich stellt die Möglichkeit der Verfolgung der Gläubigerversammlung letztlich ein zusätzliches Angebot an den Gläubiger dar, welches insofern auch gewissen Abstrichen hinsichtlich der Kommunikationsweise zugänglich sein sollte.

b) Lösungswege de lege ferenda

Sind die Zielstellungen eines effizienten Einsatzes von Kommunikationstechnologie herausgearbeitet, lassen sich hieraus ohne größere Probleme die normativen Vorgaben ableiten, die eine Regelung in der InsO beinhalten muss. Klärungsbedürftig ist allerdings noch, inwieweit eine gesetzliche Regelung strenge Vorgaben enthalten sollte oder ob einer flexiblen Lösung der Vorzug zu geben ist. § 128a ZPO eröffnet dem Gerichten zwar einen erheblichen Ermessensspielraum hinsichtlich der technischen Einzelheiten der Videokonferenz.[726] Gleichwohl sind die tatbestandlichen Voraussetzungen hinsichtlich der Übertragungswege grundsätzlich klar umgrenzt sind; insofern besteht kein größerer Gestaltungsspielraum des Gerichts. So bestünde nach überwiegender Auffassung einzig bei der Frage, ob auch bei einem zu vernehmenden Personalbeweismittel nach Abs. 2 die Übertragung von der Verhandlung ermöglicht werden kann, gerichtlicher Gestaltungsspielraum.[727] Die starre Regelung von § 128a ZPO erklärt sich aus dem Umstand, dass die Gerichtsverhandlung nicht zu einem Experi-

---

[725] Ebenso *Noack* für die satzungsmäßige Einschränkbarkeit des Fragerechts von Aktionären, NZG 2003, 241, 247.

[726] *Trunk* in FS Boguslavskij, S. 619, 630 dort in FN 70 unter Hinweis auf die derzeitige Erarbeitung gemeinsamer Standards für Videokonferenzen durch die Bund-Länder-Kommission für Datenverarbeitung und Rationalisierung in der Justiz. Vergleiche auch *Nissen*, S. 189 ff., hinsichtlich der konkreten Raumgestaltung oder sonstigen technischen Ausstattung für die Übertragung.

[727] Nach *Stadler* existiert freilich auch hier kein Gestaltungsspielraum, da es sich um ein Redaktionsversehen handele und in jedem Falle auch bei Abs. 2 eine bidirektionale Übertragung zu erfolgen habe, vgl. hierzu bereits unten FN 703. Jedenfalls künftig ist absehbar, dass der Ansatz *Stadlers* auch so vom Gesetzgeber verfolgt werden wird, da nach Art. 1 Ziff. 4 des JKomG (RegE, S. 2) eine Änderung des § 128a Abs. 2 Satz 2 geplant ist und eine bidirektionale Übertragung „*an den Ort, an dem sich ein Zeuge oder ein Sachverständiger während der Vernehmung aufhalten, und*" in das Sitzungszimmer zu erfolgen hat. Die geplante Änderung ist wohl auf die Erkenntnis zurückzuführen, dass eine Vernehmung einer Beweisperson sinnvoller Weise per Videokonferenz nur dann stattfinden kann, wenn die im Gerichtssaal Anwesenden ihr unmittelbar Fragen stellen können, so Begr. des RegE JKomG, S. 70. Das insoweit nicht die Partei als Personalbeweismittel in Abs. 2 Satz 2 ausdrücklich aufgenommen wird, wird darauf zurückzuführen sein, dass die Entwurfsverfasser zu Recht davon ausgehen, dass eine bidirektionale Übertragung ohnehin bei Anwesenheit einer Partei an einem anderen Ort zwingende Folge aus § 128a Abs. 1 ZPO ist.

mentierfeld für Kommunikationstechnologie verkommen darf, sondern klare normative Vorgaben bestehen müssen, wie eine Bild- und Tonübertragung der Gerichtsverhandlung zu erfolgen hat.

Im Aktienrecht wird hingegen ein anderer Weg eingeschlagen. Die Ausgestaltung der Bild- und Tonübertragung überlasst § 118 Abs. 3 AktG der Satzung oder Geschäftsordnung. Das Gesetz formuliert damit allein eine Regelungskompetenz,[728] lässt ansonsten jedoch flexible Lösungen zu. Dies ist auch sinnvoll, da die Hauptversammlungen von Aktiengesellschaften nicht nur angesichts der unterschiedlichen Anzahl von Anteilseignern teilweise in ihrem organisatorischen Aufwand erheblich voneinander divergieren, sondern auch der Gedanke des freiwilligen korporativen Zusammenschlusses von Anteilseignern für eine satzungsautonome Regelung spricht. So kann bspw. bei einer börsennotierten Aktiengesellschaft eine verstärkte Tendenz vorzufinden sein, eine Öffnung der Hauptversammlung auch für Nichtaktionäre zu ermöglichen.[729] Hingegen könnte z.B. bei einer Aktiengesellschaft mit wenigen Anteilseignern gänzlich das Bedürfnis fehlen, überhaupt eine Übertragung zuzulassen, wenn es sich für diese als unproblematisch darstellt, an der real stattfindenden Versammlung ihrerseits körperlich teilzunehmen.

Vergleicht man den (zivil-)prozessualen und den aktienrechtlichen Lösungsansatz mit Hinblick auf Gläubigerversammlungen, so kann zunächst einmal statuiert werden, dass die Gläubigerversammlung in ihren Zielen und ihrem Ablauf der Hauptversammlung einer Aktiengesellschaft erheblich näher ist als eine gerichtliche Verhandlung. Bei beiden Versammlungen geht es im Kern darum, eine Diskussion über bestimmte Tagesordnungspunkte zu ermöglichen und zu einer mehrheitsfähigen Entscheidung der Versammlung zu gelangen. Ebenso wie die Hauptversammlung können auch Gläubigerversammlungen in ihrer Größe teilweise erheblich voneinander abweichen. Können in einem Großverfahren u.U. mehrere tausend Gläubiger betroffen sein, so ist in kleineren Verfahren meist nur eine überschaubare Anzahl von Gläubigern involviert. Dieser Größenunterschied kann dazu führen, dass es sich in manchen Verfahren als sinnvoll erweisen könnte, einen deutlich breiter angelegten Einsatz von Kommunikationstechnologie zu fördern, indem etwa eine zugangsbeschränkte Übertragung der Gläubigerversammlung im Internet zugelassen wird. Zugleich muss dabei überlegt werden, ob in diesen Fällen nicht eine Beschneidung des Äußerungsrechts von Gläubigern erforderlich ist, um die Gläubigerversammlung in einem zeitlich wie auch organisatorisch zumutbaren Rahmen durchführen zu können.[730] Dagegen kann es bei nur wenigen zugeschalteten Gläubigern sinnvoll

[728] BT-Drucks. 14/8769, S. 19.

[729] Eine solche Tendenz wird insbesondere bei Einnahme einer kapitalmarktorientierten Sichtweise in Betracht kommen, *Noack*, NZG 2003, 241, 245.

[730] Vgl. zur Hauptversammlung *Sasse*, S. 192 ff.

sein, ein vollständiges Partizipieren mittels Bild- und Tonübertragung vom anderen Ort aus zu ermöglichen.

Diese potentiellen Unterschiede innerhalb von Gläubigerversammlungen hinsichtlich Bedarf und Organisationsaufwand sprechen für eine flexible gesetzliche Gestaltung. Als problematisch könnte sich dabei allerdings der Umstand auswirken, dass sich die Gläubigerversammlung anders als die Aktiengesellschaft kein (innerhalb der Vorgaben des AktG) verbindliches satzungsmäßiges Binnenrecht gibt. Zwar wäre alternativ z.B. denkbar, die Gläubigerversammlung beim ersten Zusammentreffen mit einem Mehrheitsbeschluss über die Möglichkeit und Ausgestaltung der Bild- und Tonübertragung beschließen zu lassen. Dies ist aber schon deswegen denkbar ungeeignet, weil dann insbesondere beim ersten Termin höchst fraglich wäre, inwieweit tatsächlich eine Einigung über den Einsatz von Kommunikationstechnologie erzielt werden könnte.[731] Daher wird ein Lösungsweg nur darin zu finden sein, die organisatorische Leitungsfunktion des Insolvenzgerichts zu stärken und eine Quasisatzungsautonomie des Insolvenzgerichts als Ausgestaltung eines gerichtlichen Ermessensspielraums zu schaffen. Darin wird man auch keine unzulässige Einschränkung der gläubigerautonomen Selbstverwaltung sehen können. Verbunden mit dem Leitungsrecht des Gerichts ist die Pflicht, für einen ordnungsgemäßen Ablauf der Gläubigerversammlung Sorge zu tragen.[732] In diesem Zusammenhang ist es bspw. unstreitig Aufgabe des Gerichts, über eine Zulassung sonstiger Personen zu befinden, denen kein Teilnahmerecht an der Versammlung zusteht.[733] Die Frage wiederum, auf welche Weise eine Bild- und Tonübertragung der Versammlung zu erfolgen habe, kann ebenfalls der Organisationspflicht des Insolvenzgerichts zugeordnet werden. Die Leitungsstellung des Gerichts streitet bereits dafür, die Frage der Entscheidung über die Bild- und Tonübertragung nicht von dem Zwangszusammenschluss der Gläubiger abhängig zu machen und dementsprechend auf das Erfordernis von Einverständniserklärungen zu verzichten. Insofern ist es dann nur folgerichtig, die nähere inhaltliche Ausgestaltung gleichsam der Entscheidungsbefugnis des Gerichts zu unterlegen; dieses sollte daher innerhalb eines normativ eröffneten Ermessensspielraums die Einzelheiten der Übertragung regeln können.

c) Formulierungsvorschlag de lege ferenda

Die Bundesnotarkammer hatte bereits 2001 einen fertigen Gesetzesvorschlag vorgelegt, der umfassend eine erleichterte Rechtswahrnehmung in der Hauptver-

[731] Der Begriff „erster" Termin darf nicht darüber hinwegtäuschen, dass häufig die jeweiligen Termine miteinander verbunden werden, sodass damit effiziente Anwendungsfälle für den Einsatz von Kommunikationstechnologie in der Gläubigerversammlung insgesamt kaum gegeben wären.

[732] Nerlich/Römermann/*Delhaes*, § 76 Rn. 1.

[733] Siehe bereits oben Teil 3II.1.b), S. 147.

sammlung mittels Einsatz von Kommunikationstechnologie ermöglicht. § 118 Abs. 1 AktG sollte danach um einen zweiten Satz ergänzt werden, der eine weitgehend flexible Satzungsregelung fordert.[734]

> *„Die Satzung der Gesellschaft kann vorsehen, daß die Aktionäre an der Hauptversammlung auch ohne eigene Präsenz an deren Ort teilnehmen und sämtliche oder einzelne Rechte im Wege elektronischer Kommunikation ausüben können."*

Dieser Vorschlag wird auch heute noch wegen der vorhandenen Satzungsfreiheit befürwortet, da die Gesellschaften so angemessen differenziert reagieren können.[735] Soweit nach dem Vorschlag der Bundesnotarkammer die Regelungsbefugnis in die Satzungsautonomie der Gesellschaft gelegt wird, könnte dieser Vorschlag auch im Rahmen von Gläubigerversammlungen entsprechend Anwendung finden, allerdings mit der Maßgabe, dass die Regelungsbefugnis insoweit beim Insolvenzgericht anzusiedeln ist. Insgesamt sollte § 74 InsO künftig in Abs. 3 und 4 um folgende Regelungen ergänzt werden, die eine bessere Berücksichtigung der versammlungsspezifischen Belange als die zivilprozessualen Norm des § 128a ZPO ermöglichen, gleichzeitig jedoch gesetzesübergreifende Konformität zu den Videokonferenzregelungen der sonstigen Verfahrensordnungen erkennen lassen:

> *(3) Das Insolvenzgericht kann den nach Abs. 1 Satz 2 Teilnahmeberechtigten auf Antrag gestatten, an der Gläubigerversammlung auch ohne eigene Präsenz an deren Ort teilzunehmen und von dem anderen Ort aus sämtliche oder einzelne Rechte auszuüben. Im Falle eines Antrags nach Satz 1 entscheidet das Insolvenzgericht über die Einzelheiten der Übertragung von Bild und Ton der Gläubigerversammlung.*
>
> *(4) § 128a Abs. 3 ZPO gilt entsprechend.*

Hinsichtlich der Begründung des Regelungsvorschlags gilt im einzelnen zusammengefasst: § 74 Abs. 3 Satz 1 InsO des Vorschlags ermöglicht eine Abkehr vom insolvenzrechtlichen verankerten Präsenzerfordernis in der Gläubigerversammlung und eröffnet dem Insolvenzgericht einen weiten kommunikativen Gestaltungsspielraum. So ist z.B. denkbar, dass das Insolvenzgericht nur die Ausübung des Stimmrechts auf elektronischem Wege zulässt, während das Rede- und Fragerecht weiterhin allein bei persönlicher Anwesenheit am Ort der Gläubigerversammlung wahrgenommen werden kann.[736] Der Verzicht gegenüber dem Entwurf der Bundesnotarkammer auf die Hervorhebung der Rechtswahrnehmung „im Wege elektronischer Kommunikation" rührt aus der Erwägung, dass hiermit der Eindruck einer systembeschränkten Möglichkeit der Aus-

---

[734] Diskussionsentwurf eines Gesetzes zur Öffnung der Hauptversammlung der Aktiengesellschaft für den Einsatz Neuer Medien der Bundesnotarkammer, ZNotP 2001, 269 ff.; hierzu auch *Hartmann*, ZNotP 2001, 250, 250 ff.; *Fleischhauer*, ZIP 2001, 1133, 1135 ff.

[735] *Noack*, NZG 2003, 241, 247.

[736] Analog für die Aktionärshauptversammlung die Begr. des Entwurfs der BNotK (FN 734); ebenfalls *Fleischhauer*, ZIP 2001, 1133, 1136.

übung von Gläubigerrechten, etwa begrenzt auf allein Einsatzfelder des Internet, vermieden werden soll.[737] Das Festhalten am Antragserfordernis wie in § 128a Abs. 1 ZPO ist damit zu begründen, dass der Antrag im Gegensatz zum bloßen Gesuch das Gericht verpflichtet, sein Ermessen pflichtgemäß auszuüben.[738] Soweit dem Insolvenzgericht in Abs. 3 Satz 1 neben den teilnahmeberechtigten Gläubigern die Möglichkeit eingeräumt wird, auch sonstigen Teilnahmeberechtigten gem. § 74 Abs. 1 Satz 2 InsO die Teilnahme von einem anderen Ort aus zu gestatten, wird dieses mit Hinblick auf den gerichtlich eröffneten Ermessensspielraum nur selten in Betracht kommen.[739]

Abs. 3 Satz 2 wiederum ermöglicht eine flexible Handhabe hinsichtlich der Bild- und Tonübertragung, indem die Einzelheiten in die Diskretion des Insolvenzgerichts gestellt werden. Das bedeutet, dass das Insolvenzgericht bspw. in einem Großverfahren die Möglichkeit hätte, eine lediglich einseitige Übertragung ausgehend vom Versammlungsort zugangsbeschränkt über das Internet zuzulassen. § 74 Abs. 3 Satz 2 des Entwurfs ist insofern im Zusammenspiel mit Satz 1 zu sehen, der z.B. eine Einschränkung des Äußerungsrechts von zugeschalteten Gläubigern ermöglicht. Liegt eine solche Einschränkung vor, entfällt zugleich das Erfordernis einer bidirektionalen Übertragung. Oberste Maxime der Entscheidungen nach Abs. 3 Satz 1 und 2 sollte sein, dass das Gericht eine bedarfsgerechte Kommunikation für die jeweilige Gläubigerversammlung ermöglicht.

Der Verweis in Abs. 4 auf § 128a Abs. 3 ZPO rührt vornehmlich aus den Erwägungen her, dass das Gericht zwar auch ein Aufzeichnungsverbot im Rahmen seiner Leitungsfunktion aussprechen könnte, sich aber gleichwohl zugunsten der Verdeutlichung der Wahrung der Nichtöffentlichkeit der Versammlung im Falle einer Übertragung die legislative Anordnung des Aufzeichnungsverbots empfiehlt.[740] Ob der zugleich in Abs. 4 enthaltene Verweis auf die Unzulässigkeit der Anfechtbarkeit der Entscheidung notwendig ist, dürfte mit Hinblick auf § 6 Abs. 1 InsO an sich überflüssig sein; allerdings ist der (mittelbare) gesetzgeberische Hinweis darauf, dass durch den Einsatz von Kommunikationstechnologie keine Verzögerungen hervorgerufen werden sollen, insoweit unschädlich.

Abschließend sei noch darauf hinzuweisen, dass wie auch bei § 118 Abs. 3 AktG mit der Regelung in § 74 Abs. 3 und 4 InsO des Vorschlags ein etwaiges Widerspruchsrecht gegen die Übertragung von Redebeiträgen von Versamm-

---

737 Siehe hierzu auch Teil 3II.3, 150 ff.

738 Vgl. *Nissen*, S. 37. Das Gericht kann dennoch initiativ tätig werden und auf die Einsatzmöglichkeiten von Kommunikationstechnologie im Rahmen der Bekanntmachung hinweisen, vgl. Teil 3II.4.b)(3)(b)(ee)(i), S. 177 ff.

739 Insofern sei auf die Ausführungen unter Teil 3II.4.b)(3)(c)(bb)(iii), S. 186 f. verwiesen.

740 Zu den konsensualen Einschränkungsmöglichkeiten eines Aufzeichnungsverbots siehe Teil 3II.4.b)(3)(e), S. 191 ff.

lungsteilnehmern nicht mehr bestehen kann, da die Neuregelung verdeutlicht, dass zugunsten einer erleichterten Rechtswahrnehmung allenfalls geringe Eingriffe in das Persönlichkeitsrecht hinzunehmen sind.[741]

III. Gläubigerausschüsse im Lichte von Kommunikationstechnologie

Der Gläubigerausschuss ist ein fakultatives Organ des Insolvenzverfahrens, der dazu dient, ein gegenüber der Gläubigerversammlung flexibleres Handlungsorgan zu schaffen. In seiner Funktion ist er insbesondere mit Hinblick auf seine Überwachungsaufgabe gegenüber dem Insolvenzverwalter gem. § 69 InsO partiell mit einem gesellschaftsrechtlichen Aufsichtsrat vergleichbar.[742] Für das vom Gläubigerausschuss zur Wahrnehmung seiner Aufgaben durchzuführende Verfahren enthält die InsO bis auf § 72 InsO, der in Abweichung zur Stimmabgabe in der Gläubigerversammlung die Mehrheit nach Köpfen für maßgeblich erklärt, keine Regelung.[743] Angesichts dieser (bewussten) Regelungsdefizite hinsichtlich der Entscheidungsfindung des Gläubigerausschusses fragt sich, in welchem Umfang Kommunikationstechnologie bei Beschlussfassungen von Gläubigerausschüssen in Betracht kommt.

1. Kommunikationstechnologie bei der Übertragung von Sitzungen des Ausschusses

Das Aktienrecht sieht für Aufsichtsratssitzungen von Aktiengesellschaften mittlerweile im Rahmen des durch NaStraG ebenfalls reformierten § 108 Abs. 4 AktG die ausdrückliche Möglichkeit vor, dass schriftliche, fernmündliche oder andere vergleichbare Formen der Beschlussfassung des Aufsichtsrats und seiner Ausschüsse vorbehaltlich einer näheren Regelung durch die Satzung oder eine Geschäftsordnung des Aufsichtsrats ergehen können, sofern kein Mitglied diesem Verfahren widerspricht. Trotz der auf den ersten Blick einschränkenden Formulierung lässt die Vorschrift damit ausdrücklich das zu, was der Hauptversammlung durch den Gesetzgeber auch weiterhin versagt bleibt: die Beschlussfassung außerhalb einer Präsensveranstaltung.[744]

---

741 Hierzu jeweils ausführlich Teil 3II.4.a)aa)(2), S. 156 ff. sowie Teil 3II.4.b)(3)(b)(dd), S. 175 ff.

742 Instruktiv zur dogmatischen Stellung des Gläubigerausschusses im Insolvenzverfahren *Frege*, NZG 1999, 478, 478 ff; siehe auch *Pape*, Rn. 293 ff. sowie *Gogger*, S. 112 f.

743 Eine Kopfmehrheit ist schon deswegen erforderlich, weil § 67 Abs. 3 InsO die Mitgliedschaft von Nichtgläubigern im Ausschuss zulässt; zugleich soll einer Majorisierung der Kleingläubiger und Arbeitnehmervertreter entgegengewirkt werden, Kübler/Prütting/*Kübler*, § 72 Rn. 1.

744 So *Wagner*, NZG 2002, 57, 57, der umfassend die Möglichkeit des Einsatzes von Videokonferenztechnik im Rahmen von Aufsichtsratssitzungen behandelt. Soweit § 108 Abs. 4 AktG die Möglichkeit der Videokonferenztechnik nicht ausdrücklich nennt, ist dies un-

Für die Beschlussfassung von Gläubigerausschüssen wird nichts anderes gelten. Da die InsO keine restriktiven Regularien hinsichtlich der internen Meinungsfindung der Gläubigerausschüsse vorgibt, gilt dort das für Gläubigerversammlungen nach der InsO bislang bestehenden Präsenzdogma nicht. Mangels einer im Gesetz vorgeschriebenen Form für die Beschlüsse des Ausschusses können Abstimmungen auch schriftlich, im Umlaufverfahren oder sogar fernmündlich erfolgen.[745] Soweit im Zusammenhang mit Beschlussfassungen gegen ein schriftliches oder fernmündliches Stimmrecht geltend gemacht wird, § 72 InsO knüpfe hinsichtlich der Beschlussfähigkeit an die Mehrheit der anwesenden (weil teilnehmenden) Mitglieder an,[746] kann dem nicht gefolgt werden. Ein Präsenzdogma, vergleichbar den Gläubigerversammlungen, regelt die InsO gerade nicht. Es wird in § 72 InsO weder wird auf „erschienene" Ausschussmitglieder abgestellt noch werden etwaige formale Vorgaben an den Sitzungsablauf wie Ort oder Zusammenkommen geregelt. Daher wird man abweichend zu Gläubigerversammlungen auch Stimmabgaben von einem anderen Ort aus im Rahmen einer Bild- und Tonübertragung der Sitzung für zulässig halten müssen, ohne dass es insoweit nach § 4 InsO eines Rückgriffs auf die Vorschrift des § 128a ZPO und den dort vorgesehen tatbestandlichen Voraussetzungen oder alternativ einer eigenständigen ausdrücklichen Regelung in der InsO bedürfte.

2. Widerspruchsmöglichkeit gegen Stimmabgabe unter Einsatz von Kommunikationstechnologie

Fraglich ist jedoch, ob ähnlich wie in § 108 Abs. 4 AktG ein Widerspruchsrecht gegen eine Beschlussfassung außerhalb einer Präsenssitzung der einzelnen Ausschussmitglieder bestehen kann. Bei einem schriftlichen oder im Umlaufverfahren zu fassenden Beschluss muss der Verwalter sämtliche Ausschussmitglieder, nicht nur deren Mehrheit befragen; wird ein einzelnes Mitglied trotz bestehender

---

schädlich, da die hierfür erforderliche Bild- und Tonübertragung die fernmündliche Form der Beschlussfassung mitumfasst, vgl. *Wagner*, aaO. S. 58 dort m.w.N. in FN 13.

745 Für schriftliche Abstimmung bzw. Abstimmungen im Umlaufverfahren u.a. Gottwald/Riedel/*Gottwald*, Kap. 4/6.2, S. 9; *Pape*, Rn. 328; BK/*Blersch*, § 72 Rn. 2; Kübler/Prütting/*Kübler*, § 72 Rn. 3; HK/*Eickmann*, § 72 Rn. 4. Ausdrücklich die fernmündliche, telegraphische oder Telefax-Stimmabgabe bejahend Huntemann/Brockdorff/*Brockdorff*, 11. Kap. Rn. 86, wobei in diesen Fällen eine schriftliche Protokollierung zwecks Vermeidung von Beweisschwierigkeiten empfehlenswert sei; vgl. auch Smid/*Smid*, § 72 Rn. 2; ebenfalls ein telefonisches Vorgehen in „einfachen Fällen" bejahend, Gottwald/*Klopp/Kluth*, § 21 Rn. 13. Siehe auch Uhlenbruck, ZIP 2002, 1373, 1376, der zwar grundsätzlich eine Anwesenheit fordert, jedoch ggf. im Falle einer audiovisuellen Konferenzschaltung eine Ausnahme machen will.

746 So FK/*Kind*, § 72 Rn. 9, der allerdings inkonsequenter Weise bei einfach gelagerten Fällen ein schriftliches Umlaufverfahren doch für zulässig hält, aaO. in Rn. 9; *ders.* ebenso in Braun, § 72 Rn. 8 f.

Anhörungsmöglichkeit umgangen, macht dies den Beschluss unwirksam.[747] In gewissem Umfang zeigt sich darin die Existenz einer ausschussinternen Gehörspflicht, bei der auch im Falle einer bereits existierenden Mehrheit von Befürwortern eine Vorgehen ohne Einbeziehung der übrigen Ausschussmitglieder nicht möglich ist. Gleichwohl wird aus dem daraus folgenden Gehörsanspruch des einzelnen Mitglieds nicht die Möglichkeit erwachsen, gegen den Willen der Ausschussmehrheit die Beschlussfassung unter Einsatz von Kommunikationstechnologie verhindern zu können. Einen Anspruch des einzelnen Mitglieds auf eine alleinige Präsenzsitzung kann nicht bestehen.

Auch das Aktienrecht stellt das Widerspruchsrecht der Aufsichtsratsmitglieder unter den Vorbehalt einer anderweitigen Regelung in der Satzung oder Geschäftsordnung des Aufsichtrates. Der Gesetzgeber geht mithin davon aus, dass bei einem entsprechenden kollektivrechtlichen (Gesellschafts-)Willen, der entweder in der Satzung oder aber in der Geschäftsordnung des Aufsichtsrates zum Ausdruck kommt, anderweitige Beschlussformen auch ohne Einverständnis sämtlicher Mitglieder zum Einsatz kommen sollen. Dieser Weg muss auch im Rahmen von Sitzungen der Gläubigerausschüsse zum Tragen kommen. Auch der Gläubigerausschuss kann sich zwecks Spezifizierung des Verfahrens bei der Beschlussfindung eine Geschäftsordnung geben.[748] In ihr kommt der gemeinschaftlichen (Mehrheits-)Wille zum Ausdruck, entsprechend den dort festgehalten Verfahrensvorschriften vorzugehen. Besteht mithin die Möglichkeit der Mitgliedermehrheit des Gläubigerausschusses, verbindliche Bestimmungen betreffend die Entscheidungsfindung aufzunehmen, wird man ein Widerspruchsrecht des einzelnen Gläubigerausschussmitgliedes auch dann nicht annehmen können, sollte eine Geschäftsordnung nicht beschlossen worden sein. Da jederzeit bei entsprechendem Mehrheitswillen die Möglichkeit bestünde, dass sich der Gläubigerausschuss eine Geschäftsordnung gibt oder eine bestehende Geschäftsordnung inhaltlich ändert, ist es auch ausreichend, wenn sich Ausschussmitglieder über den Einsatz von Kommunikationstechnologie anderweitig kollektiv einigen. Ausfluss des oben dargestellten Gehörsanspruchs des einzelnen Mitglieds ist es allerdings, dass es an der Beschlussfassung über den Einsatz von Kommunikationstechnologie hinreichend zu beteiligen ist und die Entscheidung über den Einsatz von Kommunikationstechnologie mit beeinflussen kann.[749]

---

747 *Pape*, Rn. 328; Kübler/Prütting/*Kübler*, § 72 Rn. 4; wohl ebenso HK/*Eickmann*, § 72 Rn. 5, der allerdings bei Verstößen im Rahmen von Abstimmungen ohne nähere Erläuterung auf ein Kausalitätskriterium des Verstoßes für das Ergebnis abstellt.

748 *Hess*/Weis/Wienberg, § 72 Rn. 2; HK/*Eickmann*, § 72 Rn. 2; Kübler/Prütting/*Kübler*, § 72 Rn. 2; Nerlich/Römermann/*Delhaes*, § 72 Rn. 6 f.

749 Man wird es dabei als zulässig erachten müssen, dass der Beschluss über die Zulässigkeit der Verwendung von Kommunikationstechnologie auch im Rahmen einer bereits per Video- und/oder Audiosignal übertragenen Sitzung ergeht, da es insoweit unsinnig erscheint, erst ein persönliches Zusammentreffen anzuordnen, um anschließend eine Übertragung zu beschließen, vgl. zu diesem Ergebnis auch Nerlich/Römermann/*Delhaes*, § 75

3. Gebot masseschonenden Stimmverfahrens

Abschließend bliebe jedoch darauf hinzuweisen, dass die Möglichkeit, Ausschusssitzungen unter Einsatz von Kommunikationstechnologie durchzuführen, einschränkend unter dem Vorbehalt eine masseschonenden Vorgehens stehen muss. Bereits § 73 Abs. 1 Satz 1 InsO verdeutlicht, dass die Aufwandsentschädigung für die Tätigkeit als Mitglied die Angemessenheitsschwelle nicht überschreiten darf. Der Vorschrift ist u.a. mittelbar der Rechtsgedanke zu entnehmen, dass die Tätigkeit des Ausschusses nicht zu einer erheblichen Belastung der Masse, mithin der zu erwartenden quotalen Befriedigung der Gläubiger führen darf. Aus der Verantwortung gegenüber der Masse wird insofern auch das Gebot abzuleiten sein, dass ein Stimmabgabeverfahren möglichst masseschonend vorzunehmen ist. Besteht daher kein weiterer Erörterungsbedarf über einen bestimmten Beschlusspunkt, sodass ohne weiteres hierüber schriftlich abgestimmt werden kann oder können Sitzungen anderweitig kostengünstiger (bspw. fernmündlich) durchgeführt werden, ist dieses Vorgehen zugunsten der Entlastung der Masse primär in Betracht zu ziehen.[750]

Rn. 5 zur Frage von Beschlussfassungen über schriftliche Stimmabgaben, die ihrerseits im schriftlichen Verfahren ergehen können.

[750] Das Kostenargument wird seitens Smid/*Smid*, § 72 Rn. 2, bereits dafür angeführt, dass schriftliche oder telefonische Abstimmungen des Gläubigerausschusses überhaupt zulässig seien.

SCHLUSSBETRACHTUNG

Dass die verfahrensrechtliche Abwicklung von Insolvenzen künftig allein unter Einsatz von Kommunikationstechnologie erfolgen wird, steht nicht zu erwarten. Dennoch hat die Untersuchung gezeigt, dass Insolvenzen aufgrund der in aller Regel merklich erhöhten Anzahl von Verfahrens- und mithin Kommunikationsbeteiligten zahlreiche Anreize für den Einsatz von Informations- und Kommunikationstechnologien bieten. Die bislang bisweilen auf eher theoretischer Basis geführte Diskussion über Einsatzmöglichkeiten moderner Informationstechnologien in gerichtlichen Verfahren könnte daher im Insolvenzverfahren die notwendige Praxiskomponente erhalten, sodass sich das Insolvenzverfahren möglicherweise im Gesamtgefüge der Verfahrensordnungen sogar als Motor für die tatsächliche Inanspruchnahme moderner Kommunikationsmöglichkeiten entwickelt.

So zeigen insbesondere die öffentlichen Bekanntmachungen mittels eines elektronischen Informations- und Kommunikationssystems iSd. § 9 Abs. 1 Satz 1 InsO bereits heute die wesentlich vereinfachten Möglichkeiten für die Verfahrensbeteiligten, über Insolvenzen durch das Internet informiert zu werden. Die weitgehend erfolgreiche Umsetzung der gesetzgeberischen Ziele von Internetbekanntmachungen hat gezeigt, dass ein Veröffentlichungssystem in herkömmlichen Amtsblättern der Bundesländer, der Printausgabe des Bundesanzeigers oder etwa in lokalen Tageszeitungen mangels vergleichbarer Aufklärungswirkung überholt ist und ausgedient hat. Veröffentlichungen in diesen Blättern werden daher künftig - so ihnen nach den aktuellen Reformbestrebungen überhaupt noch die Möglichkeit dazu eröffnet sein wird - allenfalls seitens der Gerichte in seltenen Ausnahmefällen veranlasst werden, wenn diese der zusätzlichen (regionalen) Information dienen. „Leidtragende“ hoheitlicher Internetbekanntmachungen sind in gewissem Umfang diejenigen privaten Anbieter von Informationsdiensten, die bislang hauptsächlich die in Printausgaben enthaltenen Informationen zusammengetragen haben und diese ihrerseits kostenpflichtig weiter elektronisch publiziert haben. Die Einführung des Unternehmensregisters durch das EHUG, mit der darin legislativ angelegten Verknüpfung von Internbekanntmachungen auf dem Portal www.insolvenzbekanntmachungen.de mit dem Unternehmensregister, wird hierzu das Übrige beitragen. Bei aller berechtigter Euphorie gilt es allerdings künftig auch zu beachten, dass auch bei den unter staatlichem Einfluss betriebenen Internetveröffentlichungsportalen in hinreichendem Maße die notwendigen Sicherheitsanforderungen und Schutzbestimmungen zur Wahrung eines angemessenen Datenschutzniveaus persönlicher (Schuldner-)Daten eingehalten werden, was, das hat die Untersuchung gezeigt, in der Praxis bislang nicht stets der Fall ist.

Neben den Internetbekanntmachungen kann und wird der verbindliche elektronische Rechtsverkehr unter den Verfahrensbeteiligten künftig im Insolvenzverfahren verstärkte Bedeutung gewinnen. So werden bspw. bereits heute die technischen Möglichkeiten des Internet genutzt, um Forderungsanmeldungen auf elektronischem Wege vorzunehmen. Diesbezüglich ist nunmehr durch den Gesetzgeber der elektronische Rechtsverkehr zwischen Verwaltern und Gläubigern durch das Justizkommunikationsgesetz auf rechtliche sichere Grundlagen gestellt worden. Eine der weiteren Aufgaben der Legislative oder Rechtsprechung wird hier sein, die signaturrechtlichen Anforderungen, die der Gesetzgeber bislang für das Schriftformsurrogat bei gerichtlichen (bestimmenden) Schriftsätzen fordert, für Forderungsanmeldungen sachgerecht herauszuarbeiten. Dabei könnten die ausdrücklichen Bestimmungen zu elektronischen Forderungsanmeldungen zugleich erneuten Anlass bieten, das Postulat der prozessualen Schriftförmlichkeit verfahrensübergreifend insgesamt zu überdenken. Zugunsten einer breit angelegten Möglichkeit elektronischer Forderungsanmeldungen ist hier für das Insolvenzverfahren zu fordern, dass entsprechend der in der Untersuchung vertretenen Auffassung, die Wirksamkeit elektronischer Forderungsanmeldungen nicht vom Vorliegen einer qualifizierten elektronischen Signatur abhängen kann.

Inwieweit künftig die Binnenkommunikation der Gläubiger durch die Möglichkeiten der Bild- und Tonübertragung beeinflusst sein wird, bleibt abzuwarten. Etwaige Ressentiments werden sicherlich schneller abgebaut werden, sollte die Videokonferenztechnik im Rahmen gerichtlicher Verhandlungen auf vermehrte Akzeptanz stoßen. Tendenzen hierfür sind zumindest erkennbar. So ist mittlerweile von der Norm des § 128a ZPO auch über die entsprechende Verweisungsklausel in anderen Verfahren als dem Zivilprozess Gebrauch gemacht worden.[751] Unter Zuhilfenahme von § 4 InsO wäre daher grundsätzlich auch denkbar, dass Bild- und Tonübertragungen von Gläubigerversammlungen künftig unter Verwendung dieser Norm durchgeführt werden.

Allerdings hat die Untersuchung gezeigt, dass gerade bei Gläubigerversammlungen der Weg über § 128a ZPO in nicht unerheblichem Maße rechtliche Hürden mit sich bringt. Wünschenswert ist daher, dass der Gesetzgeber entsprechend den in der Arbeit getätigten Vorschlägen den rechtlichen Rahmen schafft, dass auch bei Großverfahren, etwa bei der Insolvenz einer Bank, die Wahrnehmung von Gläubigerrechten innerhalb der Gläubigerversammlung von einem anderen Ort - bspw. mittels der Zuschaltung zu einer beschränkten Übertragung im Internet - erleichtert wird und die Insolvenzgerichte, falls dies angebracht ist, von den technischen Möglichkeiten auch tatsächlich Gebrauch machen. So ließen sich sicherlich die teilweise sehr niedrigen Präsenzen in der Gläubigerver-

751 So etwa bei der Vernehmung eines Zeugen in England durch das Bundespatentgericht über die Verweisungsvorschrift des § 99 Abs. 1 PatG, siehe BPatG GRUR 2002, 176.

sammlung erhöhen und auf diese Weise faktisch die rechtlichen Mitentscheidungsbefugnisse einzelner Gläubiger durch die erleichterten Möglichkeiten der Rechtswahrnehmung mittels Kommunikationstechnologie entscheidend stärken.

Literaturverzeichnis

Abel, Ralf B.
Datenschutz in Anwaltschaft, Notariat und Justiz, 2. Auflage, München 2003 (zit. Abel/*Bearbeiter*)

Abschlussbericht zum Projekt Virtuelles Verwaltungsgericht des Verwaltungsgerichts Sigmaringen (vom 14.09.2001),
abrufbar unter: http://vgsigmaringen.de/servlet/PB/show/1194029/Abschlussbericht%20Videokonferenz.pdf (Stand: 01.09.2006)

Abschlussbericht der Bund-Länder-Arbeitsgruppe Insolvenzrecht
Probleme der praktischen Anwendungen und Schwachstellen des Regelinsolvenzverfahrens, Abschlussbericht der Bund-Länder-Arbeitsgruppe Insolvenzrecht, vorgelegt zur 73. Konferenz der Justizministerinnen und Justizminister vom 10. bis 12. Juni 2002 in Weimar, abrufbar unter: www.bmj.bund.de/media/archive/294.pdf (Stand: 01.09.2006)

Bachmann, Peter/Pavlitschko, Martin
Akteneinsicht in elektronische Behördenakten, MMR 2004, S. 370-374

Baumbach, Adolf/Lauterbach, Wolfgang/Albers, Jan/Hartmann, Peter
Zivilprozessordnung mit Gerichtsverfassungsgesetz und anderen Nebengesetzen, 65. Auflage, München 2007 (zit.: Baumbach/Lauterbach/Albers/Hartmann, jeweiliger Bearbeiter kursiv)

Berliner Kommentar zur InsO
Praxiskommentar zur Insolvenzordnung, Band I, §§ 1-173 InsO, Band II, §§ 174-355 InsO, Berlin, Loseblatt (Stand: jeweils April 2004) (zit.: BK/*Bearbeiter*)

Bernsen, Rolf
Probleme der Insolvenzreform aus der Sicht des Rechtspflegers, in: Kölner Schrift zur Insolvenzordnung, 2. Aufl., Herne/Berlin 2000, S. 1843-1861

Blank, Winfried/Zetsche, Dirk
Software für die virtuelle Hauptversammlung, K & R 2000, S. 486-489

Bley, Erich/Mohrbutter, Jürgen
Vergleichsordnung, Großkommentar, 2. Band, §§ 82-132 VerglO, Anhang, Nachtrag, Register, Berlin/New York 1981

Braun, Eberhard
Kommentar zur InsO, 2. Aufl. München 2004 (zit.: Braun/*Bearbeiter*)

Bork, Reinhard
Einführung in das Insolvenzrecht, 4. Aufl., Tübingen 2005

ders.
Anm. zu OLG Köln vom 03.01.2000, „Beschwerdefrist bei öffentlicher Bekanntmachung", EWiR § 9 InsO 1/2000, S. 181-182

Bork, Reinhard/Koschmieder, Dieter
Fachanwaltshandbuch Insolvenzrecht, Köln, Loseblatt (Stand: Juni 2006) (zit.: Bork/Koschmieder/*Bearbeiter*)

Borchert, Hans Ulrich
Einsatz von Videokonferenzsystemen in Gerichtsverfahren, CR 2002, S. 854-856

Bundesnotarkammer
Diskussionsentwurf eines Gesetzes zur Öffnung der Hauptversammlung der Aktiengesellschaft für den Einsatz Neuer Medien, ZNotP 2001, S. 269-271

Bundesrechtsanwaltskammer
Stellungnahme zum Entwurf des Gesetzes zur Änderung der Insolvenzordnung, des Bürgerlichen Gesetzbuches und anderer Gesetze vom Juni 2003, abrufbar unter: www.brak.de/seiten/pdf/Stellungnahmen/InsoBGBua.pdf (Stand: 01.09.2006)

dies.
Stellungnahme zum Referentenentwurf eines Gesetzes zur Änderung der Insolvenzordnung, des Kreditwesengesetzes und anderer Gesetze, abrufbar unter: www.brak.de/seiten/pdf/Stellungnahmen/2004/Nr39.pdf (Stand: 01.09.2006)

Bundesverband Deutscher Inkasso-Unternehmen e.V
Stellungnahme zum Diskussionsentwurf des Gesetzes zur Änderung der Insolvenzordnung, des Bürgerlichen Gesetzbuches und anderer Gesetze, abrufbar unter: www.inso-rechtspfleger.de unter der Rubrik Materialien/Dokumentation zur Reform der Insolvenzordnung 2003 (Stand: 01.09.2006)

Deilmann, Barbara/Messerschmidt, Nicoletta
Erste Erfahrungen mit dem elektronischen Bundesanzeiger, NZG 2003, S. 616-618

Dempewolf, Günter
Ist die öffentliche Bekanntmachung der Ablehnung des Konkurseröffnungsantrags mangels Masse nach § 107 KO zulässig?, DB 1976, S. 1141-1142

ders.
Zur Frage der Zweckmäßigkeit und Zulässigkeit der öffentlichen Bekanntmachung konkursabweisender Beschlüsse, ZIP 1981, S. 953-961

Deppe, Monika
Die Veröffentlichung des Verteilungsverzeichnisses (§ 188 InsO) - Richtiger Zeitpunkt, richtiger Ort der Bekanntmachung -, InsbürO 2004, S. 147-149

Dieckmann, Jochen
Projektmanagement in der Justiz, Modernes Management am Beispiel der Umsetzung der Insolvenzordnung, NJW-CoR 2000, S. 153-158

Dursma, Dieter/Dursma-Kepplinger, Henriette
Die Insolvenzdatei im Internet, in: Aktuelle Entwicklungen im Internet-Recht, (Hrsg. Plöckinger, Oliver; Duursa, Dieter; Helm, Günther), Wien 2002, S. 89-100

dies.
Funktionen und Wirkungen der österreichischen Insolvenzdatei, ZInsO 2002, S. 913-917

Ebenroth, Carsten Thomas/Boujong, Karlheinz /Joost, Detlev
Handelsgesetzbuch, München 2001 (zit. *Bearbeiter* in Ebenroth/ Boujong/Joost)

Eckardt, Diederich
Die Festsstellung und Befriedigung des Insolvenzgläubigerrechts, in: Kölner Schrift zur InsO, 2. Aufl. 2000, S. 743-780

Erdmann, Ulrich
Die Online-Versammlung im Vereins- und GmbH-Recht, MMR 2000, S. 526-532

Ernst, Stefan
Gleichklang des Persönlichkeitsschutzes im Bild- und Tonbereich? NJW 2004, S. 1277-1279

Fabri, Marco/Contini, Francesco (Hrsg.)
Justice and technology in Europe - How ICT is changing the judicial business, Den Haag/London/ New York 2001

Fleischhauer, Jens
Hauptversammlung und Neue Medien - Gesetzesvorschlag der Bundesnotakammer zur Öffnung der Hauptversammlung der Aktiengesellschaft für den Einsatz neuer Medien, ZIP 2001, S. 1133-1138

Fischer-Dieskau, Stefanie
Der Referentenentwurf zum Justizkommunikationsgesetz aus Sicht des Signaturrechts, MMR 2003, S. 701-705

Frankfurter Kommentar zur InsO
Kommentar zur Insolvenzordnung, 4. Aufl., Neuwied/Kriftel 2006 (zit.: FK/*Bearbeiter*)

Frege, Michael C.
Die Rechtsstellung des Gläubigerausschusses nach der Insolvenzordnung, NZG 1999, S. 478-484

Goedecke, Claus/Heuser, Friederike
NaStraG: Erster Schritt zur Öffnung des Aktienrechts für moderne Kommunikationstechniken, BB 2001, S. 369-374

Gogger, Martin
Insolvenzgläubiger-Handbuch, 2. Aufl., München 2004

Gola, Peter/Schomerus, Rudolf,
Bundesdatenschutzgesetz, 8. Aufl., München 2005 (zit.: *Gola/Schomerus*)

Gottwald, Peter
Insolvenzrechtshandbuch, 3. Aufl., München 2006 (zit.: Gottwald/*Bearbeiter*)

Gottwald, Uwe/Riedel, Ernst
Praxishandbuch Insolvenzrecht, Köln , Loseblatt (Stand: April 2004) (zit.: Gottwald/Riedel/*Bearbeiter*)

Graf, Ulrich/Wunsch, Irene
Akteneinsicht im Insolvenzverfahren, ZIP 2001, S. 1800-1805

Graf-Schlicker, Marie Luise
Analysen und Änderungsvorschläge zum neuen Insolvenzrecht, WM 2000, S. 1984-1994

Graf-Schlicker, Marie Luise/Castrup, Hans-Werner
Informationstechnische Unterstützung des neuen Insolvenzrechts in Nordhein-Westfalen, NJW-CoR 1997, S. 286-287

Gravenbrucher Kreis
Stellungsnahme des Gravenbrucher Kreises zum DiskE eines Gesetzes zur Änderung der InsO, des BGB und anderer Gesetze, ZIP 2003, S. 1220-1224

Haarmeyer, Hans/Wutzke, Wolfgang/Förster, Karsten
Handbuch zur Insolvenzordnung, InsO/EGInsO, 3. Aufl., München 2001

Habersack, Mathias
Aktienrecht und Internet, ZHR 165 (2001), S. 172-203

Hanloser, Stefan
Proxy-Voting, Remote-Voting und Online-HV: § 134 III 3 AktG nach dem NaStraG, NZG 2001, S. 356-358

Hannich, Rolf/Meyer-Seitz, Christian
ZPO-Reform 2002 mit Zustellungsreformgesetz, München 2002 (zit.: Hannich/Meyer-Seitz/*Bearbeiter*)

Hartmann, Klaus-Dieter
Die elektronische Hauptversammlung – Bemerkungen zu dem Gesetzentwurf der BNotK, ZNotP 2001, S. 250-252

Häsemeyer, Ludwig
Insolvenzrecht, 3. Aufl., München 2003

Hasselbach, Kai/Schumacher, Stephan
Hauptversammlung im Internet, ZGR 2000, S. 258-286

Heckel, Christian
Die Videokonferenz im Verwaltungsprozess, VBlBW 2001, S. 1-4

Heeseler, Markus
Auskunfts-/Akteneinsichtsrechte und weitere Informationsmöglichkeiten des Gläubigers im Regelinsolvenzverfahren, ZInsO 2001, S. 873-887

Heidelberger Kommentar zur Insolvenzordnung
Kommentar zur Insolvenzordnung, 4. Aufl., Heidelberg 2006 (zit.: HK/*Bearbeiter*)

Heinemann, Jörn
Neubestimmung der prozessualen Schriftform, Köln 2002

Hergenröder, Curt Wolfgang
Anmerkungen zu OLG Rostock vom 07.03.2001, „Schuldnerspiegel" im Internet, DZWIR, 2002, S. 76-79

Herwig, Volker
Zugang und Zustellung in elektronischen Medien, MMR 2001, S. 145-149

Hess, Harald/Weis, Michaela/Wienberg, Rüdiger
Kommentar zur Insolvenzordnung mit EGInsO, Band 1 Insolvenzordnung, 2. Aufl. Heidelberg 2001, Ergänzungsband zum InsO-Änderungsgesetz 2001, Heidelberg 2002 (zit.: Hess/Weis/Wienberg, jeweiliger Bearbeiter kursiv)

Hess, Harald
Anmerkungen zu LG Dortmund, Urteil vom 10.10.1996 - 2 0 221/96, EWiR 1997, S. 265-266

Heublein, Gerrit
Die sofortige Beschwerde gegen die Insolvenzplanbestätigung - „Superobstruktion" durch die Hintertür? - Erwiderung auf Smid, NZI 2005, 296, NZI 2005, S. 381-382

Hippel, Walter /Schneider, Matthias
Bankinterne Kenntniszurechnung hinsichtlich Insolvenzverfahrenseröffnung - Bekanntmachung im Amtsblatt, Anmerkungen zu BGH, Urteil vom 15. 12. 2005 - IX ZR 227/04, NZI 2006, S. 177-178

Hopt, Klaus J./Wiedemann, Heribert (Hrsg.)
Großkommentar zum Aktiengesetz, 4. Aufl., 14. Lieferung (§§ 118-120), Berlin/New York 1999 (zit.: *Bearbeiter*, Großkommentar zum AktG)

Huntemann, Eva Maria/Brockdorff, Christian Graf
Der Gläubiger im Insolvenzverfahren, Berlin/New York 1999 (zit.: Huntemann/Brockdorff/*Bearbeiter*)

Jaeger, Ernst
Großkommentar Insolvenzordnung, Erster Band, §§ 1-55, Berlin 2004 (zit.: Jaeger/*Bearbeiter*)

Jansen, Claudia C.E./Hung, Robert
Insolvenzbekanntmachungen.de - Eine neue Haftungsfalle für den Rechtsanwalt?, NJW 2004, S. 3379-3382

Keller, Ulrich
Auswirkungen des Zustellungsreformgesetzes auf das Insolvenzverfahren, NZI 2002, S. 581-587

ders.
Die öffentlichen Bekanntmachungen im Insolvenzverfahren, ZIP 2003, S. 149-159

Kilger, Joachim/Schmidt, Karsten
Insolvenzgesetze, KO/VerglO/GesO, 17. Aufl., München 1997 (zit.: *Kilger/K. Schmid*)

Kodek, Georg E.
Der Zivilprozeß und neue Formen der Informationstechnik, ZZP 2002, S. 445-490

Kollhosser, Helmut
Handelsregister und private Datenbanken, NJW 1988, S. 2409-2419

Konecny, Andreas
Insolvenzdatei: neue/auffallende Rechtsprobleme, Konecny, Insolvenz-Forum 2001 (2002), S. 84-116

Krafka, Alexander
Das neue Handels- und Unternehmensregister – Übersicht über das Registerrecht in der Fassung des Referentenentwurfs zu einem Gesetz über elektronische Handelsregister und Genossenschaftsregister sowie das Unternehmensregister (EHUG-RefE), MittBayNot 2005, S. 290 – 293

Krenn, Robert
Was leistet die Insolvenzdatei?, ZIK 2000, S. 53-54

Krüger, Thomas
Das Justizkommunikationsgesetz - weitere Schritte zum „elektronischen Rechtsverkehr", ZVI 2004, S. 162-171

Krüger, Thomas/Bütter, Michael
„Justitia goes online!" - Elektronischer Rechtsverkehr im Zivilprozess, MDR 2003, S. 181-189

Kübler, Bruno M./Prütting, Hans
Kommentar zur Insolvenzordnung, Band I (§§ 1-128) und II (§§ 129-355), Köln, Loseblatt (Stand: jeweils August 2006) (zit.: Kübler/Prütting/*Bearbeiter*)

Kuhn, Georg/Uhlenbruck, Wilhelm
Konkursordnung, 11. Aufl., München 1994 (zit.: *Kuhn/Uhlenbruck*)

Lepa, Brita
Insolvenzordnung und Verfassungsrecht: eine Untersuchung der Verfassungsmäßigkeit der InsO und der Einwirkung verfassungsrechtlicher Wertungen auf die Einwendungen dieses Gesetzes, Berlin 2002

Liebscher, Brigitte
Datenschutz bei der Datenübermittlung im Zivilverfahren, Berlin 1994

Lochner, Christian
InsolNet - Erfüllung der Berichtspflicht mittels Internet, ZInsO 1999, S. 82-86

Mankowski, Peter
Für einen Anscheinsbeweis hinsichtlich der Identität des Erklärenden bei E-Mails, zugleich Anmerkung zu OLG Köln v. 6.9.2002 - 19 U 16/02, CR 2003, S. 44-50

Mäusezahl, Uwe
Insolvenz im Internet, InsbürO 2004, S. 14-20

ders.
Öffentliche Bekanntmachungen im Insolvenzverfahren: Das Internetportal www.insolvenzbekanntmachungen.de, InsbürO 2004, S. 53-62

Meyding, Bernhard/Bödeker, Annette
Gesetzentwurf über elektronische Handelsregister und Genossenschaftsregister sowie das Unternehmensregister (EHUG-E) - Willkommen im Online-Zeitalter!, BB 2006, S. 1009-1012

Mimberg, Jörg
Schranken der Vorbereitung und Durchführung der Hauptversammlung im Internet - die Rechtslage nach Inkrafttreten des NaStraG, Formvorschriften-AnpassungsG und TransPuG, ZGR 2003, 21-58

Mohr, Franz
Wann ist Einsicht in die Insolvenzdatei geboten?, ZIK 2000, S. 3-6

ders.
Die österreichischen Insolvenzen im Internet, ZIP 2000, S. 997-999

Müggenborg, Hans-Jürgen
Die neue Störfall-Verordnung, NVwZ 2000, S. 1096-1104

Münchener Kommentar zur Insolvenzordnung
Kommentar zur Insolvenzordnung, München, Band 1, §§ 1-102 InsO, InsVV (2001); Band 2, §§ 103-269 InsO (2002) zit.: (MüKo-InsO/*Bearbeiter*)

Münchener Kommentar zur Zivilprozessordnung
Kommentar zur ZPO, 2. Aufl. München 2000, Band 1, §§ 1-354, Band 2, §§ 355-802 (zit.: MüKo-ZPO/*Bearbeiter*) Aktualisierungsband zur ZPO-Reform, München 2002 (zit.: MüKo-ZPOReform/*Bearbeiter*)

Musielak, Hans Joachim
Kommentar zur Zivilprozessordnung, 4. Aufl., München 2005 (zit.: Musielak/*Bearbeiter*)

Nerlich, Jörg/Römermann, Volker
Kommentar zur Insolvenzordnung, Loseblatt, München, Stand: April 2006 (zit.: Nerlich/Römermann/*Bearbeiter*)

Nissen, Ulf Andreas
Die Online-Videokonferenz im Zivilprozess, Frankfurt a.M./Berlin/Brüssel/New York/Oxford/Wien 2004

Noack, Ulrich
Hauptversammlung und neue Medien, BB 1998, S. 2533-2536

ders.
Online-Hauptversammlung - Stand der Dinge und wichtige Reformvorschläge, NZG 2001, S. 1057-1065

ders.
Der elektronische Bundesanzeiger im Aktienrecht - Ein Überblick, BB 2002, S. 2025-2028

ders.
Infobase für Unternehmensdaten - Gegenwart und Zukunft der Medien für Unternehmenspublizität, abrufbar unter: http://www.jura.uni-duesseldorf.de/dozenten/noack/Texte/Noack/infobase.pdf (Stand: 01.09.2006) (zit.: *Noack*, Infobase)

ders.
Hauptversammlung der Aktiengesellschaft und moderne Kommunikationstechnik - aktuelle Bestandsaufnahme und Ausblick, NZG 2003, S. 241-249

Obermüller, Manfred
Insolvenzrecht in der Bankpraxis, 6. Aufl., Köln 2002

Obermüller, Manfred/Hess, Harald
InsO - Eine systematische Darstellung des neuen Insolvenzrechts, Heidelberg 1999 (zit.: Obermüller/Hess, jeweiliger Bearbeiter kursiv)

Oestreich, Arno
Öffentliche Bekanntmachungen im „Amtsblatt", Rpfleger 1988, S. 302-306

Pannen, Klaus /Riedemann, Susanne
Entwurf eines Gesetzes zur Vereinfachung des Insolvenzverfahrens vom 8. 2. 2006 - Ein weiterer Mosaikstein für eine Reform der InsO, NZI 2006, S. 193-198

Pape, Gerhard
Zur Stellung und Bedeutung der Gläubigerversammlung im Konkurs, ZIP 1990, S. 1251-1258

ders.
Gläubigerbeteiligung im Insolvenzverfahren, Herne/Berlin 2000

ders.
Entwurf eines Gesetzes zur Änderung der Insolvenzordnung - Erste Anmerkungen zum Diskussionsentwurf des Bundesministeriums der Justiz, ZInsO 2003, S. 389-396

ders.
Akteneinsicht für Insolvenzgläubiger - Ein ständiges Ärgernis, ZIP 2004, 598-605

Pape, Gerhard/Uhlenbruck, Wilhelm
Insolvenzrecht, München 2002 (zit.: *Pape/Uhlenbruck*)

Paulus, Christoph G.
Anmerkungen zu OLG Rostock vom 07.03.2001, „Schuldnerspiegel" im Internet, EWiR § 1004 BGB, 1/2001, S. 863-864

Prütting, Hanns
Allgemeine Verfahrensgrundsätze der Insolvenzordnung, in: Kölner Schrift zur InsO, 2. Aufl., Köln 2000, S. 221-247

Rieger, Bodo
Hauptversammlung und Internet, ZHR 165 (2001), S. 204-218

Römermann, Volker/van der Moolen, Mark
Anm. zu OLG Köln vom 03.05.2000, „Unterschrift, bestimmender Schriftsatz, Fristenkontrolle", EWiR § 4 InsO, 1/2000, S. 777-778

Roßnagel, Alexander/Abel, Ralf-Bernd
Handbuch Datenschutzrecht, München 2003 (zit.: *Bearbeiter* in Roßnagel/Abel)

Roßnagel, Alexander/Wilke, Daniel
Die rechtliche Bedeutung gescannter Dokumente, NJW 2006, S. 2145-2150

Sabel, Oliver
Zustellungsfragen in der InsO, ZIP 1999, S. 305-308

ders.
Änderungen des Insolvenzrechts im Diskussionsentwurf eines Gesetzes zur Änderung der InsO, des BGB und anderer Gesetze, ZIP 2003, S. 781-788

Schäfer, Erik
Der Einsatz von Informationstechnologie in der Handelsschiedsgerichtsbarkeit, abrufbar unter: www.dis-arb.de/materialien/DIS_Vortr_ITuARB.pdf (Stand: 01.09.2006)

Schaffland, Hans-Jürgen/Wiltfang, Noeme
Bundesdatenschutzgesetz, Ergänzbarer Kommentar nebst einschlägigen Rechtsvorschriften Berlin, Lieferung 2/06 (zit.: *Schaffland/Wiltfang*)

Schaumburg, Heide
Mündliche Verhandlungen per Videokonferenz - Erste Erfahrungen mit Videoverhandlungen beim Finanzgericht Köln, ZRP 2002, S. 313-316

Schneider, Egon
Über gekrümmte Linien, Bogen, Striche, Haken und Unterschriften, NJW 1998, S. 1844-1846

Schönke, Adolf/Schröder, Horst
Kommentar zum Strafgesetzbuch, 27. Aufl. 2006 (zit.: Schönke/Schröder/*Bearbeiter*)

Schörnig, Uwe
Insolvenzrecht im Internet, InVO 2000, Einhefter zu Heft 8, S. E1-E2

Schreiber, Lutz
Elektronisches Verwalten, Zum Einsatz der elektronischen Signatur in der öffentlichen Verwaltung, Baden-Baden 2003

Schultzky, Hendrik
Videokonferenzen im Zivilprozess, NJW 2003, S. 313-318

Schwarz, Günter Christian
Neue Medien im Gesellschaftsrecht - Von der Präsenz - zur virtuellen Hauptversammlung, MMR 2003, S. 23-29

Seibel, Wolfgang
Die Videokonferenz im FG-Verfahren, AO-Stb 2001, S. 147-151

Seibert, Ulrich
Das „TransPuG" - Gesetz zur weiteren Reform des Aktien- und Bilanzrechts, zu Transparenz und Publizität (Transparenz- und Publizitätsgesetz) - Diskussion im Gesetzgebungsverfahren und endgültige Fassung, NZG 2002, S. 609-613

Simitis, Spiros
Bundesdatenschutzgesetz, 6. Aufl., Baden-Baden 2006 (zit.: *Bearbeiter* in Simitis)

Smid, Stefan
Kommentar zur Insolvenzordnung, 2. Aufl., Stuttgart/Berlin/München 2001 (zit.: Smid/*Bearbeiter*)

ders.
Grundzüge des Insolvenzrechts, 4. Aufl., München 2002 (zit.: *Smid*, Grundzüge Insolvenzrecht)

ders.
Prozeßkostenhilfe für den Eigenantrag des Gemeinschuldners im Insolvenzverfahren nach geltendem Recht?, NJW 1994, S. 2678-2680

ders.
Voraussetzungen der sofortigen Beschwerde gegen die Bestätigung eines Insolvenzplanverfahrens gem. §§ 251, 253 InsO, NZI 2005, S. 296-299

ders.
Rechtsmittelverfahren bei Anfechtung des Bestätigungsbeschlusses nach § 248 InsO, NZI 2005, S. 613-616

Spindler, Gerald
Internet und Corporate Governance - ein neuer virtueller (T)Raum? Zum Entwurf des NaStraG, ZGR 2000, S. 420-445

Splittgerber, Andreas
Die elektronische Form von bestimmenden Schriftsätzen, CR 2003, S. 23-28

Stadler, Astrid
Der Zivilprozeß und neue Formen der Informationstechnik, ZZP 2002, S. 413-445

Stamm, Josef
Das zentrale Schuldnerverzeichnis, ZRP 2003, S. 95-97

Stein, Friedrich/Jonas, Martin
Kommentar zur Zivilprozessordnung, Band 3, §§ 253-299a, 21. Aufl., Tübingen 1997 (zit.: Stein/Jonas/*Bearbeiter*)

Stephan, Guido
Neueste rechtspolitische Entwicklungen im Insolvenzrecht, in: Insolvenzrecht 2003 (Hrsg. Breitenbücher, Bettina E; Ehricke, Ulrich), Köln 2003, S. 1-18

Thomas, Heinz/Putzo, Hans
Kommentar zur Zivilprozessordnung, 27. Aufl., München 2007 (zit.: Thomas/Putzo/*Bearbeiter*)

Trunk, Alexander
Elektronischer Zivilprozess - Eine vergleichende Skizze zum deutschen und russischen Recht, in: Festschrift für Mark M. Boguslavskij zum 80. Geburtstag, (Hrsg. Trunk, Alexander ; Knieper, Rolf; Svetlanov, Andrej G.): Russland im Kontext der internationalen Entwicklung: Internationales Privatrecht, Kulturgüterschutz, geistiges Eigentum, Rechtsvereinheitlichung, Berlin 2004, S. 619-637

Uhlenbruck, Wilhelm
Kommentar zur Insolvenzordnung, 12. Aufl., München 2003 (zit.: Uhlenbruck/*Bearbeiter*)

ders.
Ausgewählte Pflichten und Befugnisse des Gläubigerausschusses in der Insolvenz, ZIP 2002, S. 1373-1381

Vallender, Heinz
Das rechtliche Gehör im Insolvenzverfahren, in: Kölner Schrift zur InsO, 2. Aufl., Köln 2000, S. 249-284

Vallender, Heinz/Fuchs, Karlhans
Ein großer Wurf? Anmerkungen zum Diskussionsentwurf des BMJ, NZI 2003, S. 292-301

Vassilaki, Irini E.
Anm. zu BGH 15.09.1999 - 1 StR 286/99, JZ 2000, S. 474-476

Viefhues, Wolfram
Insolvenzmitteilungen aus Nordrhein-Westfalen im Internet, MMR 2002/06, S. XIII

ders.
ERVG: Gesetz zur Verhinderung des elektronischen Rechtsverkehrs? - Praktische Auswirkungen des Diskussionsentwurfs und Anpassungsbedarf an die Regelungen bei den Gerichten der Europäischen Gemeinschaften, MMR 2003, S. 71-76

ders.
Referentenentwurf des Justizkommunikationsgesetz (JKomG), Auf dem Wege zur elektronischen Gerichtsakte, CR 2003, S. 541-548

ders.
Das Gesetz über die Verwendung elektronischer Kommunikationsformen in der Justiz, NJW 2005, 1009-1016

Viefhues, Wolfram/Scherf, Uwe
Elektronischer Rechtsverkehr - eine Herausforderung für Justiz und Anwaltschaft, MMR 2001, S. 596-600

Viefhues, Wolfram/Volesky, Karl-Heinz
Elektronischer Rechtsverkehr - Ziele, Probleme und Chancen, TKMR 2003, S. 245-249

Vultejus, Ulrich
Das Datengeheimnis des Richters, ZRP 1996, S. 329-330

Wagner, Jens
Aufsichtsratssitzung in Form der Videokonferenz, - Gegenwärtiger Stand und mögliche Änderungen durch das Transparenz- und Publizitätsgesetz, NZG 2003, S. 57-64

Weigel, Martin
Bestimmende elektronische Schriftsätze und der neue § 77a FGO, DStR 2002, S. 1841-1846

Wilms, Jan/Roth, Jan
Die Anwendbarkeit des Rechts auf informationelle Selbstbestimmung auf juristische Personen i.S. von Art. 19 III GG, JuS 2004, S. 577-580

Wunsch, Thomas
Zustellungsreformgesetz - Vereinfachung und Vereinheitlichung des Zustellwesens, JuS 2003, S. 276-281

Zetsche, Dirk
NaStraG - ein erster Schritt in Richtung Virtuelle Hauptversammlung für Namens- und Inhaberaktien, ZIP 2001, S. 682-691

Zimmermann, Walter
Insolvenzrecht, 6. Aufl., Heidelberg 2006

Zöller, Richard
Kommentar zur Zivilprozessordnung, 26. Aufl., Köln 2007 (zit.: Zöller/*Bearbeiter*)

Zöllner, Wolfgang
Vereinheitlichung der Informationswege bei Aktiengesellschaften?, NZG 2003, S. 354-358

Schriften zum Wirtschafts- und Medienrecht, Steuerrecht und Zivilprozeßrecht

Herausgegeben von Jürgen Costede und Gerald Spindler

Band 1 Reiner Fu: Die stille Gesellschaft im internationalen Steuerrecht aus deutscher Sicht. 1997.

Band 2 Kirsten Forsblad: Restschuldbefreiung und Verbraucherinsolvenz im künftigen deutschen Insolvenzrecht. 1997.

Band 3 Vassilios Tountopoulos: Die Reichweite der registerrechtlichen Gründungsprüfung einer AG. Eine Untersuchung unter rechtsvergleichendem Aspekt. 1998.

Band 4 Franc Pfahl: Die Maßgeblichkeit der Handelsbilanz, ein dem Steuerbilanzrecht vorgegebenes Grundprinzip? Von der Notwendigkeit einer steuerrechtlichen Begründung der durch § 5 Abs. 1 EStG in das Steuerrecht übernommenen handelsrechtlichen Vorschriften der Gewinnermittlung. 1999.

Band 5 Michael Schröder: Die Wertpapierhandelsaufsicht nach dem Zweiten Finanzmarktförderungsgesetz. 1998.

Band 6 Daniela Hasche: Die Sachgründung der GmbH. 1999.

Band 7 Oliver Wendt: Die rechtliche Problematik von Strahlenschäden. Rechtliche und rechtstatsächliche Aspekte der Haftung für Strahlenschäden unter Einbeziehung der Vorfälle in der strahlentherapeutischen Abteilung des Universitäts-Krankenhauses Eppendorf. 2000.

Band 8 Susanne Matussek: Zum Werbungskostenbegriff im Einkommensteuerrecht. 2000.

Band 9 Klaas Ziervogel: Rufausbeutung im Rahmen vergleichender Werbung. Veränderungen im Zuge der gesetzlichen Regelung vergleichender Werbung. 2002.

Band 10 Sven Wortberg: Lösungsklauseln und Insolvenz. 2003.

Band 11 Eva Ullrich: Die Zurechnung von Buchgutschriften. Zufluß und Leistungsfähigkeit im Einkommensteuerrecht. 2004.

Band 12 Carmen Werner: Einkommensteuerrechtliche Zurechnungen bei mittelbaren Beteiligungen an Personengesellschaften. 2003.

Band 13 Ulf Andreas Nissen: Die Online-Videokonferenz im Zivilprozess. 2004.

Band 14 Oliver Wiegmann: Grund, Grenzen und Wirkungsweise des § 105 InsO. 2004.

Band 15 Holger Seidler: Eigene Aktien. Eine Analyse des Aktien-, Handelsbilanz- und Kapitalmarktrechts zur Ermittlung von Deregulierungspotential und Regulierungsbedarf. 2004.

Band 16 Stefan Eck: Providerhaftung von Konzernunternehmen. Rechtliche Zusammenschau von Konzernunternehmen bei der Verbreitung rechtsverletzender Informationen im Internet. 2004.

Band 17 Frauke Fasold: Die einkommensteuerliche Problematik der Buchwertfortführung. Übertragung stiller Reserven und Gewinnrealisierung im Einkommensteuerrecht. 2005.

Band 18 Thomas Linke: Selbstregulierte Streitlösung für deutsche Domains. 2005.

Band 19 Malte Abel: Pfändungsschutz nach § 851 ZPO. Speziell die Pfändung zweckgebundener Forderungen. 2005.

Band 20 Harriet Eidam: Typische Risiken des elektronischen Rechtsgeschäftsverkehrs. 2005.

Band 21 Katharina Schmitz: Haftung für Links. Zur Verantwortlichkeit des Hyperlinksetzers und Suchmaschinenbetreibers unter besonderer Berücksichtigung von Verkehrs- und Garantenpflichten. 2006.

Band 22 Thomas Miserre: Rundfunk-, Multimedia- und Telekommunikationsrecht. Abgrenzung der Anwendungsbereiche von Art. 5 I 2 GG, Rundfunkstaatsvertrag, Teledienstegesetz, Mediendienstestaatsvertrag und Telekommunikationsgesetz. 2006.

Band 23 Mona Bandehzadeh: Jugendschutz im Rundfunk und in den Telemedien. Eine Würdigung des Staatsvertrages über den Schutz der Menschenwürde und den Jugendschutz in Rundfunk und Telemedien unter verfassungsrechtlichen Aspekten. 2007.

Band 24 Judith Volkmann: Mediation im Zivilprozess. Rechtliche Rahmenbedingungen für ein gerichtsinternes Mediationsangebot. 2006.

Band 25 Tino Grattenthaler: Die Vergütung von Vorstandsmitgliedern in Aktiengesellschaften. Eine grundlegende Betrachtung mit ausgesuchten Schwerpunkten aus rechtswissenschaftlicher Sicht. 2007.

Band 26 Till Dunckel: Online-Auktionen und Wettbewerbsrecht. 2007.

Band 27 Lena Katharina Landsmann: Die stille Gesellschaft in der Insolvenz. 2007.

Band 28 Jan Riebeling: Der Einsatz von Informations- und Kommunikationstechnologie im Insolvenzverfahren. 2007.

www.peterlang.de

FSC
www.fsc.org
MIX
Papier | Fördert
gute Waldnutzung
FSC® C083411

Kolibri 360 GmbH
Ferdinand-Jühlke-Straße 7
99095 Erfurt, Deutschland
produktsicherheit@kolibri360.de

Druck:
CPI Druckdienstleistungen GmbH
im Auftrag der
Kolibri 360 GmbH
Ferdinand-Jühlke-Str. 7
99095 Erfurt